JN445431

제 3 판

# 무역계약론

허 재 창

탑북스

# 제3판을 내면서

2011년 무역계약론 제1판이 출간된 이래 9년이나 경과되었다. 그 동안 이 책을 애독하여 주신 독자 여러분과 본서를 대학교재로 사용하여 주신 교수님 · 강사님에게 깊은 감사의 말씀을 올립니다.

최근 3대 국제무역법규 중의 하나인 새로운 인코텀즈 2020이 개정되어 2020년 1월 1일부터 시행되는 큰 변화가 있었고, 또한 교재 내용 중 일부 미흡한 부분도 있어 개정할 필요성을 느꼈다.

이번 제3판에서 수정 · 보완된 내용은 다음과 같다.

첫째, 제1장 4. 무역계약 관련 주요 법규 중의 UNIDROIT 국제상사계약원칙의 내용의 일부를 수정하였다.

둘째, 세2장 4. 무역계약의 체결의 관련 서류의 내용 일부를 수정 또는 추가하여 미흡한 부분을 보완하였다.

셋째, 제4장 정형거래조건의 내용을 새로운 인코텀즈 2020에 맞추어 대폭적으로 수정 · 보완하였다.

넷째, 제7장 국제운송계약 중의 1. 국제해상운송과 2. 컨테이너운송의 내용의 일부를 수정하였다.

다섯째, 부록 1. Incoterms® 2010을 Incoterms® 2020으로 대체하고, 부록 3과 4의 무역영어 검정시험 무역실무 기출문제를 최신의 문제로 대체하였다.

끝으로 본서 제3판을 내는 데 수고해 주신 탑북스에 감사를 드리는 바이다.

2020년 7월

가좌동 연구실에서

**저자** 씀

# 개정판을 내면서

먼저 그 동안 이 책을 애독하여 주신 독자 여러분과 본서를 대학 교재로 사용하여 주신 교수님 · 강사님에게 깊은 감사의 말씀을 올립니다.

한편 그동안 국제무역운송법규와 관련하여 새로운 국제해상물품운송협약인 로테르담 규칙(Rotterdam Rules)이 성립되는 변화가 있었고, 또한 교재 내용 중 일부 시대에 뒤떨어진 부분도 있어 이번 기회에 전격적으로 본서를 수정 · 보완하게 되었다.

그 주요 내용은 다음과 같다.

첫째, 제1장 4. 무역계약 관련 주요 법규 중의 무역운송법규에 로테르담 규칙(Rotterdam Rules)을 포함시켰다.

둘째, 제2장 2. 청약의 법리의 내용 중 일부를 수정 또는 추가하여 미흡한 부분을 보완하였다.

셋째, 제7장 국제운송계약의 3. 국제복합운송과 4. 국제항공운송 중 내용의 일부를 수정하였다.

넷째, 부록 3과 4의 무역영어 검정시험 1급 무역실무 기출문제를 최신의 문제로 대체하였다.

끝으로 본서 개정판을 내는 데 수고해 주신 탑북스에 감사를 드리는 바이다.

2018년 7월

가좌동 연구실에서

**저자** 씀

# 머 리 말

무역상무는 국제경제학 및 국제경영학과 함께 무역학의 3대 영역 중의 하나를 차지할 만큼 중요한 학문이다. 이 무역상무분야 중에서 가장 기본이 되고 중심이 되는 것이 무역계약인데 이에 관한 도서가 수없이 출간되어 있지만 대부분이 그 내용이 워낙 방대하여 무역학 입문 학생들이나 무역실무에 종사하는 일반인들이 쉽게 접근할 수 있는 책을 발견하기란 쉽지 않다.

이에 본인은 무역계약을 단기간에 보다 쉽게 법리적인 면에서나 실무적인 면에서 체계적으로 이해할 수 있는 무역계약 필독서를 출산할 필요성을 느꼈다.

이를 위해 본서는 다음과 같이 구성되어 있다.

제1장은 무역계약의 기초편으로, 무역계약의 개념, 무역계약의 법적성격, 무역계약의 종속계약, 무역계약관련 주요 법규, 무역계약의 준거법과 재판관할권으로 구성되어 있으며, 이 장은 무역계약분야 중에서 가장 기초가 되는 뼈대부분이라 할 수 있다. 각별한 이해가 요망된다.

제2장은 무역계약의 성립편으로, 무역계약의 성립과정, 청약의 법리, 승낙의 법리 및 무역계약의 체결을 중심으로 살펴본다.

제3장은 무역계약의 기본조건편으로, 이를 크게 품질조건, 수량조건, 가격조건, 선적조건, 결제조건, 보험조건 및 포장조건으로 나누어 고찰한다.

제4장은 정형거래조건편으로 인코텀즈 2020의 개요와 인코텀즈 2020의 11가지 규칙내용을 중심으로 살펴본다.

제5장은 계약위반과 구제편으로 계약위반의 의의, Frustration 및 계약위반에 대한 구제를 중심으로 살펴본다.

제6장은 무역클레임과 중재편으로, 무역클레임의 의의와 무역클레임의 해결방법, 무역클레임의 해결방법 중에서 가장 많이 사용되고 있는 중재를 중심으로 살펴본다.

제7장은 국제운송계약편으로 이를 국제해상운송, 컨테이너운송, 국제복합운송, 국제항공운송으로 나누어 고찰한다.

제8장은 해상보험계약편으로 해상보험의 의의, 해상위험, 해상손해 및 2009년 협회적하약관을 중심으로 살펴본다.

끝으로 부록에는 INCOTERMS 2020과 국제물품매매계약에 관한 UN협약(일명 비엔나협약)을 수록하였다. 또한 최신 무역실무 기출문제는 각종 시험에 크게 도움이 될 것으로 기대된다.

아무쪼록 본서가 무역계약의 기초를 완성하는 지침서로서의 역할을 다하여 모든 독자의 체계적인 무역계약 학습이 이루어지는데 많은 도움이 되기를 바란다.

끝으로 이 책이 출간되기까지 묵묵히 저자의 연구활동에 조언 및 충고를 아끼지 않고 뒷바라지 해 준 가족에게 고맙다는 말을 전하고, 본서의 편집 및 출판을 맡아준 탑북스에 심심한 감사를 드리는 바이다.

2011년 7월

가좌동 연구실에서

**저자** 씀

차 례

## 제1장 무역계약의 기초

# 제2장 무역계약의 성립

# 제3장 무역계약의 기본조건

## 제4장 정형거래조건



## 제5장 계약위반과 구제

## 제6장 무역클레임과 중재



## 제7장 국제운송계약

## 제8장 해상보험계약

# 제 1장 무역계약의 기초

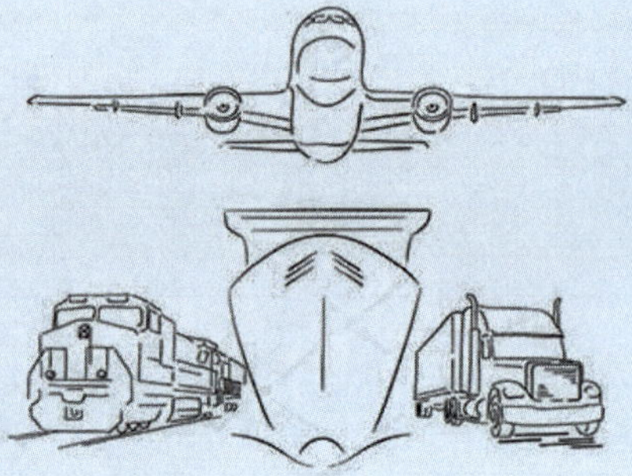

# 제 1 장
# 무역계약의 기초

## 1. 무역계약의 개념

무역계약 중에서 가장 전형적인 것이고 널리 행해지고 있는 물품매매계약의 정의는 영국 물품매매법(Sale of Goods Act, 1995: SGA) 제1조에 의하면 다음과 같이 정의하고 있다.

> "물품매매계약이란 매도인이 대금이라는 금전적인 대가를 받고 매수인에게 물품의 소유권을 이전하거나 이전하기로 약속하는 계약이다."
> (A contract of sale of Goods is a contract whereby the seller transfers or agrees to transfer the property in goods to the buyer for a money consideration called the price.)

오늘날 무역거래는 일반적으로 물품매매가 대부분을 차지하고 있으므로 무역계약이라고 할 경우 국제물품매매계약을 지칭하는 것이 보통이나, 넓게는 기술이나 용역, 금융 및 자본거래, 해외건설 및 플랜트, 서비스 등을 포함한 국제간의 모든 계약을 포함하는 의미로 해석가능하다.

## 2. 무역계약의 법적 성격

무역계약은 다음과 같은 법적 성격을 가지고 있다.

### 1) 합의[낙성]계약(consensual contract)

계약당사자의 합의만으로 성립하는 계약이다. 즉, 일방의 청약(offer)에 대하여 상대방이 승낙(acceptance)함으로써 성립되는 계약을 말한다. 따라서 당사자의 합의만 있으면 계약이 성립되므로, 물품의 점유이전 또는 소유권의 이전 사실이나 계약서의 작성이 계약성립의 요건으로 되지 않는다.

### 2) 쌍무계약(bilateral contract)

계약의 성립에 의해 당사자 쌍방이 상호 채무를 부담하는 계약을 말한다. 즉, 매도인은 물품인도의 의무를 부담하고 매수인은 대금지급의무를 부담하는 것을 의미한다.

### 3) 유상계약(remunerative[compensatory] contract)

당사자 쌍방이 상호 대가적 관계에 있는 급부를 할 것을 목적으로 하는 계약을 말한다. 즉, 매도인의 물품인도와 매수인의 대금지급은 상호 대가적 관계에 있는 급부와 반대급부라 할 수 있다.

### 4) 불요식계약(informal[single] contract)

계약체결에 어떠한 방식도 요구하지 않는 계약을 말한다. 따라서 요식에 의하지 않고 구두 또는 서면에 의하여도 계약이 성립된다. 참고로 국제물품매매계약에 관한 유엔협약인 비엔나협약 제11조에서는 "매매계약은 서면에 의하여 체결되거나 또는 입증되어야 할 필요가 없으며, 또 형식에 관해서도 어떠한 다른 요건에 구속받지 아니한다. 매매계약은 증인을 포함하여 여하한 수단에 의해서도 입증될 수 있다"고 규정하고 있다.

일본의 上坂酉三 교수는 무역계약의 성격을 다음과 같이 구분하고 있다.

- 물품매매계약
  - 낙성계약 — 계약의 성립
    - 계약조건의 청약
    - 청약조건의 승낙
  - 쌍무계약 — 채무의 부담
    - 매도인의 의무(물품인도의 의무)
    - 매수인의 의무(대금지급의 의무)
  - 유상계약 — 채무의 이행
    - 급부(계약물품의 급부)
    - 반대급부
      - 전액금전의 급부
      - 일부금전 · 일부물품의 급부

## 3. 무역계약의 종속계약

무역계약은 국내 매매계약과는 달리 격지자간의 거래이므로 이것이 원만히 이행되기 위해서는 이에 부수되는 운송계약, 보험계약, 환거래계약 등의 종속계약이 필요하다. 이러한 종속계약은 매도인과 매수인간의 무역계약과는 별도로 관련당사자간에 계약을 체결하게 된다.

### 1) 운송계약(contract of carriage)

물품이 매도인으로부터 매수인에게 인도되기 위해서는 운송인과의 운송계약이 필요하다.

운송방법, 운송계약 체결의 당사자 및 운임의 부담자 등 운송계약의 내용은 매매당사자간에 별도의 합의가 없는 한 정형거래조건(trade terms)에 따라 결정된다. 예를 들면 FOB, CFR, CIF의 경우는 해상운송이 사용되며, FCA, CPT, CIP의 경우에는 복합운송을 포함한 모든 운송방식에 사용된다. FOB에서는 매수인이 운송계약을 체결하고 운임을 부담하지만, CFR이나 CIF에서는 매도인이 운송계약을 체결하고 운임을 부담한다.

### 2) 보험계약(contract of insurance)

물품의 운송 중에 발생하는 위험을 담보하기 위해서는 보험계약이 필요한데, 누가 보험계약을 체결하는가는 운송계약과 마찬가지로 정형거래조건(trade terms)에 따라 결정된다.

즉, FOB와 CFR의 경우에는 매도인은 매수인에 대하여 부보의무가 없으나, CIF의 경우에는 매도인은 매수인에 대하여 부보의무가 있으며 보험료도 부담한다.

### 3) 환거래계약(contract of exchange)

매도인의 물품인도에 대하여 매수인은 대금지급을 해야 할 의무가 있다. 매도인은 물품의 선적 후 수출대금을 회수하기 위해 매입은행과 환거래계약을 체결하며, 매수인의 경우는 대금결제방식이 신용장방식인 경우 자기 거래은행과 신용장 개설을 위한 환거래계약을 체결하게 된다.

# 4. 무역계약 관련 주요 법규

## 1) 무역계약법규

### (1) 비엔나 매매조약(1980)

정식명칭은 국제물품매매계약에 관한 유엔협약(United Nations Convention on Contracts for the International Sale of Goods: CISG)이며 UN의 국제무역법위원회(United Nations Commission on International Trade Law: UNCITRAL)가 작성하여 1980년 비엔나 외교회의에서 채택되어 1988년 1월 1일에 발효한 조약으로 약칭 비엔나협약(Vienna Convention)으로 불리운다. 본 조약 체약국의 수는 90개 이상에 달하며 세계무역의 3분의 2는 본 조약 체약국간에 행해지고 있으므로 우리나라도 2004년 2월 17일 동 협약에 가입하여 2005년 3월 1일 발효하는 것으로 되었다. 즉, 2005년 이후에 체결된 계약에 적용된다.

이 협약은 계약의 성립, 물품매매, 매도인의 의무, 매수인의 의무, 위험이전, 매도인과 매수인의 의무에 대한 공통 규정, 최종 약정 등에 관한 규정을 두고 있다.

### (2) UNIDROIT 국제상사계약원칙(Principles of International Commercial Contracts : PICC)(2016)

1926년에 설립된 사법(私法)의 통일 · 조화를 목적으로 하는 로마에 본부를 눈 국제조직인 사법통일국제협회(UNIDROIT)가 작성한, 국제적으로 통용되는 계약법의 일반원칙으로 인정되는 규범을 조문화한 것이다. 1994년에 초판, 그 후 2004년, 2010년, 2016년판이 공표되어 현재에 이르고 있다. 이는 조약은 아니고 상거래 원칙으로, 국제계약의 당사자를 위한 중립적인 준거법, 계약법의 입법자를 위한 모델, 국제조약의 해석 · 보충의 참고자료로서 이용되는 것을 예정하고 있다.

여기에는 일반규정, 계약의 성립과 대리인의 권한, 계약의 효력(유효성), 해석, 계약의 내용과 제3자의 권리, 계약의 이행, 계약의 불이행, 상계, 권리의 양도, 채무의 이전, 계약의 양도, 제소기한, 복수의 채무자 및 채권자에 관한 규정을 두고 있다.

#### (3) 인코텀즈 2020

인코텀즈는 국제상업회의소(International Chamber of Commerce: ICC)가 제정한 무역조건의 해석에 관한 국제규칙(International Rules for the Interpretation of Trade Terms)을 말한다. 여기에는 매도인과 매수인의 의무, 비용의 분담, 위험부담의 분기점 등을 정하고 있다. 1936년에 처음 제정된 이후 1953년, 1967년, 1980년, 1990년, 2000년, 2010년, 2020년에 추가와 수정이 있었고 최근 2020년 개정판에는 11가지 규칙이 규정되어 있다.

#### (4) 영국물품매매법(1995)

1893년에 공표된 영국물품매매법은 1979년 전면 개정되고 1994년 일부 개정되었다. 이 법은 이것이 적용되는 계약, 계약의 성립, 계약의 효과, 지급을 거절당한 매도인의 권리, 계약위반에 대한 소송 및 보완 규칙으로 구성되어 있다.

### 2) 상사중재법규

#### (1) New York Convention(1958)

1958년 UN의 국제무역법위원회(UNCITRAL)가 제정한 외국중재판정의 승인 및 집행에 관한 UN조약(United Nations Convention on the Recognition and Enforcement or Foreign Arbitral Awards)으로, 약칭 뉴욕협약으로도 불리운다. 2011년 7월 1일 현재 145개국이 이 협약에 가입하고 있다. 우리나라도 1973년 8월 2일 동 협약에 가입하여 1973년 9월 5일 발효되었다.

이 협약은 적용의 범위, 중재합의, 판정의 승인과 집행절차, 승인과 집행의 신청, 승인과 집행의 거부사유, 판정의 집행연기 등에 관한 규정을 두고 있다.

#### (2) 기타 조정 · 중재법규

UNCITRAL 중재규칙(UNCITRAL Arbitration Rules)(2010), UNCITRAL 모델중재법(UNCITRAL Model Law on International Commercial Arbitration)(1985-2006년 수정), ICC 조정 · 중재규칙(ICC Rules of Conciliation and Arbitration)(1988) 등이 있다.

### 3) 무역결제법규

화환신용장 통일규칙 및 관례(UCP)(2007), 추심통일규칙(URC)(1995), 화환신용장거래에 있어 은행간 대금상환통일규칙(URR)(2008) 등이 있다.

### 4) 무역운송법규

선하증권통일조약(International Convention for the Unification of Certain Rules of Law Relating to Bills of Lading, 약칭 Hague Rules) (1924), 헤이그-비스비 규칙(Hague-Visby)(1967), 해상화물운송에 관한 UN협약(United Nations Convention on the Carriage of Goods by Sea, 약칭 Hamburg Rukes)(1978), 로테르담 규칙(Rotterdam

Rules)(2009), 국제물품복합운송에 관한 UN협약(United Nations Convention on Inter- national Transport of Goods)(1980), 복합운송증권에 관한 UNCTAD/ ICC 규칙(UNCTAD/ICC Rules for Multimodal Transport Documents) (1992), 몬트리올 협약(Montreal Convention)(1999) 등이 있다.

### 5) 해상보험법규

영국해상보험법(Marine Insurance Act)(1906), 협회적하약관(Institute Cargo Clauses)(2009), 개정 요크-앤트워프 규칙(The York-Antwerp Rules)(2016)이 있다.

## 5. 무역계약의 준거법과 재판관할권

### 1) 준거법(Governing[Applicable; Proper] Law)

무역거래는 법률, 제도, 관습 등이 다른 격지자간의 거래이므로 무역계약의 성립, 이행 및 해석에 관하여 어느 나라의 법을 적용할 것인가에 대한 준거법을 명확하게 할 필요가 있다. 따라서 매매당사자들은 이에 대비한 준거법조항을 계약서에 명시하는 것이 바람직하다.

예전에는 각국의 국내법을 사용하였으나 최근에는 전술한 비엔나 협약이 많이 사용되고 있다.

예문

Article X X Governing Law
This contract shall be governed by and construed (and interpreted) under[in accordance with] the Vienna Convention(1980).
(본 계약은 비엔나협약에 준거되고 해석되는 것으로 한다.)

### 2) 재판관할권(Jurisdiction)

무역거래에서 분쟁발생시 당사자간의 화해, 조정, 중재 등의 방법으로 해결이 어려운 경우 법원의 소송을 통해 이를 해결하게 된다. 이 경우에 어느 나라의 법원이 재판권을 가지는가의 재판관할권 문제가 발생하게 된다. 그러므로 매매당사자들은 이에 대비한 재판관할권조항을 계약서에 명시하는 것이 바람직하다.

예문

The courts of the Republic of Korea shall have jurisdiction over all disputes which may arise between the parties with respect to the formation, interpretation and performance of this contract and the parties shall waive any other forum to which they might be entitled by virtue of domicile or otherwise.

# 제2장 무역계약의 성립

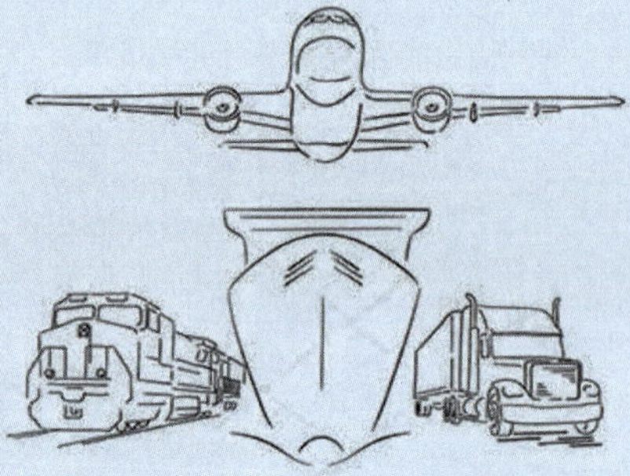

## 제 2 장

# 무역계약의 성립

## 1. 무역계약의 성립과정

### 1) 해외 시장조사(market research)

무역거래절차의 최초단계로서 특정 상품에 대한 판매 또는 구매가능성(selling or buying feasibility)을 조사하는 것을 말한다.

시장조사항목은 일반정보(지리 · 문화 · 사회 · 정치 · 경제 · 법제도 · 금융 · 통상정책 · 유통 · 기타)와 상품특유의 정보(소비자 · 공급자 · 시장 · 수급정보 · 제품 · 가격 · 경쟁제품 · 기타)가 있다.

시장조사 방법은 인터넷상의 정부, 무역관련사이트의 이용, 국별 무역 통계자료의 이용, 국내외 경제단체 및 유관기관의 이용, 해외출장을 통한 직접조사 등이 있다.

### 2) 거래처의 선정(seeking overseas connections)

해외 시장조사를 통해 유망한 목적시장이 선정되면 다음 단계로 그 시장에서 적당한 거래처를 다음의 방법을 통해 선정한다.

① 상공인명록(Trade Directory)의 이용

② 국내무역 관련 유관기관(KITA 및 KOTRA 등)의 이용

③ 해외공공기관(WTCA 및 각국의 WTC, 각국의 상업회의소)의 이용

④ 무역거래 알선사이트(한국무역협회의 EC21, 대한무역진흥공사의 BuyKorea, 중소기업 진흥공단의 GobizKorea, ecplaza, Alibaba 닷컴 등)의 이용
⑤ 해외광고를 통한 방법
⑥ 전시회 및 박람회 참가
⑦ 직접 해외출장을 통한 방법 등이 있다.

### 3) 신용조회(Credit Inquiry)

무역거래는 국내거래와 달리 매우 많은 위험이 존재하고 있기 때문에 본격적인 거래제의를 하기 전에 거래 상대방의 신용조회가 중요한 의미를 지닌다.

#### (1) 신용조회의 내용

**Character(성격)**

당해 업체의 개성(personality), 성실성(integrity), 평판(reputation), 영업태도(attitude toward business) 및 채무변제 이행열의(willingness to meet obligation) 등 계약이행에 대한 도의심에 관한 내용이다.

**Capital(자본)**

당해 업체의 재정상태(financial status), 즉 수권자본(authorized capital)과 납입자본(paid-up capital), 자기자본과 타인자본의 비율 등 지급능력과 직결된 내용이다.

**Capacity(능력)**

당해 업체의 연간매출액(turn-over), 업체의 형태, 연혁(historical background) 내지 경력(career) 및 영업권(goodwill) 등 영업능력에 관

한 내용이다.

3C's외에 상대국의 정치 · 경제적 상황(Conditions), 거래통화(Currency), 담보능력(Collateral), 소속국가(Country) 중 두 가지를 추가하여 5C's라 한다.

#### (2) 신용조회의 방법

① 은행에 조회하는 방법(Bank Reference)
② 동업자에게 조회하는 방법(Trade Reference)
③ 전문 상업흥신소에 조회를 의뢰하는 방법(Credit Agency)
④ 한국무역보험공사(www.ksure.or.kr), 대한무역투자진흥공사(www.kotra.or.kr), 신용보증기금(www.shinbo.or.kr) 등에 조회를 의뢰하는 방법 등이 있다.

### 4) 거래제의(business proposal)

신용조회를 통해 문제가 없음을 확인한 당사자는 상대방에게 다음의 거래제의장(circular; circular letter; Letter proposing business)을 보낸다.

① 상대방을 알게 된 경위[경로]
② 자기소개(취급상품과 업종)
③ 거래개시 희망
④ 거래조건(Terms and Conditions)의 제시
⑤ 자사의 신용조회처(Bank/Trade References)의 명시
⑥ 조속한 회답을 기다린다는 맺음말

### 5) 조회(inquiry)

조회란 통상 매수인이 매도인에게 상품목록이나 견본의 송부 등을 요청하거나, 구입하고 싶은 특정 상품에 대한 내용이나 거래조건을 문의하는 것을 말한다. 이는 매수인이 적극적으로 하는 경우도 있고, 또 매도인의 거래제의(proposal)에 답하여 하는 경우도 있다.

매수인의 조회에 대하여 매도인은 의뢰 받은 것과 청구 받은 것을 신속·정확하게 회답하여 거래기회를 잃지 않도록 하여야 할 것이다.

## 2. 청약(offer)의 법리

### 1) 청약의 의의

청약이란 청약자(Offeror)가 피청약자(Offeree)와 일정한 거래조건으로 계약을 체결하고 싶다는 일방적이고 확정적인 의사표시를 말한다.

청약의 요건은 첫째, 1인 또는 복수의 특정인에 대한 의사표시이고(특정성), 둘째, 내용이 충분히 확정적이어야 한다(확정성). 셋째, 상대방이 승낙하는 경우에는 구속된다는 의사표시가 있어야 한다(구속성)(비엔나협약 제14조 제1항). 따라서 불특정인에 대한 제의, 예를 들면 신문광고, 인터넷에서의 선전은 원칙적으로 청약에 해당되지 않으며 청약의 유인(invitation)이다(동 협약 제14조 제2항). 다만, 제의를 행한 자가 반대의 의사를 명확히 표시하는 경우, 불특정인에 대한 제의는 청약으로 될 수 있다(동조 제2항 단서). 그리고 청약내용에서 물품(the goods), 수량(the quantity) 및 가격(the price)이 표시되어 있으면 충분히 확정적이라고 규정하고 있다(동 협약 제14조 제1항).

### 2) 청약과 청약의 유인

청약은 확정적 의사표시란 점에서 계약체결을 위한 예비교섭(preliminary negotiation)으로서 타인을 권유하여 자신에게 청약을 하게 하는 행위(act to invite the other to make an offer), 즉 청약의 준비행위에 불과한 청약의 유인(invitation to offer[treat])과는 구별되어야 한다. 양자의 법적 효력에 있어서 차이는 전자(청약)의 경우에는 상대방의 승낙에 의하여 계약이 성립되지만, 후자(청약의 유인)의 경우에는 상대방의 승낙이 있어도 계약은 성립되지 않는다.

청약의 유인에는 상품목록(catalogue)의 우송배포, 백화점 등에서의 상품의 진열(display of goods for sale), 불특정인에 대한 광고(advertisement) 등이 있다.

### 3) 청약의 방법과 대상

청약은 서면, 구두 또는 행위에 의해서도 할 수 있다. 행위에 의한 청약(offer by conduct) 방법으로는 자동판매기(vending machine)를 예로 들 수 있다. 이 경우는 자동판매기가 설치되어 있는 것 자체가 청약이고, 고객이 그 기계에 동전을 투입하는 것이 승낙이 된다.

청약은 특정 개인, 특정 그룹의 사람들, 불특정의 다수인(the world) 앞으로 행해진다.

### 4) 청약의 효력발생시기

청약자가 피청약자에게 청약을 한 경우 청약의 효력은 언제 발생하는가?

청약은 일반적으로 상대방에게 도달된 때에 그 효력을 발생한다. 즉, 도달주의를 원칙으로 하고 있다. 왜냐하면 상대방에게 도달되지 않으면 승낙할 수 없기 때문이다.

이 도달주의 원칙은 영미법이나 대륙법뿐만 아니라 비엔나 협약에서도 "청약은 피청약자에게 도달한 때 효력이 발생한다"고 규정하고 있다(동 협약 제15조 제1항). 나아가 "청약은 그것이 철회불능한 것이라도 그 회수의 통지가 청약의 도달 전 또는 그와 동시에 피청약자에게 도달하는 경우에는 이를 회수할 수 있다"고 규정하고 있다(동조 제2항). 따라서 우편으로 청약한 경우 회수의 통지를 전자우편, 전화 등으로 우편이 상대방에게 도달하기 전에 행하면 회수할 수 있다.

### 5) 청약의 효력소멸사유

청약의 효력은 일반적으로 다음의 경우에 소멸된다.

#### (1) 시간의 경과(lapse of time, passing of time)

청약에 유효기간이 정해져 있는 경우는 그 기간이 지난 때에 청약은 그 효력을 상실한다. 한편 청약에 유효기간이 정해져 있지 않는 경우는 청약은 합리적인 기간(reasonable time)이 지난 때에 청약은 그 효력을 상실한다. 여기서 합리적인 기간이란 상품의 성질, 거래관습, 청약이 행해진 환경, 당사자의 의사 등에 의해 결정되는 사실문제(a question of fact)이다.

#### (2) 청약의 거절 또는 수정청약(rejection of the offer or counter offer)

피청약자가 청약을 거절하면 청약의 효력은 소멸된다. 그리고 피청약자가 청약의 조건을 변경하거나 수정을 추가하여 회신하는 것을 수정청약(Counter Offer)이라 하는데, 이는 승낙이 아니고 원청약의 거절

(rejection of the original offer)임과 동시에 피청약자에 의한 새로운 청약(new offer)의 성질을 가진다.

#### (3) 청약의 회수 또는 철회(withdrawal or revocation of the offer)

청약의 도달 전 또는 그와 동시에 청약자의 회수(withdrawl)의 통지가 피청약자에게 도달하면 청약은 그 효력을 상실한다. 또한 청약 도달 후 피청약자가 승낙을 발송하기 전에 청약자의 철회(revocation)의 통지가 피청약자에게 도달하여도 청약의 효력은 소멸된다.

#### (4) 당사자의 사망(death of parties)

당사자의 사망에는 청약자의 사망의 경우와 피청약자의 사망의 경우가 있다. 일반원칙으로 어느 당사자가 사망하여도 청약은 효력을 상실한다. 그 이유는 당사자가 합의에 도달할 수 없기 때문이다. 이는 영미법에서는 인정되지만 우리나라를 비롯한 대륙법계에서는 계약에 영향을 미치지 않는 것으로 본다.

#### (5) 후발적 위법(supervening[subsequent] illegality)

청약이 행해진 후 승낙이 이루어지기 전에 계약의 이행이 위법이 되면 그 청약은 효력을 상실한다.

### 6) 청약의 종류

청약에는 다음과 같은 종류가 있다.

#### (1) 청약의 주체기준

① **매도청약**(offer to sell : selling offer : seller's offer)
매도인의 판매의사표시를 말하며 통상 청약이라 함은 이에 해당된다.

② **매수청약**(offer to buy : buying offer : buyer's offer; bid)
매수인의 구매의사표시를 말한다.

### (2) 발행지 기준

① **국내청약**(Domestic Offer)
국내오퍼상이 외국의 수출업자를 대리하여 국내 수입업자에게 발행한 청약을 말한다.

② **국외청약**(Overseas Offer)
외국 수출업자가 국내 수입업자에게 직접 발행한 청약을 말한다.

### (3) 확정력 기준

① **확정청약**(Firm Offer)
청약자가 승낙회답기간[유효기간]을 명시하고 피청약자가 그 기간내에 승낙하면 계약이 성립되는 청약으로, 그 유효기간내에는 원칙적으로 청약의 변경, 취소 또는 철회가 불가능하다.

② **불확정청약**(Free Offer)
청약자가 청약시에 승낙회답기간[유효기간]을 명시하지 않고 보내는 청약으로 피청약자가 승낙하기 이전에는 언제라도 청약자가 청약내용을 변경하거나 철회할 수 있다.

### (4) 수정청약(Counter Offer)

청약자의 청약(Original Offer)에 대해 피청약자가 조건을 변경하거나 수정을 추가하여 승낙하는 것을 수정청약(Counter Offer)이라 한다. 이는 원청약의 거절임과 동시에 피청약자에 의한 새로운 청약의 성질을 가지며, 이 수정청약에 대하여 승낙이 있으면 계약이 성립된다.

Counter Offer=rejection of the original offer + new offer

### (5) 교차청약(cross offer)

양당사자가 동시에 동일한 내용의 청약을 하는 경우를 말하는데, 우리나라를 포함한 대륙법계 국가에서는 계약이 성립된 것으로 보지만, 영미법에서는 승낙이 없다는 점에서 계약이 성립되지 않는다고 보고 있다. 실무면에서는 교차청약의 경우 일방의 당사자가 재확인절차를 거쳐 승낙의 요건을 갖추는 것이 거래상 안전하다.

### (6) 조건부 청약(Conditional Offer)

청약자의 청약내용에 어떤 조건이나 단서가 붙어 있는 청약으로, 형식상으로는 분확정청약의 범주에 속하지만 엄밀한 의미에서는 청약의 유인에 지나지 않는다. 이에는 다음과 같은 것이 있다.

① **매도인 최종확인조건부 청약**(Offer subject to our final confirmation)

피청약자가 청약을 승낙하여도 즉시 계약은 성립되는 것은 아니고, 청약자의 확인이 있어야만 비로소 계약이 성립된다는 조건부청약으로서 sub-con offer라고도 한다. 이 조건부 청약은 형식적으로는 청약의 명칭을 사용하지만, 법적의미는 청약의 유인에 지나지 않는다. 이에 대한 승낙(acceptance)이 청약(offer)에 해당되고, 청약자의 최종확인은 승낙(acceptance)으로 된다.

**표 2-1** 매도인 최종확인조건부 청약과 법적의미

| 무역거래에서 관습적인 표현 | 법적 의미 |
|---|---|
| Sub-con offer<br>Acceptance<br>Confirmation | Invitation to offer<br>Offer<br>Acceptance |

② **재고잔류 조건부 청약[선착순판매 조건부 청약]**(Offer subject to being unsold; Offer subject to prior sale)

청약에 대한 승낙의 의사표시가 피청약자로부터 청약자에게 도달했다 하더라도 바로 계약이 성립되는 것이 아니라, 그 시점에 물품의 재고가 남아 있는 경우에 한하여 계약의 성립을 인정하는 조건부 청약으로 선착순판매조건부 청약이라고도 한다. 한정된 수량의 재고상품을 신속하게 판매하기 위해 사용하는 조건부 청약이다.

③ **시장가격[시황] 변동조건부 청약**(Offer subject to market fluctuations)

청약에 제시된 가격이 시세변동에 따라 변경될 수 있다는 조건을 추가명시한 청약으로 가격변동이 심한 상품의 매매에 사용된다.

④ **불확정 청약**(Offer without engagement)

시세변동에 따라 언제라도 자유롭게 가격조건을 변경할 수 있는 조건부 청약으로 전술한 시장가격 변동조건부 청약과 실질적으로 동일한 청약이다.

⑤ **반품허용 조건부 청약**(Offer on Sale or Return)

재고품이 생긴 경우에 청약자가 그것을 인수할 것을 조건으로 하는 청약으로 주로 위탁판매나 서적류의 매매에 사용된다.

⑥ **점검매매 조건부 청약**(Offer on approval)

청약과 함께 물품을 송부하여 피청약자가 물품을 점검한 후 매매를 결정하는 조건부청약이다.

[ Offer Sheet ]

# Jin Heung Corporation

C.P.O. BOX 3465 BUSAN, KOREA
Manufacturers & Exporter

## OFFER SHEET

Messrs. Pacific Trading Co., Ltd. September 10, 2019

We are pleased to offer the under-mentioned article(s) as per conditions and details described as follows :

| H・S Code | Commodity & Description | Quantity | Unit Price | Amount |
|---|---|---|---|---|
| 4110.00.0000 | PATCH WORK COW HIDE LEATHER IN REGULAR WEIGHT OF 36" WIDTH(0.55/YD)<br>CHESTNUT COLOR : 8,000 YDS<br>BURGUNDY COLOR : 4,000 YDS<br>D.BROWN COLOR : 4,000 YDS | 16,000 YDS | $3.70 | U$59,200.- |

1. Origin : Republic of Korea
2. Packing : Export standard packing
3. Shipment : Within 2 months after the date of establishment for the Credit
4. Shipping port : Busan, Korea
5. Inspection : Seller's inspection at Seller's factory before shipment shall be final

6. Destination : New York, U.S.A.
7. Payment : By an irrevocable and transferable L/C at sight in favor of Jin Heung Corporation.
8. Validity : End of September, 2019
9. Remarks :

We are looking forward to receiving your order.

| Accepted by : | Yours faithfully, |
| --- | --- |
| Pacific Trading Co., Ltd. | Jin Heung Corporation |
| ______________________ | ______________________ |

Date of acceptance :

[ Proforma Invoice ]

# HANSUNG ENTERPRISE CO., LTD.

71, 1-GA DAEGYO-DONG YEONGDO KU
BUSAN, KOREA
TEL. (051) 410-7100 FAX. 410-7101

## PROFORMA INVOICE

MESSRS : ABC Co., Ltd. MARCH 12, 2019

Note : The following terms & conditions are subject to further confirmation by us.

| DESCRIPTION OF GOODS | QUANTITY | PRICE PER UNIT IN USD | AMOUNT IN USD |
|---|---|---|---|
| Umbrellas | 100,000PC | FOB BUSAN, KOREA USD10/PC | USD1,000,000.00 |
| TOTAL | 100,000PC | | USD1,000,000.00 |

- PAYMENT : BY IRREVOCABLE L/C AT SIGHT IN FAVOR OF US
- SHIPMENT : WITHIN 30 DAYS AFTER L/C OPENING DATE
  PARTIAL SHIPMENT IS ALLOWED, TRANSHIPMENT IS NOT ALLOWED
- PACKING : MANUFACTURER'S STANDARD PACKING.
- ORIGIN : REPUBLIC OF KOREA
- INSURANCE : TO BE COVERED BY BUYER
- VALIDITY : MARCH 19, 2019
- L/C OPENING VALIDITY : MARCH 24, 2019
- REMARKS : IF REQUIRED, INSPECTION FEE IS BUYER'S ACCOUNT

ACCEPTED AND CONFIRMED BY
ABC Co., Ltd.

Hansung Enterprise Co., Ltd.

____________________ ____________________

## 3. 승낙의 법리

### 1) 승낙의 의의

승낙(Acceptance)이란 피청약자가 청약자의 청약을 조건에 동의하여 계약을 성립시키겠다는 의사표시이다. 청약자의 청약에 대하여 피청약자의 승낙이 있어야 비로소 계약이 성립된다.

Anson의 계약법에 의하면 "청약에 대한 승낙은 청약자가 지시한 방법으로 말이나 행위에 의해(by words or conduct) 청약의 조건에 동의를 표시하는 것(expression of assent)이다"고 정의하고 있고, 또 미국의 제2차 계약법 Restatement에 의하면 "청약에 대한 승낙이란 청약에서 요구하는 방법으로 피청약자가 청약의 조건에 동의를 표시하는 것(manifestation of assent)이다"고 정의하고 있는데 내용적으로는 거의 동일하다.

승낙은 청약의 내용과 완전히 일치하여야 한다. 이를 영미법에서는 청약과 승낙은 거울에 비친 모습처럼 완전히 동일하여야 한다는 의미에서 鏡像의 原則(mirror image rule)으로 불리운다. 승낙은 절대적(absolute)이고 무조건적(unconditional; unqualified)으로 청약의 조건과 일치(correspond)하여야 한다. 따라서 청약의 일부조건을 변경하거나, 조건을 추가하여 행한 승낙이나 부분 승낙(partial acceptance)의 경우는 어디까지나 수정청약(counter offer)이며, 청약자가 다시 승낙하지 않는 한 계약은 성립되지 않는다.

### 2) 승낙기간

청약에 승낙기간이 정해져 있는 경우에는 "지정 기간내"에 승낙의 의사표시가 도달하여야 하고, 승낙기간이 정해져 있지 않는 경우에는 승낙의 의사표시가 청약자가 사용한 통신수단의 신속성을 포함한 거래사정을 충분히 고려한 "합리적인[상당한] 기간내"에 도달하여야 한다. 다만, 구두의 청약은 별도의 사정이 없는 한 즉시 승낙되어야 한다(비엔나협약 제18조 제2항).

### 3) 승낙의 방법

청약에 승낙의 방법이 명시적으로 지정되어 있는 경우에는 그것에 따라야 한다. 즉, 청약에 승낙의 방법으로서 전보, 텔렉스, 우편 등의 지정이 있으면 그것에 따른다. 청약에 승낙방법의 지정이 없는 경우에는 합리적인 방법으로 행하여야 한다. 미국통일상법전 제2-206조 제1항 (a)호는 "청약에 지정이 없는 경우에는 승낙은 주위의 상황을 고려하여 합리적인 방법으로 행하여야 한다"고 규정하고 있다. 청약이 전보로 온 경우에는 전보로, 텔렉스로 온 경우는 텔렉스로, 항공편으로 온 경우는 항공편으로 승낙의 통지를 하면 된다.

### 4) 승낙의 형태

#### (1) 침묵 또는 부작위

침묵 또는 부작위(silence or inactivity) 그 자체는 승낙으로 되지 않는다(비엔나협약 제18조 제1항). 다만, 침묵 또는 부작위가 당사자간의 합의된 관습(usage) 또는 확립된 관행(practice)이면 (청약의) 승낙으로 된다(동 협약 제9조 제1항).

#### (2) 조건부 승낙과 의뢰부 승낙

조건부 승낙(conditional acceptance)은 청약에 대한 회답으로 피청약자가 조건을 붙여 승낙하는 것, 즉 청약의 내용에 변경·추가를 행하여 승낙하는 것으로 수정청약이며 승낙이 아니다. 왜냐하면 피청약자는 사실상 원청약을 거절하고 수정청약을 한 것으로 되기 때문이다. 따라서 계약을 성립시키기 위해서는 조건부 승낙에 대하여 청약자가 다시 승낙을 하는 것이 필요하다.

#### 예문

5월 선적의 청약에 대하여 "We accept provided shipment by May 20."(5월 20일까지의 선적을 조건으로 승낙합니다.)

| conditional acceptance = counter offer |
|---|

이에 대하여 의뢰부 승낙(acceptance accompanied by request)은 청약을 승낙하는데 가능하면 약간 조건을 바꾸고 싶다는 회답을 하는 것으로 조건부 승낙과는 달리 법적으로 승낙이며 계약을 성립시킨다.

#### 예문

"We accept your offer of April 10, 2011. If possible, please make shipment by May 20." (승낙합니다. 가능하면 5월 20일까지 선적을 서둘러 주세요.)

| acceptance accompanied by request=acceptance |
|---|

### (3) 부분 승낙

부분 승낙(partial acceptance)이란 청약의 대상으로 되어 있는 상품

수량의 일부만을 승낙하는 것으로 청약조항중의 수량을 변경하는 것이므로 전형적인 수정청약으로 청약자가 다시 승낙하지 않는 한 계약은 성립되지 않는다.

| partial acceptance=counter offer |
|---|

### (4) 행위에 의한 승낙(assent by performing an act)

청약의 규정에 의하거나 또는 당사자간에 확립된 관습 또는 관행의 결과에 따라, 피청약자가 청약자에게 아무런 통지 없이 물품의 발송이나 대금의 지급(the dispatch of goods or payment of the price)에 관한 행위를 이행함으로써 동의의 의사표시를 할 수 있는 경우에는, 승낙은 그 행위가 이행되어진 때에 그 효력이 발생한다. 다만 그 행위는 지정된 승낙기간내 또는 합리적인 기간내에 이행되어진 경우에 한한다(비엔나협약 제18조 제3항).

### (5) 청약을 변경하는 승낙

승낙을 의도하고는 있으나 이에 추가, 제한 또는 기타의 변경을 포함하고 있는 청약에 대한 회답은 청약의 거절이면서 또한 수정청약을 구성한다(비엔나협약 제19조 제1항). 그러나 승낙을 의도하고 있으나 청약의 조건을 실절적으로 변경하지 아니하는 추가적 또는 상이한 조건을 포함하고 있는 청약에 대한 회답은 승낙을 구성한다. 다만 청약자가 부당한 지체없이 그 상위를 구두로 반대하거나 또는 그러한 취지의 통지를 발송하지 아니하여야 한다. 청약자가 그러한 반대를 하지 아니하는 경우에는, 승낙에 포함된 변경사항을 추가한 청약의 조건이 계약의 조건으로 된다(동 협약 제19조 제2항). 특히, 가격, 결제, 물품의 품질 및 수량, 인도의 장소 및 시기, 상대방에 대한 당사자 일방의 책임의 범위 또는 분쟁의 해결에 관한 추가적 또는 상이한 조건은 청약의 조건을 실질적으로 변경하는 것으로 본다(동 협약 제19조 제3항).

#### (6) 지연된 승낙

지연된 승낙(late acceptance)은 원칙적으로 효력이 상실된다. 그러나 청약자가 지체 없이 구두로 피청약자에게 유효하다는 취지를 통지하거나 또는 그러한 취지의 통지를 발송한 경우에는, 이는 승낙으로서의 효력을 갖는다(비엔나 협약 제21조 제1항).

지연된 승낙이 포함되어 있는 서신 또는 기타의 서면상으로, 이것이 통상적으로 전달된 경우라면 적시에 청약자에게 도달할 수 있었던 사정에서 발송되었다는 사실을 나타내고 있는 경우에는, 그 지연된 승낙은 승낙으로서의 효력을 갖는다. 다만 청약자가 지체 없이 피청약자에게 청약이 효력을 상실한 것으로 본다는 취지를 구두로 통지하거나 또는 그러한 취지의 통지를 발송하지 아니하여야 한다(동 협약 제21조 제2항).

### 5) 승낙의 효력발생시기

청약자의 청약을 피청약자가 승낙하면 계약이 성립되는데, 청약자는 피청약자와 공간적으로 떨어져 있기 때문에 피청약자가 승낙의 의사표시를 하여 청약자에게 도달하기까지의 어느 시점에서 계약이 성립하는가에 관하여는 다음의 세 가지 입법주의가 있다.

#### (1) 발신주의(dispatch theory; mail-box rule)

피청약자가 승낙의 의사표시를 발송한 때 계약의 성립을 인정하는 것

#### (2) 도달주의(receipt theory)

피청약자의 승낙의 의사표시가 청약자에게 도달된 때 계약의 성립을 인정하는 것

#### (3) 了知주의

단지 물리적으로 승낙의 의사표시가 청약자에게 도달될 뿐만 아니라 현실적으로 청약자가 그 내용을 안 때에 계약의 성립을 인정하는 것

승낙의 의사표시의 효력발생시기에 대한 각국의 입법 예는 다음의 〈표 2-2〉와 같다.

**표 2-2** 승낙이 의사표시의 효력발생시기에 대한 각국의 입법 예

<table>
<tr><th colspan="3">준거법<br>통신수단</th><th>한국법</th><th>일본법</th><th>영국법</th><th>미국법</th><th>독일법<br>비엔나조약</th></tr>
<tr><td colspan="3">의사표시에 대한 일반원칙</td><td>도달주의</td><td>도달주의</td><td>도달주의</td><td>도달주의</td><td>도달주의</td></tr>
<tr><td rowspan="5">승낙의사표시</td><td rowspan="3">대화자간</td><td>대화[대면]</td><td>도달주의</td><td>도달주의</td><td>도달주의</td><td>도달주의</td><td>도달주의</td></tr>
<tr><td>전화</td><td>도달주의</td><td>도달주의</td><td>도달주의</td><td>발신주의</td><td>도달주의</td></tr>
<tr><td>텔렉스[팩스]</td><td>도달주의</td><td>도달주의</td><td>도달주의</td><td>발신주의</td><td>도달주의</td></tr>
<tr><td rowspan="2">격지자간</td><td>우편</td><td>발신주의</td><td>발신주의</td><td>발신주의</td><td>발신주의</td><td>도달주의</td></tr>
<tr><td>전보</td><td>발신주의</td><td>발신주의</td><td>발신주의</td><td>발신주의</td><td>도달주의</td></tr>
</table>

### 6) 승낙의 회수

승낙의 회수는 승낙자가 승낙을 발신한 후 그것이 도달하기 전에 청약자에게 그것의 효력을 상실시키는 것으로, 승낙은 그 효력이 발생하기

전 또는 그와 동시에 그 회수가 청약자에게 도달하는 경우에는 이를 회수할 수 있다(비엔나 협약 제22조). 부연 설명하면 승낙도 청약과 마찬가지로 그 효력이 발생하기 전 또는 그와 동시에 회수의 의사표시가 도달하는 경우에 회수된다. 여기서 도달의 정의는 청약, 승낙의 선언 또는 기타의 모든 의사표시는 그것이 상대방에게 구두로(orally) 통지되거나, 또는 기타 모든 수단에 의하여 상대방에게, 상대방의 영업소(place of business) 또는 우편주소(mailing address)에, 또는 상대방이 영업소나 우편주소가 없는 경우에는 그 일상적인 거주지(habitual residence)에 전달되었을 때에 상대방에게 '도달'한 것으로 한다(비엔나 협약 제24조).

표 2-3 도달의 정의

| 청약, 승낙의 의사표시에서 도달의 정의 | - 상대방에게 구두로 통지<br>- 상대방에게 전달<br>- 상대방의 영업소 또는 우편주소에 전달<br>- 일상적인 거주지에 전달 |
|---|---|

## 4. 무역계약의 체결

### 1) 매매계약서의 작성

무역계약은 청약과 승낙에 의해 성립하고, 또한 계약체결에 어떠한 방식도 요구하지 않는 불요식계약이므로 서면뿐만 아니라 구두에 의하여도 계약이 성립된다. 그러나 서면으로 작성된 계약서가 없으면 후일에 계약의 내용을 둘러싸고 매매당사자간에 분쟁이 발생할 소지가 크다. 따라서 이러한 분쟁을 방지하기 위해 계약의 내용을 문서화한 매매계약서(sales contract)에 상호 서명한 후 각자 1부씩 보관하는 것이 필요하다.

## 2) 무역계약의 체결방식

무역계약을 체결하는 방식은 개별계약(Case by Case Contract)방식과 포괄계약(Master Contract)방식이 있다.

### (1) 개별계약방식

이는 특정 품목을 거래시마다 거래조건에 대하여 합의하고 계약을 체결하는 방식으로 통상 거래상대방과 처음 거래시에 주로 사용하는 방법이다.

이 방식에 의한 계약서는 표면조항과 이면조항의 양면으로 구성되어 있다. 표면조항은 거래시마다 확정하여야 하는 개별거래조항으로 품질, 수량, 가격 및 포장 등 상품 자체에 관한 사항과 선적조건, 대금결제조건 및 보험조건 등이 여기에 해당된다. 이면조항은 일반거래조항으로 무역거래일반조건(General Terms and Conditions)을 약정한다. 이에는 무역계약에 대리인이 개입되지 않고, 계약상 권리와 의무의 당사자인 본인 대 본인계약(Principal to Principal Basis Contract)이라는 내용과 계약서 표면조항인 품질, 수량, 가격 및 선적조건, 보험조건 등의 개별거래조항을 해석하는 기준과 계약불이행과 관련한 불가항력조항, 클레임조항, 중재조항 및 준거법조항 등 수출입거래시 일반적으로 적용되는 공통사항이 여기에 포함된다.

### (2) 포괄계약방식

이는 통상 동일한 거래상대방과 계속적으로 거래가 이루어지는 경우에 매거래시마다 건별로 계약을 체결함에 따른 번거로움을 피하는데 적합한 방식이다. 거래당사자는 당사자간의 향후 거래시 적용될 수 있는 기본원칙인 일반거래조건협정(Memorandum or Agreement of on General Terms and Conditions of Business)을 체결한다. 여기에는 개별계약체결시 계약서 이면조항에 포함되는 무역거래일반조건(General Terms and Conditions)사항과 함께 거래건별로 Offer나 Order를 확정하는 방법을 정한다. 구체적인 개별거래는 포괄계약에서 정한 방법에 따라 간단한 Offer나 Order를 교환함으로써 무역계약을 확정하게 된다.

[ 개별계약(Case by Case Contract)의 매매계약서 ]

# KUKJE CORPORATION

C.P.O. BOX 1010
Kangnam-gu, Seoul, Korea
TEL: 02-741-3377 FAX: 02-741-3380

## SALES CONTRACT NO.100

DATE : March 5, 2019

MESSRS, ABC CO., INC.
New York, U.S.A.

We as Seller confirm having sold you as Buyer the following goods on the terms and conditions as stated below and on the back hereof.

| DESCRIPTION | QUANTITY | PRICE | AMOUNT |
|---|---|---|---|
| Printed Synthetic Fabric 44 x about 500 yards 100% Acrylic Fast Color | 20,000yards | CIF New York in U.S. Currency $1.52 | US$30,400.00 |

SHIPMENT : Not later than May 15, 2019
PAYMENT : By a Documentary Letter of Credit at 30 days after sight in our favor
INSURANCE : Seller to cover the CIF price plus 10% against All Risks including War and SRCC Risks.
PACKING: About 500 yards in a carton box
DESTINATION : NEW YORK, U.S.A.

〈SHIPPING MARK〉
ABC
NEW YORK
BOX NO. 1/UP
MADE IN KOREA

PLEASE SIGN AND RETURN THE DUPLICATE

BUYER
ABC CO., INC.
(Signed)

William Johnson
President

SELLER
KUKJE CORPORATION
(Signed)

INSU KIM
President

[개별계약의 매매계약서의 이면조항]

## General Terms and Conditions

1. Principal to Principal Basis : This Contract Recognizes the fact that it is on a principal to principal basis between Seller and Buyer.
2. Quantity : Quantity is subject to a variation of five percent(5%) plus or minus at Seller's option.
3. Shipment : The date of Bill of Lading shall be taken as the conclusive date of shipment. Partial shipment and / or transshipment shall be permitted, unless otherwise stated on the face hereof. Seller shall not be responsible for non-shipment or late shipment in whole or in part by reason of Force Majeure, such as fires, floods, earthquakes, tempests, strikes, lockouts, and other industrial disputes, mobilization, war, threat of war, riots, civil commotion, hostilities, blockade, requisition of vessel, and any other contingencies beyond Seller's control.
4. Price : The price(s) is (are) on the rate of freight and insurance premium prevailing at the time of accepting the order, and any increase in the rate of freight and insurance premium at the time of shipment shall be borne by Buyer.
5. Inspection : Inspection performed under the export regulation of Korea is final in respect of quality and / or conditions of the contracted goods, unless otherwise stated on the face hereof.
6. Trade Terms : The trade terms used in this contract shall be governed and interpreted by the provisions of Incoterms(2010 edition) unless otherwise specifically stated.

7. Infringement : Buyer shall hold Seller harmless from liability for any infringement with regard to patent, trade mark, design and/or copyright originated or chosen by Buyer.
8. Claim : Any claim by Buyer must be made in writing within fourteen(14) days from the date of final discharge at destinationl.
9. Arbitration : All disputes, controversies, or differences which may arise between Seller and Buyer, out of or in relation to or in connection with this Contract, or for the breach thereof, shall be finally settled by arbitration in Seoul, Korea in accordance with the Commercial Arbitration Rules of The Korean Commercial Arbitration Board and under the Laws of Korea. The award rendered by the arbitrator(s) shall be final and binding upon both parties.
10. Governing Law : This Contract shall be governed in all respects by the laws of Korea.

[포괄계약(Master Contract)의 일반거래조건에 관한 협정]

# GENERAL AGREEMENT

between ; ABC CO., Inc., the buyer,
and **KUKJE Corporation**, the seller.

1. Business : Both parties shall act as principals, and not as agents.
2. Offers : All firm offers shall be made by cable, unless otherwise stipulated, shall remain in force for four days including the day cabled. Sundays and national holidays shall not be counted as days.
3. Acceptance : Acceptance must be made by cable within the time specified.
4. Order : An order by cable must be confirmed by cable on receipt; subsequently a separate contract note or order sheet shall be sent by following mail. Orders thus confirmed can not be cancelled unless by mutual consent.
5. Price : Unless otherwise stated in letter or cable, prices shall be in U.S. Currency on a CFR New York basis.
6. Quality : (a) Goods sold on sample shall be guaranteed by the seller to conform exactly to sample upon arrival at destination.
   (b) Goods sold without sample shall be guaranteed by the seller to be equal to the fair average of the season's crop.
7. Quantity : Weight and quantity determined by the seller, as set forth in shipping documents, shall be final.
8. Marking : All shipments shall be marked

ABC
NEW YORK
C/N(given running number)
MADE IN KOREA

9. Terms : Banker's Irrevocable Letter of Credit is to be opened at the time each contract is concluded. Draft is to be drawn at sight, under the Credit for the full invoice amount with full set of Shipping Documents attached, namely, Bills of Lading. Insurance Policies or Certificates, Commercial Invoices, Consular Invoices and other documents which particular contracts require
10. Shipment : Shipment shall be made within the time specified in the contract of sale. In case of force majeure one month's delay is allowed. The date of the Bill of Lading shall be full and sufficient evidence of the date of shipment.
11. Destination : New York unless expressly specified by cables or letters. The port of discharge, however, shall be at the buyer's option in accordance with the special agreement when each contract is made.
12. Insurance : Insurance shall be effected by the seller on W.A., including risks of Theft, Pilferage and Non-Delivery for the invoice amount plus ten percent. War Risk or any other additional insurance, if required, shall be covered for account of the buyer. Policies or Certificates are to be made out in U.S. Currency, and claims payable in New York.
13. Claims : Claims, if any, shall be filed by cable within fourteen days from the date of final discharge at destination. Certificates

by recognized surveyors shall be sent by airmail without delay.

14. Arbitration : Claims and disputes, unless amicably adjusted between seller and buyer, are to be submitted to two arbitrators appointed by respective parties, whose decision both parties should accept and abide by.

This agreement shall be valid from the date of March 1, 2019

(Buyers) ABC CO., INC., NEW YORK

(Sellers) KUKJE CORPORATION, SEOUL

[ 매매계약서 ]

# SALES CONTRACT

[ ], as Seller, hereby confirms having sold to [ ] as Buyer, the following goods by this sales contract made on the above date and on the terms and conditions hereinafter set forth.

| | ITEM NO. | COMMODITY & SPECIFICATION | QUANTITY | UNIT PRICE | AMOUNT |
|---|---|---|---|---|---|
| ◎ | | | | | |
| ◎ | | | | | |
| ◎ | | | | | |
| ◎ | | | | | |
| ◎ | | | | | |
| TOTAL AMOUNT | | | | | |

☐ Time of Shipment : [ DATE MONTH YEAR ]
☐ Port of Shipment : [ ]
☐ Port of Destination : [ ]
☐ Payment

| | | |
|---|---|---|
| ◎ | AT SIGHT L/C | By an irrevocable letter of credit payable at sight |
| ◎ | USANCE | By an irrevocable, confirmed and unconditional letter of credit |
| ◎ | DP | By documents against payment |
| ◎ | DA | By bill(s) of exchange drawn on Buyer due [60] days from B/L date |
| ◎ | DD | By a D/D(Demand Draft) within [10] days after the date of B/L |
| ◎ | TT | By a T/T(Telegraph Transfer) within [10] days after the date of B/L |
| ◎ | MT | By a M/T(Mail Transfer) within [10] days after the date of B/L |

☐ Insurance : Seller to cover the [ CIF ] price plus [ ]% against Al Risking War and SRCC Risks

☐ Packing : [ Export standard packing ]

☐ Marking : [ ]

☐ Special Terms & Conditions :

| |
|---|
| |

☐ This Contract is subject to the general and conditions set forth on back hereof :

| | Seller | Buyer |
|---|---|---|
| By | [ ] | [ ] |
| Address | [ ] | [ ] |
| Title | [ ] | [ ] |
| Name | [ ] | [ ] |

[ 이면조항 ]

## 〈GENERAL TERMS AND CONDITIONS〉

Article 1. Quantity : Quantity set forth in this Contract is subject to a variation of ten [ ] percent more or less at Seller's option.

Article 2. Shipment : Date of bill of lading shall be accepted as a conclusive date of shipment. [ ] days grace in shipping shall be allowed. Partial shipment and/or transshipment shall be permitted unless otherwise stated in this Contract. Seller shall not be responsible for any delay in shipment, should Buyer fail to provide timely letter of credit in conformity with this Contract or in case the sailing of the steamer designated by Buyer be deferred beyond the prearranged date of shipment.

Article 3. Packing : Packing shall be at Seller's option. In case special instructions are necessary, Buyer should notify Seller thereof in time to enable Seller to comply with the same and all additional cost thereby incurred shall be borne by Buyer. Shipping Mark shall be made as shown in the oblong of the front page of this Contract.

Article 4. Insurance : In case of CIF or CIP basis, [ ] % of the invoice amount shall be insured, unless otherwise agreed; any additional insurance required by Buyer to be at his own expense; unless otherwise stated, insurance to be covered for marine insurance only FPA or ICC (C) Clause. Seller may, if he deems it necessary, insure against additional risks at Buyer's expense.

Article 5. Increased costs : If Seller's costs of performance are increased after the date of this Contract by reason of increased freight rates, taxes or other governmental charges or insurance rates, or if any variation in rates of exchange increases Seller's costs or reduces Seller's return, Buyer agrees to compensate Seller for such increased cost or loss of income. Further, if at any time Buyer requests shipment later than agreed and Seller agrees thereto, Seller may, upon completion of manufacture, store the Goods and charge all expenses thereby incurred to Buyer, plus reasonable storage charges when Seller stores the Goods in its own facilities.

Article 6. Payment

◎ AT SIGHT L/C An irrevocable letter of credit, without recourse, available against Seller's sight drafts shall be established through a prime bank satisfactory to Seller within [ 15 ] days after the date of this Contract and be kept valid at least [ 15 ] days after the date of last shipment. The amount of such letter of credit shall be sufficient to cover the Contract amount and additional charges and/or expenses to be borne by Buyer.

◎ USANCE For the payment of the Contract Price specified hereof the Buyer shall provide the Seller with the irrevocable, confirmed and unconditional letter of credit (hereinafter called

"L/C") in the amount of USD [ ] at [ ] months usance basis(after the date of draft issued by the Seller or bill of lading) in favor of the Seller to be opened within [ ] days from the signing date of the Contract under the agreed terms and conditions by the Seller and Buyer.

◎ DP After shipment, the Seller shall deliver a sight bill(s) of exchange drawn on the Buyer together with the required documents to the Buyer through a bank. The Buyer shall effect the payment immediately upon the first presentation of the bill(s) of exchange and the required documents, i.e. D/P.

◎ DA After shipment, the Seller shall deliver bill(s) of exchange drawn on the Buyer, payable [ ] days after [ ], together with the required documents to the Buyer through a bank for acceptance. The Buyer shall accept the bill(s) of exchange immediately upon the first presentation of the bill of exchange and the required documents and shall effect the payment on the maturity date of the bill(s) of exchange.

◎ DD The Buyer shall pay the invoice value of the goods by means of D/D(Demand Draft) within [ ] days after the receipt of the required documents; within [ ] days after the date of the Bill of Lading.

◎ TT The Buyer shall pay the invoice value of the goods to the Seller's account with the bank designated by the Seller by means of T/T(Telegraph Transfer) within [ ] days after the receipt of the required documents; within [ ] days after the date of the Bill of Lading.

◎ MT The Buyer shall pay the invoice value of the goods by the Seller by means of M/T(Mail Transfer) within [ ] days after the receipt of the required documents; within [ ] days after the date of the Bill of Lading

Article 7. Inspection : The inspection of the Goods shall be done according to the export regulation of the Republic of Korea and/or by the manufacturer(s) which shall be considered as final. Should any specific inspector be designated by Buyer, all additional charges incurred thereby shall be at Buyer's account and shall be added to the invoice amount, for which the letter of credit shall be amended accordingly.

Article 8. Warranty : The Goods shall conform to the specification set forth in this Contract and be free from defects in material and workmanship for [ ] months from the date of shipment. The extent of Seller's liability under this warranty shall be limited to the repair or replacement as herein provided of any defective Goods or parts thereof. Provided, however, this warranty does not extend to any of the said Goods which have been : (a) subjected to misuse, neglect, accident or abuse, (b) improperly repaired, installed, transported, altered or modified in any way by any other party than Seller or (c) used in violation of instructions furnished by Seller. Except for the express limited warranties set forth in this article, seller makes no other warranty to buyer, express or implied, and hereby expressly disclaims any warranty of merchantability or fitness for a particular purpose. In no event shall Seller be liable to Buyer under this Contract or otherwise for any lost profits or for indirect, incidental or consequential damages for any reason.

Article 9. Claims : Any claim by Buyer of whatever nature arising under this Contract shall be made by facsimile or cable within [ ] days after arrival of the Goods at the destination specified in the bills of lading. Full particulars of such claim shall be made in writing, and forwarded by registered mail to Seller within [ ] days after such fax or cabling. Buyer must submit with particulars the inspection report sworn by a reputable surveyor acceptable to the Seller when the quality or quantity of the Goods delivered is in dispute. Failure to make such claim within such period shall constitute acceptance of shipment and agreement of Buyer that such shipment fully complies with applicable terms and conditions.

Article 10. Remedy : Buyer shall, without limitation, be in default of this Contract, if Buyer shall become insolvent, bankrupt or fail to make any payment to Seller including the establishment of the letter of credit within the due period. In the event of Buyer's default, Seller may without prior notice thereof to Buyer exercise any of the following remedies among others :

(a) terminate this Contract;

(b) terminate this Contract as to the portion of the Goods in default only and resell them and recover from Buyer the difference between the price set forth in this Contract and the price obtained upon resale, plus any incidental loss or expense; or

(c) terminate the Contract as to any unshipped balance and recover from Buyer as liquidated damages, a sum of five (5) percent of the price of the unshipped balance. Further, it is agreed that the rights and remedies herein reserved to Seller shall be cumulative and in addition to any other or further rights and remedies available at law.

<u>Article 11. Force Majeure</u> : Neither party shall be liable for its failure to perform its obligations hereunder if such failure is the direct result of circumstances beyond that party's reasonable control, including but not limited to, prohibition of exportation, suspension of issuance of export license or other government restriction, act of God, war, blockade, revolution, insurrection, mobilization, strike, lockout or any labor dispute, civil commotion, riot, plague or other epidemic, fire, typhoon, flood.

<u>Article 12. Patents, Trade Marks, Designs, etc.</u> : Buyer is to hold Seller harmless from liability for any infringement with regard to patent, trade mark, copyright, design, pattern, etc., originated or chosen by Buyer.

<u>Article 13. Governing Law</u> : This Contract shall be governed by the laws of Korea.

<u>Article 14. Arbitration</u> : Any dispute arising out of or in connection with this contract shall be finally settled by arbitration in Seoul in accordance with the Arbitration Rules of the Korean Commercial Arbitration Board.

<u>Article 15. Language</u> : This Agreement may be executed in English and in other languages (including Korean). In the event of any difference or inconsistency among different versions of this Agreement, the English version shall prevail over in all respect.

<u>Article 16. Trade Terms</u> : All trade terms provided in the Contract shall be interpreted in accordance with the latest INCOTERMS 2020 of International Chamber of Commerce.

[ 매매계약서 번역본 ]

# 물품 매매계약서

[ 매도인명 ]사(이하 매도인)와 [ 매수인명 ]사(이하 매수인)은
[ 년 월 일] 다음과 같이 계약을 체결한다.

| | 품목번호 | 상품 및 명세 | 수량 | 단가 | 금액 |
|---|---|---|---|---|---|
| ◎ | | | | | |
| ◎ | | | | | |
| ◎ | | | | | |
| ◎ | | | | | |
| ◎ | | | | | |
| 합 계 | | | | | |

□ 선적시기 : [ 년 월 일 ]
□ 선 적 항 : [ ]항
□ 도 착 항 : [ ]항
□ 대금지급

| | | |
|---|---|---|
| ◎ | AT SIGHT L/C | 일람불취소불능 신용장 |
| ◎ | USANCE | 기한부 취소불능확인 신용장 |
| ◎ | DP | 지급인도 |
| ◎ | DA | 선적일로부터 [60일] 만기 환어음 |
| ◎ | DD | 요구불어음 |
| ◎ | TT | 선적일로부터 [10일] 이내 전신환 |
| ◎ | MT | 우편환 |

☐ 보험

매수인이 [ CIF ]가격의 [ 110% ]부보(ALL risks War an SRCC risks)

☐ 포 장 : [ Export Standard Packing ]

☐ Marking : [ ]

☐ 특약사항

|   |
|---|
|   |

☐ 기타 본 계약과 관련된 사항은 아래의 일반조건에 따른다.

|  | 매수인 | 매도인 |
|---|---|---|
| 당사자명 | [ ] | [ ] |
| 주 소 | [ ] | [ ] |
| 대표자명 | [ ] | [ ] |
| 서 명 | [ ] | [ ] |

## [ 이면조항 번역본 ]

### 〈 일반조건 〉

**제1조(수량)**
본 계약에 정한 수량은 매도인의 선택에 따라 [ ]% 범위 내에서 증감할 수 있다.

**제2조(선적)**
선하증권에 기재된 일자가 (B/L date)가 선적일이 된다. 선적에는 [ ]일의 준비기간이 허용되어야 한다. 계약에 별도 규정이 없는 경우 분할선적 및 환적이 허용된다. 매수인이 지정한 선박의 항해가 사전 결정된 선적일보다 늦어진 경우 매도인은 선적지연에 대해 책임이 없다.

**제3조(포장)**
포장에 관한 사항은 당사자간 합의에 따라 정한다. 만약, 매수인이 특별한 지시를 하는 경우, 매수인은 매도인이 동 지시를 따르는데 충분한 시간을 갖도록 적절한 시간을 두고 매도인에게 통보하며 이로 인하여 발생되는 추가 비용은 매수인이 부담한다.

**제4조(보험)**
CIF와 CIP 조건일 경우, 별도 합의가 없는 한 청구서 (계약)금액의 [ ]%를 부보한다. 매수인이 요청하는 추가보험은 매수인의 부담이다. 별도로 정하지 않는 한 보험은 해상보험만 FPA 또는 ICC (c)조항에 따라 커버한다. 매도인은 필요한 경우, 매수인의 비용으로 추가보험을 부보할 수 있다.

**제5조(비용증가)**
매도인의 원가가 본 계약체결일 이후에 운임인상, 세금 기타 정부 부과금 또는 보험료로 상승되거나, 환율변동이 매도인의 원가를 상승시키거나 매도인의 수익을 감소시키는 경우, 매수인은 매도인의 이러한 원가상승이나 수익감소를 보상하기로 한다. 또한 매수인이 선적연기를 요청하고 매도인이 이에 동의하는 경우 매도인은 생산완료 후 제품을 보관할 수 있으며 이에 따른 모든 비용은 매수인의 부담으로 한다. 상품이 매도인의 시설에 보관되는 경우 적절한 보관료가 추가된다.

**제6조(대금지급)**

◎ AT SIGHT L/C 무상환 일람불 취소불능 신용장이 본 계약일로부터 [ ]일 이내에 매도인이 동의하는 일류은행을 통해 개설되고, 동 신용장은 최종선적일로부터 최소한 [ ]일 동안 발효되어야 한다. 신용장금액은 계약금액 및 매수인이 부담할 추가 비용을 커버해야 한다.

◎ USANCE 계약금액을 지급하기 위하여 매수인은 매도인에게 본 계약 체결일로부터 [ ]일 이내에 (어음발행일 또는 선적일기준) [ ]월의 기한부 취소불능확인 신용장을 액변금액 [ ], 수혜자를 매도인으로 하여 매도인과 매수인이 합의한 조건으로 개설한다.

◎ DP 선적 후, 매도인은 매수인 앞으로 발행한 일람불어음 및 필요 (선적)서류를 은행을 통하여 매수인에게 제시한다. 매수인은 동 어음과 필요서류를 제시 받은 즉시 대금을 지급하여야 한다.

◎ DA 선적 후, 매도인은 필요 (선적)서류와 함께 매수인 앞으로 발행한 만기가 [ ]로부터 [ ]일인 환어음을 은행을 통하여 매수인에게 인수 제시한다. 매수인은 동 환어음 및 서류의 제시가 있으면 즉시 환어음에 인수서명 (날인)하고 어음의 만기에 결제하여야 한다.

◎ DD 매수인은 필요 (선적서류를) 받은 때로부터 [ ]일 이내에 (또는 B/L 상의 선적일로부터 [ ]일 이내에) 상품대금을 요구불어음 (D/D)으로 지급한다.

◎ TT 매수인은 필요 (선적서류를) 받은 때로부터 [ ]일 이내에 (또는 B/L 상의 선적일로부터 [ ] 일 내에 ) 상품대금을 전신환 (T/T)으로 (매도인이 지정한 은행의 매도인 구좌로) 송금한다.

◎ MT 매수인은 필요 (선적서류를) 받은 때로부터 [ ] 일

이내에 (또는 B/L 상의 선적일로부터 [ ] 일 내에 ) 상품대금을 우편환(M/T)으로 지급한다.

**제7조(상품검사)**
상품검사는 대한민국 수출관련규정에 따르거나 제조업자가 하고 동 검사는 최종적이다. 매수인이 특별검사인을 지정하는 경우 이로 인한 추가비용은 매수인의 부담으로 하여 매도인의 청구서에 포함되고 신용장금액도 따라서 변경된다.

**제8조(품질보증)**
상품은 본 계약에 규정된 명세에 부합해야 하며 선적일로부터 [ ] 개월간 소재 및 제조공정에 하자 없음을 보장한다. 매도인의 본 보증에 따른 책임한도는 하자상품 또는 그 부품의 수리 또는 교환에 그친다. 본 보증은 (a) 상품이 오용되거나, 허술히 다뤄지거나, 사고가 나거나, 또는 남용된 경우 (b) 매도인 이외의 자가 부적절히 수리, 설치, 운반, 변경한 경우 (c) 매도인의 지시사항을 위반하여 사용된 경우에는 적용되지 아니한다. 본 조항에 규정된 명시적 보증을 제외하고는 매도인은 매수인에 대하여 명시적이든 묵시적이든 다른 어떤 보증도 하지 아니하며 상품성보장 및 특정목적 적합성보장은 하지 않음을 선언한다. 어떤 경우에도 매도인은 매수인에게 본 계약상 또는 기타 사유로 영업이익상실, 간접적 · 우연적 · 결과적 손해에 대한 책임이 없다.

**제9조(클레임)**
본 계약 하에서 발생하는 매수인의 모든 클레임은 선하증권에 기재된 도착항에 상품이 도착한 날로부터 [ ] 일 이내에 팩스나 전보로 제기한다. 클레임의 상세한 내역은 서면으로 작성하여 위 팩스나 전보 일자로부터 [ ] 내에 등기우편으로 매도인에게 제출한다. 매수인은 상품의 수량과 품질에 관한 다툼이 있는 경우 위 클레임상세와 함께 매도인이 인정한 검사인이 작성한 검사보고서를 제출한다. 위 기한 내에 위 클레임을 제기하지 못할 경우는 선적품의 인수로 되고 동 선적이 해당조건을 충족시키고 있음을 매수인이 동의한 것이 된다.

**제10조(계약의 해지 등)**
매수인이 지급불능, 파산 또는 적시의 신용장개설을 포함하여 매도인에 대한 지급을 하지 않는 경우, 매도인은 매수인에 대한 사전 통보 없이 다음의 권리를 행사할 수 있다.

① 본 계약의 해지(해제)

② 불이행 부분에 대하여 계약을 해제하고 이를 재매도하여 매수인으로 부터는 계약금액과 재매도가액과의 차액을 징구
③ 미선적부분에 대하여 계약을 해제하고 매수인으로부터 미선적 금액의 [ ] %를 손해배상액으로 징구

**제11조(불가항력)**

당사자 일방은 그 의무불이행이 수출면허의 정지 기타 정부제한, 천재지변, 전쟁, 해상봉쇄, 혁명, 내란, 동원, 파업, 직장폐쇄 또는 기타 노동분규, 민란, 소요, 질병 또는 기타 역병, 화재, 태풍, 홍수의 경우에는 그 의무 불이행에 대하여 책임지지 아니한다.

**제12조(지적재산권)**

매수인은 매수인이 선정하거나 매수인으로부터 연원한 특허, 상표, 저작권, 디자인, 패턴 등과 관련된 일체의 침해책임으로부터 매도인을 면책시켜야 한다.

**제13조(준거법)**

본 계약은 한국법에 따른다.

**제14조(중재)**

본 계약 및 그 불이행과 관련하여 발생되는 모든 분쟁은 대한민국 서울에서 대한상사중재원의 중재규칙에 따라 중재로 해결한다. 중재인이 내린 판정은 최종적인 것으로 관련당사자 쌍방을 구속한다.

**제15조(언어)**

이 계약서는 영어와 기타의 다른 언어로 작성될 수 있다. 서로 다른 언어로 작성된 계약서 간에 차이 또는 불일치가 있는 경우, 영문 계약서가 모든 면에서 우선한다.

**제16조(기타)**

본 계약의 모든 무역용어는 국제상업회의소의 Incoterms® 2020에 따라 해석한다.

# 제3장 무역계약의 기본조건

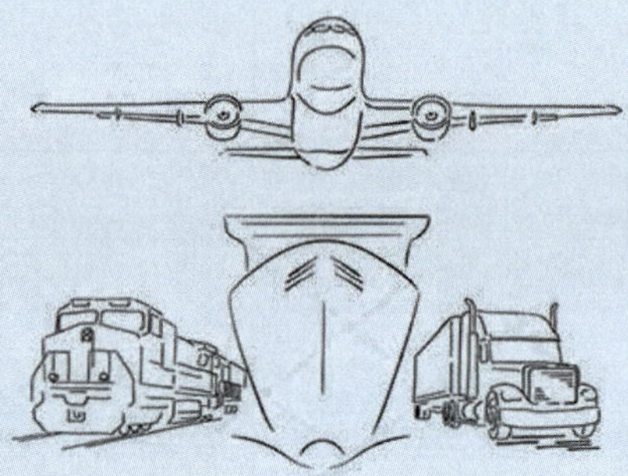

제 3 장

# 무역계약의 기본조건

무역계약의 기본조건에는 품질조건, 수량조건, 가격조건, 포장조건 등 상품 자체에 관한 조건과, 선적조건, 결제조건, 보험조건 등 계약이행을 위한 조건과 클레임조항, 중재조항 등 계약불이행에 관한 조건들이 있다.

## 1. 품질조건(Quality Terms)

### 1) 품질의 결정방법

무역거래에서 이용되고 있는 품질결정방법은 다음과 같다.

#### (1) 견본매매(Sale by Sample)

오늘날 무역거래에서 가장 널리 이용되는 방법으로 실제 매매될 상품의 일부인 견본에 의해 품질을 결정하는 방법이다.

참고로 견본의 종류는 다음의 〈표 3-1〉과 같다.

표 3-1 견본의 종류

| 분 류 | 내 용 |
|---|---|
| 용도별 | ① 품질견본(Quality Sample): 협의의 품질을 검토하기 위한 것<br>② 대표견본(Representative Sample): 품질을 나타내는 대표적인 것<br>③ 색견본(Colour Sample): 색채를 검토하기 위한 것<br>④ 무늬견본(Pattern): 의장과 도안을 검토하기 위한 것으로 섬유제품 등에 많이 이용<br>⑤ 선발[선적]견본(Advance[Shipping; Shipmnet] Sample): 계약품의 선적 완료 후 매수인에게 적재품의 품질표시를 위해 선적품과 동일한 것을 항공편으로 보내는 견본 |
| 송부방향 | ① 매도인견본(Seller's Sample): 매도인이 매수인 앞으로 보내는 견본<br>② 매수인견본(Buyer's Sample): 매수인이 매도인에게 견본품과 같은 상품을 구입신청할 때에 보내는 견본<br>③ 수정견본(Counter Sample): 매도인 또는 매수인이 수령한 상대방의 견본에 수정을 가하여 반대로 유사견본을 매수인 또는 매도인 앞으로 보내는 견본 |
| 취급실무 | ① 원견본(Original Sample): 상대방에게 보내는 견본으로 계약시의 기준품질로 된다.<br>② 보관견본(Duplicate[Keep; File] Sample): 송부자가 자신의 참고로 보관하는 견본으로 후일의 참조에 제공되므로 대조견본(reference sample)으로도 불리운다.<br>③ 제3견본(Triplicate Sample): 계약이 성립되어 약정품을 조달하기 위해 메이커(제조자)에 참고를 위해 보내는 견본 |
| 견본대가 유무 | ① 유상견본(Sample with Charge): 매도인이 매수인에게 견본대금을 받고 보내는 견본으로 고가품의 경우에 이용<br>② 무상견본(Free Sample): 매도인이 매수인에게 무상으로 제공하는 견본 |

견본매매시 실무상의 유의점으로는 계약시 품질을 표시할 때 'same as…'나 'up to…', 등과 같은 엄격한 표현대신에 'as per…'나 'similar to…' 와 같은 표현을 사용하는 것이 품질과 관련된 분쟁방지를 위해 매도인에게 바람직하다.

### (2) 규격매매(Sale by Type or Grade)

상품의 규격이 국제적으로 통일되어 있거나 수출국의 공적규정에 의해 규격이 정해져 있는 상품의 경우에 이용되는 방법이다. 주로 전기, 전자제품 등의 공산품의 경우 KS(Korean Standard), JIS(Japan Industrial Standard), BSS(British Standard Specification), ISO (International Organization for Standardization) 등에서 정한 규격으로 거래할 때 이용된다.

### (3) 표준품매매(Sale on Standard or Sale by Standard Quality)

농산물, 임산물, 수산물 등의 1차산품의 경우 견본이나 규격의 제시가 어렵기 때문에 표준품에 의해 품질을 결정하는 방법이다. 여기서의 품질조건은 다음과 같다.

① **평균중등품질**(Fair Average Quality: FAQ)

주로 곡물류나 과일류의 거래에 많이 이용되는 조건으로, 인도상품의 품질은 선적시 및 장소의 그 계절 수확품의 평균 중등품질(Fair average quality of the season's shipments at time and place of shipment)로 하는 것이다.

② **판매적격품질**(Good Merchantable Quality: GMQ)

인도상품의 품질은 당해 상품의 거래상 판매적격성(merchantability)을 지닌 것임을 매도인이 보증하는 것으로 목재류와 냉동어류 등의 거래에 이용되는 조건이다.

③ **보통품질**(Usual Standard Quality: USQ)

공인검사기관에 의해 결정되는 보통품질을 표준품의 품질로 결정하는 주로 원면, 생사, 인삼, 오징어의 거래에 이용되는 조건이다.

#### (4) 상표매매(Sale by Trademark or Brand)

생산자의 상표(Trademark)나 품명(Brand)이 일반적으로 알려져 있는 상품의 경우 견본을 제시할 필요 없이 상표나 품명에 의해 품질을 결정하는 방법이다.

#### (5) 명세서매매(Sale by Specification)

기계류, 선박, 의료기구, 철도차량 등의 거래에서는 견본의 제공이 곤란하기 때문에 물품의 재료, 구조, 성능 등을 상세히 설명한 명세서(Specification)에 의해 품질을 결정하는 방법이다.

### 2) 품질의 결정시기

일반적으로 무역물품은 장거리 운송에 의해 이루어지므로 선적시점과 양륙시점에서의 품질차이가 발생할 가능성이 크다. 따라서 후일의 분쟁을 방지하기 위하여 계약시에 품질의 결정시기를 선적시점 또는 양륙시점으로 할 것인가를 명확히 약정할 필요가 있다.

#### (1) 일반상품의 품질결정시기

① **선적품질조건**(Shipped Quality Terms)

인도상품의 품질은 선적시점의 품질로 하는 조건(Shipped Quality to be final)으로 매도인은 운송도중의 변질에 대해서는 책임을 지지 않는다. 일반적으로 FOB, CFR, CIF, FCA 등의 조건이 이에 해당된다.

② **양륙품질조건**(Landed Quality Terms)

인도상품의 품질은 목적지의 양륙시점의 품질로 하는 조건(Landed Quality to be final)으로 매도인은 운송도중의 변질에 대해서는 책임을 진다. 일반적으로 DAT, DAP, DDP 등의 조건이 이에 해당된다.

### (2) 곡물류의 품질결정시기

① **Tale Quale**(TQ)

런던시장의 곡물류의 거래에 이용되는 선적품질조건(shipped quality terms)으로 운송중의 손해에 대해서는 매도인이 책임을 지지 않는 조건이다.

② **Rye Terms**(RT)

런던시장에서 곡물류의 거래에 이용되는 양륙품질조건(landed quality terms)으로 운송중의 손해에 대해서는 매도인이 책임을 지는 조건이다.

③ **Sea Damaged**(SD)

원칙적으로는 선적품질조건이지만 운송 중 화물이 潮濡 또는 응결에 의한 손해를 입은 경우도 매도인이 책임을 지는 선적품질조건과 양륙품질조건을 절충한 조건이다.

## 2. 수량조건(Quantity Terms)

### 1) 수량단위

수량의 단위는 중량(Weight), 용적(Measurement), 개수(Piece, Dozen, Gross, etc), 포장단위(Package), 길이(Length), 면적(Square) 등이 있다.

#### (1) 중량(Weight)

Ton, Pound(lb), Kg 등이 있는데, Ton도 다음의 세 종류로 나누어진다.

영국 톤(English Ton ; Long Ton(L/T) ; Gross Ton=2,240 lbs=1,016kg)
미국 톤(American Ton : Short ton(S/T)=2,000 lbs=907kg)
프랑스 톤(French Ton : Metric Ton(M/T) : Kilo Ton=2,204.6 lbs=1,000kg)

### (2) 용적(Measurement)

cubic meter($M^3$; CBM), cubic feet(cft), super feet(SF), barrel, gallon. liter 등이 있다.

### (3) 개수(Piece)

piece(pc), dozen, gross, set, pair 등이 있다.

1 dozen=12 pieces
1 gross=12 dozen=12X12=144 pcs
1 small gross=10 dozen=10X12=120 pcs
1 great gross=12 gross=12X12X12=1,728 pcs

### (4) 포장단위(Package)

bag, bale, drum, case, carton 등이 있다.

### (5) 길이(Length)

meter, yard, inch, feet 등이 있다.

### (6) 면적(Square)

square feet(sft) 등이 있다.

## 2) 수량의 결정시기

수량의 결정시기는 품질조건의 시기와 마찬가지로 다음의 두 가지 조건이 있다.

### (1) 선적수량조건(Shipped Quantity Terms)

계약수량을 선적한 때의 수량을 최종으로 한다(Shipped Weight Final).

### (2) 양륙수량조건(Landed Quantity Terms)

계약수량을 양륙시의 수량을 최종으로 한다(Landed Weight Final).

## 3) 과부족용인조항(More or Less Clause; ML Clause; MOL Clause)

곡물, 석탄, 광석 등과 같은 살물(bulk cargo)의 경우 화물의 성질상 정확히 계약상의 수량을 인도하기가 곤란하기 때문에 계약시에 일정범위의 과부족은 허용하고 있는데, 이를 과부족용인조항이라 한다. 신용장통일규칙(UCP)에서는 신용장에 포장단위(packing units) 또는 개별단위의 특정 숫자로 기재하지 않고 청구금액의 총액이 신용장 금액을 초과하지 않는 경우 5%까지의 과부족을 허용하고 있다(UCP 제30조 b항). 그러나 무신용장방식의 거래(D/A. D/P)의 경우에는 이러한 규정이 적용되지 않으므로 계약서에 과부족용인조항을 포함시키는 것이 바람직하다.

계약에 과부족용인조건을 인징하는 경우, 금액 또는 수량이나 단가 앞에 about, circa, approximately 등의 표현이 사용되는 경우에는 10% 이내의 과부족을 허용한다(UCP 제30조 a항). 그러나 about 등과 같은 막연한 용어는 될 수 있는 한 피하고, 항상 확정률을 기재해야 한다.

따라서 수량과부족의 용인을 명확히 하기 위해 그 용인량의 한도와 과부족 선택권자를 명시하여, 예를 들어 5% More or less at seller's( or buyer's) option [5% 이내의 과부족은 매도인(매수인)의 임의로 한다] 등으로 기재한다.

## 3. 가격조건(Price Terms)

### 1) 가격의 매매기준가격(Basis of price)

무역거래의 거래가격은 계약물품의 인도장소가 어디인가에 따라, 다시 말해 수출지인가 수입지인가에 따라, 또 매도인과 매수인이 어느 범위까지의 비용을 부담하는가에 따라 변한다. 이들 무역거래의 거래가격 기준으로는 오랜 거래관습에서 거래가격을 간단한 약어로 표시하는 Trade Terms(정형거래조건 또는 가격조건)가 있다. 그러나 이 정형거래조건의 해석은 각국마다 일치하지 않기 때문에 국제상업회의소(ICC)가 이들 조건의 해석에 관한 국제규칙을 제정한 것이 인코텀즈(Incoterms)이다. 이는 1936년에 처음으로 제정된 이후 1953년, 1967년, 1980년, 1990년, 2000년, 2010년, 2020년에 추가·수정이 있었으며 최근 2020년 개정판에서는 11가지 규칙이 규정되어 있다.

### 2) 거래통화(Currency)

무역거래에 있어서 통화를 자국통화, 상대국통화 혹은 제3국통화 중 어느 통화로 할 것인가를 약정하여야 한다. 만약 외국통화를 결제통화로 사용하는 경우에는 환위험을 해소하는 수단을 강구해 둘 필요가 있다.

## 4. 선적조건(Terms of Shipment)

### 1) 선적시기

선적시기의 결정방법은 다음과 같은 방법이 있다.

#### (1) 단월조건

Shipment shall be made during January Shipment(1월 선적)처럼 선적시기를 특정한 달로 표시하는 방법

#### (2) 연월조건

January/February Shipment(1월/2월 선적)처럼 선적시기를 특정 달의 연속으로 표시하는 방법

#### (3) 특정일 이전 정기선적조건

Within 30 days after receipt of L/C(신용장 수령 후 30일 이내)처럼 선적시기를 특정기간으로 표시하는 방법

#### (4) 특정일 이전 선적조건

Latest shipping date: October 14, 2019과 같이 선적시기를 몇 월 몇 일로 한정하는 방법

#### (5) 즉시 선적

선적시기를 특정 달이나 기간으로 표시하지 않고, immediate shipment, prompt shipment 혹은 as soon as possible shipment(ASAP)와 같은 표현을 사용하는 방법이다. 그러나 이러한 용어는 각국의 해석이 달라

분쟁을 초래할 우려가 있으므로 이러한 표현은 피해야 할 것이다.

신용장통일규칙에서는 "서류에 사용되도록 요구되지 않았다면 이들 단어들은 무시된다"고 규정하고 있다(UCP 제3조).

### 2) 분할선적(Partial Shipment)

분할청구 또는 분할선적은 허용된다(UCP 제31조 a항).

신용장에 일정기간 내의 할부선적(shipment by instalment, instalment shipment)이 명시된 경우 그 기간내에 선적되지 않았다면, 신용장에 별도의 명시가 없는 한, 당해 할부부분 및 그 이후의 모든 할부부분에 대하여 신용장은 효력을 상실한다(UCP 제32조).

그리고 선적이 동일항로, 동일운송수단에 의해 이루어졌음을 표시하고 있는 운송서류는 그것이 동일목적지를 표시하고 있는 한, 그 운송서류의 선적일자, 선적항, 인수지 또는 발송지가 다르더라도 분할선적으로 간주되지 않는다(UCP 제31조 b항).

### 3) 환적(Transhipment)

환적이란 신용장에 명시된 적재항으로부터 양륙항까지 해상운송중 한 선박에서 다른 선박으로의 양하 및 재적재를 의미하는데, 환적시 멸실 및 손상의 위험이 크므로 환적금지를 약정하는 것이 일반적이다.

### 4) 지연된 선적

신용장 또는 계약서에 기재된 선적기일 이내에 선적하지 않는 것을 선적지연 또는 선적지체라고 하며, 그 사유가 매도인의 귀책사유로 인한 것이면 계약위반으로 된다. 그러나 선적지연이 매도인이 통제할 수 없는 사유, 즉 천재지변(Act of God), 전쟁, 동맹파업, 수출금지, 화재, 폭풍 등 불가항력으로 인한 경우에는 매도인은 면책된다는 불가항력조항(Force Majeure Clause)을 계약서에 명시하는 것이 바람직하다.

### 5) 선적일의 증명과 선하증권 일자

선적일의 증명은 보통 선하증권 일자(B/L Date)로 하는 것이 거래상의 관습이지만 분쟁의 발생을 막기 위해 매매계약서에 명기해두는 편이 좋다.

【예】 The date of Bill of Lading shall be taken as the conclusive proof of the date of shipment。

## 5. 결제조건(Terms of Payment)

### 1) 결제시기

선적시점을 기준으로 다음의 세 가지로 나눌 수 있다.

#### (1) 선지급[선불; 전불](Advance Payment, Payment in Advance)

물품이 선적 또는 인도되기 전에 미리 대금을 지급하는 것으로, 이에는 주문과 동시에 대금을 지급하는 주문불(Cash with Order; CWO), 물품이나 서류가 인도되기 전에 대금을 송금하는 단순[사전]송금방식(Remittance Basis), 수출상이 신용장 수령과 더불어 일정금액을 미리 지급받을 수 있는 방식의 선대신용장(Red Clause[Packing] L/C)이 있다.

#### (2) 연지급[후지급](Deferred payment)

물품의 선적이나 인도 또는 어음의 일람 후 일정기일 이후에 대금지급이 이루어지는 것으로, 이에는 기한부신용장(Usance L/C Basis), 인수도조건(D/A Basis), 본지점간에 매거래시마다 결제하지 않고 일정기간의 거래에서 발생하는 채권채무를 상쇄하여 그 잔액만을 지급하는 조건인 장부결제[청산계정](Open Account) 등이 있다.

#### (3) 동시지급(Concurrent Payment)

물품 또는 물품을 대표하는 서류 등과 상환으로 대금을 지급하는 것으로, 이에는 수입지에서 물품과 상환으로 대금을 지급하는 방식인 현금결제(Cash on Delivery: COD), 선적서류와 상환으로 대금지급이 이루어지는 서류상환불(Cash against Documents: CAD)이 있다.

#### (4) 혼합방식

분할지불(Progressive Payment; Instalment Payment)의 경우에 해당되며 이는 주문시에 계약금의 1/3, 선적시 1/3, 잔금은 현품이 도착한 후와 같이 몇 회로 나누어 지급하는 조건으로 선박이나 플랜트 수출의 경우에 자주 이용된다.

### 2) 결제방식

무역대금의 결제방식에는 크게 다음의 세 가지로 구분할 수 있다.

#### (1) 신용장결제방식

신용장(Letter of Credit: L/C)이란 신용장발행의뢰인(수입업자)의 요청에 의하여 신용장발행은행이 수출업자인 수익자(beneficiary)에게 신용장조건과 일치하는 서류를 은행에 제시할 것을 조건으로 대금지급을 약속하는 보증장이다. 즉, 신용장이란 "발행은행의 수익자에 대한 조건부 지급확약서"라고 할 수 있다. 이는 통상의 무역대금 결제방식으로서 많이 사용된다.

### (2) 추심결제방식

무신용장 결제방식인 추심결제방식에는 지급도 조건(D/P: Documents against Payment)과 인수도 조건(D/A : Documents against Acceptance)이 있다. 전자의 경우는 어음의 지급인인 수입업자가 어음지급을 함과 동시에 은행으로부터 선적서류를 인도받는 조건을 말하며, 후자의 경우는 어음의 지급인인 수입업자가 환어음을 인수함과 동시에 은행으로부터 선적서류를 받는 조건을 말한다.

### (3) 송금방식

수입상이 수출상에게 물품대금을 송금하여 주는 방식으로 송금시기를 기준으로 사전[단순] 송금방식과 사후 송금방식이 있다. 전자는 수출상이 물품이나 선적서류를 인도하기 전에 물품대금을 미리 송금받는 방식으로 단순송금방식이라 하고, 후자는 수출상이 물품이나 선적서류를 먼저 인도한 후 물품대금을 나중에 송금받는 방식으로 COD, CAD, BWT(보세창고도거래(Bonded Warehouse Transaction)는 수출상이 일방적으로 물품을 거래상대국의 보세창고(Bonded Warehouse)에 입고시킨 후 현지에서 매매계약이 체결되면 물품을 보세창고에서 꺼내 통관한 후 판매하는 거래를 말한다) 등으로 분류할 수 있다.

## 6. 보험조건

해상운송 도중에 폭풍우나 본선의 충돌 등 항해에 관한 사고에 의해 손해가 발생하였을 때 이에 대한 대책으로 해상보험(Marine Insurance)이 있다.

거래조건이 CIF나 CIP인 경우에는 매도인이 보험계약을 체결할 의무가 있는 반면, EXW, FCA, FAS, FOB, CFR, CPT 등의 경우에는 매수인이 자신을 위해 보험계약을 체결할 의무가 있다.

해상보험에는 담보위험에 따라 다음 3종류의 기본적 보험약관이 있다.

① Institute Cargo Clauses (A)

② Institute Cargo Clauses (B)

③ Institute Cargo Clauses (C)

위의 Institute Cargo Clauses (A)조건은 종래의 All Risks Clauses, (B)는 WA, (C)는 FPA와 내용이 거의 일치한다.

이들 보험약관에는 전쟁위험과 동맹파업위험에 대한 손해를 보상해 주지 않으므로 이를 보상받기 위해서는 별도로 협회전쟁약관(화물) [Institute War Clauses (Cargo)] 및 협회동맹파업약관(화물) [Institute Strikes Clauses (Cargo)]를 부보해 둘 필요가 있다.

## 7. 포장조건

포장(packing)이란 물품을 운송, 보관하는데 있어 물품을 보호하고 물품의 가치를 유지하거나 높이기 위해 적절한 재료나 용기를 이용하여 행하는 것이다.

## 1) 포장의 종류

포장은 통상 다음의 세 가지로 나눌 수 있다.

### (1) 個裝(Unitary Packing)

물품의 최소 소매단위를 개별적으로 포장하는 것을 말한다.

### (2) 내장(Interior Packing)

個裝물품의 운송이나 취급에 편리하도록 몇 개의 個裝을 합하여 포장하는 것을 말한다.

### (3) 외장(Outer Packing)

몇 개이 個裝을 상자 등의 외부용기에 다시 포장하는 외부포장을 말한다.

## 2) 화인(貨印)

화인(Shipping Marks)이란 무역화물의 외장에 표시하는 기호로, 운송인이나 수입상으로 하여금 다른 물품과의 식별을 용이하게 하고, 그 화물의 내용을 표시하는 것을 주목적으로 한다. 이에는 수하인을 표시하는 가장 주요한 주화인(Main Mark), 송하인인 생산자 또는 공급자를 표시하는 부화인(Counter Mark), 내용물품의 품질을 표시하는 품질표시(Quality Mark), 목적지나 목적항을 표시하는 항구표시(Port Mark), 화물의 일련번호(Case Number), 원산지표시(Country of Origin Mark), 주의표시(Care [Caution] Mark) 등이 있다. 이 중 주화인(Main Mark), 항구표시(Port Mark) 및 화물의 일련번호(Case Number)는 반드시 표시해야 하는 것인데, 특히 항구표시(Port Mark)가 없는 화물을 無印화물(No Mark Cargo: NM)이라 한다.

# 제4장 정형거래조건

# 제 4 장
# 정형거래조건

## 1. 인코텀즈 2020의 개요

### 1) 인코텀즈 2020의 의의

인코텀즈 규칙은 전세계적으로 거래 당사자간의 물품의 인도(delivery of goods)에 관하여 일반적으로 인정된 정의와 규칙을 확립하기 위해 1936년 국제상업회의소(ICC)에 의하여 처음 도입되었으며, 그 후 국제무역관행의 변화를 반영하면서 1953년, 1967년, 1980년, 1990년, 2000년 및 2010년에 개정되었다.

국제상공회의소(ICC)는 2019년 9월 10일에 제8개정판인 인코텀즈 2020을 공표하였으며, 이는 2020년 1월에 발효된다.

인코텀즈는 International의 “In”과 Commercial의 “Co”에 “Terms”를 조합한 약칭으로 매도인과 매수인의 의무(obligations), 비용(cost)의 분담, 위험(risk)부담의 분기점 등을 기술하고 있다.

인코텀즈는 법률이나 계약이 아니라 임의규칙이므로 무역거래에서 법적인 구속력을 지니고 있지 않다. 따라서 당사자 쌍방이 인코텀즈의 사용을 바라는 경우에는 계약서 중에 「Incoterms 2020의 규정에 의해 준거된다」고 명기해 둘 필요가 있다(The trade terms under this contract shall be governed and interpreted under the provisions for “Incoterms 2020”)

인코텀즈 2020은 11가지 인코텀즈 규칙을 두 그룹으로 분류하여 처음에는 모든 운송방식에 적합한 규칙(7가지)을, 다음으로 해상 및 내륙수로운송에 적합한 규칙(4가지)을 나열함으로써 인코텀즈 2010의 접근방식을 유지하였다. 이는 사용자가 모든 운송방식에 적합한 인코텀즈 규칙을 사용하는 것을 장려하기 위한 것이다. 왜냐하면 그것은 잘못된 인코텀즈를 사용하는 위험을 줄이는 것을 의미하기 때문이다.

[ **어떠한 단일 또는 복수의 운송방식에 사용되는 규칙** ]

EXW Ex Works

FCA Free Carrier

CPT Carriage Paid To
CIP Carriage and Insurance Paid To

DAP Delivered at Place
DPU Delivered at Place Unloaded
DDP Delivered Duty Paid

[ **해상 및 내륙수로에 사용되는 규칙** ]

FAS Free Alongside Ship
FOB Free On Board

CFR Cost and Freight
CIF Cost Insurance and Freight

첫 번째 종류는 선택된 운송방식에 관계없이 또한 단일 또는 복수의 운송방식이 사용되었는지 관계없이 사용할 수 있는 일곱 가지 규칙

(EXW · FCA · CPT · CIP · DAP · DPU · DDP)을 포함한다. 이들은 해상운송이 전혀 없는 경우에도 사용할 수 있다. 그러나 이들 규칙은 선박이 운송의 일부에 사용되는 경우에도 사용할 수 있다는 것을 기억하는 것이 중요하다.

두 번째 종류는 물품의 인도장소와 도착장소는 모두 항구이며, FAS, FOB, CFR 및 CIF가 여기에 속한다. 이 중 마지막의 세 규칙에서는 인코텀즈 2010과 마찬가지로 인도지점으로서의 본선이 난간(ship's rail)의 문구가 전부 삭제되고 본선에 적재된(on board the vessel)된 때에 물품이 인도되는 것으로 되었다.

참고로 인코텀즈 2000에서의 13가지 규칙의 분류는 다음과 같다.

**표 4-1** 인코텀즈 2000 규칙의 분류

| 그룹별 | 약호 | 거래조건 | 수송수단 |
|---|---|---|---|
| E-그룹<br>출발지인도조건 | EXW | Ex Works | M |
| F-그룹<br>주운송비 미지급<br>인도조건 | FCA<br>FAS<br>FOB | Free Carrier<br>Free Alongside<br>Free On Board | M<br>S<br>S |
| C-그룹<br>주운송비<br>지급인도조건 | CFR<br>CIF<br>CPT<br>CIP | Cost and Freight<br>Cost Insurance and Freight<br>Carriage Paid To<br>Carriage and Insurance Paid To | S<br>S<br>M<br>M |
| D-그룹<br>도착지인도조건 | DAF<br>DES<br>DEQ<br>DDU<br>DDP | Delivered At Frontier<br>Delivered Ex Ship<br>Delivered Ex Quay<br>Delivered Duty Unpaid<br>Delivered Duty Paid | M<br>S<br>S<br>M<br>M |

주: 운송수단란의 기호의 의미는 다음과 같다.
M = 복합수송을 포함한 모든 운송수단에 적합
S = 해상운송 및 내륙수로운송에 적합

### 2) 인코텀즈 2020의 개정경위

2016년 ICC가 구성한 인코텀즈 2020 초안작성그룹(Drafting Group)은 ICC의 무역 및 투자 이사(아시아 3명, 미국 2명, 유럽 4명)를 포함하여 전 세계 9명의 전문가로 구성되어 있다. 전문지식 측면에서, 작성 그룹은 인코텀즈 규칙 사용자 4명과 국제 무역 전문가인 상업 변호사 5명을 특징으로 한다.

2016년 이후, 작성 그룹은 ICC 국가 위원회에서 제공하는 3,000개 이상의 실질적인 의견을 분석, 토론 및 검토하기 위해 긴 회의를 개최했다.

2017년 4월, 2017년 10월 및 2018년 5월 ICC 국가위원회 참여와 함께 후속 협의가 이루어졌다. 이 과정에는 베이징(2017년)과 런던(2018년)에서 진행된 '사용자' 글로벌 협의도 두 차례 포함됐다. 초안 작성 과정에서 국제 편집위원회는 제안된 변경사항과 ICC 국가위원회 권고사항 등을 논의하기 위해 2016년 7월부터 2018년 9월까지 12차례 만났다.

1차 초안에서 2차 초안까지의 검토를 거쳐 최종안은 ICC의 집행위원회(Executive Board)의 승인을 얻은 후, 새로운 인코텀즈 2020은 정확히 ICC 창립 100주년 기념해에 맞추어 2019년 9월 10일에 공표되었다. 이 새로운 규칙은 이전의 인코텀즈 2010과 마찬가지로 공표 3개월 남짓의 준비기간을 거쳐 2020년 1월 1일에 발효된다.

### 3) 인코텀즈 2020 개정의 목적

인코텀즈 2020 개정 이면의 주요 목적은 그 규칙을 보다 더 접근가능하며, 사용하기 쉽고 이해하기 쉬우면서 현실성 있게 하는 것이다. 초안작성그룹은 사용자들이 그들 매매계약에 가장 적합한 인코텀즈 규칙을 선택할 수 있도록 그 규칙의 제시(presentation)를 어떻게 향상시킬 수 있는 지에 역점을 두었다. 이러한 목적을 위하여 인코텀즈 2020은 이전보다 보다 많은 그림, 각 인코텀즈 규칙에 관한 사용자를 위한 설명문(Explanatory Notes for Users)뿐만 아니라 보다 상세한 일반 서문(introduction)을 포함시켰다. 이러한 구조적인 변화이외에도 초안작성 그룹은 국제무역에서의 최근의 발전을 고려하는 엄청난 노력을 하였고 또한 상품거래, 은행, 보험, 운송 등을 포함한 광범위한 범위의 이해관계자와 각국 협회로부터의 견해를 입수하였다.

### 4) 인코텀즈 2010과의 차이점

인코텀즈 2020과 인코텀즈 2010과의 차이점을 크게 형식상의 변화와 내용상의 변화로 나누어 살펴본다.

#### (1) 형식상의 변화

인코텀즈 2020은 구조상으로는 이전 인코텀즈 2010과 똑같아 보인다. 부연 설명하면 세 글자의 머리글자로 된 11가지 규칙, 두 가지의 분류방식(모든 운송방식에 적합한 규칙과 해상 및 내륙수로운송을 위한 규칙), 10개 조항의 두 section으로 구성되는 각 인코텀즈 규칙(A項은 매도인의 의무, B項은 매수인의 의무를 규정함)의 구조적 측면에서는 동일하다고 할 수 있다.

그렇지만 ICC는 인코텀즈 2020을 더 투명하게 하기 위하여 다음과 같은 형식상의 변화를 시도하였다.

① **사용자를 위한 설명문**(Explanatory Notes for Users)**의 설치**

이전에 개별 Incoterms의 처음에 특별히 포함된 사용지침(Guidance Notes)은 인코텀즈 2020에서는 사용자를 위한 설명문(Explanatory Notes for Users)으로 변경되었다.

이는 수입업자와 수출업자의 책임을 도해(圖解)하는 향상된 그래픽과 특정 거래를 위해 가장 적합한 인코텀즈 규칙을 선택하는 방법에 관한 상세한 설명이 추가되어 사용자들이 알기 쉽도록 만들어졌다. 부연설명하면 이 설명문은 언제 이 규칙을 사용해야 하는지, 위험은 언제 이전되는지, 매도인과 매수인 간에 비용은 어떻게 분담되는지 등과 같은 각 인코텀즈 규칙의 기본 원칙(fundamentals)을 설명하며, 나아가 사용자가 가장 적절한 Incoterms를 선택하는 것을 도와주고 또한 만일 분쟁이 발생하면 해석을 위한 지침을 제공하는 것을 목적으로 한다.

② **의무조항의 재배열**

각 인코텀즈 규칙 내의 10개의 의무조항이 체계화된 내부 순서에서 근본적인 대개편이 있었다. 즉, A1/B1에서 당사자의 기본적인 물품제공/대금지급의무를 밝히고, 인도와 위험의 이전을 보다 두드러진 위치인 A2와 A3으로 각각 이동하였으며, 그 이후의 일반적인 차례는 종속계약(A4/B4와 A5/B5, 운송과 보험), 운송서류(A6/B6), 수출/수입통관(A7/B7), 포장(A8/B8), 비용(A9/B9) 및 통지(A10/B10)의 순서이다. 이를 정리하여 보면 인코텀즈 2020에서 각 인코텀즈 규칙 내의 의무조항의 내부 순서는 다음과 같다.

A1/B1 일반의무(General obligations)
A2/B2 인도/인도의 수령(Delivery/Taking delivery)
A3/B3 위험의 이전(Transfer of risks)
A4/B4 운송(Carriage)
A5/B5 보험(Insurance)
A6/B6 인도/운송서류(Delivery/transport document)
A7/B7 수출/수입통관(Export/import clearance)
A8/B8 점검/포장/하인(Checking/packaging/marking)

A9/B9　비용의 분담(Allocation of costs)
A10/B10　통지(Notices)

참고로 이를 인코텀즈 2010상의 내용과 비교해 보면 다음의 〈표 4-2〉과 같다.

**표 4-2** 인코텀즈 2010과 인코텀즈 2020상의 의무 조항의 비교

| 인코텀즈 2010 규칙상의 의무조항 | 인코텀즈 2020 규칙상의 의무조항 |
|---|---|
| A1/B1　일반의무(General obligations) | A1/B1　일반의무(General obligations) |
| A2/B2　허가, 승인, 보안통관 및 기타 절차<br>(Licences, authorization, security clearances and other formalities | A2/B2　인도/인도의 수령<br>(Delivery/Taking delivery) |
| A3/B3　운송 및 보험계약<br>(Contracts of carriage and insurance) | A3/B3　위험의 이전(Transfer of risks) |
| A4/B4　인도/인도의 수령<br>(Delivery/Taking delivery) | A4/B4　운송(Carriage) |
| A5/B5　위험의 이전(Transfer of risks) | A5/B5　보험(Insurance) |
| A6/B6　비용의 분담<br>(Allocation of costs) | A6/B6　인도/운송서류<br>(Delivery/transport document) |
| A7/B7　통지(Notices) | A7/B7　수출/수입통관<br>(Export/import clearance) |
| A8/B8　인도서류/인도의 증거<br>(Delivery document/Proof of delivery) | A8/B8　점검/포장/하인<br>(Checking/packaging/marking) |
| A9/B9　점검-포장-하인/물품의 검사<br>(Checking-packaging-marking/ Inspection of goods) | A9/B9　비용의 분담<br>(Allocation of costs) |
| A10/B10　정보의 협조 및 관련 비용<br>(Assistance with information and related costs) | A10/B10　통지(Notices) |

자료 : 관련 규정 참조하여 본인 작성

③ **수평 방식**(horizontal format)**의 도입**

지금까지 인코텀즈는 11가지 각 규칙을 순서대로 A1/B1에서 A10/B10까지 모든 조항을 열거하는 "수직 방식"(vertical format)으로 출간되었는데, 인코텀즈 2020 규칙은 종전의 "수직 방식"(vertical format) 뿐만 아니라 규칙의 의무조항별 비교(Article-by-Article Text of Rules)가 가능한 "수평 방식"(horizontal format)으로도 출간되었다. 이는 전술한 인코텀즈 2020상의 매도인·매수인의 의무조항의 표에 나타난 A1에서 A10, B1에서 B10의 의무조항 각각에 대하여 EXW에서 CIF까지의 11가지 각 규칙의 의무내용을 추출하여 게재한 것이다. 즉, A1의 매도인의 일반의무에 대하여 EXW에서 CIF까지의 11가지 규칙의 구체적인 내용이 열거된 후에, B1의 매수인의 일반의무에 대하여 위와 마찬가지로 EXW에서 CIF까지의 11가지 규칙의 구체적인 내용이 열거된다. 이후의 의무조항도 상기와 마찬가지로 열거된다. 사용자는 이의 활용을 통해 각 규칙의 비교가 종래에 비해 보다 간단하게 되어, 당해 거래에 가장 적합한 규칙을 선택하는 것이 용이하게 되었다.

④ **DPU 앞에 DAP의 배치**

인코텀즈 2020 규칙은 DPU 앞에 DAP를 두고 있다. 왜냐하면 DAP는 매도인이 도착한 운송수단에서 물품을 양하할 의무도 지는 DPU와 비교해볼 때 매도인에게 더 적은 의무를 부담지우기 때문이다.

⑤ **서문의 충실화**

새로운 인코텀즈 규칙은 그 규칙의 중대한 사항에 대하여 상세한 서문(introduction)을 포함하고 있다는 점이다. 인코텀즈 2010의 서문은 인코텀즈 2010 규칙의 사용법, 인코텀즈 2010 규칙의 주요 특징, 인코텀즈 규칙의 변형, 서문의 지위 및 인코텀즈 2010 규칙에 사용된 용어의 설명의 5개 항목으로 구성되어 있는데 비해, 인코텀즈 2020의 서문은 인코텀즈 규칙의 적용사항, 인코텀즈 규칙의 적용제외사항, 인코텀즈 규칙의 편입방법, 인코텀즈 2020에서 인도, 위험과 비용, 인코텀즈 2020 규칙과 운송인, 인코텀즈 규칙과 기타 계약과의 관계, 11개 인코텀즈 2020 규칙-해상과 내륙수로운송 및 모든 운송방식 : 올바른 선택방법, 인코텀즈 2020 규칙내의 조항의 순서, 인코텀즈 2010과 2020의 차이점, 인코텀즈 규칙 변형시 주의사항의 10개 항목으로 구성되어 있다. 그러나 이 서문은 인코텀즈 2020 규칙의 일부를 구성하는 것은 아니지만 인코텀즈 사용자와 관계당사자는 인코텀즈 2020 규칙의 본문과 함께 이 부분을 잘 읽으면 당해 거래에 적합한 인코텀즈 규칙을 선택하는데 도움이 될 것이다.

⑥ **전용 인코텀즈 2020 모바일 앱**(Mobile Application)**의 개발**

IOS 및 Android에서 사용할 수 있는 전용 인코텀즈 2020 모바일 앱(Mobile Application)을 통해 필수적인 정보에 대한 접근이 그 어느 때보다 쉬워질 것이다. 사용자는 앱에서 최신 뉴스 업데이트, 이벤트 정보 및 교육 기회를 포함한 다양한 정보 기능에 액세스할 수 있고, 이 앱은 사용자가 실시간 조언을 해주는 검증된 전문가와 접촉할 수 있는 기능도 제공한다.

### (2) 내용상의 변화

인코텀즈 2020의 내용상의 변화에 관하여는 ICC의 공식 발표 이전에 다음의 사항들이 개정될 것이라는 소문이 나돌았었다. 즉, EXW, FAS 및 DDP 규칙이 삭제(Elimination of EXW, FAS and DDP), DDP 규칙의 분리 (Breakdown of DDP in two Incoterms – DTP(Delivered at Terminal Paid)와 DPP(Delivered at Place Paid)), FCA 규칙의 확장(Expansion of FCA-one for land transportation and another for sea),

CNI(Cost and Insurance) 규칙의 신설(Creation of a new Incoterm: CNI), 컨테이너 해상운송을 위한 FOB와 CIF 규칙(FOB and CIF for containerized maritime transport) 등에 관한 것이다.

그러나 인코텀즈 2020 초안작성그룹은 규칙 자체의 규정에 약간의 실질적인 변화를 주기로 결정하였으며, 주요한 개정내용은 다음과 같다.

**① FCA 규칙에서 본선적재표기가 있는 선하증권의 발행 허용**

물품이 해상운송을 의도한 FCA로 매매된 경우, 당사자(또는 그들의 거래은행)는 종종 본선적재표기가 있는 선하증권을 요구하지만, FCA 규칙하의 인도는 물품이 본선의 선상에 적재되기 전에 완료되는 것을 고려하면, 매도인은 언제나 운송인으로부터 선적선하증권(on-board bill of lading)을 취득할 수 있는 것은 아니다.

이러한 상황에 대비하기 위해 인코텀즈 2020의 FCA 규칙(A6/B6)은 추가적인 옵션을 제공한다. 이 옵션하에서 매수인이 운송인에게 물품의 적재 후에 선적선하증권을 매도인에게 발행할 것을 지시하는 것을 매수인과 매도인은 합의할 수 있다. 그 다음에 매도인은 보통 은행을 통해 그 선하증권을 매수인에게 제공할 의무가 있다. 이것은 분명히 컨테이너를 위한 선적 선하증권을 요구하는 은행의 주장에 대한 임시 방편의 해결책이다. 그것은 매수인이 운송준비하는 것을 허용할 때의 근본적인 위험을 경감시키는데 거의 도움이 되지 않는다.

끝으로 국제상업회의소는 상기 옵션이 행사되는 경우에도 매도인은 운송계약 조건에 관하여 매수인에 대하여 의무를 지지 않는 것을 강조하고 있다.

**② CIF와 CIP에서 상이한 최소 담보의 적용**

CIP(Carriage and Insurance Paid to) 규칙은 매도인이 물품을 운송인에게 인도하지만 지정목적지까지의 운송비와 보험료를 지급하는 것을 의미한다. CIF(Cost and Freight) 규칙은 그것이 해상운송을 위해서만 사용될 수 있다(인도는 선박에 적재시이고 목적지는 항구일 필요가 있다)는 점을 제외하고는 같다.

인코텀즈 2010의 CIF와 CIP 규칙에서는 매도인에게 자신의 비용부담으로 적어도 협회적하약관(LMA/IUA) C조건 또는 동종의 약관에 의해 규정되어 있는 최소 담보범위에 따르는 적하보험을 취득할 의무를 부과하고 있다. 이는 보통 1차 산품(bulk commodity cargoes)에 적합하지만, 제조물(manufactured goods)에는 부적합한 기본적인 보험담보 수준이다.

인코텀즈 2020에서는 CIF 규칙과 CIP 규칙에 상이한 최소 담보를 규정하였다. 즉, CIF는 동일한 보험요건을 유지(즉 ICC(C))하지만, CIP는 보험담보 수준을 ICC(A)로 증가시켰다. 이것의 이면의 근거는 CIF는 해상운송 전용조건으로 ICC(C) 담보 수준으로 충분한 1차 산품 거래에 보통 사용되지만, CIP는 복합운송조건으로 보다 높은 담보 수준을 필요로 하는 제조물 거래에 자주 사용된다는 점이다. 그러나 CIF 규칙에서는 당사자간의 합의에 의해 보다 높은 수준의 보험담보를 선택할 수 있고, CIP 규칙에서는 당사자간의 합의에 의해 보다 낮은 수준의 보험담보를 선택할 수 있다.

**표 4-3** 인코텀즈 2010과 인코텀즈 2020에서의 담보 수준의 비교

| | CIF의 경우 | CIP의 경우 |
|---|---|---|
| 인코텀즈 2010 | ICC(C) | ICC(C) |
| 인코텀즈 2020 | ICC(C) | ICC(A) |

자료 : 관련 규정 참조하여 본인 작성

### ③ FCA, DAP, DPU 및 DDP에서 자신의 운송수단에 의한 운송마련규정의 명문화

인코텀즈 2010에서는 모든 규칙이 제3자 운송인(a third-party carrier)에 의한 물품운송을 전제로 하여 물품이 매도인으로부터 매수인에게 운송되지만 운송을 제3자에게 위탁하지 않고 매도인 또는 매수인 자신의 운송수단을 사용함으로써 그러한 운송을 마련하는 상황을 고려하지 않았다.

인코텀즈 2020은 이러한 입장을 명백히 하여 D 규칙(DAP, DPU 및 DDP)에서의 매도인 또는 FCA 규칙의 매수인이 자신의 운송수단을 사용하는 상황을 다룬다. 예를 들어 FCA 규칙에서 매수인은 자신의 비용으로 지정인도장소로부터 물품의 운송계약을 하거나 그러한 운송을 마련하도록 요구되며, D 규칙상의 매도인도 자신의 비용으로 물품을 지정목적지 또는 그 지정목적지에서 합의된 지점이 있다면 그 지점까지 물품의 운송계약을 하거나 그러한 운송을 마련하도록 요구된다.

### ④ DAT의 DPU로의 변경

DAT의 명칭이 DPU(Delivered at Place Unloaded)로 변경되었다. 그 근거로는 두 가지를 들 수 있다. 첫째는 DAT(Delivered at Terminal) 규칙과 DAP(Delivered at Place) 규칙간의 차이에 관하여 사용자간에 광범위한 혼동이 있었다는 점이다. 이들 규칙간의 중요한 차이는 DAT 하에서 인도는 물품이 도착한 운송수단상에서 양하되어 터미널내의 명시된 장소에서 매수인의 처분에 맡겨진 때 행해지는 반면에, DAP하에서 인도는 물품이 양하되기 전에 도착한 운송수단상에서 매수인의 처분에 맡겨진 때 행해진다는 점이다. DAT에서 DPU로 명칭을 변경한 것은 이를 명백히 하기 위한 것이다. 이 변경에 대한 두 번째 이유는 인도가 행해지는 장소를 결정함에 있어 한층 더 유연성(flexibility)을 제공하기 위함이었다. 사용자의 피드백은 사용자는 터미널만이 아니라 매도인이 양하할 수 있는 모든 장소에서의 인도를 허용하는 인코텀즈 규칙을 원한다는 것이었다. 따라서 터미널의 언급은 그것을 더 일반적인 것으로 하기 위해 제거되었다.

전술한 바와 같이 인코텀즈 2020에서는 DAT의 명칭을 DPU(Delivered at Place Unloaded)로 변경하였는데 내용면에서 기타 다른 변경은 없다. 나아가 인코텀즈 2020에서는 명칭의 변경뿐만 아니라 전술한 바와 같이 두 규칙이 제시되는 순서도 바뀌어 양하전에 인도가 행해지는 DAP가 이제는 DPU(종전의 DAT) 앞에 나타난다.

**⑤ 운송의무조항과 비용조항에 보안관련 요건의 삽입**

운송보안 (예를 들면 강제적인 컨테이너 검사) 요건은 보다 더 일반적으로 되었다. 이러한 요건은 이행되지 않는다면 비용, 위험 및 지연을 야기한다. 인코텀즈 2010에서는 보안관련 요건(security-related requirements)과 이들 비용에 대한 책임을 A2/B2와 A10/B10를 통해 간단히 다루었다. 인코텀즈 2020에서는 최근에 이 분야에서 증가하는 우려를 반영하여 보안관련 의무(security-related obligations)를 각 인코텀즈 규칙의 A4와 A7에 명시적으로 규정하였다. 이들 의무에 대한 비용은 비용 조항 즉, 각 규칙의 A9/B9에 규정하였다. 예를 들면 FOB 규칙의 A4에서는 "매도인은 인도가 있을 때까지 운송관련 보안요건을 준수하여야 한다"고 규정하고 있는데, 이는 국제무역에서 보안에 관한 우려가 점점 확산되는 것을 반영하는 것이다.

**⑥ 비용의 분단조항에서의 각종비용의 집약화**

인코텀즈 2020에서는 새로운 조항의 순서로 비용은 각 인코텀즈 규칙의 매도인의 의무 A9과 매수인의 의무 B9에 규정된다. 이 재배치와 별도로 또 하나의 변경이 있다. 지금까지의 인코텀즈에서는 복수의 조항이 분담하는 여러 가지 비용이 각 인코텀즈 규칙의 다른 곳에 규정되어 있었다. 예를 들면 FOB 2010에서 인도서류를 취득하는 데 관련된 비용은 "비용의 분담(Allocation of Costs)" 항목하의 조항인 A6이 아니라 "인도서류(Delivery Document)"의 조항인 A8에 규정되어 있었다. 다시 말하면 지금까지의 인코텀즈에서는 비용과 관련된 의무항목에서만 그 비용을 규정하였다.

인코텀즈 2020에서는 비용과 관련된 의무항목에 그것을 규정함과 동시에 비용분담에 관한 조항인 A9/B9에서도 다시 비용을 언급하여 각 당사자가 부담하는 모든 비용을 쉽게 알 수 있도록 되어 있다. 부연하면 인코텀즈 2020에서는 비용을 총괄하여 종전의 A6/B6에 상당하는 A9/B9(Allocation of costs)에서 이제 각 특정 인코텀즈 규칙에 의해 할당되는 모든 비용을 열거한다. 그 목적은 사용자에게 비용총괄목록(a one-stop list of costs)을 제공하는 것으로, 그 결과 매도인과 매수인은 이제 특정 인코텀즈 규칙하에서 자신이 책임져야 할 모든 비용을 한 장소에서 알 수 있다. 한편 비용항목은 또한 당해 비용과 관련 있다고 생각되는 의무항목의 원래의 조항(home article)에도 규정되어 있다. 따라서 예를 들면 FOB에서 서류를 취득하는데 수반되는 비용은 A9/B9 뿐만 아니라 A6/B6(Delivery/transport document)에서도 볼 수 있다. 이러한 생각은 특정서류의 비용의 분담을 발견하는데 관심이 있는 사용자는 모든 비용이 열거되어 있는 일반조항보다도 서류의 인도에 관한 특정 조항에 눈길이 가기 때문이다.

# 2. 인코텀즈 2020 규칙의 내용

## 1) 어떠한 단일 또는 복수의 운송방식에 사용가능한 규칙

### (1) EXW - Ex Works

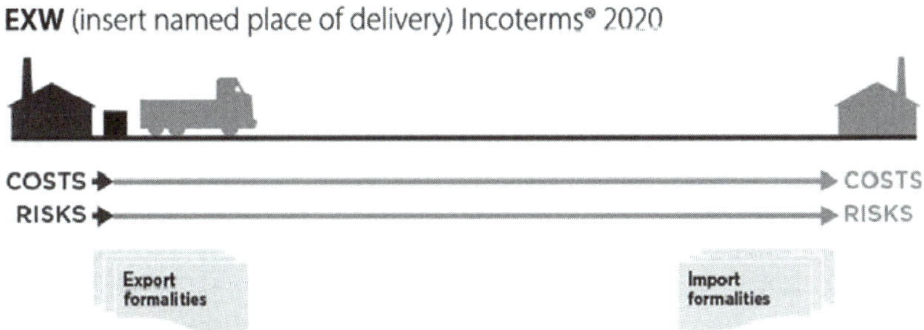


① **인도와 위험** : "공장인도"는 매도인이 지정장소(공장, 창고 등)에서 물품을 매수인의 처분에 맡긴 때 매도인이 물품을 매수인에게 인도하는 것을 의미한다. 다만, 지정장소는 매도인의 시설[영업장구내](premises)인 경우도 있고 아닌 경우도 있다. 인도가 행해지기 위해서는 매도인은 물품을 수취용 차량(collecting vehicle)에 적재할 필요가 없으며, 또 물품의 수출통관이 적용가능한 경우에도 이를 행할 필요가 없다.

② **운송방식** : 이 규칙은 선택된 단일 또는 복수의 운송방식에 관계없이 사용될 수 있다.

③ **매수인에 대한 주의** : EXW는 매도인에게 최소의 의무를 부과하는 인코텀즈 규칙인데, 매수인의 관점에서는 최대한의 의무를 지므로 특히 적재위험과 수출통관에 관련된 사항에 주의하여 사용하여야 한다.

④ **수출통관** : 매도인은 수출통관 또는 물품이 통과하는 제3국내의 통관을 행할 의무가 없다. 매수인이 수출통관을 할 의무가 있다. 매수인이 물품을 수출하려고 하는 경우인데 수출통관허가를 취득하는데 어려움이 예상되는 경우에는, 매수인은 수출통관의무와 그 허가 취득에 드는 비용부담이 매도인에게 있는 FCA 규칙을 선택하는 것이 현명하다.

⑤ **표기방법** : EXW, ABC Factory, Full Address, Paris, France Incoterms® 2020

### (2) FCA - Free Carrier

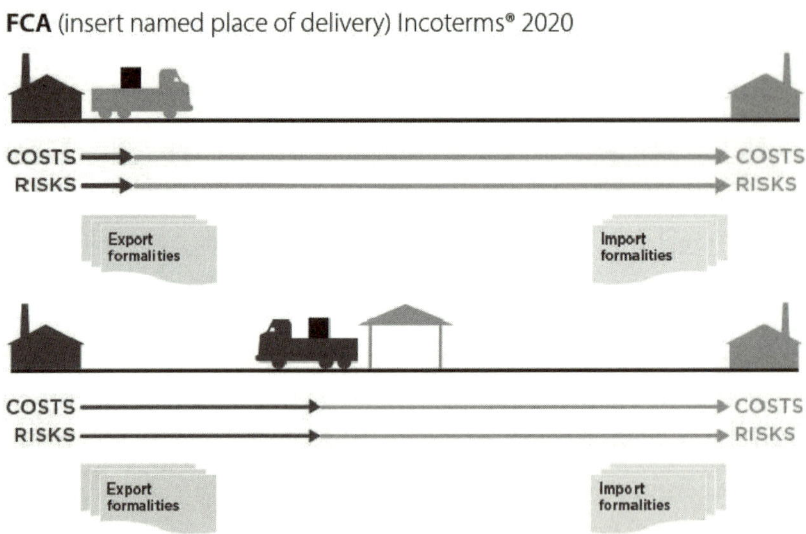


① **인도와 위험** : "운송인인도"는 다음의 두 가지 방법 중 어느 하나로 매도인이 물품을 매수인에게 인도하는 것을 의미한다. 첫째, 지정장소가 매도인의 시설[영업장구내]인 경우에는, 물품이 인도되어지는 것은 매수인이 마련한 운송수단에 적재된 때이다. 둘째, 지정장소가 기타의 장소인 경우에는, 물품이 인도되어지는 것은 매도인의 운송수단에 적재되어 지정장소에 도착하여, 양하 준비가 되어 있는 상태로 매수인이 지

정한 운송인이나 제3자의 처분에 맡긴 때이다. 상기 두 방법 중 어느 경우에도 그 인도장소에서 위험과 비용이 매수인에게 이전된다.

② **운송방식** : 이 규칙은 선택된 운송방식에 관계없이 사용될 수 있고 또한 둘 이상의 운송수단이 사용되는 경우에도 사용될 수 있다.

③ **수출/수입통관** : 적용가능한 경우에는 FCA에서는 매도인이 물품의 수출통관을 할 것을 요구하고 있다. 그러나 매도인은 수입 또는 제3국통과를 위한 물품을 통관하거나, 수입관세를 지급하거나 수입통관절차를 이행할 의무가 없다.

④ **표기방법** : FCA seller's facility, 305 Chaeng Wattana Rd, Bangkok, Incoterms® 2020 또는 FCA, XYZ Airlines Cargo Terminal, San Francisco International Airport (SFO), USA Incoterms® 2020

### (3) CPT - Carriage Paid to

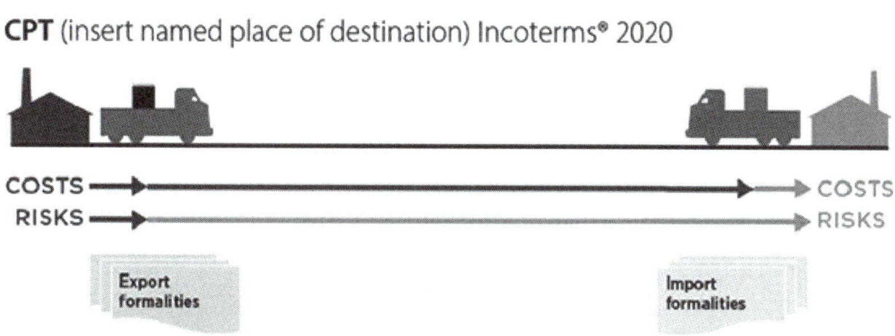


① **인도와 위험** : "운임비지급인도"는 다음과 같이 매도인이 물품을 매수인에게 인도하는-그것에 의해 위험이 이전하는-것을 의미한다. 즉, 매도인은 자신과 계약한 운송인에게 물품을 인도함으로써 또는 그렇게 인도된 물품을 조달함으로써 인도의무를 다한다. 매도인은 사용된 운송수단에 적합한 방법 및 장소에서 물품의 물리적인 점유를 운송인에게

이전함으로써도 상기와 같이 인도를 할 수 있다. 물품이 운송인에게 물리적으로 인도됨으로써 물품이 매수인에게 인도되고, 그 때에 위험이 매도인으로부터 매수인에게 이전됨에도 불구하고, 매도인은 물품을 인도장소에서 합의된 목적지까지 운송하는 데 필요한 계약을 체결하고 그 운송비용을 지급하여야 한다.

② **운송방식** : 이 규칙은 선택된 운송방식에 관계없이 사용될 수 있으며, 또 둘 이상의 운송방식이 채용되는 경우에도 사용될 수 있다.

③ **인도장소**(또는 인도지점)**와 목적지** : CPT에서는 두 곳의 장소가 중요하다. 하나는 위험이전과 관련하여 물품이 인도되는 장소 또는 지점이고, 또 하나는 매도인이 거기까지 운송계약하기로 약속한 지점으로서, 물품의 목적지로 합의된 장소 또는 지점이다.

④ **수출/수입통관** : 적용가능한 경우에는 CPT에서는 매도인이 물품의 수출통관을 할 것을 요구하고 있다. 그러나 매도인은 물품을 수입 또는 제3국통과를 위한 물품을 통관하거나, 수입관세를 지급하거나 수입통관 절차를 이행할 의무가 없다.

⑤ **표기방법** : CPT ABC Rail Terminal, Madrid, Spain Incoterms® 2020

### (4) CIP - Carriage and Insurance Paid to

**CIP** (insert named place of destination) Incoterms® 2020

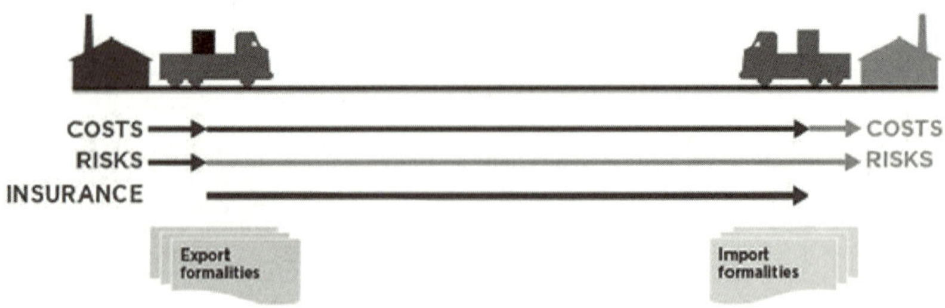

① **인도와 위험** : "운송비·보험료지급인도"는 다음과 같이 매도인이 물품을 매수인에게 인도하는-그것에 의해 위험이 이전하는-것을 의미한다. 즉, 매도인은 자신과 계약한 운송인에게 물품을 인도함으로써 또는 그렇게 인도된 물품을 조달함으로써 인도의무를 다한다. 매도인은 사용된 운송수단에 적합한 방법 및 장소에서 물품의 물리적인 점유를 운송인에게 이전함으로써도 상기와 같이 인도를 할 수 있다. 물품이 운송인에게 물리적으로 인도됨으로써 물품이 매수인에게 인도되고, 그 때에 위험이 매도인으로부터 매수인에게 이전됨에도 불구하고, 매도인은 물품을 인도장소에서 합의된 목적지까지 운송하는 데 필요한 계약을 체결하고 그 운송비용을 지급하여야 한다.

② **운송방식** : 이 규칙은 선택된 운송방식에 관계없이 사용될 수 있으며, 또 둘 이상의 운송방식이 채용된 경우에도 사용될 수 있다.

③ **인도장소(또는 인도지점)와 목적지** : CIP에서는 두 곳의 장소가 중요하다. 하나는 위험이전과 관련하여 물품이 인도되는 장소 또는 지점이고, 또 하나는 매도인이 거기까지 운송계약하기로 약속한 지점으로서, 물품의 목적지로 합의된 장소 또는 지점이다.

④ **보험** : 매도인은 인도지점에서 적어도 목적지점까지의 물품의 멸실 또는 손상의 매수인의  위험에 대하여 보험계약을 체결하여야 한다. 이것은 목적국이 자국보험주의를 취하는 경우 어려움을 야기할 수 있다. 이러한 경우에 당사자는 CPT매매를 고려하여야 한다. 인코텀즈 2020 CIP 규칙하에서 보험보상범위가 한정된 ICC(C)가 아니라 ICC(A) 또는 이와 유사한 약관에 따라 광범위한 보험보상을 취득하도록 매도인에게 요구된다는 것에 매수인은 유의하여야 한다. 그러나 보다 낮은 수준의 보험보상에 합의할 것인가는 당사자에게 달려 있다.

⑤ **목적지에서의 양하비용** : 매도인은 운송계약하에서 지정목적지에서 양하와 관련한 비용을 부담한 경우에는, 당사자간에 별도의 합의가 없는 한 매도인은 그러한 비용을 매수인으로부터 별도로 회수할 권리가 없다.

⑥ **수출/수입통관** : 적용가능한 경우에는 CIP에서는 매도인이 물품의 수출통관을 할 것을 요구하고 있다. 그러나 매도인은 물품을 수입 또는 제3국 통과를 위한 물품을 통관하거나, 수입관세를 지급하거나 수입통관절차를 이행할 의무가 없다.

⑦ **표기방법** : CIP XYZ Barge Terminal, Dock A, Frankfurt AM, Germany Incoterms® 2020

### (5) DAP - Delivered at Place

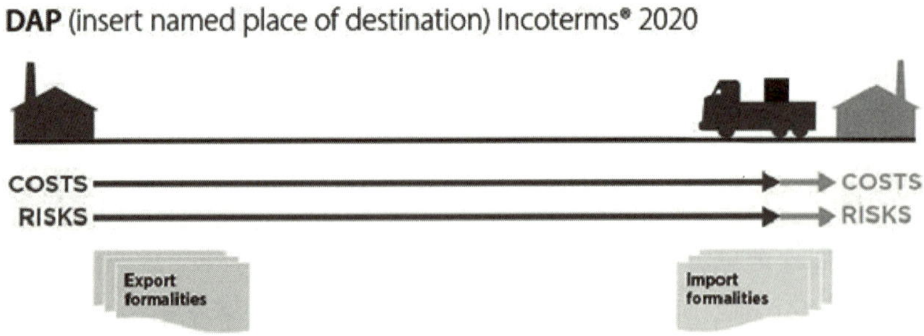


① **인도와 위험** : "도착지인도"란 다음과 같이 매도인이 물품을 매수인에게 인도하는-그것에 의해 위험이 이전하는-것을 의미한다. 즉, 지정목적지 또는 그 지정목적지 내의 합의된 지점에서 양하할 준비가 되어있는 도착한 운송수단상에서 물품이 매수인의 처분에 맡겨진 때 매도인이 인도의무를 다한다. 매도인은 지정목적지 또는 그 지정목적지 내의 합의된 지점까지 물품을 운송하는 데 수반하는 모든 위험을 부담한다.

따라서 본 인코텀즈 규칙에서 인도와 목적지의 도착은 같은 것이다.

② **운송방식** : 이 규칙은 선택된 운송방식에 관계없이 사용될 수 있으며, 또 둘 이상의 운송방식이 채용된 경우에도 사용할 수 있다.

③ **인도장소 또는 인도지점/목적지 또는 목적지점을 명확하게 특정할 것** : 당사자는 다음의 몇 가지 이유로 목적지 또는 목적지점을 가능한 한 명료하게 명시하는 것이 현명하다. 첫째, 물품의 멸실 또는 손상의 위험은 인도/목적지점에서 매수인에게 이전한다 - 따라서 매도인과 매수인은 그 중요한 이전이 일어나는 지점을 명확하게 하는 것이 최선이다. 둘째, 인도장소 또는 인도지점/목적지 또는 목적지점 이전의 비용은 매도인의 부담이고, 그 장소 또는 지점 이후의 비용은 매수인의 부담이다. 셋째, 매도인은 합의된 인도장소 또는 인도시섬/목적지 또는 목적지점까지의 물품의 운송계약을 체결하거나 마련하여야 한다.

④ **양하비용** : 매도인은 도착한 운송수단으로부터 물품을 양하할 것을 요구받지 않는다. 그러나 매도인이 운송계약하에서 인도장소/목적지에서 양하와 관련한 비용을 부담한 경우에는, 당사자간에 별도의 합의가 없는 한 매도인은 그러한 비용을 매수인으로부터 회수할 권리가 없다.

⑤ **수출/수입통관** : 적용가능한 경우에는 DAP에서는 매도인이 물품의 수출통관을 할 것을 요구하고 있다. 그러나 매도인은 물품을 수입 또는 제3국 통과를 위한 물품을 통관하거나, 수입관세를 지급하거나 수입통관절차를 이행할 의무가 없다. 한편 당사자가 매도인이 물품을 수입통관하고 수입관세를 지급하며 수입통관절차를 이행하기를 의도하는 경우에는, DDP를 사용하는 것을 고려할 수 있다.

⑥ **표기방법** : DAP Customs Warehouse, Port of Stockholm, Sweden Incoterms® 2020

### (6) DPU - Delivered at Place Unloaded

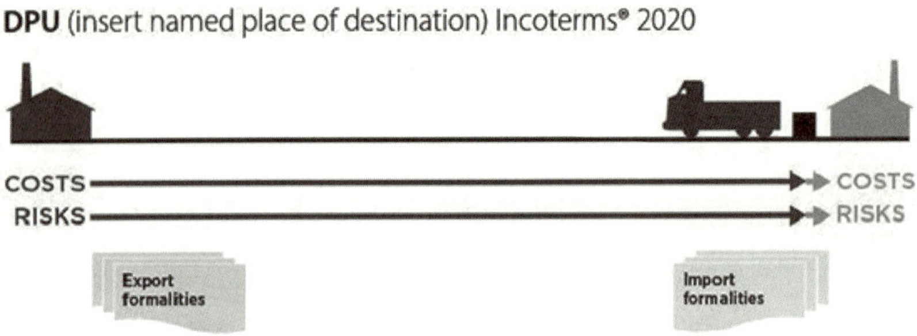


① **인도와 위험** : "도착지양하인도"란 다음과 같이 매도인이 물품을 매수인에게 인도하는-그것에 의해 위험이 이전하는-것을 의미한다. 즉, 지정목적지 또는 그 지정목적지 내의 합의된 지점에서 도착한 운송수단에서 양하하여 물품이 매수인의 처분에 맡겨진 때 매도인이 인도의무를 다한다. 매도인은 지정목적지까지 물품을 운송하고 또한 양하하는데 수반하는 모든 위험을 부담한다. 따라서 본 인코텀즈 규칙에서 인도와 목적지의 도착은 같은 것이다. DPU는 매도인에게 목적지에서 물품을 양하할 것을 요구하는 유일한 인코텀즈 규칙이다. 만일 당사자가 양하의 위험과 비용을 매도인이 부담하지 않는 것을 의도하는 경우에는 DPU 규칙을 피하고 대신에 DAP를 사용하여야 한다.

② **운송방식** : 이 규칙은 선택된 운송방식에 관계없이 사용될 수 있으며, 또 둘 이상의 운송방식이 채용된 경우에도 사용될 수 있다.

③ **인도장소 또는 인도지점/목적지 또는 목적지점을 명확하게 특정할 것** : 당사자는 다음의 몇 가지 이유로 목적지 또는 목적지점을 가능한 한 명료하게 명시하는 것이 현명하다. 첫째, 물품의 멸실 또는 손상의 위험은 인도/목적지점에서 매수인에게 이전한다 - 따라서 매도인과 매수인은 그 중요한 이전이 일어나는 지점을 명확하게 하는 것이 최선이다. 둘째,

인도장소 또는 인도지점/목적지 또는 목적지점 이전의 비용은 매도인의 부담이고, 그 장소 또는 지점 이후의 비용은 매수인의 부담이다. 셋째, 매도인은 인도장소 또는 인도지점/목적지 또는 목적지점까지의 물품의 운송계약을 체결하거나 마련하여야 한다.

④ **수출/수입통관** : 적용가능한 경우에는 DPU에서는 매도인이 물품의 수출통관을 할 것을 요구하고 있다. 그러나 매도인은 수입 또는 제3국 통과를 위한 물품을 통관하거나, 수입관세를 지급하거나 수입통관절차를 이행할 의무가 없다.

⑤ **표기방법** : DPU Terminal XYZ, Charles de Gaulle Airport, Paris, France Incoterms® 2020

### (7) DDP - Delivered Duty Paid

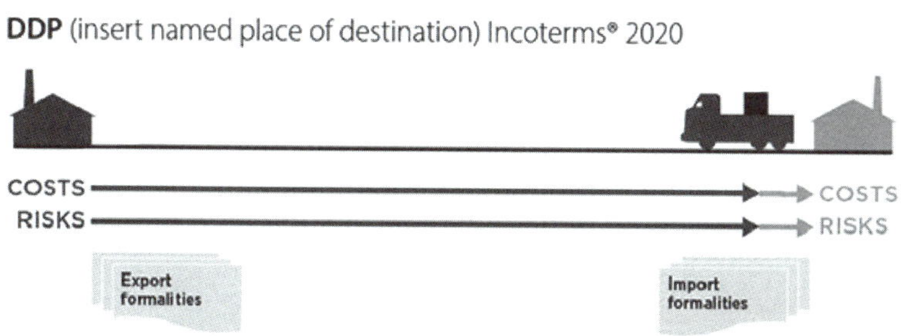


① **인도와 위험** : "관세지급인도"는 다음과 같이 매도인이 물품을 매수인에게 인도하는 것을 의미한다. 즉, 지정목적지 또는 그 지정목적지 내의 합의된 지점에서 수입통관을 하고 양하할 준비가 되어있는 도착한 운송수단상에서 물품이 매수인의 처분에 맡겨진 때 매도인이 인도의무를 다한다. 매도인은 지정목적지 또는 그 지정목적지 내의 합의된 지점까지 물품을 운송하는데 수반하는 모든 위험을 부담한다. 따라서 본

인코텀즈 규칙에서 인도와 목적지의 도착은 같은 것이다.

② **운송방식** : 이 규칙은 선택된 운송방식에 관계없이 사용될 수 있으며, 또 둘 이상의 운송방식이 채용된 경우에도 사용될 수 있다.

③ **매도인에 대한 주의** : 최대 책임 - 인도가 목적지에서 일어나고 매도인이 수입관세 및 세금의 지급책임을 지는 DDP는 인코텀즈의 11개 규칙 중 매도인에게 최대의 의무를 부과하는 인코텀즈 규칙이다.

④ **인도장소 또는 인도지점/목적지 또는 목적지점을 명확하게 특정할 것** : 당사자는 다음의 몇 가지 이유로 목적지 또는 목적지점을 가능한 한 명료하게 명시하는 것이 현명하다. 첫째, 물품의 멸실 또는 손상의 위험은 인도/목적지점에서 매수인에게 이전한다 - 따라서 매도인과 매수인은 그 중요한 이전이 일어나는 지점을 명확하게 하는 것이 최선이다. 둘째, 수입통관비용을 포함하여 인도장소 또는 인도지점/목적지 또는 목적지점 이전의 비용은 매도인의 부담이고, 수입비용 이외의 그 장소 또는 지점 이후의 비용은 매수인의 부담이다. 셋째, 매도인은 인도장소 또는 인도지점/목적지 또는 목적지점까지의 물품의 운송계약을 체결하거나 마련하여야 한다.

⑤ **양하비용** : 매도인이 자신의 운송계약하에 인도장소/목적지에서 양하와 관련한 비용을 부담한 경우에는, 당사자간에 별도의 합의가 없는 한 매도인은 그러한 비용을 매수인으로부터 회수할 권리가 없다.

⑥ **수출/수입통관** : 적용가능한 경우에는 DDP에서는 매도인이 물품의 수출통관 및 수입통관을 하고, 수입관세를 지급하거나 수입통관절차를 이행할 것을 요구하고 있다. 따라서 매도인이  수입통관허가를 취득할 수 없는 경우에는, 오히려 매수인에게 수입업무를 맡기고, 매도인은 DAP 또는 DPU를 선택할 것을 고려하여야 한다. 양 규칙하에서 인도는 여전히 목적지에서 일어나지만 수입통관은 매수인에게 맡겨져 있다.

⑦ **표기방법** : DDP Importer ABC Warehouse, Full Address, Chicago, Illinois, USA Incoterms® 2020

## 2) 해상운송과 내수로운송에 사용가능한 규칙

### (1) FAS - Free Alongside Ship

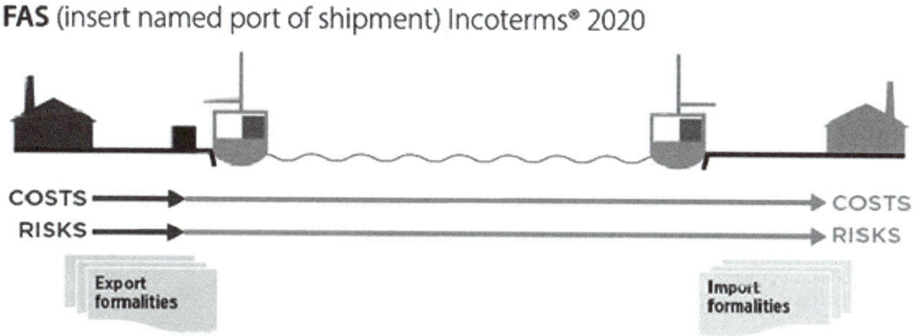


① **인도와 위험** : "선측인도"는 다음과 같이 매도인이 물품을 매수인에게 인도하는 것을 의미한다. 즉, 지정선적항에서 매수인이 지정한 본선의 선측(예컨대, 부두상 혹은 바지선상)에 물품이 놓인 때 또는 이미 그렇게 인도된 물품을 조달한 때 매도인이 인도의무를 다하는 것을 의미한다. 물품의 멸실 또는 손상의 위험은 물품이 선박의 선측에 놓인 때에 이전되며, 매수인은 그러한 시점 이후의 모든 비용을 부담한다.

② **운송방식** : 이 규칙은 당사자가 물품을 본선의 선측에 둠으로써 물품을 인도하는 것을 의도하는 해상 또는 내륙수로운송에만 사용되어야 한다. 따라서 물품이 본선의 선측에 놓이기 전에 컨테이너 터미널에서 운송인에게 인도되는 경우에는 FAS 규칙은 적절하지 않다. 이러한 경우에는 FAS 규칙 대신에 FCA 규칙을 사용하는 것을 고려하여야 한다.

③ **또는 그렇게 인도된 물품을 조달할 것** : 매도인은 본선의 선측에서 물품을 인도하거나 또는 선적을 위하여 이미 그렇게 인도된 물품을 조달

하는 것이 요구된다. 여기서 “조달”(procure)이란 언급은 특히 일차산품 거래(commodity trade)에서 일반적인 연속적으로 행해지는 다수의 매매(연속매매)를 고려한 것이다.

④ **수출/수입통관** : 적용가능한 경우에는 FAS에서는 매도인이 물품의 수출통관을 할 것을 요구하고 있다. 그러나 매도인은 수입 또는 제3국통과를 위한 물품을 통관하거나, 수입관세를 지급하거나 수입통관절차를 이행할 의무가 없다.

⑤ **표기방법** : FAS ABC Shipping Line, Dock #2, Port Elizabeth, South Africa Incoterms® 2020

### (2) FOB - Free on Board

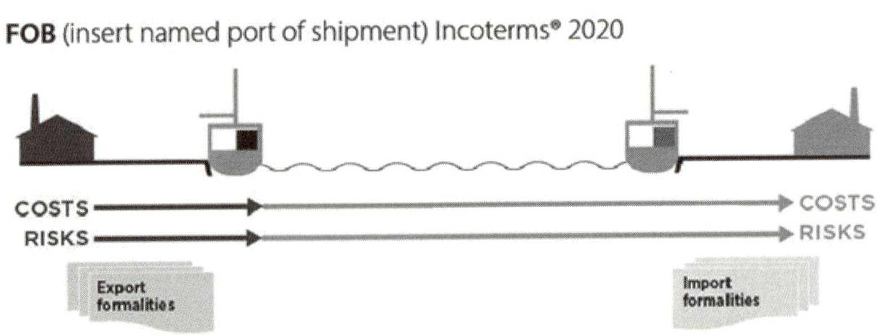


① **인도와 위험** : “본선인도”는 다음과 같이 매도인이 물품을 매수인에게 인도하는 것을 의미한다. 즉, 지정선적항에서 매수인이 지정한 본선상에서 물품을 인도하거나 또는 이미 그렇게 인도된 물품을 조달하는 것을 의미한다. 물품의 멸실 또는 손상의 위험은 물품이 선박의 본선상에 적재된 때 이전되며, 매수인은 그러한 시점 이후의 모든 비용을 부담한다.

② **운송방식** : 이 규칙은 당사자가 물품을 본선의 선상에 둠으로써 물품을 인도하는 것을 의도하는 해상 또는 내륙수로운송에만 사용되

어야 한다. 따라서 물품이 본선의 선상에 놓이기 전에 컨테이너 터미널에서 운송인에게 인도되는 경우에는 FOB 규칙은 적절하지 않다. 이러한 경우에는 FOB 규칙 대신에 FCA 규칙을 사용하는 것을 고려하여야 한다.

③ **또는 그렇게 인도된 물품을 조달할 것** : 매도인은 본선상에서 물품을 인도하거나 또는 선적을 위하여 이미 그렇게 인도된 물품을 조달하는 것이 요구된다. 여기서 "조달"(procure)이란 언급은 특히 일차산품거래(commodity trade)에서 일반적인 연속적으로 행해지는 다수의 매매(연속매매)를 고려한 것이다.

④ **수출/수입통관** : 적용가능한 경우에는 FOB에서는 매도인이 물품의 수출통관을 할 것을 요구하고 있다. 그러나 매도인은 수입 또는 제3국통과를 위한 물품을 통관하거나, 수입관세를 지급하거나 수입통관절차를 이행할 의무가 없다.

⑤ **표기방법** : FOB ABC Shipping Line, Vessel XYZ, Buenos Aires, Argentina Incoterms® 2020

### (3) CFR – Cost and Freight

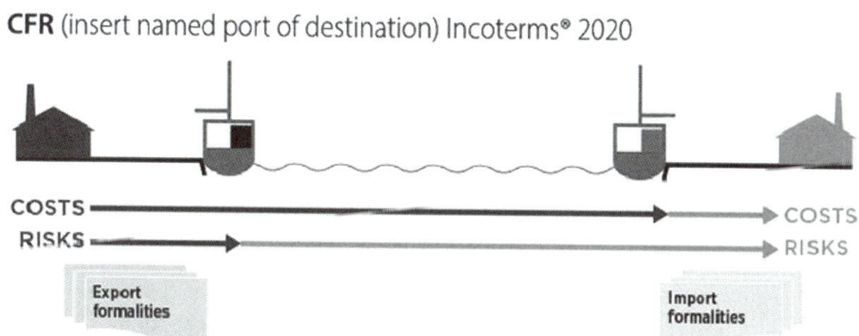

① **인도와 위험** : "운임포함인도"는 매도인이 물품을 본선상에서 매수인에게 인도하거나 또는 이미 그렇게 인도된 물품을 조달한 때 매도인이 인도의무를 다하는 것을 의미한다. 물품의 멸실 또는 손상의 위험은 물품이 본선상에 놓여진 때 이전되고, 따라서 양호한 상태로 정해진 수량대로 물품이 목적지에 실제로 도착하였는지를 여부를 불문하고 매도인은 물품의 인도의무를 이행한 것으로 간주된다. 매도인은 물품을 지정목적항까지 운송하는 데 필요한 운송계약을 체결하고 그 운임을 지급하여야 한다. CFR에서 매도인은 매수인에 대하여 부보의무가 없으므로 매수인이 자기를 위하여 스스로 부보하는 것이 현명하다.

② **운송방식** : 이 규칙은 해상 또는 내륙수로운송에만 사용되어야 한다. 물품이 컨테이너 터미널에서 운송인에게 인도되는 경우에 일반적인, 둘 이상의 운송방식이 사용되는 때는 적절한 규칙은 CFR이 아니라 CPT이다.

③ **또는 그렇게 인도된 물품을 조달할 것** : 여기서 "조달"(procure)이란 언급은 특히 일차산품거래(commodity trade)에서 일반적인 연속적으로 행해지는 다수의 매매(연속매매)를 고려한 것이다.

④ **수출/수입통관** : 적용가능한 경우에는 CFR에서는 매도인이 물품의 수출통관을 할 것을 요구하고 있다. 그러나 매도인은 수입 또는 제3국통과를 위한 물품을 통관하거나, 수입관세를 지급하거나 수입통관절차를 이행할 의무가 없다.

⑤ **표기방법** : CFR ABC Terminal, Port of Tokyo, Japan Incoterms® 2020

### (4) CIF - Cost, Insurance and Freight

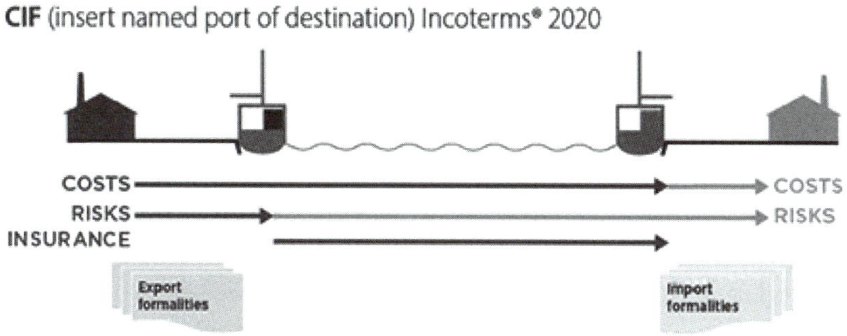


① **인도와 위험** : "운임·보험료포함인도"는 매도인이 물품을 본선상에 인도하거나 또는 이미 그렇게 인도된 물품을 조달한 때 매도인이 인도의무를 다하는 것을 의미한다. 물품의 멸실 또는 손상의 위험은 물품이 본선상에 적재된 때에 이전되고, 따라서 양호한 상태로 정해진 수량대로 물품이 목적지에 실제로 도착하였는지를 여부를 불문하고 매도인은 물품의 인도의무를 이행한 것으로 간주된다. 매도인은 물품을 지정목적항까지 운송하는 데 필요한 운송계약을 체결하고 그 운임을 지급하여야 한다.

② **운송방식** : 이 규칙은 해상 또는 내륙수로운송에만 사용되어야 한다. 따라서 물품이 컨테이너 터미널에서 운송인에게 인도되는 경우에 일반적인, 둘 이상의 운송방식이 사용되는 때는 적절한 규칙은 CIF가 아니라 CIP이다.

③ **또는 그렇게 인도된 물품을 조달할 것** : 여기서 "조달"(procure)이란 언급은 특히 일차산품거래(commodity trade)에서 일반적인 연속적으로 행해지는 다수의 매매(연속매매)를 고려한 것이다.

④ **보험** : 매도인은 선적항에서 적어도 목적항까지의 물품의 멸실 또는 손상의 매수인의 위험에 대하여 보험계약을 체결하여야 한다. 이것

은 목적국이 자국보험주의를 취하는 경우 어려움을 야기할 수 있다. 이러한 경우에 당사자는 CFR매매를 고려하여야 한다. 또 인코텀즈 2020 CIF하에서 보험보상범위가 넓은 ICC(A)가 아니라 ICC(C) 또는 이와 유사한 약관에 따른 한정된 보험보상을 취득하도록 매도인에게 요구된다는 것에 매수인은 유의하여야 한다. 그러나 보다 높은 수준의 보험보상에 합의할 것인가는 당사자에게 달려 있다.

⑤ **양하비용** : 매도인이 자신의 운송계약하에 목적항의 지정지점에서 양하와 관련한 비용을 부담한 경우에는, 당사자간에 별도의 합의가 없는 한 매도인은 그러한 비용을 매수인으로부터 회수할 권리가 없다.

⑥ **수출/수입통관** : 적용가능한 경우에는 CIF에서는 매도인이 물품의 수출통관을 할 것을 요구하고 있다. 그러나 매도인은 수입 또는 제3국통과를 위한 물품을 통관하거나, 수입관세를 지급하거나 수입통관절차를 이행할 의무가 없다.

⑦ **표기방법** : CIF, Terminal 2, Port of Oakland, California, USA Incoterms® 2020

# 제5장 계약위반과 구제

# 제 5 장 계약위반과 구제

## 1. 계약위반의 의의

영미법에서는 계약위반(breach of contract)이란 무역계약이 성립 후 당사자의 일방이 계약에서 약속한 내용의 전부 또는 일부를 정당한 이유 없이 이행하지 않는 것을 말하며 계약의 불이행(non-performance of contract)이라고도 한다. 우리나라 및 대륙법계에서는 채무불이행 또는 계약불이행(non-performance or non-fulfillment of contract)이라고 부르고 있다.

계약위반의 유형은 영미계약법 및 비엔나협약에서는 계약위반, 독일채권법 현대화법에서는 의무위반이며, 우리나라 및 대륙법계에서는 이행지체, 이행불능 및 불완전이행으로, 독일민법에서는 이행지체, 이행불능 및 적극적 채권침해로 분류하고 있다.

## 2. Frustration

### 1) Frustration의 의의

Frustration이란 '계약목적의 달성불능', '계약의 좌절' 또는 '계약의 이행불능'으로 번역되기도 하지만 여기서는 원어 그대로 사용하기로 한다.

Frustration의 정의에 대하여 Benjamin은 "계약성립 후 물품의 소유권이 매수인에게 이전하기 전에 양 당사자의 과실 없이 계약이 법적으로 이행불능이 되거나 이행이 요구되는 상황이 계약시에 예상했던 것과는 현저하게 달라졌기 때문에 이행할 수 없게 된 경우"라고 정의하고 있다.

계약의 이행불능(impossibility of performance)에는 원시적 이행불능(initial [existing] impossibility)과 후발적 이행불능(supervening [subsequent] impossibility)이 있는데, 계약의 소멸로서 문제가 되는 것은 후자의 후발적 이행불능이다. 전자의 원시적 이행불능, 즉 계약성립시에 이미 이행불능인 경우는 계약은 무효이다. 후발적 이행불능 중 당사자의 책임에 속하는 이행불능은 계약위반으로 되기 때문에 당사자의 책임에 속할 수 없는 후발적 이행불능만이 여기서 문제로 된다.

### 2) Frustration의 성립요건

Frustration의 성립요건은 학자에 따라 분류방법이 다르지만 Schmitthoff의 분류에 따르면 다음의 네 가지로 분류하고 있다.

#### (1) 계약목적물의 멸실(destruction of the subject-matter)

계약이행이 특정인이나 특정물의 계속적인 존재에 의존하는 경우 계약체결 후 계약 목적물인 특정인이나 특정물이 실질적으로 멸실되었을 때 Frustration이 발생한다.

#### (2) 위법(illegality)

① **전쟁의 발발**(outbreak of war)

매매당사자가 계약을 체결한 후 전쟁으로 인해 계약이행이 위법으로 되는 경우 Frustration이 성립된다.

② **수출입금지**(export and import prohibitions) **등**

계약체결 후 정부가 계약 목적물인 물품에 대한 수출 또는 수입금지 조치를 취함으로써 계약이행을 금지하면 Frustration이 성립된다. 그러나 정부의 모든 금지가 계약을 위법으로 하는 효과를 갖는 것은 아니고, 때때로 계약이행을 단지 정지하거나 연기시키는데 그치기도 한다. 따라서 이러한 원칙이 적용되기 위해서는 정부의 금지가 최종적이고, 계약이행의 전 기간에 걸쳐 효력이 미쳐야 한다.

### (3) 사정의 본질적 변화(fundamental change in circumstances)

계약체결 후 사정의 급격한 변화가 발생하여 계약의 기초가 소멸되고, 비록 계약이 지속된다 하더라도 원래 당사자들이 체결한 계약과는 다른 새로운 계약이 된다면 Frustration이 성립된다. 사정의 본질적 변화로 인한 Frustration이 성립되는 예로는 첫째, 계약상 계약이행수단이 약정된 경우, 그러한 특정수단의 이용불능 둘째, 계약당사자의 사망 또는 중병 셋째, 농작물 등의 흉작 또는 불작황 넷째, 주요공급원의 예기치 못한 폐쇄(심각한 원자재 부족 포함) 등이 있다.

Frustration의 발생사유가 전술한 계약목적물의 멸실이나 위법에 의한 경우 계약의 이행불능에 의해 Frustration의 성립여부를 확인하기가 비교적 쉽지만, 계약의 구속력을 중지시키는 예기치 못한 사정의 본질적 변화가 발생하는 경우에는 Frustration의 성립여부를 결정하기란 매우 어렵다.

### (4) 수출입허가[승인] 및 할당(export and import licenses and quotas)

수출입허가[승인]이나 쿼타와 같은 물품의 수출입에 영향을 주는 정부의 제한 규정을 부과하거나 강화하면 상당한 어려움이 야기된다. 허가[승인]이 나지 않든지 취소되거나, 혹은 할당액이 너무 적기 때문에 Frustration이 성립되는 경우도 종종 있다.

### 3) Frustration의 효과

Frustration의 효과는 다음의 두 가지 측면에서 논할 수 있다.

① Frustration이 성립되는 사태가 발생하면 계약은 그 시점부터 장래를 향해서 자동적으로 소멸된다.

② 보통법에 있어서 Frustration의 효과는 양 당사자에게 장래의 계약이행의무를 면제시킨다. 즉, Frustration이 성립되는 사태발생 이후에 지급기일이 도래하는 채무는 전면적으로 취소되지만, 이미 지급기일이 도래된 채무는 모두 유효하다.

## 3. 계약위반에 대한 구제

### 1) 구제의 의의

구제(remedy)란 일정한 권리가 침해당하는 경우에 그러한 침해를 방지·시정하거나 보상하게 하는 것을 말한다. 이러한 구제가 매도인을 위한 것인 경우를 매도인의 구제(seller's remedy)라 하고, 매수인을 위한 것인 경우를 매수인의 구제(buyer's remedy)라 한다.

구제방법은 대륙법계에서는 계약에서 약속한 내용을 그대로 이행하는 것이 채권자에게 유리하며 계약 본래의 취지에도 부합된다는 이유로 특정이행을 원칙으로 하고 예외적으로 손해배상을 채용하고 있는 반면에, 영미법계에서는 계약위반의 경우에 일반적으로 손해배상을 원칙으로 하고 예외적으로 특정이행을 인정하고 있다.

합리하지 않는 한, 매도인에게 그 불일치의 보완을 청구할 수 있다. 그 청구는 합리적인 기간내에 통지가 행해지고, 합리적인 기간내에 행해져야 한다(비엔나협약 제46조 제(3)항). 이 보완청구권은 계약 불일치가 중대하지 않는 경우에 매수인이 당해 물품을 보유하고 합리적인 기간내에 물품의 보완을 요구하는 구제방법인데, 이는 그 청구가 모든 상황에 비추어 불합리하지 않는 경우에 한한다.

### (4) 추가이행기간[부가기간] 지정권

매수인은 매도인의 의무이행을 위하여 합리적인 추가기간을 지정할 수 있다(비엔나협약 제47조 제(1)항). 또한 매수인이 지정한 합리적인 추가기간내에 이행하지 않겠다는 통지를 매도인으로부터 받지 않는 한, 매수인은 당해 기간중에는 계약위반에 대한 어떠한 구제도 행사할 수 없다. 다만, 매수인은 이로 인하여 이행지연에 관한 손해배상을 청구할 수 있는 권리를 박탈당하지 아니한다(비엔나협약 제47조 제(2)항).

### (5) 계약해제권

계약 또는 본 협약에 의거한 매도인의 의무의 불이행이 중대한 계약위반으로 되는 경우에는 매수인은 계약을 해제할 수 있다(비엔나협약 제49조 제(1)(a)항). 이는 계약해제의 요건으로 중대한 계약위반을 들고 있다. 또한 인도불이행의 경우에 매수인이 지정한 합리적인 추가기간내에 매도인이 물품을 인도하지 않거나 또는 매도인이 당해 추가기간내에 인도하지 않겠다고 선언하는 경우에는 매수인은 계약을 해제할 수 있다(비엔나협약 제49조 제(1)(b)항). 부연하면 인도불이행의 경우에 계약해제권을 행사하려면 매수인이 지정한 합리적인 추가기간내에 매도인이 물품을 인도하지 않거나 또는 매도인이 당해 추가기간내에 인도하지 않겠다고 선언하는 경우로 한정된다. 계약해제의 의사표시는 상대방에게 통지한 경

## 2) 매도인의 계약위반에 대한 매수인의 구제방법

### (1) (특정)이행청구권

매수인은 이행청구와 양립할 수 없는 구제수단을 요구하는 경우를 제외하고 매도인에게 그 의무의 이행을 청구할 수 있다(비엔나협약 제46조 제(1)항). 여기서 특정이행이란 계약내용으로 되어 있는 의무를 약속대로 적극적으로 이행할 것을 법원이 명령하는 구제방법으로 우리나라 민법의 강제이행과 유사하다. 한편 상기 조항에 의하면 양립할 수 없는 구제, 예를 들면 매도인에게 대체품인도를 요구하면서 동시에 계약해제나 대금감액을 요구하는 것은 인정되지 않는 것으로 한다. 또 특정물매매에서 목적물이 소실된 경우와 같이 이행불능인 것을 요구하는 것도 불가능하다.

### (2) 대체품인도청구권

물품이 계약과 일치하지 않는 경우, 매수인은 대체품의 인도를 청구할 수 있다. 다만, 그 불일치가 중대한 계약위반(비엔나 협약 제25조)에 해당되고 또한 그 청구가 합리적인 기간내에 통지가 행해지고, 합리적인 기간내에 행해지는 경우에 한한다(비엔나협약 제46조 제(2)항). 다시 말하면, 대체품인도청구권의 행사는 매도인이 중대한 계약위반으로 되는 계약불일치 물품을 인도한 경우에 한하고, 또한 합리적인 기간내에 통지가 행해지고, 합리적인 기간내에 청구하지 않으면 안된다. 그러나 매수인이 물품을 수령한 때와 실질적으로 동일한 상태로 물품을 반환할 수 없는 경우에는 대체품인도청구권은 상실된다(비엔나협약 제82조 제(1)항).

### (3) 보완[추완; 하자보수]청구권

물품이 계약과 일치하지 않는 경우, 매수인은 모든 상황에 비추어 불우에만 효력이 있다(비엔나협약 제26조). 즉, 해제는 법률상 당연히 그 효과가 발생되는 것이 아니고 상대방에게 계약의 상황을 알도록 하기 위해 상대방에 대한 통지를 필요로 한다는 것이다. 다만, 그 의사표시의 도달의 위험은 발신주의에 의해 통지의 상대방인 매수인의 부담으로 된다(비엔나협약 제27조).

### (6) 대금감액권

물품이 계약과 일치하지 않는 경우에는, 대금이 이미 지급되었는지 여부에 관계없이, 매수인은 실제로 인도된 물품이 인도시에 가지고 있던 가액이 계약과 일치하는 물품이 당해 인도시에 가지고 있었던 가액에 대하여 가지는 비율에 따라 대금을 감액할 수 있다. 다만, 매도인이 제37조 또는 제48조에 따라 그 의무의 이행을 보완한 경우 또는 매수인이 이들 규정에 따라 매도인에 의한 이행을 거절하는 경우에는 매수인은 대금을 감액할 수 없다(비엔나협약 제50조).

### (7) 손해배상청구권

매도인이 계약 또는 비엔나협약에 의거한 의무를 이행하지 않는 경우에 매수인은 제74조에서 제77조까지의 규정에 따라 손해배상을 청구할 수 있다(비엔나협약 제45조 제(1)(b)항). 이 손해배상청구권은 다른 구제를 요구하는 권리의 행사에 의해 박탈당하지 아니하며 이들 권리와 병행하여 청구할 수 있다(비엔나협약 제45조 제(2)항). 다시 말하면 손해배상청구권은 특정이행청구권(대체품인도청구권 및 하사보완[수리]청구권 포함), 대금감액권, 계약해제권의 3가지 구제방법과 병행하여 행사할 수 있다.

### 3) 매수인의 계약위반에 대한 매도인의 구제방법

#### (1) (특정)이행청구권

매도인은 매수인에게 대금지급, 인도수령 또는 기타 매수인의 의무의 이행을 청구할 수 있다. 다만, 매도인이 이 청구와 양립할 수 없는 구제 예를 들면 제64조의 계약해제나 제63조에 의거한 추가이행기간 지정을 한 경우에 당해 기간중에는 이행청구권은 행사할 수 없다(비엔나협약 제62조).

#### (2) 추가이행기간[부가기간] 지정권

매도인은 매수인의 의무이행을 위하여 합리적인 추가기간을 지정할 수 있다(비엔나협약 제63조 제(1)항). 또한 매도인이 지정한 합리적인 추가기간내에 이행하지 않겠다는 통지를 매수인으로부터 받지 않는 한, 매도인은 당해 기간중에는 계약위반에 대한 어떠한 구제도 행사할 수 없다. 다만, 매도인은 이로 인하여 이행지연에 관한 손해배상을 청구할 수 있는 권리를 박탈당하지 아니한다(비엔나협약 제63조 제(2)항).

#### (3) 계약해제권

계약 또는 본 협약에 의거한 매수인의 의무의 불이행이 중대한 계약위반으로 되는 경우에는 매도인은 계약을 해제할 수 있다(비엔나협약 제64조 제(1)(a)항). 즉, 매도인의 계약해제는 원칙으로 매수인의 중대한 계약위반을 조건으로 하고 있다. 또한 매도인이 제63조 제(1)항에 따라 지정한 합리적인 추가기간내에 매수인이 대금지급의무 또는 물품의 인도 수령 의무를 이행하지 않는 경우 또는 매수인이 당해 추가기간내에 이들 의무를 이행하지 않겠다고 선언하는 경우에는 매도인은 계약을 해제할 수 있다(비엔나협약 제64조 제(1)(b)항). 이는 매수인의 의무의 불이행이 중대한 계약위반이 아닌 경우에도 매도인이 이행을 위한 추가기간을 지정했음에도 불구하고 그 추가기간내에 매수인이 대금지급의무 또는 물품의 인도수령의무를 이행하지 않거나 또는 이들 의무를 이행하지 않겠다고 선언하는 경우에는 매도인은 계약을 해제할 수 있다. 계약해제의 의사표시는 상대방에게 통지한 경우에만 효력이 있다(비엔나협약 제26조). 다만, 그 의사표시의 도달의 위험은 발신주의에 의해 통지의 상대방인 매수인의 부담으로 된다(비엔나협약 제27조).

### (4) 물품명세확정권

계약에 따라 매수인이 물품의 형식, 규격 또는 기타 특징을 지정해야 할 경우에 매수인이 합의된 기일 또는 매도인으로부터 요구를 받은 후 합리적인 기간내에 매수인이 그러한 명시를 지정하지 아니한 때는, 매도인은 자신이 가지는 다른 권리를 해함이 없이 자신이 알 수 있는 매수인의 요구조건에 따라 스스로 물품의 명세를 지정할 수 있다(비엔나협약 제65조 제(1)항). 매도인이 매수인에 대신하여 물품명세를 지정하는 경우에도 매도인은 그 명세를 알리고 또한 매수인이 다른 명세를 지정할 수 있는 합리적인 기간을 정해야 한다. 매수인이 그 통신을 받은 후 정해진 기간내에 다른 지정을 하지 않는 경우에는 매도인이 행한 지정이 구속력을 가진다(비엔나협약 제65조 제(2)항).

### (5) 손해배상청구권

매수인이 계약 또는 비엔나협약에 의거한 의무를 이행하지 않는 경우에 매도인은 제74조에서 제77조까지의 규정에 따라 손해배상을 청구할 수 있다(비엔나협약 제61조 제(1)(b)항). 이 손해배상청구권은 다른 구제를 요구하는 권리의 행사에 의해 박탈당하지 아니하며 이들 권리와 병행하여 청구할 수 있다(비엔나협약 제61조 제(2)항). 다시 말하면 손해배상청구권과 특정이행청구권, 손해배상청구권과 계약해제권을 동시에 행사할 수도 있다.

참고로 영미법상의 구제방법을 살펴보면, 영국의 물품매매법(SGA)에서 계약위반에 대한 매도인의 구제방법은 대금을 지급받지 못한 경우의 물품의 유치권(lien) · 운송정지권(right of stoppage in transit) · 재매각권(right of resale), 대금청구소송(action for price)과 물품수령불이행에 대한 손해배상청구(damages for non-acceptance)가 있다. 영국의 물품매매법에서 매수인의 구제방법은 인도불이행에 대한 손해배상청구(damages for non-delivery), 특정이행(specific performance)[이는 금지명령(injunction)과 함께 형평법상의 구제방법(equitable remedies)으로 보통법(Common Law)에 의한 손해배상만으로는 충분한 구제를 받을 수 없는 경우에 이를 보완하는 것이다], 담보위반에 대한 구제(remedy for breach of warranty) 및 이자 등이 있다.

한편 미국의 통일상법전(UCC)에서 계약위반에 대한 매도인의 구제방법은 물품 인도유보(withhold)권, 운송정지권, 물품이 계약의 목적물로서 확정되지 않은 때는 확정을 위한 조치권, 전매보상청구권, 수령불이행에 대한 손해배상청구 또는 대금청구권, 계약해제권이 있으며, 매수인의 구제방법은 계약해제권, 이미 지급한 대가에 대한 손해배상청구, 인도불이행에 대한 손해배상청구, 물품이 계약의 목적물로서 확정되어 있을 때는 물품회수권 및 특정이행(Specific performance)이 있다.

끝으로 한국법상의 구제방법은 이행청구권, 추완청구권, 금지청구권, 계약해제권, 손해배상청구권 등이 있다.

# 제6장 무역클레임과 중재

# 제 6 장
# 무역클레임과 중재

## 1. 무역클레임

### 1) 무역클레임의 의의

무역클레임이란 매매계약의 한 당사자가 계약이행을 하지 않음으로써 손해를 입은 다른 당사자가 권리회복이나 손해배상을 청구하는 것을 말한다. 이 무역클레임에는 매도인이 매수인에게 제기하는 매도인 클레임(Seller's Claim)과 매수인이 매도인에게 제기하는 매수인클레임(Buyer's Claim)이 있는데, 일반적으로 무역클레임이라고 하면 매수인 클레임(Buyer's Claim)을 의미한다. 무역클레임의 주요 원인에는 품질불량(Inferior Quality), 규격상이(Different Quality), 수량부족(Shortage), 파손(Breakage), 선적지연(Delayed Shipment), 선적불이행(Non-delivery), 포장불량(Incomplete Packing) 등이 있다.

### 2) 무역클레임의 해결방법

무역클레임은 화해, 알선, 조정, 중재, 소송의 다섯 가지 방법에 의해 해결된다.

#### (1) 화해(Amicable Settlement)

당사자간의 대화로 클레임을 해결하는 방법으로, 클레임해결방법으로서 가장 바람직한 것이며, 대부분의 클레임은 이 방법으로 해결된다.

### (2) 알선(Intermediation; Intercession)

상공회의소 또는 대한상사중재원과 같은 공정한 제3자가 당사자 일방 내지 쌍방의 의뢰에 의해 클레임 해결을 위한 조언을 해주는 방법이다. 알선은 법적 강제력이 없으므로, 당사자는 제3자의 알선에 응할 의무가 없고 거부할 수 있다. 알선이 조정이나 중재와 다른 점은 당사자의 합의와 같은 형식적인 절차를 요하지 않고, 일방 당사자의 의뢰에 의해서도 가능하다는 점이다.

### (3) 조정(Mediation; Conciliation)

양 당사자의 조정부탁 합의에 의거하여 양 당사자가 공정한 제3자를 조정인(Conciliator)으로 선정하고, 조정인이 제시하는 조정안에 합의함으로써 클레임을 해결하는 방법이다. 그러나 조정안은 구속력이 없기 때문에 당사자의 일방이 거부하면 조정은 실패로 끝난다.

### (4) 중재(Arbitration)

당사자간의 분쟁을 재판에 의하지 않고 당사자의 합의(중재합의)에 의거하여 제3자를 중재인(Arbitrator)으로 선정하여, 그 중재인이 내린 판정에 복종함으로써 분쟁을 해결하는 사적인 분쟁해결제도이다.

### (5) 소송(Litigation; Suit)

국가기관인 법원의 판결에 의해 클레임을 강제적으로 해결하는 방법이다. 법원에 제소하기 위해서는 조정이나 중재처럼 상대방의 동의를 얻을 필요 없이 일방적으로 할 수 있다. 그러나 일단 중재에 회부된 클레임은 제소할 수 없다.

소송에 의한 해결방법은 자국에서 소송을 제기하는 '자국지주의'에 의한 판결과 집행에는 문제가 많기 때문에 일반적으로 피고 소재지의 법원에 기소하는 '피고지주의'로 국제상사분쟁을 해결하는 것이 최선의 방법이다.

## 2. 중 재

### 1) 중재제도의 장점과 단점

#### (1) 중재제도의 장점

① **단심제**(single trial system)

중재판정은 당사자간에 있어서는 대법원의 확정판결과 동일한 효력을 가진다. 다시 말하면 재판처럼 2심 또는 3심 등 항소절차가 없다.

② **신속성**(speedness)

중재는 단심제이므로 신속한 분쟁해결을 꾀할 수 있다.

③ **저렴성**(low cost)

중재는 분쟁을 신속히 해결하고 단심제이므로 소송비용보다 저렴하다.

④ **비공개성**(confidentiality)

중재는 비공개로 사업의 내용과 경영상의 기밀이 누출되는 폐단을 방지할 수 있으므로 대외신용의 계속적인 유지가 보장된다.

⑤ **전문성**(expertness)

거래실정에 적합한 전문가를 중재인으로 선정할 수 있다.

⑥ **友誼性**(amicability)

당사자들은 우호적인 분위기에게 중재를 받을 수 있고, 최종판정 이전에 화해할 수도 있으며, 판정 후에도 계속적인 거래관계를 원활히 유지할 수 있다.

⑦ **비형식성 · 탄력성**

당사자는 합의에 의해 절차를 정할 수 있다. 나아가 심리장소와 시간도 자유로이 정할 수 있다. 뿐만 아니라 판정기준에 대해서도 중재는 반드시 법에 의한 판단일 필요는 없고 당사자가 원하면 관습법이나 거래관행에 의할 수도 있고, 나아가 善과 衡平에 따르는 것도 허용된다.

⑧ **국제성**

중재판정은 뉴욕협약에 따라 외국에서도 그 승인 및 집행이 보장된다.

### (2) 중재제도의 단점

① **법률문제**

중재인이 법률전문가가 아닌 경우는 법적 타당성에 의문이 남는다.

② **법적 안정성과 예측가능성의 결여**

중재는 비공개이므로 선례를 규범으로 할 수 없고, 똑 같은 사건도 중재인이 다름에 따라 각각 다른 판정이 내려질 가능성이 있으므로 법적 안정성과 예측가능성의 결여되어 있다고 할 수 있다.

③ **중재인의 대리인 의식**

선정된 중재인이 당사자의 대리인으로서 당사자의 이익을 보호하려는 경향이 있다.

④ **상소제도의 결여**

중재에 있어서는 판정을 취소할 만한 중대한 결함이 없는 한, 판정에 대한 불복신청이 인정되지 아니한다.

⑤ **절충주의**

중재인은 가끔 양 당사자의 주장을 절충하여 판정을 내리는 경우가 있다.

## 2) 중재합의(또는 계약)

분쟁을 중재에 의하여 해결하기로 하는 합의를 중재합의(仲裁合意) 또는 중재계약(仲裁契約, arbitration agreement)이라고 한다.

### (1) 중재합의의 방식

중재합의는 독립된 합의 또는 계약 중 중재조항의 형식으로 할 수 있으며, 서면으로 하여야 한다.

다음의 하나에 해당하는 경우에는 이를 서면에 의한 중재합의로 본다(중재법 제8조 제3항).

① 당사자들이 서명한 문서에 중재합의가 포함되어 있는 경우

② 서신·전보·전신 및 모사전송 기타 통신수단에 의하여 교환된 문서에 중재합의가 포함되어 있는 경우

③ 일방 당사자가 당사자간에 교환된 문서의 내용에 중재합의가 있는 것을 주장하고 상대방 당사자가 이를 다투지 아니하는 경우

중재합의는 중재의 대상이 되는 분쟁이 발생하기 전에 매매계약서에 미리 중재조항을 삽입하여 장래 발생할지도 모르는 분쟁을 중재에 의하여 해결할 것을 합의하는 '사전중재합의'의 방식과, 이미 발생한 분쟁을 당사자가 중재에 의하여 해결할 것을 합의하는 사후중재합의인 '중재부탁합의'방식이 있다.

그러나 분쟁이 발생한 후에 당사자간에 합의하는 것은 사실상 힘들기 때문에 매매계약서에 미리 중재조항을 삽입하는 사전중재합의방식이 바람직하다.

### (2) 중재합의의 내용

중재계약을 체결할 때에는 중재를 행할 중재지, 중재기관 및 적용할 준거법 등을 정확하게 명시하여야 한다(중재계약의 3요소).

### (3) 중재합의의 효력－직소금지(直訴禁止)

중재법 제9조에서는 "중재합의의 대상인 분쟁에 관하여 소가 제기된 경우에 피고가 중재합의 존재의 항변을 하는 때에는 법원은 그 소를 각하하여야 한다"라고 규정하고 있습니다. 즉, 중재합의가 있음에도 불구하고 상대방이 법원에 소를 제기하였을 경우, 1차 변론기일전까지 본안전 항변을 통하여 중재계약이 있음을 주장, 입증하면 법원은 소 각하 판결을 하게 됩니다.

### (4) 중재합의의 실제

대한상사중재원(KCAB)에서 권고하는 '표준중재조항'(Standard Arbitration Clause)은 다음과 같다.

> "All disputes, controversies, or differences which may arise between the parties, out of or in relation to or in connection with this contract, or for the breach thereof, shall be finally settled by arbitration in Seoul, Korea in accordance with the Commercial Arbitration Rules of the Korean Commercial Arbitration Board and under the Laws of Korea. The award rendered by the arbitrator(s) shall be final and binding upon both parties concerned."

(이 계약으로부터 또는 이 계약과 관련하여 또는 이 계약의 불이행으로 말미암아 당사자간에 발생하는 모든 분쟁, 논쟁 또는 의견차이는 대한민국 서울특별시에서 대한상사중재원의 상사중재규칙 및 대한민국법에 따라 중재에 의하여 최종적으로 해결한다. 중재인(들)에 의하여 내려지는 판정은 최종적인 것으로 당사자 쌍방에 대하여 구속력을 가진다.)

### 3) 중재절차

중재절차는 중재사건이 접수되어 판정이 내려질 때까지의 모든 절차를 의미하며, 당사자간의 중재합의로 정할 수 있다.

[그림 6-1] 중재절차의 진행과정

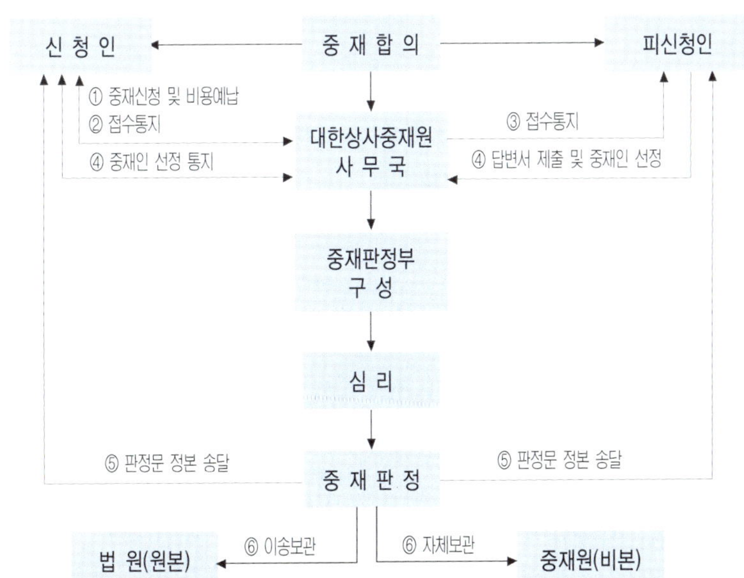

### (1) 중재신청서 접수

중재를 신청하고자 할 때에는 대한상사중재원의 본부(서울)나 지역본부(부산)의 사무국에 중재비용과 함께 다음의 서류를 작성 · 제출해야 합니다.

① 중재합의서(원본 또는 사본)

② 중재신청서

③ 신청의 원인사실을 입증하는 서류(원본 또는 사본)

④ 대리인이 신청시 그 위임장

⑤ 신청인 및 피신청인 법인 등기부등본(개인은 주민등록등본)

### (2) 중재비용 예납

일방 당사자가 분쟁의 최종해결을 위해 중재를 신청한 후 판정이 내려질 때까지 소요되는 비용을 말하며 요금, 경비, 수당으로 구분되며 신청인이 중재신청서를 접수할 때 우선 예납한다.

### (3) 중재신청의 접수와 통지

사무국은 중재신청서가 제출되면 중재합의서, 중재신청서, 중재신청의 취지를 입증하는 서류의 유무, 대리인이 선임된 경우 위임장 등 적합여부를 확인하고, 사무국에서 적합하다고 판단하는 경우에는 소정의 중재비용을 예납받고 접수합니다. 사무국이 중재의 신청을 접수하였을 때에는 쌍방 당사자에게 이를 접수하였다는 뜻을 통지한다. 이 경우에 피신청인에게는 중재신청서 1부를 첨부하여야 한다.

### (4) 답변 및 반대신청

피신청인은 신청인의 중재신청서를 검토한 후 중재신청 접수통지의 수령일(기준일)로부터 국내중재의 경우 15일, 국제중재의 경우 30일 이내에 그 통지를 한 사무국에 필요서류를 제출하여 답변할 수 있다.

피신청인은 중재절차 중 반대신청을 할 수 있다. 다만, 중재판정부는 반대신청이 시기에 늦어 상대방의 이익을 해하거나, 절차의 완결을 지연하게 하는 것으로 인정하는 경우에는 직권 또는 상대방의 신청에 의하여 이를 허가하지 아니 할 수 있다.

### (5) 중재판정부 구성

중재사건을 판정할 중재인은 분쟁당사자가 직접 선정하거나 중재원에서 추천한 중재인 후보중에서 선임하게 됩니다. 중재인은 법조계, 학계, 업계 등 각계권위자로서 최소한 20년 이상 해당분야에 경험 있고 전문지식, 신뢰성, 성실성, 신망, 판단력 등이 갖추어진 인사라야 합니다.

중재인의 선정방법은 다음과 같다.

① **당사자에 의한 직접 선정방법**

당사자간의 약정으로 중재인을 당사자가 직접 선정 또는 선정방법을 정하였을 경우, 선정통지수령일로부터 15일(국제중재: 30일)이내에 중재인취임수락서를 중재인으로부터 받아 제출해야 합니다.

② **사무국에 의한 선정방법**

중재인 명부중에서 5인 또는 10인의 후보자를 선정 후 당사자에게 명단을 보냅니다.

당사자는 동 명단에 자신이 희망하는 순위를 의장중재인과 기타중재인란에 번호를 기재하여 후보자명단수령일로부터 15일(국제중재: 30일)이내에 반송하여야 합니다. 사무국은 양당사자의 순위를 집계한 후 희망순위가 가장 높은 사람(1~3인)으로부터 취임수락서를 받아 선정하게 되고 중재판정부가 구성되면 중재인과 양당사자에게 중재인 선정사실과 제1차 심리기일을 서면으로 통지합니다.

### (6) 중재심리

#### ① 심리의 일시 및 장소의 결정과 통지

중재심리의 일시, 장소와 방식은 중재판정부가 정한다. 심리일시, 장소 및 방식이 결정되면 사무국은 심리개시 국내중재의 경우 10일, 국제중재의 경우 20일전까지 당사자에게 통지하여야 한다.

중재판정부가 심리의 방식을 정함에 있어서는 집중심리 등을 통하여 절차상 지연됨이 없도록 충분한 배려를 하여야 한다.

#### ② 심리준비

중재판정부는 양당사자에게 심리를 시작하기 전에 주장, 증거방법, 상대방 주장에 대한 의견을 기재한 준비서면을 제출하게 할 수 있습니다.

#### ③ 심리절차

ⓐ 심리는 사건번호와 당사자의 호명으로 개시됩니다.

ⓑ 심리절차는 비공개를 원칙으로 합니다.

ⓒ 당사자의 일방이 증거물을 제출하는 경우 판정부는 이를 증거로 접수할 수 있습니다.

ⓓ 판정부는 필요하다고 인정할 경우 절차를 변경할 수 있습니다.

ⓔ 당사자는 사무국이나 판정부가 요구하는 서면, 증거 또는 기타 문서의 번역문을 제출해야 합니다.

ⓕ 판정부는 당사자를 직접 심리합니다.

ⓖ 심리시에 판정부에 제출치 못하고 심리 당시의 합의나 그 이후의 합의 및 판정부의 요구에 의해 제출하는 모든 서류는 사무국이 접수하여 판정부 및 타방당사자에게 송달하여야 합니다.

ⓗ 판정부가 판정에 필요하다고 인정하는 증거의 조사를 직접 할 수 없는 것은 직권 또는 당사자의 요구에 의해 관할법원에 이를 신청할 수 있습니다.

ⓘ 당사자의 일방이 정당하게 통지 또는 고지되었음에도 불구하고 출석치 아니하거나 출석하여도 심리에 응하지 아니하는 경우에도 중재는 그대로 진행시킬 수 있습니다.

ⓙ 중재판정부는 상당한 이유가 있으면 직권이나 당사자의 요구에 의하여 심리를 연기하거나 속행할 수 있는데 다만, 심리기일 연기신청은 심리기일 3일전까지 하여야 하며, 계속하여 2회 이상 연기하지 않도록 해야 합니다.

④ **심리의 종결**

중재판정부는 당사자가 주장 및 입증을 다하였다고 인정할 때는 심리의 종결을 선언하여야 한다.

당사자 쌍방이 정당하게 통지 또는 고지가 되었는데도 불구하고 2회 이상 출석하지 아니하거나, 출석하여도 심리에 응하지 아니하는 경우에는 중재판정부는 중재절차 종료를 선언할 수 있다.

### (7) 중재판정

중재판정(award)이란 중재계약의 당사자가 부탁한 분쟁에 대하여 중재인이 내리는 최종 결정(final decision)을 의미한다.

① **판정의 범위 및 기간**

중재판정부는 중재계약의 범위내에서 계약의 현실이행 뿐만 아니라 공정하고 정당한 배상이나 기타의 구제를 명할 수 있습니다. 따라서 중재계약의 범위를 벗어난 판정은 효력이 인정되지 아니하고 중재판정부는 책임있는 당사자에게 중재비용의 부담비율을 명하여야 합니다.

중재판정부는 당사자간의 별도 약정이 없는 한 중재심리가 종결된 날로부터 30일 이내에 중재인 과반수 찬성으로 판정하고 당사자가 합의하면 판정이유의 기재를 생략할 수 있습니다.

② **판정의 형식**

중재판정은 서면으로 작성하고 다음 사항을 기재하여 중재인이 서명하여야 한다.

ⓐ 당사자의 성명, 또는 명칭과 주소, 대리인이 있는 경우에는 그 대리인의 성명과 주소

ⓑ 판정주문 및 판정이유

ⓒ 판정문 작성일자

ⓓ 중재지

중재판정은 한국어로 작성합니다. 다만 당사자의 요구가 있거나 중재인중에 외국의 국적을 가진 자가 있을 때는 한국어와 영어를 공용할 수 있으며, 이때 국문과 영문으로 작성되는 판정문은 모두 이를 정본으로 합니다. 그러나 국영문간에 해석상의 차이가 있을 때는 한국어에 의하여 해석합니다.

③ **판정의 송달**

사무국은 판정의 정본을 당사자 또는 대리인에게 최후로 알려진 주소에 등기우편(배달증명)으로 발송하거나 직접 교부합니다.

판정의 정본을 당사자에게 송달한 후 이의 수령을 확인하는 우편물 배달증명서가 도착하면, 사무국은 판정문원본과 송달의 증서를 첨부하여 관할법원에 이송보관합니다.

④ **중재판정의 효력**

(a) 국내적 효력

중재법 제12조에 의하면 "중재판정은 당사자간에 있어서는 법원의 확정판결과 동일한 효력을 가진다"고 규정하고 있다.

ⓐ 형식적 확정력(conclusiveness, finality) : 중재인은 자기가 내린 중재판정을 철회하거나 변경할 수 없다.

ⓑ 실질적 확정력[旣判力](effect of res judicata) : 동일사항에 대하여 이를 판정한 중재판정부는 물론이고 법원도 그 내용인 판정에 배치되는 판단을 할 수 없다. 뿐만 아니라 당사자도 이에 반대되는 내용을 주장·답변할 수 없다.

ⓒ 중재판정에 의한 강제집행 : 중재판정은 법원의 판결과는 달리 그 자체만으로는 집행력이 없으므로 강제집행절차의 기본이 되는 채무명의를 얻기 위하여는 따로 법원의 집행판결을 얻어야 한다.

(b) 국제적 효력

중재판정의 국제적 효력, 즉 외국중재판정의 승인 및 집행에 대하여는 1958년 '외국중재판정의 승인 및 집행에 관한 유엔협약(일명 뉴욕협약)'에 의해 외국에서도 그 승인 및 집행이 보장된다.

## 4) 중재에 관한 국제조약

### (1) 제네바 의정서

1923년의 중재에 관한 최초의 다수국간 조약이며, 정식으로는 「중재조항에 관한 의정서」(Protocol on Arbitration Clauses)로 불리운다.

### (2) 제네바조약

1927년에 서명된 「외국중재판정의 집행에 관한 조약」(Convention on the Execution of Foreign Arbitration Awards) 이며, 자국영역내에서 행해진 중재판정의 집행을 확보하는 약속을 함에 그친 제네바의정서보다 일보 전진하여 외국에서 행해진 중재판정의 승인 및 집행을 보증하려는 조약이다.

### (3) 뉴욕협약

1958년 뉴욕의 UN 본부에서 체결된 「외국중재판정의 승인 및 집행에 관한 조약」(Convention on the Recognition and Enforcement of Foreign Arbitral Awards)으로 제네바조약의 규정이 중재판정의 승인 및 집행요건이 복잡하여 충분한 실효를 거두지 못한 것을 수정했다.

뉴욕협약의 가맹국이 되면 제네바의정서 및 제네바조약은 효력이 상실된다.

### (4) UNCITRAL 중재규칙(UNCITRAL Arbitration Rules)

계약시마다 중재절차를 정할 필요가 있는 임시(ad hoc arbitration) 중재에 이용될 것을 염두해 두고 1976년 제정되었다. 현실적으로는 런던중재재판소, 미국중재협회, 상사중재위원회 등 많은 상설중재기관이 이 규칙에 필요한 조항을 추가・수정하여 이를 중재규칙으로 하고 있다.

### (5) UNCITRAL 모델중재법(UNCITRAL Model Law of International Commercial Arbitration)

1985년에 채택된 이 모델법은 각국이 국제중재에 관한 국내법으로 채택할 것을 기대하여, 세계적인 중재법의 통일을 도모하려는 것으로 대부분의 나라에서 이를 그대로 또는 약간의 수정을 가하여 사용하고 있다.

# 제7장 국제운송계약

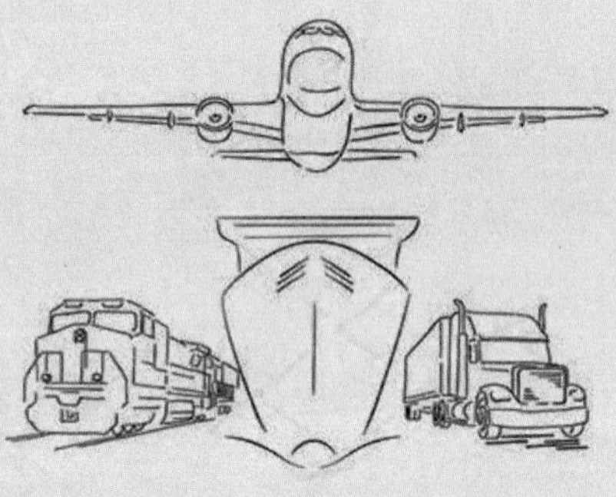

# 제 7 장 국제운송계약

## 1. 국제해상운송

### 1) 해상운송계약(Contract of Carriage of Goods by Sea)

#### (1) 개품운송계약(Contract of Affreightment in a general ship)

이는 운송화물이 소량(Small lot)이고 일반화물(General Cargo 잡화)인 경우 선박회사가 불특정다수의 화주로부터 화물을 모아 한 척의 선박에 혼재하여 운송하는 방식으로 정기선(Liner)에 의한 운송이 행해진다. 정기선운송은 항로, 기항지, 출발·도착일시, 취항 선박수, 항해수가 거의 일정하고, 대부분의 정기선항로에는 해운동맹이 결성되어 있다.

화주는 화물의 완성상황이나 최종선적일, 선박회사의 배선표(Sailing Schedule) 등을 대조하여 선박회사 또는 선박회사의 대리점에 선복(Ship's Space)신청(운송계약의 신청; Space Booking)을 하고 선박회사가 이를 승낙하면 운송계약이 성립하게 되는데 계약서는 작성하지 않는다. 그리고 이 계약에 근거해서 실제로 화물이 운송 또는 선적되면 계약의 증명이 되는 선하증권(Bill of Lading; B/L)이 발행된다.

#### (2) 용선계약(Contract of Affreightment by Charter party)

이 운송계약은 운송화물이 대량(Lot Cargo)이고 곡물, 석탄, 철광석 등의 산적[무포장화물](Bulk Cargo; Cargo in Bulk)인 경우 화주가 선박회사로부터 선복의 일부 또는 전부(part or whole of the ship's space)를 빌려 화물을 운송하는 계약으로 대부분 부정기선(Tramper)에 의해 행해진다. 부정기선은 정기선과 달리 항로, 기간도 일정하지 않다. 용선계약의 경우에는 선박회사와 하주(또는 선박회사) 사이에 용선계약을 체결하고 그 계약서로서 용선계약서(Charter Party: C/P)를 작성한다.

참고로 용선계약의 체결순서는 조회(Inquiry for ship's space) → 확정청약(Firm offer) → 수정청약(Counter Offer) → 成約覺書(Fixture note) → 용선계약(Charter party)으로 된다. 여기서 成約覺書(Fixture note)란 수출입업자가 직접 또는 용선중개인(Chartering Broker)의 중개로 선박회사와 용선계약을 체결한 경우에 그 내용의 요점을 기재하여 교환하는 확인서를 말한다.

개품운송계약과 용선계약의 비교는 다음의 〈표 7-1〉과 같다.

**표 7-1** 개품운송계약과 용선계약의 비교

| | 개품운송계약 | 용선계약 |
|---|---|---|
| 계약의 목적 | 개개의 운송물품 | 선복의 일부 또는 전부 |
| 화물 | 소량의 일반화물 | 대량의 무포장화물 |
| 화주 | 불특정 다수 | 특정 화주 |
| 당사자 | 선주와 송하인 | 선주와 용선자 |
| 운송방법 | 정기선(liner) | 부정기선(tramper) |
| 계약서 | 선하증권(B/L) | 용선계약서(C/P) |
| 운임율 | 공표운임률(tariff rate) | 수급에 의한 시세(open rate) |
| 운임조건 | Liner[Berth] Term | FI, FO, FIO |

한편 용선계약의 종류는 다음과 같다.

### (1) 정기[기간]용선계약(Time Charter)

운송인인 용선자가 다른 선주(Owner)로부터 일정기간을 정하여 선박을 용선하는 것이다. 기간용선계약의 경우 용선자가 지급하는 보수를 용선료(Hire; Charterage)라고 한다. 정기용선 계약서식으로 많이 사용되고 있는 것은 Baltime이다.

### (2) 항해[항로]용선계약(Voyage or Trip Charter)

화주인 용선자가 특정항로(양 항구간의 일정항해)를 정하여 선박을 용선하는 것이다. 항해용선계약의 경우 용선자가 선박회사에 지급하는 보수는 용선료가 아니라 운임이다. 항해용선계약의 표준서식(standard form)으로 현재 가장 많이 사용되고 있는 것은 GENCON(Uniform General Charter)이다.

### (3) 나용선계약(Bareboat[Demise] Charter)

특히 기간용선의 경우에 선주는 선박만을 임대하며, 용선자는 일정의 용선료를 지불하고 선원, 항구세, 수선비, 보험료 등을 전부 자신이 부담하는 단순한 선박임대차계약(Demise of Vessels)을 말한다.

### (4) 총괄운임용선계약[선복용선계약(Lump Sum Charter)

항해용선계약에서는 보통 실제의 적재수량에 따라 운임이 계산되는데 비해, 이는 실제의 적재수량에 관계없이 선복 또는 항해를 단위로 포괄적으로 운임을 정하는 운송계약이다. 이 경우의 운임을 총괄[선복]운임(Lump Sum Freight)이라고 한다.

### (5) 일대(日貸)용선계약(Daily Charter)

이는 항해용선계약의 변형으로 용선계약상 지정된 선적항에서 화물을 적재한 날로부터 기산하여 계약상 양륙항까지 운송하여 화물을 인도 완료할 때까지 운임을 하루에 얼마로 정하는 운송계약이다.

한편 항해용선계약서의 주요 조항은 다음과 같다.

① 계약의 당사자(parties to the contract)의 명칭

② 선박의 명세(description of the vessel)

③ 화물의 명세(description of cargo)

④ 적재수량(quantity of cargo)

⑤ 선적항(loading port) 및 양하항(discharging port)

⑥ 운임과 운임지급조건(freight rate and terms of payment of freight)

⑦ 하역비 부담조건(Berth Term, FIO, FI, FO, etc.)

㉠ Liner Term(Berth Term) … 선적비용(In) · 양륙비용(Out)은 모두 선주가 부담하는 조건(Stevedorage; Owners account at both ends).

㉡ FIO(Free In and Out) … 선적비용(In) · 양륙비용(Out)은 모두 용선자(화주)가 부담하는 조건(Stevedorage; Charterers account at both ends).

㉢ FI(Free In) … 선적비용(In)은 용선자(화주)가 부담하고, 양륙비용(Out)만을 선주가 부담하는 조건.

㉣ FO(Free Out) … 양륙비용(Out)은 용선자(화주)가 부담하고, 선적비용(In)만 선주가 부담하는 조건.

⑧ Not before clause

본선이 선적준비완료예정일 이전에 도착하여도 하역을 하지 않는다는 규정의 문언을 말한다.

⑨ 정박기간의 표시(CQD or Weather Working Days, etc.)

㉠ 慣習的 早速荷役(Customary Quick Dispatch: CQD) : 하역을 위한 정박기간을 한정하지 않고 그 항구의 관습에 따라 가능한 한 빨리 하역하는 조건으로, 일요일, 축제일의 하역은 특약이 없는

한 제외되며 폭풍우, 동맹파업 등에 의한 하역 지연도 예상되므로 선주로서는 불리한 조건이다. 정기선의 개품운송계약의 경우는 일반적이지만 용선계약에서는 그다지 사용되지 않는다. 이 정박기간을 "Unfixed Laydays"라고 한다.

ⓛ 연속정박기간[연속24시간](Running Laydays) : 악천후, 동맹파업, 기타 불가항력에 의해 하역할 수 없는 시간뿐만 아니라 일요일과 축제일도 모두 정박기간으로 계산하는 방법이나. WWD조건보다 용선자에게는 불리한 조건이다..

ⓒ 好天荷役日(Weather Working Days: WWD) : 하역가능한 날씨기간만을 정박기간으로 계산하고 악천후는 제외되는 것, 다시 말하면 Running Laydays에서 일요일, 축제일 및 일기불량에 의한 하역불가능한 날을 제외한 것으로 현재 가장 많이 사용하고 있는 조건이다. 이 조건에서 일요일과 공휴일의 처리방법은 다음과 같다. 첫째, 일요일과 공휴일은 보통 날씨에 관계없이 제외되는데, 하역하여도 정박기간으로 계산하지 않는 조건은 Sundays and Holidays excepted (even if used)(SHEXIU), 둘째, 하역여부에 관계없이 정박기간으로 계산하는 조건은 Sundays and Holidays included (WWD, SHINC), 셋째, 하역하지 않은 경우만 계산에서 제외되고, 하역한다면 정박기간으로 계산되는 조건은 Sundays and Holidays excepted Unless Used(SHEXUU)라고 명시해야 한다.

⑩ 체선료(demurrage)와 조출료(dispatch money) 조건

㉠ 체선료(demurrage) : 용선계약에서 정한 정박기간(허용정박기간 ; laytime allowed)을 초과하여 하역이 행해진 경우 그 초과정박기간에 대해 용선자가 선주에게 지급하는 일종의 손해배상금을 말한다.

㉡ 조출료(dispatch money) : 용선계약에서 정한 정박기간보다 빨리 하역이 종료된 경우에 그 절약된 정박기간에 대해 선주가 용선자(화주)에게 지급하는 보상금으로 보통 체선료의 반액이다.

⑪ 면책(exception)조항

선주가 일정 종류의 위험, 태만 등에 대한 책임을 면할 수 있는 조항이다.

⑫ 해지조항(Cancelling Clause)

적하준비 완료일로부터 일정 기간을 정하여 해지할 수 있도록 하는 조항이다.

### 2) 해상운임

#### (1) 지급시기

① **선지급[선불]운임**(Freight Prepaid; Advance Freight)

선적완료와 동시에 운임을 지급하는 방법이다. B/L에 "Freight Prepaid"라고 표시된다.

② **후급운임**(Freight to Collect; Freight Payable at Destination)

화물이 수입지에 도착하여 화물은 수령할 때 운임을 지급하는 방법이다. B/L에 "Freight Collect"라고 표시된다.

#### (2) 정기선 운임

정기선 운임은 용적, 중량, 가격 등을 기준으로 책정되는 기본운임과 할증료·추가요금 등의 부대비용으로 구성된다.

① **기본요금(Basic Rates)**

㉠ **용적기준**(Measurement Basis)

화물의 용적을 기준으로 운임을 결정하는 것으로 1입방미터(Cubic

Meter=CBM=$m^3$)을 1Ton으로 하며, 이 용적을 기준으로 하는 화물은 용적화물(measurement cargo)이라고 한다. 대부분의 경우 일반화물에 적용된다.

ⓛ **중량기준**(Weight Basis)

화물의 중량을 기준으로 운임을 결정하는 것으로 통상 Metric Ton (M/T)을 사용한다. 이처럼 중량을 기준으로 하는 화물은 중량화물(weight cargo)이라고 한다. 시멘트, 철강과 같이 부피에 비해 무거운 화물에 적용된다.

ⓒ **가격기준**(Ad Valorem Basis)

귀금속과 같은 고가품의 경우에는 가격을 기준으로 하는 종가운임(ad valorem freight)을 적용한다.

ⓔ **컨테이너 박스기준**(Box Rate)

컨테이너 화물의 경우 운임은 담겨져 있는 화물의 양에 관계없이 '컨테이너 1개당 얼마'라고 정하는 것을 말한다. 이러한 운임을 박스당 운임(Box Rate)이라 하는데, 이에는 화물의 종류에 관계없이 적용하는 품목 무차별박스운임(Freight All Kinds(FAK) Box Rate), 품목별로 적용하는 품목별 박스운임(Commodity Box Rate)이 있다.

② **할증료[요금](Surcharge; Additional Freight)**

ⓖ **유류[유가]할증료**(Bunker Adjustment Factor: BAF)

선박용연료인 중유가격의 급등으로 인한 손실을 보전하기 위해 선박회사가 화주에게 부과하는 할증료로 Bunker Surcharge라고도 한다.

ⓛ **통화할증료**(Currency Adjustment Factor: CAF)

외국환율의 급격한 변동으로 인한 환차손을 보전하기 위해 선박회사가 화주에게 부과하는 할증료로 Currency Surcharge라고도 한다.

㉢ **체선[체화]할증료**(Congestion Surcharge)

정박항에서 선박의 체선(Congestion of Ships; Port Congestion) 때문에 하역에 시일이 걸리어 정박일수가 증가한 경우에 당해 항에서의 적재 및 양하화물에 대하여 부과되는 할증료를 말한다.

㉣ **중량할증료**(Heavy Lift Surcharge[Charge])

단일화물의 중량이 일정기준을 초과하는 경우에 부과하는 할증료이다.

㉤ **장척(長尺)할증료**(Lengthy Surcharge[Charge])

단일화물의 길이가 일정기준을 초과하는 경우에 부과하는 할증료이다.

㉥ **양륙항 선택할증료**(Optional Surcharge[Charge])

하주가 선적당시 양하항을 정하지 않고 본선출항 후 선택하여 정하는 경우에 부과하는 할증료이다.

### (3) 부정기선의 주요운임의 종류

① **총괄운임[선복운임]**(Lump Sum Freight)

용선계약에서 실제의 적재수량과 관계없이 선복 또는 항해를 단위로 포괄적으로 정해지는 운임을 말한다.

② **부적운임[공적(空積)운임]**(Dead Freight)

용선자인 화주가 선복계약을 했지만 선적하지 않은 경우 또는 화물의 실제 선적수량이 선복 예약수량보다도 부족한 때 그 부족분에 대하여 지급되는 운임으로 일종의 위약(배상)금(penalty)을 말한다.

③ **반송운임**(Back Freight)

운임도착지불(freight collect)조건으로 운송되는 화물에 대하여 수하인이 화물의 인수를 거절하거나 또는 하인의 잘못 등 운송인의 귀책사유에 의하지 않고 화물이 誤送되었기 때문에 화물의 반송(return)이 필요한 경우에 송하인이 부담해야 하는 반송을 위한 운임을 말한다.

④ **비례[비율]운임**(Pro Rata Freight)

항해가 불가항력 등에 의해 계속할 수 없게 되어 중도에 화물을 인도할 경우에 이행된 항해비율에 따라 지급·취득하는 운임을 말하며 수송거리운임[항로상당운임](distance freight)이라고도 한다.

### 3) 해상운송관련 국제법규

해상운송관련 국제법규를 비교하면 다음의 〈표 7-2〉와 같다.

**표 7-2** 헤이그규칙, 헤이그-비스비규칙, 함부르크규칙의 비교

| 항목 \ 규칙 | 헤이그규칙(1924) | 헤이그-비스비규칙 (1968, 개정 1979) | 함부르크규칙(1978) |
|---|---|---|---|
| **적용범위** | 모든 국제해상물품운송에 적용되고, 선하증권 발행을 요건으로 함 | 좌측과 동일 | 2국간의 항구 상호간의 모든 국제해상운송계약에 적용되고, 선하증권의 발행의 유무를 불문함 |
| **책임기간** | from tackle to tackle<br>선적에서 양하까지 | 좌측과 동일 | from receipt to receipt<br>수취에서 인도까지 |
| **책임원칙** | · 과실책임주의 원칙<br>· 선박의감항성(seaworthiness)에 대한 주의의무와 운송물의 취급·보관 등에 관한 주의의무를 부담하고, 선박의 불내항에 대한 과실과 운송물에 대한 주의의무위반인 상업과실에 대해서는 책임을 부담 | · 과실책임주의 원칙. 단, 지연에 대해서도 책임을 부담 | · 과실책임주의 원칙<br>· 물품이 수취시/인도시의 관리하에 있는 동안에 대해 주의의무를 부담. 다만, 손해·지연의 발생시에 합리적으로 요구되는 모든 조치를 취할 것을 스스로 입증하면 면책<br>· 지연손해에 대한 책임부담 |
| **면책사유** | · 항해과실<br>· 화재<br>· 기타 불가항력 사유(면책리스트[카탈로그]에 열거된 해상고유의 위험, 전쟁, 동맹파업, 공장폐쇄 등)<br>· 갑판적 화물, 산 동물은 물품에서 제외 | 좌측과 동일 | · 항해과실면책의 폐지<br>· 화재면책의 폐지<br>· 면책리스트[카탈로그]의 폐지<br>· 갑판적 화물, 산 동물도 물품으로서 새로이 적용 대상으로 함 |

| 규칙<br>항목 | 헤이그규칙(1924) | 헤이그-비스비규칙<br>(1968, 개정 1979) | 함부르크규칙(1978) |
|---|---|---|---|
| 책임<br>한도액 | 1포 또는 1단위 당(per package or unit) 100 파운드 | 1포 또는 1단위당 666.67 SDR 또는 1kg당 2 SDR 중 많은 금액 | 1포 또는 1단위당 835 SDR 또는 1kg당 2.5 SDR 중 많은 금액 |
| 강행법성 | 강행법 | 강행법 | 강행법 |
| 소송제기<br>기간 | 1년 | 1년 | 2년 |

## 2. 컨테이너 운송

### 1) 컨테이너 운송의 의의

컨테이너가 처음 등장한 것은 미군이 제2차 세계대전 중 컨테이너로 군수물품 수송을 한 때부터이다. 그 후 1966년 미국의 Sea-Land사가 북태평양항로에서 처음으로 컨테이너 서비스를 개시했다.

### 2) 컨테이너 운송의 장 · 단점

재래선(Conventional Vessel)에 비해 컨테이너선(Container Vessel)에 의한 운송은 증가하는 추세이며, 컨테이너 운송의 장점으로는 포장 · 보관 · 하역 · 운송의 간소화와 효율화, 도난 · 파손 · 누손 사고의 격감, 선박의 항구에서의 정박기간 단축화, 튼튼한 운송용기의 반복이용 가능 등이 있다. 즉, 신속성, 간편성, 안전성, 경제성으로 하역효율은 재래선에 비교해 10배, 정박은 한 항구에 하루 머무는 것이 일반화되었다.

컨테이너 운송의 단점은 컨테이너화를 위한 막대한 자본의 필요, 이용화물의 제한, 시설확보에 따른 경비부담, 컨테이너 및 설비의 관리문제, 갑판상 적재로 인한 추가보험료 지급 등이 있다.

### 3) 컨테이너 운송관련 용어

#### (1) FCL(Full Container Load)화물

하나의 컨테이너에 적재된 화물로, 컨테이너 터미널의 컨테이너 야드(Container Yard: CY)에 직접 반입되며, 수입의 경우에도 거기서 화주에게 인도한다.

#### (2) LCL(Less than Container Load)화물

하나의 컨테이너에 가득 채울 수 없는 소량의 화물로, 컨테이너 화물조작장(Container Freight Station: CFS)에서 선박회사가 컨테이너에 화물을 적입(vanning; stuffing)하고, 수입의 경우에도 거기서 컨테이너에서 화물을 꺼내어(devanning; unstuffing) 화주에게 인도한다.

#### (3) Container Yard(CY)(컨테이너 야적장)

컨테이너의 집적, 보관, 장치, 수도(受渡)를 하는 장소를 말한다. 또 컨테이너의 관리, 이동, 본선에의 적재, 본선으로부터의 양하가 여기에서 CY Operator에 의해 행해진다.

#### (4) Container Freight Station(CFS)(컨테이너 화물집하소[조작장])

LCL(Less than Container Load)화물을 컨테이너에 혼재하거나, 컨테이너에 화물을 꺼내어 화주에게 인도하는 업무를 하는 장소이다.

#### (5) Marshalling Yard(조화장)

본선 입항전 선적예정 컨테이너를 정연하게 쌓아 두거나 양하된 컨테이너를 화주에게 인도하기 위하여 정열된 장소이다.

### (6) Inland Clearance[Container] Depot(ICD)(내륙컨테이너기지)

내륙지에 있는 컨테이너 통관장소를 말하는데, 쉽게 생각하면 내륙에 있는 부두이다.

### (7) Container Load Plan(CLP)(컨테이너내 적치표)

컨테이너에 채워 넣는 화물의 명세를 기재한 것으로 FCL(Full Container Load)화물의 경우는 화주 또는 그 대리인이, LCL(Less than Container Load)화물의 경우는 CFS Operator가 컨테이너 1개마다 작성한다.

### (8) Dock Receipt(D/R)(부두수령[취]증)

컨테이너 화물에 대한 선박회사의 화물수령증으로 재래선의 경우의 본선수취증(M/R)에 해당되는 것으로 이를 선사에 제출하여 B/L을 발급받는다.

### (9) Equipment Receipt(ER)(기기수도증(機器受渡證)

컨테이너, 샤시 등의 기기(機器)류가 CY에서 반출 또는 반입될 때 인계인수를 증명하는 서류로 CY Operator에 의해 작성된다.

### (10) Piggy Back

컨테이너 또는 이를 적재한 트레일러를 철도화차에 실어 운송하는 방식을 말하는데, 이에 대하여 컨테이너를 선박에 적재하는 것을 Fishy Back, 항공기에 적재하는 것을 Birdy Back이라 한다.

### 4) 컨테이너 화물의 운송형태

컨테이너 화물의 운송형태는 다음과 같다.

#### (1) CY/CY(FCL/FCL; Door to Door)운송

이는 단일의 송하인, 단일의 수하인 관계의 운송방식으로 컨테이너의 장점을 최대한으로 이용한 운송방법이다.

#### (2) CY/CFS(FCL/LCL; Door to Pier)운송

이는 단일의 송하인, 다수의 수하인 관계의 운송방식이다.

#### (3) CFS/CY(LCL/FCL; Pier to Door)운송

이는 다수의 송하인, 단수의 수하인 관계의 운송방식이다.

#### (4) CFS/CFS(LCL/LCL; Pier to Pier)운송

이는 다수의 송하인, 다수의 수하인 관계의 운송방식이다.

### 5) 컨테이너 화물의 수출입절차

우선, 컨테이너 화물의 수출절차는 다음과 같다.

#### (1) FCL 화물의 경우

송하인 창고→컨테이너 화물적입→컨테이너 육상운송→부두직반입→CY 반입→선적의 순서로 된다.

또는 송하인 창고→컨테이너 화물적입→컨테이너 육상운송→ODCY(Off-Dock Container Yard) 반입→Schuttle 운송→CY 반입→선적의 순서로 된다.

#### (2) LCL 화물의 경우

송하인 창고→공로수송→CFS에서 화물혼재→부두직반입→CY 반입→선적의 순서로 된다.

또는 송하인 창고→공로수송→CFS에서 화물혼재→ODCY 반입→Schuttle 운송→CY 반입→선적의 순서로 된다.

다음으로 컨테이너화물의 수입절차는 다음과 같다.

#### (1) FCL 화물의 경우

양하→CY 장치→Schuttle 운송→ODCY 장치→컨테이너 육상운송→영업용 보세장치장 또는 하주 Door의 순서로 된다.

#### (2) LCL 화물의 경우

양하→On Dock CY의 CFS→ODCY의 CFS→공로수송→영업용 보세장치장 또는 하주 Door의 순서로 된다.

또는 양하→On Dock CY의 CFS→직통관→컨테이너 육상운송→영업용 보세장치장 또는 하주 Door의 순서로 된다.

### 6) 컨테이너의 분류

#### (1) 용도에 따른 분류

① Dry Container : 전자제품, 일반잡화용

② Reefer[Refrigerated] Container : 육류, 어류, 과일 등의 냉동화물

③ Pen[Live Stock] Container : 가축 또는 동물 등의 산 동물

④ Open Top Container : 장척물(長尺物)이나 기계류 등(천장 개방식의 컨테이너)

⑤ Flat Rack Container : 기계류, 플랜트, 목재 등(바닥과 4개 기둥만이 존재)

⑥ Tank Container : 유류, 화학제품 등의 액상화물

⑦ Bulk Container : 곡물, 사료, 화학제품 등 분말상의 화물

⑧ Hanger Container : 의류

### (2) 재질에 따른 분류

① steel 컨테이너 : 견고하고 재료비가 싸지만 무겁고 부식되기 쉽다

② 알루미늄 컨테이너 : 가볍고 유연하지만 재료비가 비싸고 손상되기 쉽다

③ FRP 컨테이너 : 스틸프레임과 합판의 양면에 FRP를 부착하여 만듦. 결로현상이 없으나 무겁고 재료가 비싸다

## 7) 컨테이너선의 분류

### (1) 선형에 의한 분류

① **새미컨테이너선**(Semi-Container Ship)

일반화물선의 일부 선창을 컨테이너 적재용의 전용선창으로 개조한 것을 말한다.

② **전용선**(Full-Container Ship)

컨테이너만을 전용으로 적재하는 선박을 말한다.

③ **랫쉬선**(Light Aboard Ship: LASH)

화물은 적재한 부선을 본선에 설치된 기중기(crane)로 선상에 올려 놓을 수 있는 선박을 말한다.

### (2) 하역방법에 의한 분류

① **RO/RO**(Roll on/Roll off)**방식**

기중기를 사용하지 않고 화물을 적재한 트레일러나 트럭이 선미, 선측 경사로(ramp way)를 지나 그대로 선내에 들어와 하역할 수 있는 수평하역방식(horizontal type)이다.

② **LO/LO**(Lift on/Lift off)**방식**

고가이동 기중기(gantry crane)로 컨테이너를 본선에 수직으로 적재 또는 양하할 수 있는 수직하역방식(vertical type)으로 대부분의 컨테이너선은 이 방식이다.

③ **FO/FO**(Float on/Float off)**방식**

부선(barge)에 컨테이너 및 기타 화물을 적재한 채 본선의 기중기로 부선 자체를 적재 또는 양하하는 방식으로 랫쉬(LASH)선 등이 채택하고 있는 하역방식이다.

## 3. 국제복합운송

### 1) 복합운송의 개념

복합운송(Combined Transport; Multimodal Transport; Intermodal Transport)이란 일국의 물품 수취지에서 다른 나라의 지정인도지까지 2가지 이상의 다른 운송수단에 의한 운송을 말하며, 복합운송인(Combined Transport Operator; CTO)이 물품의 복합운송을 이행·알선계약을 증명하는 복합운송증권(Combined Transport Document;

Multimodal Transport Document ; Intermodal Transport Document)을 발행한다.

### 2) 랜드브리지에 의한 복합운송의 주요경로

#### (1) 시베리아 랜드 브리지(Siberia Land Bridge: SLB)

극동 · 유럽 · 스칸디나비아 반도 및 중동간의 복합운송경로

#### (2) 아메리카 랜드 브리지(America Land Bridge: ALB)

극동 · 미국 · 유럽간의 복합운송경로

#### (3) 미니 랜드 브리지(Mini Land Bridge: MLB)

극동 · 미국의 서해안 · 미국의 동해안 또는 Gulf만간의 복합운송경로

#### (4) 마이크로 랜드 브리지(Micro Land Bridge: MCB)

극동 · 미국의 서해안 · 미국 내륙지방간의 복합운송경로로 IPI(Interior Point Intermodal Tariff)라고도 함. MLB가 Port to Port인데 비해 내륙지점을 기점 · 종점으로 함.

#### (5) 캐나다 랜드 브리지(Canada Land Bridge: CLB)

극동 · 캐나다서해안 · 캐나다동해안간의 복합운송경로

### 3) 복합운송인의 책임체계

#### (1) 단일책임체계(Uniform Liability System)

전운송구간 단일책임 각 구간 동일책임형으로, 복합운송인이 전운송구간에 대하여 화주에게 동일 내용의 책임을 지는 시스템이다. 즉, 손해가 복합운송의 어느 구간에서 발생하였는지를 묻지 않고 복합운송인은 동일한 기준에 따라 책임을 지는 체계이다.

#### (2) 이종책임체계(Network Liability System)

전운송구간 단일책임 각 구간 이종책임형으로, 화주와 복합운송계약을 체결한 복합운송인이 전운송구간에 대하여 화주에게 책임을 지지만, 그 책임내용은 각 운송수단에 대한 책임원칙. 예를 들면 해상운송은 Hague-Visby Rules, 항공운송은 Warsaw Convention에 따르는 것으로 하는 시스템이다. 즉, 손해발생구간이 확인된 경우와 그렇지 않는 경우로 나누어서 각각 다른 책임체계를 적용하는 체계이다.

근래의 실무에서 사용되는 복합운송증권은 거의 전부 이종책임체계를 채용하고 있다.

#### (3) 절충식 책임체계(Modified Uniform Liability System)

Network System과 Uniform System의 절충방식으로 UN조약이 채택하고 있는 것으로, 복합운송인의 책임체계가 일률적인 책임원칙을 따르고 책임의 정도와 한계는 손상이 발생한 구간의 규칙에 따르는 것이다.

### 4) 복합운송관련 국제법규

복합운송에 관한 국제조약으로는 국제상업회의소(ICC)가 1973년에 제정하여 1975년에 개정한 「복합운송증권에 관한 통일규칙」(Uniform Rules for a Combined Transport Document, 1975), 「국제물품복합운송에 관한 UN협약」(United Nations Convention on International Multimodal Transport of Goods, 1980) 및 「복합운송증권에 관한 UNCTAD/ICC 규칙」(UNCTAD/ICC Rules for Multimodal Transport Documents, 1992)이 있다.

# 4. 국제항공운송

## 1) 항공운송의 의의

국제물품운송은 해상과 육상운송이 주류를 이루고 있지만 최근 신속성 · 안정성 · 정시성의 특성을 가진 항공운송의 비중이 늘고 있다.

항공화물의 경우 일반적으로 화주가 항공화물운송대리점(air cargo agent)이나 항공화물운송주선업자[혼재업자](air freight forwarder)와 운송계약을 체결한다.

## 2) 항공화물운임의 종류

### (1) 최소요금(Minimum Charges)

화물의 중량이 적은 경우 적용되는 운임

### (2) 일반화물요율(General Commodity Rates: GCR)

화물의 품목에 관계없이 컨테이너에 채워져 있지 않은 벌크화물에 적용되는 운임

### (3) 특정품목요율(Specific Commodity Rates: SCR, SPEC)

특정 구간에 운송되는 특정 품목에 최저중량을 조건으로 설정된 할인운임

### (4) 품목분류운임률(Commodity Classification Rates: CCR)

일정지구간 또는 지역내에 운송되는 일정품목(동물, 귀중품, 신문, 잡지, 유체 등)에 적용되는 할증 또는 할인요율

#### (5) 팔레트 · 컨테이너 단위요금[단위탑재용기요금](Bulk Unification Charges: BUC)

팔레트 또는 컨테이너에 탑재된 상태로 송하인이 항공회사에 반입하고 같은 상태로 수하인에게 인도되는 화물에 한해 적용하는 운임

#### (6) 종가요금(Valuation Charges: VC)

고가의 화물에 대한 운임

### 3) 항공화물운송장

#### (1) 항공화물운송장의 개요

항공화물운송장이란 항공운송계약 및 항공회사가 물품을 수령했음을 나타내는 증거서류이다. 이는 B/L과는 달리 화물의 수취에 절대적으로 필요한 서류는 아니고 단순한 증거증권으로 유가증권은 아니다. 그리고 이 항공화물운송장은 수취식, 기명식이므로 운송장에 기재되어 있는 수하인(consignee)에게 화물이 인도된다.

한편 운송계약이 체결되면 항공화물운송주선업자는 화주에게 혼재화물운송장(House Air Waybill: HWAB)을 발행하는데, 이는 항공회사가 항공화물운송주선업자[혼재업자]에게 발행하는 항공화물운송장(Master Air Waybill: MWAB)과 구별된다.

#### (2) 항공화물운송장과 선하증권의 비교

항공화물운송장과 선하증권을 비교하면 다음의 〈표 7-3〉과 같다.

표 7-3 항공화물운송장과 선하증권의 비교

| 구 분 | | 선하증권(B/L) | 항공화물운송장(AWB) |
|---|---|---|---|
| 공통점 | | · 화물[물품]의 수령증(receipt of goods)<br>· 운송계약의 증거(evidence) | |
| 차이점 | 증권의 성질 | 유통성(Negotiable) | 비유통성(Non-negotiable) |
| | 발행시기 | 선적완료 시점(선적식) | 수취시점(수취식) |
| | 수하인의 표시방법 | 지시식 | 기명식 |
| | 수하인 | L/C조건 등에 따라 다름 | 보통 은행 |
| | 작성자 | 선박회사가 작성 | 조약상은 송하인이 작성(현실적으로는 대부분의 경우 항공화물운송대리점 또는 항공회사가 작성) |

### 4) 항공운송 관련 국제법규

1929년 서명, 1933년 발효된 바르샤바 조약[협약](Warsaw Convention), 1955년 서명, 1963년 발효된 헤이그의정서(Hague Protocol), 1999년 5월 28일 서명한 몬트리올조약(Montreal Convention) 등이 있다.

# 제8장 해상보험계약

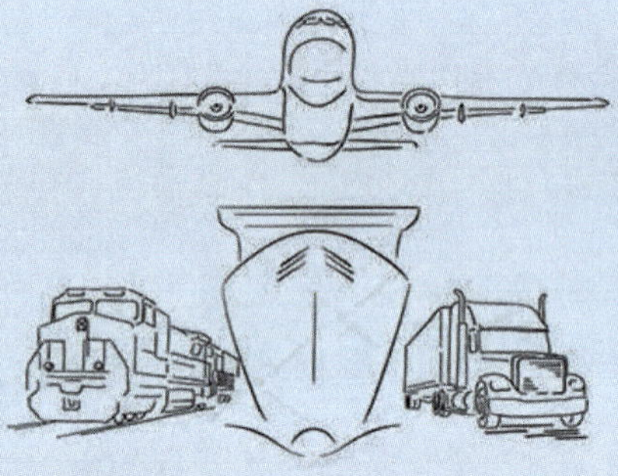

# 제 8 장 해상보험계약

## 1. 해상보험의 의의

### 1) 해상보험의 정의

1906년 영국해상보험법(Marine Insurance Act, 1906: MIA) 제1조에 의하면 해상보험을 다음과 같이 정의하고 있다.

**MIA 제1조 해상보험의 정의**
해상보험계약은 보험자가 피보험자에게 계약에서 합의된 방법과 범위내에서 해상손해, 즉 해상사업에 수반되는 손해를 보상할 것을 약속하는 계약이다(A contract of marine insurance is a contract whereby the insurer undertakes to indemnify the assured, in manner and to the extent thereby agreed, against marine losses, that is to say, the losses incident to marine adventure).

### 2) 해상보험의 당사자

#### (1) 보험자(Insurer, Assurer, Underwriter)

보험계약자와 보험계약을 체결하고, 보험사고가 발생한 경우에 보험금의 지급의무를 지는 자를 말한다.

#### (2) 피보험자(Assured, Insured)

피보험이익을 가지는 자로서 보험사고가 발생한 경우에 보험금 지급을 받을 수 있는 보험계약상의 수익자를 말한다.

#### (3) 보험계약자(Policy Holder)

보험계약의 당사자로서 자신의 이름으로 보험계약을 체결하고 보험료 지급의무를 지는 자를 말한다.

#### (4) 보험대리점(Insurance Agent ; Agent for the Insurer)

특정 보험회사를 위해 보험계약 체결의 대리를 업으로 하는 자를 말한다.

#### (5) 보험중개인(Insurance Broker)

보험자와 보험계약자간에 보험계약체결의 매개를 하는 자로서 보험계약자의 대리인을 말한다.

### 3) 해상보험의 중요원칙

#### (1) 최대선의의 원칙

해상보험계약은 최대선의(the utmost good faith)에 의거한 계약이며, 당사자의 일방이 최대선의를 준수하지 않는 경우에는 다른 당사자는 당해 계약을 무효로 할 수 있다(MIA(1906년) 제17조). 실무에 입각하여 구체적으로 말하면 피보험자는 자신이 알고 있는 일체의 중요한 사항(material circumstance)을 보험계약 체결 전에 보험자에게 고지(disclosure)해야 한다는 것이다(MIA(1906년) 제18조 제1항). 그렇지 않으면 실제로 보험사고가 발생하여 보험회사에 구상하여도 보험금을 받을 수 없는 경우가 생긴다. 여기서 중요한 사항이란 신중한 보험자가 보험료를 산정함에 있어 또는 위험을 인수할 것인가 아닌가를 결정함에 있어 보험자의 판단에 영향을 미치는 일체의 사항을 가리킨다(MIA(1906년) 제18조 제2항).

MIA(1906년) 제20조 제1항은 또 피보험자가 보험계약체결에 앞서 보험자에게 하는 일체의 중요한 표시(every material representation)는 진실이어야 한다고 규정하고 있다. 이 점도 최대선의계약인 해상보험계약의 핵심을 이루는 것이고, 여기서 중요한 표시란 고지의 경우와 같이 신중한 보험자가 보험료를 결정하거나 위험을 인수할 것인가 아닌가를 결정함에 있어 보험자의 판단에 영향을 미치는 표시를 의미한다(MIA(1906년) 제20조 제2항).

### (2) 근인주의(the doctrine of the proximate cause)

MIA(1906년) 제55조 제1항은 "본법에 별도의 규정이 있는 경우 및 보험증권에 반대의 규정이 없는 한 보험자는 피보험위험에 근인하여 발생한(proximately caused) 일체의 손해에 대하여 책임을 지는데, 상기 두 가지 경우를 제외하고 피보험위험에 근인하여 발생하지 않은 일체의 손해에 대하여 책임을 지지 않는다"고 규정하고 있다.

여기서 근인이란 손해발생에 시간적으로 가장 가까운 원인(cause nearest in time)이 아니라 손해를 발생시키는 효과(cause proximate in efficiency)에 있어서 가장 가까운 원인이라는 의미이다.

### (3) 묵시담보(implied warranty)

담보란 피보험자가 보험자에 대하여 특정 사실을 실행하거나 회피하는 것 또는 특정 조건의 충족을 약속하거나 특정 사실의 존재를 긍정하거나 부정하는 것을 의미한다. 담보에는 명시담보(express warranty)와 묵시담보가 있는데, 전자는 보험증권 기타 문서에 기재되므로 문면대로 약속을 실행하면 되지만 후자는 보험증권 기타 문서에 기재되어 있지 않으므로 피보험자가 보험실무를 처리함에 있어 주의를 요한다.

묵시담보는 크게 항해보험에서 항해개시시 선박이 부보된 항해사업의 통상의 해상위험에 충분히 견딜 수 있는 내항성을 지녀야 한다는 내항성담보(warranty of seaworthiness)(MIA(1906년) 제39조 제1항)와 부보된 항해사업은 적법한 것이어야 하며, 피보험자가 사정을 지배할 수 있는 한 항해사업은 적법한 방법으로 진행되어야 한다는 적법담보(warranty of legality)(MIA(1906년) 제41조)로 나눌 수 있다.

일반적으로 담보위반의 경우에는 보험증권에 명시의 규정이 있는 경우를 제외하고 보험자는 담보위반일로부터 그 책임이 해제된다(MIA(1906년) 제33조 제3항).

### (4) 보험가액과 보험금액

보험가액(Insurable Value)이란 피보험이익을 금전[경제적]으로 평가한 가액이다. 피보험이익은 보험의 목적물(선박 또는 적하)의 안전이나 도착으로 인하여 이익을 얻거나, 또 이것이 멸실이나 손상으로 인하여 불이익을 입는다고 하는 보험의 목적물과 피보험자와의 이해관계이므로 보험가액은 해상위험에 의해 피보험자가 입는 손해의 최고한도액이다. 실무상 보험가액은 당사자간에 협정되는데 이를 협정(보험)가액 또는 보험평가액(agreed[insured] value)이라 한다.

보험금액(Insured Amount; Sum Insured)이란 보험자가 1회의 사고에 대하여 보상해야 할 최고한도액을 말한다.

보험금액은 보험가액과 동액인 전부보험(Full Insurance)으로 하는 것이 일반적이다. 보험금액이 보험가액보다 적을 경우를 일부보험(Under Insurance)이라 한다. 반대로 보험금액이 보험가액보다 큰 경우를 초과보험(Over Insurance)이라 하는데, 그 초과부분은 무효로 된다.

또한 피보험자는 보험자의 위험부담에 대한 대가로서 보험료(Insurance Permium)를 지급한다.

### (5) 피보험이익(Insurable Interest)

피보험이익이란 보험의 목적물에 해상위험이 발생함으로써 피보험자가 손해를 입을 우려가 있는 이러한 보험의 목적물과 피보험자의 관계를 말한다. 이 경우 관계는 일정한 요건을 갖추어야 한다.

일반적으로 피보험이익의 요건으로서 다음의 세 가지를 들 수 있다.

① **적법성[합법성]**

피보험이익은 우선 적법할 것, 즉 법률상 용인된 것이어야 한다.

② **경제성**

피보험이익은 경제적 이익, 즉 금전으로 평가[산정]할 수 있는 이익이어야 한다.

③ **확정성[확실성]**

피보험이익은 원칙적으로 계약체결시에 확정될 수 있어야 하나 그렇지 못한 경우 늦어도 보험사고 발생시까지는 확정할 수 있는 것이어야 한다.

## 2. 해상위험

### 1) 해상위험의 종류

#### (1) Lloyd's Policy의 위험조항(Perils Clause)에서의 담보위험

**표 8-1** Lloyd's Policy의 위험조항(Perils Clause)에서의 담보위험

| 종 류 | 내 용 |
|---|---|
| 해상위험<br>(Marine Risks) | ① 해상고유의 위험(Perils of the Seas) :<br>㉠ 주요위험(Major Casualties) : 침몰(sinking), 좌초(stranding), 충돌(collision)<br>㉡ 풍파의 이상한 작용에 의한 손해 : 악천후(heavy weather)에 의한 해수손<br>② 화재(fire)<br>③ 강도(thieves)<br>④ 투하(jettison)<br>⑤ 선장 및 선원의 악행(barratry of master and mariners) |
| 전쟁 등의 위험<br>(War Risks) | 군함(men-of-war), 외적(enemies), 해적(pirates), 표도(rovers), 포획면허장(letter of mart), 보복포획면허장(counter letter of mart), 포획(surprisals), 나포(taking at sea), 국왕・군주・인민에 의한 강류・억지・억류(arrests, restraints and detainments of all kings, princes, and people) |
| 기타 일체의 위험<br>(all other perils) | 앞에 열거된 위험과 같은 종류의 위험 |

주: 전쟁 등의 위험은 포획나포부담보약관(Free from Capture & Seizure Clause: F. C. & S. Clause)에 의해 면책되므로 결론적으로 담보위험으로 명시되는 것은 해상고유의 위험, 화재, 강도, 투하, 선장 및 선원의 악행, 기타 일체의 위험이다.

### 2) 보험기간

보험증권의 본문에 의하면 화물에 대한 보험기간은 다음과 같이 규정하고 있다.

> "상기 화물 및 상품에 대한 위험은 상기 선박에 그것이 적재될 때에 개시되고, 상기 화물 및 상품이 ……에 도착할 때까지, 또한 그것이 그 곳에서 양하되어 안전하게 양륙될 때까지 계속된다."

즉, 이 조항에 의하면 적하에 대해서 위험(즉, 보험자의 위험부담책임 또는 보험기간)은 선박에 적재될 때에 개시되고 안전하게 양륙될 때에 종료된다.

한편 ICC(2009년) 제8조 운송조항(transit clause)에 의하면 보험기간은 피보험화물이 운송개시를 위해 출하지의 창고 또는 보관장소를 떠날 때부터 개시되고, 목적지의 수하인 또는 기타 최종창고 또는 보관장소에 인도될 때, 통상의 운송과정 이외의 보관 또는 할당(allocation)·분배(distribution)를 위한 기타 창고 또는 보관장소에 인도될 때, 또는 최종양하항에서 본선으로부터 양하 후 60일(수입화물은 30일)이 경과한 때 중 어느 것이든 먼저 발생한 때에 종료된다는 창고간담보의 원칙이 규정되어 있다.

## 3. 해상손해

### 1) 해상손해의 의의

보험의 목적(물)에 해상위험이 발생함으로써 생기는 피보험자의 재산상의 불이익 또는 경제상의 부담을 말한다.

### 2) 해상손해의 종류

해상손해를 분류하면 다음과 같다.

- 해상손해
  - 물적손해
    - 전 손(total loss)
      - 현실전손(actual total loss)
      - 추정전손(constructive total loss)
    - 분 손(partial loss)
      - 단독해손(particular average)
      - 공동해손(general average)
  - 비용손해
    - 손해방지비용(sue and labour charge)
    - 특별비용(particular charges)
    - 구조비(salvage charges)
  - 배상책임손해
    - 충돌손해배상책임(collision liability)

#### (1) 전손(Total Loss)

전손은 피보험이익의 전부의 소멸이며, 이는 현실전손과 추정전손으로 구분된다.

① **현실전손**(Actual Total Loss)

추정전손에 상대적인 용어로 MIA 제57조에서는 다음의 3가지로 나누어 규정하고 있다.

(a) 보험의 목적물이 파괴된 경우

(b) 부보된 종류의 물건으로서 존재할 수 없을 정도로 심한 손상을 입은 경우

(c) 피보험자가 보험의 목적물을 박탈당하여 이를 회복할 수 없는 경우이다. 또 MIA 제58조는 "항해사업에 종사하는 선박이 행방불명되어 상당한 기간이 경과한 후에도 그 소식을 모를 경우에는 현실전손으로 추정한다"고 규정하고 있다.

② **추정전손**(Constructive Total Loss)

MIA 제60조 제1항은 "보험의 목적물의 현실전손이 불가피하다고 생각되기 때문에, 또는 비용을 지출한 경우에 보험의 목적물의 가액을 초과하는 비용을 지출하지 않고서는 현실전손을 면할 수 없기 때문에 보험의 목적물이 정당하게 위부된 경우에는 추정전손이 있다"고 규정하고 있다.

게다가 MIA 제60조 제2항 (ii)호는 선박의 손상의 경우에 대하여, 수선비용이 수선후의 가격을 초과하는 경우, 동 세3항 (iii)는 화물의 손상에 대하여 수리비용과 운송비용 등이 도착시의 화물가격을 초과하는 경우에 추정전손이 있다고 규정하고 있다.

### (2) 분손(Partial Loss)

분손은 피보험이익의 일부의 소멸이며, 이는 단독해손과 공동해손으로 구분한다.

① **단독해손**(Particular Average)

피해자가 단독으로 부담하는 손해를 말한다.

② **공동해손**(General Average)

이해관계자가 공동으로 부담하는 분손이다. 선박, 적하가 공동의 위험에 처했을 때 공동의 안전(common safety)을 위해 이례적인 희생이나 비용이 고의적으로 그리고 합리적으로 발생했을 경우에 이러한 희생손해 및 비용손해에 대해 손해를 면한 이해관계자간에 이를 분담하는 제도이다. 공동해손에는 공동해손희생(General Average Sacrifice)과 공동해손비용(General Average Expenditure)이 있다. 공동해손은 선박, 적하의 공동해손 이해관계자 전부에 의해 공평하게 부담되어야 한다.

이 이해관계자 각각의 분담금을 공동해손분담금(General Average Contribution)이라 한다.

### (3) 손해방지비용(Sue and Labour Charge)

손해방지비용이란 ICC 제16조에 의하면 이 보험에서 보상되는 손해에 대하여 피보험자, 그 대리인 및 사용인은 손해를 방지 또는 경감할 목적으로 합리적인 조치를 강구할 의무가 있다고 규정하고 있다. 나아가 이 의무를 이행함에 있어 적절하고 합리적으로 발생된 모든 비용은 손해방지비용으로서 보험자가 피보험자에게 보상한다는 것도 아울러 규정하고 있다. 또한 보험증권에 손해방지조항이 삽입되어 있는 경우에는, 이 조항은 보험계약을 보충하는 별도의 계약으로 간주하며, 그 비용이 화물의 손해와 합산하여 보험금액을 초과할 시에도 보상된다(MIA 제78조 제1항).

### (4) 특별비용(Particular Charges)

MIA 제64조 제2항에 의하면 특별비용이란 보험의 목적물의 안전 또는 보존을 위해 피보험자에 의해 또는 피보험자를 위해 지출된 비용으로서 공동해손과 구조비 이외의 비용을 말한다. 보험자가 담보하는 위험으로 인한 손해를 방지하기 위해 지출한 때에는 이를 회수할 수 있다. 다만 실무상 특별비용은 손해방지비용으로서 처리되는 수가 많아 양자를 명확히 구별할 수가 없다.

### (5) 구조비(Salvage Charges)

MIA 제65조 제2항에 의하면 "구조비란 구조계약과 관계없이 해법상 구조자가 회수할 수 있는 비용"이라고 정의하고 있다. 이에 반하여 구조계약을 체결하고 이루어진 구조(계약구조)에 대해 지급되는 보수는 구조보수(Salvage Award)라 하여 구별된다. 보험자가 피보험자에게 지급하는 구조비눈 보험금액을 한도로 보상된다. 또한 일부보험인 경우 보험자의 보상금액은 일부보험의 비율만큼 감액된다.

### (6) 충돌손해배상책임

피보험선박이 다른 선박과 충돌한 결과 피보험자가 상대선박의 선주 및 화주에 대하여 책임져야 하는 배상책임을 말한다. 이는 협회적하약관(Institute Cargo Clause)이나 협회선박약관(Institute Time Clause-Hulls)상의 쌍방과실충돌약관(Both to Blame Collision)과 3/4충돌손해배상책임약관(3/4 Collision Liability Clause)에 의해 화주와 선주의 제3자에 대한 배상책임을 보험자가 보상해 주고 있다.

## 3) 해상보험의 보상조건

### (1) 기본조건

**표 8-2** 구 협회적하약관상의 보상범위

<table>
<tr><th></th><th colspan="3">보험조건의 종류</th><th>손해의 종류</th><th>보상범위의 내용</th></tr>
<tr><td rowspan="5">보험조건의 보상범위의 구분</td><td rowspan="5">A/R(전위험담보)</td><td rowspan="4">WA(분손담보)</td><td rowspan="4">FPA(분손부담보)</td><td>전 손</td><td>○현실전손<br>○추정전손</td></tr>
<tr><td>공동해손</td><td>○공동해손희생손해<br>○공동해손비용<br>○공동해손분담액</td></tr>
<tr><td>특정분손</td><td>○침몰·좌초·대화재(S.S.B)가 발생<br>○화재, 충돌, 폭발 및 피난항에서의 양하에 합리적으로 기인하는 손해<br>○적재·양하·환적 중 포장당 1개마다의 전손(sling loss)</td></tr>
<tr><td>비용손해</td><td>○손해방지비용, 기타 특별비용(피난항 등에서의 양하, 보관, 환적, 계반 등의 비용)<br>○구조비(임의구조비), 부대비용</td></tr>
<tr><td colspan="2"></td><td>기타 분손</td><td>○특정분손 이외의 분손(해일, 홍수에 의한 손해, 유실손, 기타 악천후에 의한 분손) 단, 소손해면책조건의 적용도 가능</td></tr>
</table>

| | 보험조건의 종류 | 손해의 종류 | 보상범위의 내용 |
|---|---|---|---|
| | (화물의 고유의 하자 또는 성질, 운송의 지연 등은 면책) | 각종 부가위험 | ㅇ각종 부가위험을 일괄담보<br>ㅇ소손해 면책비율의 적용은 없다. |
| | 특 약 | 동맹파업위험담보 | |
| | 특 약 | 전쟁위험담보 | |

【참조】

① WAIOP(With Average Irrespective of Percentage) : 분손담보(WA)조건하에서 여하한 소손해가 발생한 경우에도 보험자가 이를 담보하는 면책비율 부적용 분손담보조건

② Franchise(소손해면책비율) : 보험자가 일정비율 이하의 소손해에 대하여는 보상하지 않는 것을 말한다. 그러나 면책비율을 초과하면 손해 전부가 보상됨

③ Excess : 면책비율을 넘는 화물의 손해에 대하여 초과부분만이 보상되는 것

### (2) 신협회적하약관상의 보상범위

**표 8-3** 신 ICC상의 각 조건별 담보위험과 면책위험 일람표 (○는 담보, ●는 면책)

| 담 보 위 험 | A | B | C |
|---|---|---|---|
| ◎ 아래의 사유에 상당인과 관계가 있는 보험의 목적물의 멸실·손상 | | | |
| - 화재 또는 폭발 | ○ | ○ | ○ |
| - 본선 또는 부선의 좌초·교사·침몰·전복 | ○ | ○ | ○ |
| - 육상운송용구의 전복·탈선 | ○ | ○ | ○ |
| - 본선·부선·운송용구의 충돌·접촉 | ○ | ○ | ○ |
| - 피난항에서의 화물의 하역 | ○ | ○ | ○ |
| - 지진·화산의 분화·낙뢰 | ○ | ○ | |
| ◎ 아래의 사유로 생긴 보험의 목적물의 멸실·손상 | | | |
| - 공동해손희생손해 | ○ | ○ | ○ |
| - 투하 | ○ | ○ | ○ |
| - 갑판유실 | ○ | ○ | |
| - 본선·부선·선창·운송용구·컨테이너·지게자동차·보관장소에 해수, 호수, 강물의 침입 | ○ | ○ | |
| - 본선·부선으로의 선적 또는 하역작업 중 바다에 떨어지거나 갑판에 추락한 포장당 1개마다의 전손 | ○ | ○ | |
| ◎ 상기 이외의 보험의 목적물에 발생한 멸실·손상 일체의 위험 | ○ | | |
| ◎ 공동해손·구조비(면책위험에 관련된 것은 제외됨) | ○ | ○ | ○ |
| ◎ 쌍방과실충돌 | ○ | ○ | ○ |

| 면책위험 | A | B | C |
|---|---|---|---|
| ○ 피보험자의 고의의 위법행위 | ● | ● | ● |
| ○ 통상의 누손, 통상의 중량과 용적의 부족 또는 자연소모 | ● | ● | ● |
| ○ 포장 또는 준비의 불충분(이 경우 「포장」 이란 컨테이너에 적부(積付)하는 것을 포함하며 「사용자」는 독립계약자를 포함하지 않는다.) | ● | ● | ● |
| ○ 보험의 목적물 고유의 하자 또는 성질 | ● | ● | ● |
| ○ 지연이 담보위험에 의해 생긴 경우라도 지연에 근인하여 생긴 멸실 · 손상 · 비용 | ● | ● | ● |
| ○ 선주, 관리자, 용선자, 운항사의 파산 또는 재정상의 채무불이행 | ● | ● | ● |
| ○ 보험의 목적 또는 그 일부에 대한 어떤 자의 불법행위에 의한 의도적인 손상 또는 파괴 | ○ | ● | ● |
| ○ 원자핵분열 및 원자핵융합, 핵반응 또는 방사능과 방사성물질을 이용한 무 또는 장치에 의해 직 · 간접으로 발생한 멸실 · 손상 · 비용(핵무기사용) | ● | ● | ● |
| ○ 본선 · 부선의 불내항 · 부적합(피보험자 또는 그 사용인이 알고있는 경우에 한함) | ● | ● | ● |
| ○ 전쟁위험 | ● | ● | ● |
| ○ 동맹파업위험 | ● | ● | ● |

### (3) 부가위험 담보조건

필요시 기본조건인 FPA, WA나 ICC(B), ICC(C)에 아래의 보험조건을 추가하여 부보할 수 있다.

① 도난 · 발하(拔荷) · 불착위험(Theft, Pilferage and Non-Delivery; TPND)

② 雨 · 淡水損(Rain and/or Fresh Water Damage; RFWD)

③ 유류, 타화물과의 접촉(Contact with Oil and/or Other Cargo; COOC)

④ 파손(Breakage)

⑤ 투하 및 갑판유실(Jettison and/or Washing Overboard; JWOB)

⑥ 땀 및 열손(Sweat & Heating; SH)

⑦ 곡손(曲損)(Denting & Bending)

⑧ 갈고리손(Hook & Hole)

## 4. 2009년 협회적하약관

### 1) 개설

우리나라를 비롯한 세계의 대부분의 보험회사는 영국의 보험증권양식과 적하보험약관을 사용하고 있다. 협회적하약관은 지난 1982년에 개정되었다. 그 후 2006년부터 약 3년의 개정작업을 거쳐 1982년 협회적하약관의 개정판인 2009년 협회적하약관이 제정되었다. 이는 1982년 협회적하약관의 제정에서 약 30년이 경과하였기 때문에 그 동안의 테러위험을 비롯한 리스크의 변화에의 대처, 물류 실무 및 하물취급실무변화에의 대응, 용어의 명료화 및 현대화를 주된 내용으로 행해진 것이고 대체로 피보험자에게 유리한 개정으로 되었다.

### 2) 주요 개정 내용

2009년 협회적하약관의 개정은 27년 만의 협회적하약관의 개정으로 되는데, 주요 개정 내용은 다음과 같다.

첫째, 보험기간의 시기와 종기가 확대되었다. 즉, 이 보험은 운송개시를 위해 운송차량 또는 기타 운송용구에 보험의 목적을 즉시 적재할 목적으로 창고 또는 보관장소에서 보험의 목적이 최초로 움직인 때에 개시되고 목적지에서 양하될 때까지 계속된다고 하여 종전보다 담보범위가 확대되어 피보험자에게 유리하게 되었다.

둘째, 불충분하거나 부적절한 포장 또는 준비(preparation)에 관한 면책규정이 변경되었다. 즉, 불충분하거나 불완전한 포장 또는 준비는 피보험자 또는 그 사용인에 의하여 행하여지는 경우, 또는 불완전한 포장 또는 준비가 위험의 개시 전에 행하여지는 경우에 한정하여, 위험개시 후에 피보험자 또는 그 사용인 이외의 자가 행한 불완전한 포장 또는 준비는 면책의 적용에서 제외되어 피보험자에게 유리하게 되었다.

셋째, 선사 도산 면책규정이 피보험자에게 유리하게 완화되었다. 즉, 이 규정은 피보험자가 선주 등의 지불불능 또는 재정상의 채무불이행이, 그 항해의 통상의 수행을 방해할 수 있다는 것을 알고 있든가 또는 통상의 업무상 당연히 알고 있어야 할 경우에 한하여 면책이 적용되는 것으로 하였고, 또 선의의 매수인과 보험증권의 양수인에게는 본 면책이 적용되지 않는 취지가 명시되었다.

넷째, 컨테이너 또는 운송용구의 부적합 면책규정이 피보험자에게 유리하게 완화되었다. 즉, 이러한 면책은 컨테이너 또는 운송용구에의 적재가 이 보험의 위험개시 전에 행해진 경우, 또는 피보험자 또는 그 사용인에 의해 행해지고 또한 이들이 적재시에 부적합한 것을 알고 있는 경우로 한정하여 그 범위를 제한하고 있다.

다섯째, 항해의 변경에 대하여 선의의 피보험자 및 그들의 사용인에게 담보를 제공하도록 변경되었다. 즉, 보험의 목적이 이 보험에 의해 예상된 운송을 개시했지만, 피보험자 또는 그들의 사용인이 알지 못하고 선박이 다른 목적지로 향해 출항하는 경우에도, 이 보험은 그러한 운송의 개시시에 개시한 것으로 간주되는 것으로 하였다.

여섯째, 협회적하약관의 제4조 내지 제7조, 협회전쟁약관 및 협회동맹파업약관의 제3조 및 제4조의 면책규정에서 난외에 있던 일반면책조항, 불내항 및 부적합면책조항, 전쟁면책조항, 동맹파업면책조항이라는 표제가 삭제되었다.

일곱 번째, 용어의 명료화이다. 피보험자(Assured)의 정의가 도입되었고, "Underwriters"가 "Insurers"로 대체되었으며, "terrorism"의 새롭고 명확한 정의가 도입되었다. 그리로 1982년 약관제정 이래 그 의미가 애매한 것으로 불평이 많았던 liftvan의 용어가 삭제되었으며, 지연 면책규정에서 "proximately"의 용어도 삭제되었다.

여덟 번째, 용어의 현대화이다. 쌍방과실충돌조항(Both to blame Collision Clause)과 보험이익조항(Benefit of Insurance)의 문구가 업데이트되었고, "servants"가 "employees"로, "policy"가 "contract of insurance"로, "contract of affreightment"가 "contract of carriage"로 대체되었다.

### 3) 2009년 협회적하조항의 해설

2009년 협회적하조항은 1982년 협회적하조항과 마찬가지로 제1조부터 제19조까지의 조항 및 주의사항으로 구성되어 있는 점에서는 같지만, side headings의 삭제 등 그 형식과 내용면에서 약간의 차이가 있다.

#### (1) 제1조

**INSTITUTE CARGO CLAUSES (A)**

RISKS COVERED
Risks
1. This insurance covers all risks of loss of or damage to the subject-matter insured except as excluded by the provisions of Clauses 4, 5, 6 and 7 below.

#### 협회적하약관(A)

**담보위험**
**위험**
**제1조** 이 보험은 아래의 제4조, 제5조, 제6조 및 제7조에 규정된 것을 제외하고 보험의 목적의 멸실 또는 손상의 일체의 위험을 담보한다.

**해 설**

본 조항은 1982년 약관과 같이 1963년 협회적하약관(A/R 담보)를 계승하여 전위험담보조건을 규정하는 것으로, 제4조부터 제7조까지의 면책사유에 해당되지 않는 한, 일체의 위험을 담보한다. 따라서 포괄책임주의를 채용하여 보험자는 일체의 해상위험(maritime perils)을 담보하는 취지이다. 다만 제4조, 제5조, 제6조 및 제7조의 면책사유에 의해 생긴 손해에 대해서는 보상책임이 면제된다.

## INSTITUTE CARGO CLAUSES (B)

RISKS COVERED

Risks

1. This insurance covers, except as excluded by the provisions of Clauses 4, 5, 6 and 7 below,
   1.1 loss of or damage to the subject-matter insured reasonably attributable to
      1.1.1 fire or explosion
      1.1.2 vessel or craft being stranded grounded sunk or capsized
      1.1.3 overturning or derailment of land conveyance
      1.1.4 collision or contact of vessel craft or conveyance with any external object other than water
      1.1.5 discharge of cargo at a port of distress
      1.1.6 earthquake volcanic eruption or lightning,
   1.2 loss of or damage to the subject-matter insured caused by
      1.2.1 general average sacrifice
      1.2.2 jettison or washing overboard
      1.2.3 entry of sea lake or river water into vessel craft hold conveyance container or place of storage,
   1.3 total loss of any package lost overboard or dropped whilst loading on to, or unloading from, vessel or craft.

## 협회적하약관(B)

### 담보위험

### 위험

**제1조** 이 보험은 아래의 제4조, 제5조, 제6조 및 제7조에 규정된 것을 제외하고 다음의 것을 담보한다.

1.1 아래의 사유에 합리적으로 기인하고 있는 보험의 목적의 멸실 또는 손상

1.1.1 화재 또는 폭발

1.1.2 선박 또는 부선의 좌초, 교사, 침몰 또는 전복

1.1.3 육상운송용구의 전복 또는 탈선

1.1.4 선박, 부선 또는 운송용구의 물 이외의 일체의 다른 물체와의 충돌 또는 접촉

1.1.5 피난항에서의 화물의 양하

1.1.6 지진, 분화 또는 낙뢰

1.2 아래의 사유로 인한 보험의 목적의 멸실 또는 손상

1.2.1 공동해손희생손해

1.2.2 투하 또는 갑판유실

1.2.3 선박, 부선, 선창, 운송용구, 컨테이너, 리프트 밴[1] 또는 보관장소에의 해수, 호수, 강물의 침입

1.3 선박 또는 부선에의 적재 또는 그들로부터의 양하중 바다에 떨어지거나 낙하에 의한 포장당 1개마다의 전손

* 밑줄 친 부분은 아래의 (C)약관에서는 담보되지 않는다.

**해 설**

(B)약관의 위험조항은 열거책임주의(named perils)를 채용하여 제4조 내지 제7조의 면책사유에 발생한 것이 아닌 한 열거된 각종 위험을 담보한다.

1) ISO에서 정한 정형적인 컨테이너 종류로는 예를 들면 20피트(TEU), 40피트(FEU)의 컨테이너가 있는데, 여기서 말하는 리프트 밴이란 이와 같이 ISO에서 규정한 크기 이외의 모든 컨테이너를 총칭하여 부르는 말이다.

(B)약관의 위험조항은 세 부분으로 나누어 담보위험을 열거하고 있다.

첫 번째 범주는 제1조 제1항의 화재, 폭발, 좌초 등 6가지 사유에 "합리적으로 기인하는"(reasonably attributable) 손해이며, 부연하면 근인의 인과관계의 검증이 불필요한 위험으로 손해의 원인이 보험계약에 의해 담보되는 위험에 합리적으로 기인할 수 있으면 된다.

두 번째 범주는 제1조 제2항의 공동해손희생손해, 투하 등 3가지 사유로 "인해 발생된"(caused by) 손해이며, 근인의 인과관계의 검증이 적용되어야 할 위험이 열거되어 있다. 여기서는 피보험자는 손해가 발생한 사실뿐 아니라 손해의 원인도 명백히 할 것이 요구된다.

세 번째 범주는 제1조 제3항의 sling loss에 의한 손해인데, 피보험자는 낙하한 포장이 실제로 선박에서 떨어져 전손으로 된 것을 증명할 필요가 있다.

한편 (B)약관은 (C)약관과 담보위험을 열거하고 있는 점에서 공통적인 면이 있지만 열거위험의 종류와 수량에 차이가 있고 (B)의 쪽이 (C)보다도 약간 많다. 즉, (B)약관의 담보위험 중에는 (C)약관에서는 담보되지 않는 여러 위험이 있고, 종전의 WA와 FPA의 보상범위의 차이보다도 크게 되어 있다. WA와 FPA의 보상범위의 주요한 차이점은 '악천후(heavy weather)에 의한 해수손의 분손'을 WA에서는 담보하지만, FPA에서는 이를 담보하지 않는 것으로 그 차이는 비교적 근소하였다.

### (2) 제2조

**General Average**

2. This insurance covers general average and salvage charges, adjusted or determined according to the contract of carriage and/or the governing law and practice, incurred to avoid or in connection with the avoidance of loss from any cause except those excluded in Clauses 4, 5, 6 and 7 below.

**공동해손**

**제2조** 이 보험은 제4조, 제5조, 제6조 및 제7조 혹은 이 보험의 다른 조항에서 제외된 원인을 제외한 일체의 원인에 의한 손해를 피하기

위해 또는 피하는 것과 관련하여 발생되고, 해상운송계약 및/또는 준거법 및 관습에 따라 정산되거나 결정된 공동해손 및 구조비를 보상한다.

**해 설**

본 조항은 공동해손에 관한 조항이다. 공동해손은 해상보험과는 별개의 제도이고, 선박의 좌초, 충돌, 화재 등의 사고에 의해 선박과 화물이 공동의 위험에 처한 때, 이 공동의 위험을 면하기 위해 선장의 판단으로 임의로 선박 또는 화물의 일부를 희생하는 경우와 구조비 등의 비용을 지출한 경우에 공동해손행위가 성립한다. 그 결과 화물이 입은 희생(공동해손희생손해) 및 화물이 분담하게 되는 비용(공동해손비용)은 본 조항에 의해 지급된다. 한편 희생에 대하여는 공동해손의 정산을 기다리지 않고 보상된다.

### (3) 제3조

**Both to Blame Collision Clause**

3. This insurance indemnifies the Assured, in respect of any risk insured herein, against liability incurred under any Both to Blame Collision Clause in the contract of carriage. In the event of any claim by carriers under the said Clause, the Assured agree to notify the Insurers who shall have the right, at their own cost and expense, to defend the Assured against such claim.

**쌍방과실충돌조항**

**제3조** 이 보험은, 이 보험의 일체의 담보위험에 관하여, 운송계약의 "쌍방과실충돌" 조항에 의해 피보험자가 부담하는 책임액을 보상한다. 상기 조항에 의해 운송인으로부터 청구를 받았을 경우에 피보험자는 그 취지를 보험자에게 통지할 것을 약속한다. 보험자는 자기의 비용으로 운송인의 청구에 대하여 피보험자를 보호할 권리를 가진다.

해 설

본 조항은 선하증권 상 같은 명칭의 쌍방과실충돌조항이 삽입되어 있는 경우 발생되는 피보험자의 불이익을 보호하기 위하여 제정된 조항이다. 즉, 하주는 선박의 충돌로 인해 발생된 적하의 손해에 대하여 선하증권의 조항에 의해 자기 선박의 선주에게 손해배상청구를 할 수 없으나 충돌사고의 정산과정에서 자기 선박의 선주가 결과적으로 상대선주를 통하여 하주에게 간접적으로 배상하는 효과를 갖게 된다.

따라서 선주는 선하증권의 쌍방과실충돌조항에 의해 결국 자기 선박의 적하에 대하여 부담한 손해를 자기 선박의 하주에게 청구할 수 있게 된다. 따라서 본 조항은 선하증권의 쌍방과실충돌조항에 의해 피보험자인 하주가 자기 선박의 선주에게 지급해야 할 금액을 보험자가 보상하도록 규정한 것이 본 조항의 목적이다. 2009년 약관에서는 平易化의 관점에서 문언의 개정이 행해졌지만 1982년 약관과 내용적으로는 변경은 없다.

### (4) 제4조

**Exclusions**

4. In no case shall this insurance cover
   - 4.1 loss damage or expense attributable to wilful misconduct of the Assured
   - 4.2 ordinary leakage, ordinary loss in weight or volume, or ordinary wear and tear of the subject-matter insured
   - 4.3 loss damage or expense caused by insufficiency or unsuitability of packing or preparation of the subject-matter insured to withstand the ordinary incidents of the insured transit where such packing or preparation is carried out by the Assured or their employees or prior to the attachmont of this insurance (for the purpose of these Clauses "packing" shall be deemed to include stowage in a container and "employees" shall not include independent contractors)
   - 4.4 loss damage or expense caused by inherent vice or nature of the subject-matter insured

4.5 loss damage or expense caused by delay, even though the delay be caused by a risk insured against (except expenses payable under Clause 2 above)
4.6 loss damage or expense caused by insolvency or financial default of the owners managers charterers or operators of the vessel where, at the time of loading of the subject-matter insured on board the vessel, the Assured are aware, or in the ordinary course of business should be aware, that such insolvency or financial default could prevent the normal prosecution of the voyage
This exclusion shall not apply where the contract of insurance has been assigned to the party claiming hereunder who has bought or agreed to buy the subject-matter insured in good faith under a binding contract
4.7 deliberate damage to or deliberate destruction of the subject-matter insured or any part thereof by the wrongful act of any person or persons
4.8 loss damage or expense directly or indirectly caused by or arising from the use of any weapon or device employing atomic or nuclear fission and/or fusion or other like reaction or radioactive force or matter.

### 일반면책조항

**제4조** 이 보험은 어떠한 경우에도 다음의 손해를 담보하지 않는다.
4.1 피보험자의 고의의 비행에 기인한 멸실, 손상 또는 비용
4.2 보험의 목적의 통상의 누손, 중량 또는 용적의 통상의 감소 및 자연소모
4.3 이 보험의 대상으로 되는 운송에 통상 발생하는 사건에 견딜 수 있는 보험의 목적의 포장 또는 준비가 불충분 또는 부적합으로부터 생기는 멸실, 손상 또는 비용. 다만 그러한 포장 또는 준비가 피보험자 또는 그 사용인에 의해 행해진 경우 또는

이 보험의 개시 전에 행해진 경우에 한한다 (이 조항에서 "포장"에는 컨테이너에 적부하는 것을 포함하고, "사용인"에는 독립계약자를 포함하지 아니한다).

4.4 보험의 목적의 고유의 하자 또는 성질에 의해 발생하는 멸실, 손상 또는 비용

4.5 지연이 피보험위험에 의하여 생긴 경우라도 지연에 의해 발생하는 멸실, 손상 또는 비용 (상기 제2조에 의하여 지불되는 비용은 제외함)

4.6 선박의 소유자, 관리자, 용선자 또는 운항자의 지불불능 또는 재정상의 채무불이행으로 발생하는 멸실, 손상 또는 비용. 다만, 보험의 목적을 선박에 적재할 때 피보험자가 그러한 지불불능 또는 재정상의 채무불이행이, 그 항해의 통상의 수행을 방해할 수 있다는 것을 알고 있는가 또는 통상의 업무상 당연히 알고 있어야 할 경우에 한한다.
이 면책규정은 구속력 있는 계약에 따라 선의로 보험의 목적을 구입한 자 또는 구입하는 것에 동의한 자에게 보험계약이 양도되어, 그 자가 보험에 의해 보험금을 청구하는 경우에는 적용되지 아니한다.

4.7 보험의 목적 또는 그 일부에 대한 어떤 자의 불법행위에 의한 의도적인 손상 또는 파괴 (이 항은 (B), (C)약관에서는 적용되지만 (A)약관에는 적용되지 않는다)

4.8 원자력 또는 핵 분열 및/또는 융합 또는 기타 이와 유사한 반응 또는 방사능이나 방사성물질을 이용한 무기 또는 장치의 사용에 의해 직접 또는 간접으로 발생하는, 또는 그것들의 사용에서 생기는 멸실, 손상 또는 비용

**해 설**

본 조항은 ICC(A), (B) 및 (C)의 공통조항인 일반면책조항(General Exclusions Clause)이다. 다만, (A)약관의 경우는 (B), (C)약관의 경우와 비교하면 약간 다르다. 즉, (A)약관의 면책사유는 7항목인데, (B), (C)약관의

경우는 불법행위에 의한 손해(악의적 손해)의 면책이 추가되어 8항목[(A)약관의 일반면책조항의 4.6의 선박회사 도산 면책규정 다음에 악의적 손해면책규정이 4.7로, 4.7의 원자력 위험 면책규정이 4.8로서 규정됨]이다.

면책사항의 대부분은 1906년 MIA 중의 중요사항을 재차 기술하여 피보험자에게 주의를 환기하고 있는 것에 불과하고, 새로운 규정은 4.6항, 4.7항 및 4.8항이다.

4.1항은 MIA 제55조 제2항 (a)에 같은 취지의 규정이 있다.

4.2항은 MIA 제55조 제2항 (c)에 규정되어 있는 면책사유를 도입한 것이다. 이 조항에서는 MIA에 규정되어 있는 통상의 파손 및 쥐 또는 벌레에 근인하여 생긴 손해에 대해서 규정하지 않고, 반대로 MIA에 없는 통상의 중량 또는 용적의 부족을 규정한 것은 현재의 무역화물에 대하여 발생하기 쉬운 사항을 반영한 것으로 볼 수 있겠다.

4.3항은 포장 또는 준비(preparation)의 불충분 또는 부적절을 면책으로 하고 있다. 이는 불완전한 포장 또는 준비가 피보험자 또는 그 사용인에 의하여 행하여지는 경우, 또는 불완전한 포장 또는 준비가 위험의 개시 전에 행하여지는 경우에 한정되며, 위험개시 후에 피보험자 또는 그 사용인 이외의 자가 행한 불완전한 포장 또는 준비는 면책의 적용외로 된다. 따라서 위험개시 후의 다른 사람에 의한 컨테이너에의 적재작업의 불충분 또는 부적절은 면책으로 되지 않는다.

4.4항은 MIA 제55조 제2항 (c)에 규정되어 있는 면책사유를 도입한 것으로 ICC(1982)에서의 규정과 같다.

4.5항은 MIA 제55조 제2항 (b)에 규정되어 있는 면책사유를 도입한 것으로, 지연이 피보험위험에 의하여 생긴 경우라도 당해지연으로 생긴 손해를 면책한다는 규정이다. 1982년 약관에서는 "지연에 근인하여 생긴(proximately caused by)"로 되어 있었는데, 2009년 약관에서는 proximately가 삭제되어 "지연에 의해 생긴(caused by)"로 변경되었지만, 실무적인 의미의 차이는 없다.

4.6항은 ICC(1982)에 새로 도입된 것으로 선박회사의 도산위험에 대한 면책을 규정하고 있다. 선박회사도산면책은 1982년 협회적하약관에 도입되어, 선주 등의 지불불능 등에서 생기는 손해, 비용을 일체면책으로 한 규정이었는데, 2009년 약관에서는 내용이 완화되어, 피보험자가 선주 등의 지불불능 또는 재정상의 채무불이행이, 그 항해의 통상의 수행을 방해할 수 있다는 것을 알고 있든가 또는 통상의 업무상 당연히 알고 있어야 할 경우에 한하여 면책이 적용되는 것으로 하였고, 또 보험증권의 배서양도를 받은 자는 운송인을 선택하는 입장에 있지 않으므로 증권양수인에게는 본 면책이 적용

되지 않는 취지가 명시되었다.

4.7항은 협회적하약관에 신설된 것으로 악의적 손해면책규정이다. 이는 (B), (C)약관에만 적용되며 (A)약관에는 적용되지 않는다. 가해자가 누구든지 그 불법행위에 의해 의도적으로 화물을 손상 또는 파괴한 경우(악의적 손해)를 면책한 것이다. 그러나 악의적 손해의 담보를 요구하는 피보험자를 위해 협회 악의적 손상조항(Institute Malicious Damage Clause)이 제정되어 있다.

4.8항은 원자력 병기의 사용에 의한 손해를 면책하는 취지로, 전쟁목적의 원자핵 병기 사용은 협회전쟁약관에서 종래부터 면책되어 있어 이 조항의 면책은 그것 이외의 원인 내지 목적, 예를 들면 범죄목적, 실험목적의 원자력 병기사용이나 관리 잘못으로 인한 우발적인 폭발도 면책으로 하는 취지이다.

### (5) 제5조

5. 5.1 In no case shall this insurance cover loss damage or expense arising from

   5.1.1 unseaworthiness of vessel or craft or unfitness of vessel or craft for the safe carriage of the subject-matter insured, where the Assured are privy to such unseaworthiness or unfitness, at the time the subject-matter insured is loaded therein.

   5.1.2 unfitness of container or conveyance for the safe carriage of the subject-matter insured, where loading therein or thereon is carried out prior to attachment of this insurance or by the Assured or their employees and they are privy to such unfitness at the time of loading.

   5.2 Exclusion 5.1.1 above shall not apply where the contract of insurance has been assigned to the party claiming hereunder who has bought or agreed to buy the subject-matter insured in good faith under a binding contract.

   5.3 The Insurers waive any breach of the implied warranties of seaworthiness of the ship and fitness of the ship to carry the subject-matter insured to destination.

**제5조**

5.1 이 보험은 어떠한 경우에도 다음 사유로 인해 발생하는 멸실, 손상 또는 비용을 담보하지 않는다.

5.1.1 선박 또는 부선의 불내항, 또는 보험의 목적의 안전한 운송에 부적합한 경우. 다만, 보험의 목적이 이러한 운송용구에 적재된 때에 피보험자가 그 불내항 또는 부적합을 알고 있는 경우에 한한다.

5.1.2 컨테이너 또는 운송용구가 보험의 목적의 안전한 운송에 부적합한 경우. 다만, 이들 운송용구에의 적재가 이 보험의 위험개시 전에 행해진 경우, 또는 피보험자 또는 그 사용인에 의해 행해지고 또한 이들이 적재시에 부적합한 것을 알고 있는 경우에 한한다.

5.2 상기 5.1.1의 면책규정은 구속력 있는 계약에 따라 선의로 보험의 목적을 구입한 자 또는 구입하는 것에 동의한 자에게 이 보험계약이 양도되고, 그 자가 이 보험에 의해 보험금을 청구하는 경우에는 적용되지 않는다.

5.3 보험자는 선박의 내항성 및 보험의 목적을 목적지로 운송하기 위한 선박의 적합성에 대한 묵시담보의 위반에 대하여 보험자의 권리를 포기한다.

**해 설**

본 조항은 불내항 및 부적합 면책조항이고, 동조 제1항 1호에서는 선박 또는 부선의 불내항 및 부적합으로 인해 발생하는 손해에 대하여, 동조 제2항 2호에서는 컨테이너 또는 운송용구의 부적합으로 인해 발생하는 손해에 대하여, 피보험자가 이를 알고 있는 경우에 이를 면책하는 취지를 규정하고 있다. 운송용구가 화물을 운송하기 위해 부적절하면 사고발생은 당연하고 피보험자가 이를 알고 있는 경우에는 면책으로 하는 것이 타당하다는 것이 본 규정의 취지이다. 또 2009년 약관에서는 동조 제2항에 의해 보험증권의 양수인에 대하여는 선박 또는 부선의 불내항·부적합면책은 적용되지 않는다는 취지가 새로이 추가되었다. 동조 제3항은 이른바 내항승인조항인데, 1982년 약관에서 필요로 되었던 피보험자 또는 사용인의 그러한 불내항 또는 부적합을 알지 못하는 요건이 철폐된 결과, 피보험자 또는 사용인이 알고 있는 경우에도 MIA에 규정된 내항 묵시담보위반은 물을 수 없게 되었다. 다만, 불내항 및 부적합에서 손해가 생기는 경우에는 제5조 제1항 하에서 면책으로 되는 점에는 주의가 필요하다.

### (6) 제6조

6. In no case shall this insurance cover loss damage or expense caused by
   6.1 war civil war revolution rebellion insurrection, or civil strife arising therefrom, or any hostile act by or against a belligerent power
   6.2 capture seizure arrest restraint or detainment (piracy excepted), and the consequences thereof any attempt threat
   6.3 derelict mines torpedoes bombs or other derelict weapons of war.

**제6조** 이 보험은 어떠한 경우에도 다음 사유로 인해 발생한 멸실, 손상 혹은 비용을 담보하지 않는다.
   6.1. 전쟁, 내란, 혁명, 반역, 반란 또는 이로 인하여 발생한 국내투쟁, 교전국에 의하여 또는 교전국에 대하여 행해진 일체의 적대행위
   6.2. 포획, 나포, 강류, 억지 또는 억류(해적행위를 제외함) 및 이들 행위의 결과 또는 그러한 행위의 기도
   6.3. 유기된 기뢰, 어뢰, 폭탄 또는 기타 유기된 전쟁무기

**해 설**

본 조항은 1982년 협회적하약관의 규정을 그대로 계승하고 있고, 전쟁, 적대행위, 나포, 유기된 병기 등을 면책하고 있다. 동조 제2항에서는 (A)약관의 경우 해적위험은 면책에서 제외되어 전쟁위험이 아니라 해상위험으로 취급하여 담보하고 있는 점도 1982년 약관과 같다. 이에 반하여 (B) 및 (C)약

관에서는 제1조 위험조항에 piracy는 열거되어 있지 않고 또한 제6조 제2항에서 "해적행위를 제외한다"(piracy excepted)는 문언이 삽입되어 있지 않으므로 "해적행위에 의한 포획, 나포, 강류, 억지 또는 억류"에 의한 멸실, 손상 또는 비용은 (B) 및 (C)약관에서는 면책으로 되어 있다.

### (7) 제7조

7. In no case shall this insurance cover loss damage or expense
 7.1 caused by strikers, locked-out workmen, or persons taking part in labour disturbances, riots or civil commotions
 7.2 resulting from strikes, lock-outs, labor disturbances, riots or civil commotions
 7.3 caused by any act of terrorism being an act of any person acting on behalf of, or in connection with, any organisation which carries out activities directed towards the overthrowing or influencing, by force or violence, of any government whether or not legally constituted
 7.4 caused by any person acting from a political, ideological or religious motive.

**제7조** 이 보험은 어떠한 경우에도 다음의 멸실, 손상 또는 비용을 담보하지 않는다.
 7.1 동맹파업자, 직장폐쇄를 당한 노동자 또는 노동분쟁, 소요 또는 폭동에 가담한 자에 의해 발생한 것
 7.2 동맹파업, 직장폐쇄, 노동분쟁, 소요 또는 폭동의 결과로 생긴 것
 7.3 일체의 테러행위, 즉 합법적 또는 불법적으로 설립된 일체의 정부를, 무력 또는 폭력으로, 전복시키거나 영향을 미치기 위해 행동하는 조직을 위해 또는 조직과 연대하여 행동하는 자의 행위에 의해 생긴 것
 7.4 정치적, 사상적 또는 종교적 동기에서 행동하는 일체의 자에 의하여 발생한 것

**해 설**

본 조항은 동맹파업, 폭동에 가담하는 자에 의한 손해와 함께 테러행위에 의한 손해를 면책으로 하는 규정이다. 1982년 약관에서는 제7조 제3항에서 테러리스트 또는 정치적 동기에서 행동하는 자에 의한 손해로서 테러 위험이 규정되어 있었는데, 2009년 약관에서는 현대적인 관점에서 테러의 정의를 함과 동시에, 제7조 제4항에서는 정치적 동기에서 행동하는 자에 추가하여, 사상적 또는 종교적 동기에서 행동하는 자에 의한 손해도 면책으로 새로이 추가되었다.

### (8) 제8조

**Duration**

**Transit Clause**

8. 8.1 Subject to Clause 11 below, this insurance attaches from the time the subject-matter insured is first moved in the warehouse or at the place of storage (at the place named in the contract of insurance) for the purpose of the immediate loading into or onto the carrying vehicle or other conveyance for the commencement of transit, continues during the ordinary course of transit and terminates either

8.1.1 on completion of unloading from the carrying vehicle or other conveyance in or at the final warehouse or place of storage at the destination named in the contract of insurance,

8.1.2 on completion of unloading from the carrying vehicle or other conveyance in or at any other warehouse or place of storage, whether prior to or at the destination named in the contract of insurance, which the Assured or their employees elect to use either for storage other than in the ordinary course of transit or for allocation or distribution, or

8.1.3 when the Assured or their employees elect to use any carrying vehicle or other conveyance or any container for storage other than in the ordinary course of transit or

8.1.4 on the expiry of 60 days after completion of discharge overside of the subject-matter insured hereby insured from the oversea vessel at the final port of discharge,

whichever shall first occur.

8.2 If, after discharge overside from the oversea vessel at the final port of discharge, but prior to termination of this insurance, the subject-matter insured is to be forwarded to a destination other than that to which it is insured, this insurance, whilst remaining subject to termination as provided for in Clauses 8.1.1 to 8.1.4, shall not extend beyond the time the subject-matter insured is first moved for the purpose of the commencement of transit to such other destination.

8.3 This insurance shall remain in force (subject to termination as provided for in Clauses 8.1.1 to 8.1.4 above and to the provisions of Clause 9 below) during delay beyond the control of the Assured, any deviation, forced discharge, reshipment or transhipment and during any variation of the adventure arising from the exercise of a liberty granted to carriers under the contracts of carriage.

**보험기간**

**운송조항**

**제8조**

8.1 하기 제11조에 따를 것을 조건으로, 이 보험은 운송개시를 위해 운송차량 또는 기타 운송용구에 보험의 목적을 즉시 적재할 목적으로 (이 보험계약에서 지정된 장소의) 창고 또는 보관장소에서 보험의 목적이 최초로 움직인 때에 개시되고, 통상의 운송과정 중에 계속되며,

8.1.1 이 보험계약에서 지정된 목적지의 최종 창고 또는 보관창고

에서, 운송차량 또는 기타 운송용구로부터 양하가 완료된 때,

8.1.2 이 보험계약에서 지정된 목적지에 도착하기 이전이든 또는 목적지든 불문하고, 피보험자 또는 그 사용인이 통상의 운송과정 이외의 보관을 위해, 또는 할당 또는 분배를 위해 사용하고자 선택한 기타의 창고 또는 보관장소에서, 운송차량 또는 기타 운송용구로부터 양하가 완료된 때, 또는

8.1.3 피보험자 또는 그 사용인이 통상의 운송과정이 아닌 보관을 위해, 운송차량 또는 기타 운송용구 또는 컨테이너를 사용하기를 선택한 때, 또는

8.1.4 최종양하항에서 외항선으로부터 보험의 목적의 양하완료 후 60일이 경과한 때,

중 어느 것이든 먼저 발생한 때에 종료된다.

8.2 최종양하항에서 외항선으로부터 양하 후 이 보험이 종료되기 전에, 보험의 목적이 보험에 부보된 목적지 이외의 장소로 운송되는 경우에는, 이 보험의 제8조 1항 1호에서 제8조 1항 4호의 보험종료의 규정에 따라 계속되지만, 변경된 목적지로의 운송의 개시를 위해 보험의 목적이 최초로 움직인 때 이후는 연장되지 않는다.

8.3 이 보험은 (상기 제8조 1항 1호에서 제8조 1항 4호에 규정된 보험종료의 규정 및 하기 제9조의 규정에 따를 것을 조건으로) 피보험자가 좌우할 수 없는 지연, 일체의 이로, 부득이한 양하, 재선적 또는 환적 기간 중 및 운송계약에 의해 운송인에게 부여된 자유재량권의 행사로부터 생기는 일체의 위험의 변경기간 중에도 유효하게 계속된다.

**해 설**

본 조항은 이른바 창고간조항을 포함하고, 이 보험은 운송개시를 위해 운송용구에 보험의 목적을 즉시 적재할 목적으로 이 보험계약에서 지정된 장소의 창고 또는 보관장소에서 보험의 목적이 최초로 움직인 때(first moved)부터, 통상의 운송과정을 거쳐, 증권기재의 목적지에 있는 최종창고 기타 보관

장소에서 운송용구로부터 양하가 완료할 때(completion of unloading)까지의 전운송구간을 보험기간으로 정하고 있다. 1963년 약관 및 1982년 약관에서는 그 시기를 "출하지 창고반출시부터", 종기를 "목적지 창고반입시"로 규정하였는데, 2009년 약관에서는 다음과 같이 현대의 물류실태에 맞추어 운송전후의 창고내에서의 하역작업을 포함시키는 것으로 명기되었다.

제1항은 보험기간의 시기(始期)와 종기(終期)를 규정하고 있다. 즉, 이 보험은 운송개시를 위해 운송차량 또는 기타 운송용구에 보험의 목적을 즉시 적재할 목적으로 이 보험계약에서 지정된 장소의 창고 또는 보관장소에서 보험의 목적이 최초로 움직인 때에 개시되며, 통상의 운송과정을 거쳐 (a) 이 보험계약에서 지정된 목적지의 최종 창고 또는 보관창고에서, 운송차량 또는 기타 운송용구로부터 양하가 완료된 때, (b) 보험계약에서 지정된 목적지에 도착하기 이전이든 또는 목적지든 불문하고, 피보험자 또는 그 사용인이 통상의 운송과정 이외의 보관을 위해, 또는 할당 또는 분배를 위해 사용하고자 선택한 기타의 창고 또는 보관장소에서, 운송차량 또는 기타 운송용구로부터 양하가 완료된 때, (c) 피보험자 또는 그 사용인이 통상의 운송과정이 아닌 보관을 위해, 운송차량 또는 기타 운송용구 또는 컨테이너를 사용하기를 선택한 때, (d) 최종양하항에서 외항선으로부터 보험의 목적의 양하완료 후 60일이 경과한 때[2] 중 어느 것이든 먼저 생긴 때 종료한다.

---

2) 우리나라의 수출적하보험의 경우에는 전술한 원칙이 그대로 적용되나, 수입적하보험의 경우에는 전술한 세 가지 중 마지막 부분에 대해 한국에서만 사용되는 특별조항(10일운송조항)을 제정하였다. 즉, ICC 제8조 제1항 제3호의 "최종양하항에서 본선으로부터 피보험화물의 양하를 완료한 후 60일이 경과한 때에 보험은 종료된다"는 규정 대신에 보세창고 및 기타 중간창고에 입고한 후 10일로 제한하여 시행하였다. 이 조항은 1970년 부산의 제2부두 보세창고화재사건을 계기로 제정되었는데 1973년 3월4일부터 원면 등의 특수화물과 포괄보험계약을 제외한 수입화물의 보험계약에만 사용하고 있는데, 불가피한 사정에 의해 보세창고에 입고되기까지 장기간이 소요되거나 통관 중 저장기간이 길어지는 원면 등의 적하는 그 멸실위험에 대비하여 Risk After Discharge Clause (RAD Clause)를 첨부하고 있다. 그런데 수입적하보험의 경우 수입화물통관창고입고 후 10일까지를 부보기간으로 하고 있어 그동안 수입화물의 하역 후 통관소요초과일수에 따른 추가부보로 하주의 이중부담을 유발한다는 업계의 건의를 재정경제부가 받아들여 종전 "보세창고입고 후 10일간"으로 되어 있는 손해보험회사들의 수입적하보험기간을 "최종도착항 하역 후 30일까지"로 변경하여 1993년 4월 1일부터 시행에 들어감에 따라 무역업계는 종전과 동일한 보험료를 지불해도 실질적으로는 담보기간이 18일이 연장되는 효과를 보게 되었다. 이처럼 하역 후 30일이라는 담보기간개념의 도입으로 자가창고가 없는 무역업자가 수입하는 수입화물은 담보창고입고와 동시에 적하보험이 종료되고 보세화물화재보험에서 계속 담보되게 되었다(허재창, "積荷保險의 始終時點에 관한 硏究", 부산대학교 박사논문, 1995, pp.161~162).

제2항은 화물이 최종양하항에서 본선에서 양하 후 이 보험의 종료 전에 (아직 보관장소에 인도되기 이전이며 또한 양륙 후 60일 이내) 다른 지역상인에게 매각되어 보험증권에 기재된 목적지 이외의 장소로 운송되는 경우의 보험자 책임의 종기를 규정하고 있다. 즉, 이러한 경우 변경된 목적지로 운송이 개시된 때를 보험자 책임의 종기로 하고 있다.

제3항은 위험의 변동을 허용한 조항이다. 즉, 피보험자가 좌우할 수 없는 지연, 일체의 이로, 부득이한 양하, 재선적 또는 환적, 해상운송계약상 선주 또는 용신자기 자유재량권을 행사함으로써 생긴 일체의 위험변동이 있어도 보험자는 그 동안의 위험을 부담한다. 다만, 이 조항은 남보위험을 확장하는 것은 아니고 담보기간의 연장을 규정하고 있는 데에 주의해야 할 것이다.

### (9) 제9조

**Termination of Contract of Carriage**

9. If owing to circumstances beyond the control of the Assured either the contract of carriage is terminated at a port or place other than the destination named therein or the transit is otherwise terminated before unloading of the subject-matter insured as provided for in Clause 8 above, then this insurance shell also terminate unless prompt notice is given to the Insurers and continuation of cover is requested when this insurance shall remain in force, subject to an additional premium if required by the Insurers, either

9.1 until the subject-matter insured is sold and delivered at such port or place, or, unless otherwise specially agreed, until the expiry of 60 days after arrival of the subject -matter insured at such port or place, whichever shall first occur, or,

9.2 if the subject-matter insured is forwarded within the said period of 60 days (or any agreed extension thereof) to the destination named in the contract of insurance or to any other destination, until terminated in accordance with the provisions of Clause 8 above.

**운송계약종료**

**제9조** 피보험자가 좌우할 수 없는 사정에 의하여 운송계약이 그 계약에서 지정된 목적지 이외의 항구 또는 지역에서 종료되거나 또는 상기 제8조에서 규정된 대로 보험의 목적의 양하 이전에 운송이 종료되는 경우에는 이 보험도 또한 종료된다. 다만 보험자에게 지체 없이 그 취지를 통지하고 담보의 계속을 요청하는 경우에는 보험자로부터 청구가 있으면 할증보험료를 지불할 것을 조건으로, 이 보험은

9.1 보험의 목적이 운송이 종료된 항구 또는 지역에서 매각된 후 인도된 때 또는 별도의 합의가 없는 한 그러한 항구 또는 지역에 보험의 목적의 도착 후 60일이 경과된 때 중 어느 한 쪽이 먼저 생긴 때, 또는

9.2 보험의 목적이 상기의 60일의 기간(또는 합의된 연장기간) 내에 이 보험계약에서 지정된 목적지 또는 다른 목적지로 운송되는 경우에는 상기 제8조의 규정에 따라 보험이 종료될 때까지 유효하게 존속된다.

**해 설**

본 조항은 피보험자가 좌우할 수 없는 사정에 의해 운송계약이 종료되는 경우에 일정 요건하에서 피보험자를 보호할 것을 규정한 조항이다. 즉, 피보험자가 좌우할 수 없는 사정에 의해 운송이 목적지 이외의 항구나 창고에서 종료되는 경우 또는 보험의 목적이 양하되기 전에 종료되는 경우 운송계약종료의 시점에서 보험이 종료되는 것을 원칙으로 하면서도, 피보험자는 보험자에게 지체 없이 그 취지를 통지하고 담보의 계속을 요청하는 경우에는 보험자로부터 청구가 있으면 할증보험료를 지불할 것을 조건으로 후술하는 기간 중에도 담보가 계속된다. 즉, 화물이 운송종료된 항구에서 매각되어 그것이 매수인에게 인도될 때까지 또는 그 항구에 도착 후 60일을 경과될 때까지 중 어느 것이든 먼저 생긴 때까지 위험이 담보된다. 이것은 운송이 중단된 항구에서 매각처분되든지 매각처분되지 않고 보관되는 경우이다.

그런데 화물이 운송종료 항구에서 당초 예정된 목적지 또는 기타 목적지로 계속 운송되는 경우 그 계속 운송이 운송종료 항구에 도착 후 60일 이내에 개시된다면 제8조 운송조항에 따라 보험자의 책임은 종료된다.

## (10) 제10조

**Change of Voyage**

10. 10.1 Where, after attachment of this insurance, the destination is changed by the Assured, this must be notified promptly to Insurers for rates and terms to be agreed. Should a loss occur prior to such agreement being obtained cover may be provided but only if cover would have been available at a reasonable commercial market rate on reasonable market terms.

10.2 Where the subject-matter insured commences the transit contemplated by this insurance (in accordance with Clause 8.1), but, without the knowledge of the Assured or their employees the ship sails for another destination, this insurance will nevertheless be deemed to have attached at commencement of such transit.

**항해변경**

**제10조**

10.1 이 보험의 개시 후 목적지가 피보험자에 의하여 변경되는 경우는, 지체 없이 그 취지를 보험자에게 통지하고, 보험요율과 보험조건을 협정하여야 한다. 그러한 협정 전에 손해가 발생한 경우는, 영리보험시장에서 타당하다고 생각되는 보험조건 및 보험요율에 의한 담보를 취득할 수 있는 경우에 한하여 담보가 제공된다.

10.2 보험의 목적이 (제8조 1항에 따라) 이 보험에 의해 예상된 운송을 개시했지만, 피보험자 또는 그들의 사용인이 알지 못하고 선박이 다른 목적지로 향해 출항하는 경우에도, 이 보험은 그러한 운송의 개시시에 개시한 것으로 간주된다.

**해 설**

본 조항의 제1항은 위험개시 후에 피보험자가 목적지를 변경하는 경우, 즉 항해변경의 경우의 취급을 규정하고 있다. MIA 제45조에서는 항해의 변경에 대하여 보험자는 항해를 변경할 결의가 표명된 때부터 그 책임을 면한다고 하고 있는데, 제10조 제1항에서는 항해변경의 취지를 지체 없이 통지하고 보험조건・요율을 재협정함으로써 담보가 계속된다고 하고, 그 재협정 전에 손해가 발생한 때에는 영리보험시장에서 타당하다고 생각되는 보험조건 및 보험요율에 의해 담보를 취득할 수 있는 경우에 한하여 담보가 계속된다고 규정하고 있다. 한편, 제10조 제2항은, 피보험자 또는 그들의 사용인이 알지 못하고 선박이 다른 목적지로 향해 출항하는 경우의 취급을 규정하고 있다. MIA 제44조에서는 다른 목적지로의 출항의 경우에는 위험은 개시하지 않는다고 되어 있는데, 제10조 제2항에서는 피보험자 또는 그들의 사용인이 그 사실은 알지 못하는 경우에는 위험이 개시되는 것으로 하여, 선의의 피보험자를 보호하는 규정으로 되어 있다.

### (11) 제11조

CLAIMS

Insurable Interest

11. 11.1 In order to recover under this insurance the Assured must have an insurable interest in the subject-matter insured at the time of the loss.

11.2 Subject to 11.1 above, the Assured shall be entitled to recover for insured loss occurring during the period covered by this insurance, notwithstanding that the loss occurred before the contract of insurance was concluded, unless the Assured were aware of the loss and the Insurers were not.

**보험금청구**

**피보험이익**

**제11조**

11.1 이 보험하에서 보상을 받기 위해서는 피보험자는 손해발생시에 보험의 목적에 대한 피보험이익을 가지고 있지 않으면 안된다.

11.2 상기 11조 1항의 규정에 따르는 것으로 하여, 보험계약 체결 전에 손해가 발생함에도 불구하고 피보험자가 그 손해발생의 사실을 알고 보험자가 몰랐을 경우를 제외하고, 피보험자는 이 보험에 의해 담보된 기간 중에 발생한 손해에 대하여 보상을 받을 권리가 있다.

**해 설**

본 조항은 두 부분으로 이루어져 있다. 제1항은 MIA 제6조 제1항의 규정, 즉 "피보험자는 보험계약체결시에 보험의 목적에 대하여 이해관계를 가질 필요는 없지만, 손해발생시에는 피보험이익을 가져야 한다"는 취지를 재차 규정하고 있다.

제2항은 유명한 "lost or not lost"(멸실여부를 불문함) 소급조항의 해석에 관한 MIA 부칙 RCP 제1조의 규정과 동법 제6조 제1항 제2호의 단서 이후의 문언을 통합한 내용이다. 즉, 이전의 "lost or not lost" 조항 적용의 전제조건이었던 주관적 우연성의 존재를 필요로 하는 취지(소급담보의 전제조건)를 규정하고 있다. 부연하면 손해가 보험계약의 체결 이전에 발생한 것이더라도 피보험자가 이 손해발생 사실을 알고 있었고 보험자가 몰랐을 경우를 제외하고 피보험자의 보상청구권은 유효하다.

## (12) 제12조

**Forwarding Charges**

12. Where, as a result of the operation of a risk covered by this insurance, the insured transit is terminated at a port or place other than that to which the subject-matter insured is covered under this insurance, the Insurers will reimburse the Assured

for any extra charges properly and reasonably incurred in unloading storing and forwarding the subject-matter insured to the destination to which it is insured.
This Clause 12, which does not apply to general average or salvage charges, shall be subject to the exclusions contained in Clauses 4, 5, 6 and 7 above, and shall not include charges arising from the fault negligence insolvency or financial default of the Assured or their employees.

**계반비용**

**제12조** 이 보험에 의해 담보되는 위험의 작용의 결과로서, 피보험운송이 이 보험에 의해 보험의 목적이 거기까지 담보되어 있는 항구 또는 지역 이외의 항구 또는 지역에서 종료되는 경우에는, 보험자는 보험의 목적을 양하, 보관하고, 이 보험에 부보된 목적지까지 운송하기 위해 적절하고 합리적으로 발생된 일체의 추가비용을 피보험자에게 보상한다.
이 제12조는 공동해손 또는 구조비에는 적용되지 않지만, 상기 제4조, 제5조, 제6조 및 제7조에 규정된 면책조항의 적용을 받으며 또한 피보험자 또는 그 사용인의 과실, 태만, 지불불능 또는 재정상의 채무불이행으로부터 생긴 비용을 포함하지 않는다.

**해 설**

1963년 약관에서는 계반비용에 관한 규정이 없어 증권본문의 손해방지조항, MIA 제64조 제2항의 특별비용(special charges)에 관한 규정, FPA약관에 있는 특별비용에 관한 규정에 비추어 해석하였다. 그러나 본 조항에 의하면 담보위험에 의해 생긴 계속운송을 위한 추가비용(extra charges)의 지급을 명시적으로 규정하고 있다. 즉, 담보위험이 발생한 결과 운송이 중간항에서 종료되는 경우에, 중간항에서의 추가비용과 본래의 목적지까지의 계반비용을 보상하는 것을 규정하고 있다. 다만, 여기서 주의해야 할 점은 ① 본 조항이 공동해손 및 구조비에 대해서는 적용되지 않는 점, ② 제1조 위험조항과 같이 제4조(일반면책), 제5조(불내항·부적합면책), 제6조(전쟁면책) 및 제7

조(동맹파업면책)에 규정된 면책조항의 적용을 받는 점, ③ 피보험자 또는 그 사용인의 과실, 태만, 지급불능 또는 재정상의 채무불이행으로부터 생긴 비용은 본 조항에서 말하는 계반비용에 포함되지 않는다는 점이다.

### (13) 제13조

**Constructive Total Loss**

13. No claim for Constructive Total Loss shall be recoverable hereunder unless the subject-matter insured is reasonably abandoned either on account of its actual total loss appearing to be unavoidable or because the cost of recovering, reconditioning and forwarding the subject-matter insured to the destination to which it is insured would exceed its value on arrival.

**추정전손**

**제13조** 보험의 목적의 현실전손이 불가피하다고 생각되기 때문에 또는 보험의 목적의 회수, 보수 및 보험에 부보된 목적지까지 운송하는 비용이 도착시의 보험의 목적의 가액을 초과할 것 같기 때문에, 보험의 목적이 합리적으로 포기되지 않는 한, 추정전손에 대한 보험금은 이 보험하에서는 보상되지 않는다.

**해설**

본 조항은 MIA 제60조(추정전손의 정의) 규정을 도입한 것으로, 위부사유에 대하여 규정하고 있다. 즉, 보험의 목적의 현실전손이 불가피하거나 또는 보험의 목적의 손해에 대한 회복, 수리 및 계반비용이 목적지에 도착했을 때의 보험의 목적의 가액을 초과할 것 같은 경우에, 보험의 목적을 보험자에게 위부함으로써 그 손해를 전손으로 처리할 수 있다는 것을 규정하고 있다.

### (14) 제14조

**Increased Value**

14. 14.1 If any Increased Value insurance is effected by the Assured on the subject-matter insured under this insurance the agreed value of the subject-matter insured shall be deemed to be increased to the total amount insured under this insurance and all Increased Value insurances covering the loss, and liability under this insurance shall be in such proportion as the sum insured under this insurance bears to such total amount insured.
In the event of claim the Assured shall provide the Insurers with evidence of the amounts insured under all other insurances.

14.2 Where this insurance is on Increased Value the following clause shall apply :
The agreed value of the subject-matter insured shall be deemed to be equal to the total amount insured under the primary insurance and all Increased Value insurances covering the loss and effected on the subject-matter insured by the Assured, and liability under this insurance shall be in such proportion as the sum insured under this insurance bears to such total amount insured.
In the event of claim the Assured shall provide the Insurers with evidence of the amounts insured under all other insurances.

증액

제14조

14.1 이 보험에 부보된 보험의 목적에 대하여 피보험자가 증액보험을 부보한 경우에는 이 화물의 협정보험가액은 이 보험의 보험금액 및 이와 동일한 손해를 담보하는 모든 증액보험의 총보험

금액으로 증가된 것으로 간주되며, 이 보험에서의 보상책임은 총보험금액에 대한 이 보험의 보험금액의 비율로서 부담하게 된다.

보험금을 청구할 때에는 피보험자는 모든 타보험의 보험금액에 대한 증거를 보험자에게 제공해야 한다.

14.2 이 보험이 증액보험인 경우에는 다음 조항을 적용한다.

부보된 보험의 목적의 협정보험가액은 원보험의 보험금액 및 피보험자에 의해 그 보험의 목적에 대해 부보되고, 동일한 손해를 담보하는 모든 증액보험의 총보험금액과 동액으로 간주되며, 이 보험에서 보상책임은 총보험금액에 대한 이 보험의 보험금액의 비율로서 부담하게 된다.

보험금을 청구할 때에는 피보험자는 모든 타보험의 보험금액에 대한 증거를 보험자에게 제공해야 한다.

**해 설**

이 조항은 원보험과 증액보험을 별개로 취급하는 종래의 시장관행을 변경하는 취지에서 새로이 신설된 조항으로, 원보험과 증액보험은 각각 일부보험으로 되며 양자를 합산하여 전부보험이 되도록 규정하고 있다.

이 조항은 보험계약을 체결한 후 보험의 목적의 가격이 앙등하여 피보험자가 다시 동일한 보험의 목적에 대하여 증액보험을 체결한 경우로 크게 두 부분으로 나누어진다. 즉, 제14조 제1항은 원보험에 적용되며, 제14조 제2항은 증액보험에 적용된다. 두 항 모두 각 보험증권에 표시된 가액을 합산하여 하나의 보험가액으로 하고, 각 보험증권의 보험금액은 양 보험증권의 합계보험가액에 대한 일부보험으로 취급되며, 보험금 청구는 각 보험증권의 비율에 따라 지급된다.

(15) 제15조

BENEFIT OF INSURANCE

15. This insurance

15.1 covers the Assured which includes the person claiming indemnity either as the person by or on whose behalf the contract of insurance was effected or as an assignee,

15.2 shall not extend to or otherwise benefit the carrier or other bailee.

**보험의 이익**

**제15조** 이 보험은

15.1 이 보험계약을 스스로 체결한 자 또는 자기를 위해 이 보험계약을 체결한 자로서, 또는 양수인으로서 보험금을 청구하는 자를 포함하는 피보험자를 대상으로 한다.

15.2 확장해석 또는 기타 방법에 의해 운송인 및 기타의 수탁자에게 유리하게 이용되어서는 안된다.

해 설

본 조항의 제1항은 피보험자의 정의규정으로 2009년 협회적하약관에서 신설된 것이며, 보험증권의 양수인도 피보험자에 포함된다는 취지를 명확히 하고 있다. 제2항은 보험이익 불공여조항이라고 불리우는 것으로 화주가 자신을 보호하기 위해 수배하는 보험의 이익을 운송인이 향수하는 것을 인정할 수 없게 하기 위한 규정이다.

(16) 제16조

MINIMISING LOSSES

Duty of Assured

16. It is the duty of the Assured and their employees and agents

in respect of loss recoverable hereunder

16.1 to take such measures as may be reasonable for the purpose of averting or minimising such loss,
and

16.2 to ensure that all rights against carriers, bailees or other third parties are properly preserved and exercised and the Insurers will, in addition to any loss recoverable hereunder, reimburse the Assured for any charges properly and reasonably incurred in pursuance of these duties.

**손해경감**

**피보험자의 의무**

**제16조** 이 보험에 의해 손해를 보상받기 위해서 다음 사항을 이행하는 것은 피보험자, 그 사용인 및 대리인의 의무이다.

16.1 그 손해를 방지하거나 또는 경감하기 위해 합리적인 조치를 강구하는 것, 그리고

16.2 운송인, 수탁자 또는 기타 제3자에 대한 일체의 권리가 적절히 보존되고 행사되도록 확보할 것, 그리고 보험자는 이 보험에서 보상하는 손해에 추가하여 상기 의무를 수행함에 있어 적절하고 합리적으로 발생된 일체의 비용을 피보험자에게 보상한다.

**해 설**

본 조항은 피보험자의 손해방지의무 및 운송인 기타 제3자에 대한 구상권 보전의무를 규정한 것으로 이를 위한 비용은 기타의 손해액과 합하여 보험금액을 초과하여도 지급되는 것을 명시하고 있다. 좀 더 상술하면 제1항은 손해방지의무의 규정으로 손해를 방지 또는 경감하기 위해 합리적 조치를 취할 것(구조행위)을 규정하고 있다. 제2항은 운송인·수탁자 또는 기타 제3자에 대한 일체의 권리가 적절히 보존되고 행사되도록 확보하는 것(구상행위)이 피보험자의 의무임을 규정하고 있다. 또한 손해방지에 관한 피보험자의 의무를 이행함에 있어 적절하고 합리적으로 발생된 일체의 비용(소위 손해방지비용)은 손해보상액에 추가하여 피보험자에게 보상할 것을 명시하고 있다.

### (17) 제17조

Waiver

17. Measures taken by the Assured or the Insurers with the object of saving, protecting or recovering the subject-matter insured shall not be considered as a waiver or acceptance of abandonment or otherwise prejudice the rights of either party.

**포기**

**제17조** 보험의 목적을 구조하거나 보호하거나 또는 회복하기 위해 피보험자 또는 보험자가 강구하는 조치는 위부의 포기 또는 승낙으로 간주되지 아니하며, 또한 어느 당사자의 권리를 침해하는 것도 아니다.

**해설**

본 조항은 구 보험증권 본문약관에 포함되어 있던 포기조항(Waiver Clause)을 협회적하약관으로 옮긴 조항으로 피보험자가 위부통지를 하고 추정전손(constructive total loss)을 청구한 경우, 보험자 및 피보험자의 법률상의 지위가 손해를 회피하기 위해 양자가 취한 행위에 의해 침해되지 않는다는 것을 확약한 것이다. 즉, 보험의 목적의 구조, 보호, 회복을 위한 피보험자 또는 보험자의 행위는 위부의 포기 또는 승낙으로 간주되지 않는 취지를 규정하고 있다.

### (18) 제18조

AVOIDANCE OF DELAY

18. It is a condition of this insurance that the Assured shall act with reasonable despatch in all circumstances within their control.

**지연의 방지**

**제18조** 피보험자는 자기가 통제할 수 있는 모든 상황에서 상당히 신속하게 행동하는 것이 이 보험의 조건이다.

**해 설**

본 조항은 신속조치조항으로 불리우는 규정으로 피보험자에게 운송준비상의 지연을 회피할 것을 충분히 배려하는 것이 중요한 의무의 하나인 것을 명시하고 있다.

즉, 제16조(피보험자의 의무) 및 제17조(포기)는 손해가 발생한 경우 또는 추정전손의 경우에 피보험자의 손해방지경감의 의무를 규정하고 있는데 이들 의무는 손해가 이미 발생한 경우 또는 전손발생이 피하기 어려운 경우를 전제로 한 의무이다. 이에 대하여 본 조항의 신속조치의무는 손해가 발생하지 않은 상태에서 더구나 화물이 피보험자인 하주의 지배하에 있는 동안에 피보험자가 당연히 준수해야 할 "신속조치"의무를 규정하고 있다.

### (19) 제19조

**LAW AND PRACTICE**

19. This insurance is subject to English law and practice.

**법률 및 관습**

**제19조** 이 보험은 영국의 법률 및 관습에 준거한다.

**해 설**

본 조항은 영국법 준거를 정한 규정인데, MAR Form에 준하는 우리나라의 신적하보험본문의 준거법 조항(Governing Clause)에 의하면 일체의 보험금청구에 대한 책임 및 결제에 대해서만(only as to liability for settlement of any and all claims) 영국의 법률 및 관습에 준거하는 취지를 규정하고 있다. 보험증권본문의 규정이 제19조에 우선하므로 보상책임 이외의 점, 예를 들면 계약의 성립이나 보험료 지불에 대하여는 영국법이 아니고 보험계약의 체결지인 한국법에 준거하는 것으로 된다.

### (20) 주의사항

**Note**

It is necessary for the Assured when they become aware of an event which is "held covered" under this insurance to give prompt notice to the Underwriters and the right to such cover is dependent upon compliance with this obligation.

**주의사항**

제9조에 의해 담보의 계속이 요청되거나 또는 제10조에 의해 목적지의 변경이 통지되는 경우에는, 지체 없이 그 취지를 보험자에게 통지할 의무가 있고, 담보의 계속을 받을 권리는 이 의무의 이행여부에 달려 있다.

**해 설**

제9조 운송계약종료, 제10조 항해변경의 경우의 담보계속의 요건으로서 보험자에게로의 신속통지의무가 주의규정으로 기술되어 있다. 즉, 보험계약에서 계속담보받는 사유가 발생한 경우에는, 피보험자(the Assured)는 지체 없이 그 취지를 보험자에게 통지할 것을 의무로 한 것이다. 다시 말해 이 규정으로 피보험자에게 통지의무가 부가되며, 그가 이를 이행한 경우에 계속담보를 받는 것으로 하였다.

# 부 록

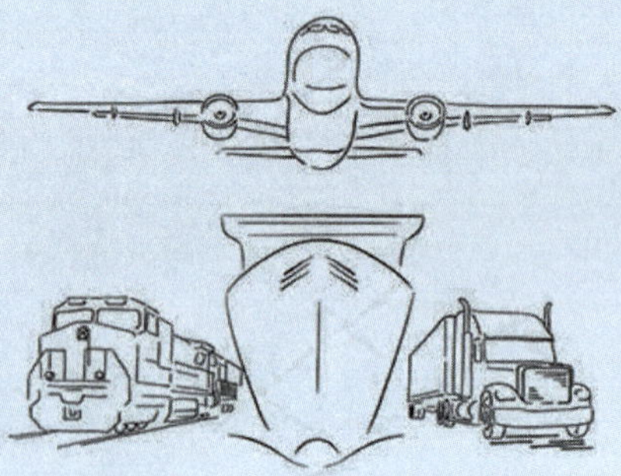

# 1. Incoterms® 2020

## ICC rules for the use of domestic and international trade terms

**Entry into force : 1 January 2020**

### 1. Differences between Incoterms 2010 and Incoterms 2020

The most important initiative behind the Incoterms 2020 rules has been focus on how the presentation could be enhanced to steer users towards the right Incoterms rule for their sale contract. Thus:

- a greater emphasis in the Introduction on making the right choice;
- a clearer explanation of the demarcation and connection between the sale contract and its ancillary contracts;
- upgraded Guidance Notes presented now as Explanatory Notes to each Incoterms rule;
- a re-ordering within the Incoterms rules giving delivery and risk more prominence.

All these changes, though cosmetic in appearance, are in reality substantial attempts on the part of ICC to assist the international trading community towards smoother export/import transactions.

Apart from these general changes, there are more substantive changes in the Incoterms 2020 rules when compared with Incoterms 2010. Before looking at those changes, mention must be made of a particular development in trade practice which has occurred since 2010 and which ICC has decided should not lead to a change in the Incoterms 2020 rules, namely Verified Gross Mass (VGM).

The significant differences between Incoterms 2010 and Incoterms 2020 include primarily:

- Bills of lading with an on-board notation and the FCA Incoterms rule;
- Costs, where they are listed;
- Different levels of insurance coverage in CIF and CIP;
- Arranging for carriage with seller's or buyer's own means of transport in FCA, DAP, DPU, and DDP;
- Change in the three-letter initials for DAT to DPU;
- Inclusion of security-related requirements within carriage obligations and costs;
- Explanatory Notes for users;

## 2. Division of Incoterms

Incoterms 2020 are divided into two main groups: Rules for any Mode or Modes of Transport (comprising EXW, FCA, CPT, CIP, DAP, DPU and DDP), and Rules for Sea and Inland Waterway Transport (comprising FAS, FOB, CFR and CIF)

## 2.1 EXW – Ex Works

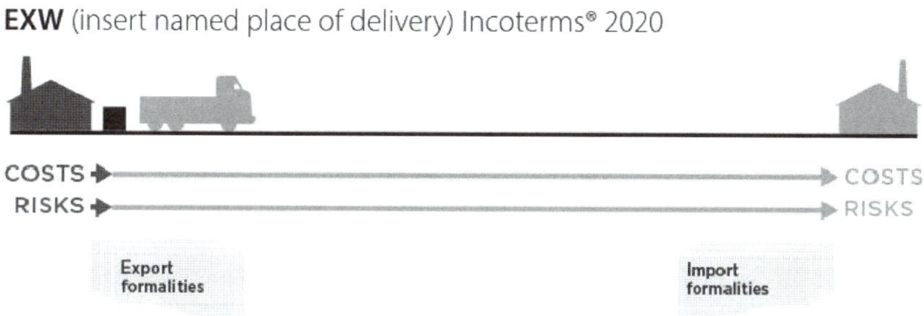


Ex Works means that the seller delivers the goods to the buyer:

- when it places the goods at the disposal of the buyer at a named place (like a factory or warehouse), and
- that named place may or may not be the seller's premises.

For delivery to occur, the seller does not need to load the goods on any collecting vehicle, nor does it need to clear the goods for export, where such clearance is applicable.

This rule may be used irrespective of the mode or modes of transport, if any, selected.

The parties need only name the place of delivery. However, the parties are well-advised also to specify as clearly as possible the precise point within the named place of delivery. A named precise point of delivery makes it clear to both parties when the goods are delivered and when risk transfers to the buyer; such precision also marks the point at which costs are for the buyer's account. If the parties do not name the point of delivery, then they are taken to have left it to the seller to select the point "that best suits its purpose." This means that the buyer may incur the risk that the seller may choose a point just before the point at which goods are lost or damaged. It is best for the buyer therefore to select the precise point within a place where delivery will occur.

EXW is the Incoterms rule which imposes the least set of obligations on the seller. From the buyer's perspective, therefore, the rule should be used with care for different reasons as set out below.

In Incoterms 2020 EXW delivery happens and risk transfers when the goods are placed, not loaded, at the buyer's disposal. However, risk of loss or of damage to the goods occurring while the loading operation is carried out by the seller, as it may well be, might arguably lie with the buyer, who has not physically participated in the loading. Given this possibility, it would be advisable, where the seller is to load the goods, for the parties to agree in advance who is to bear the risk of any loss of or damage to the goods during loading. This is a common situation simply because the seller is more likely to have the necessary loading equipment at its own premises or because applicable safety or security rules prevent access to the seller's premises by unauthorized personnel. Where the buyer is keen to avoid any risk during loading at the seller's premises, then the buyer ought to consider choosing the FCA rule (under which, if the goods are delivered at the seller's premises, the seller owes the buyer an obligation to load, with operation remaining with the seller).

Seller has no obligation to organize export clearance of clearance within third countries through which the goods pass in transit. Indeed, EXW may be suitable for domestic trades, where there is no intention at all to export the goods. The seller's participation in export clearance is limited to providing assistance in obtaining such documents and information as the buyer may require for the purpose of exporting the goods. Where the buyer intends to export the goods and where it anticipates difficulty in obtaining export clearance, the buyer would be better advised to choose the FCA rule, under which the obligation and cost of obtaining export clearance lies with the seller.

## 2.2 FCA - Free Carrier

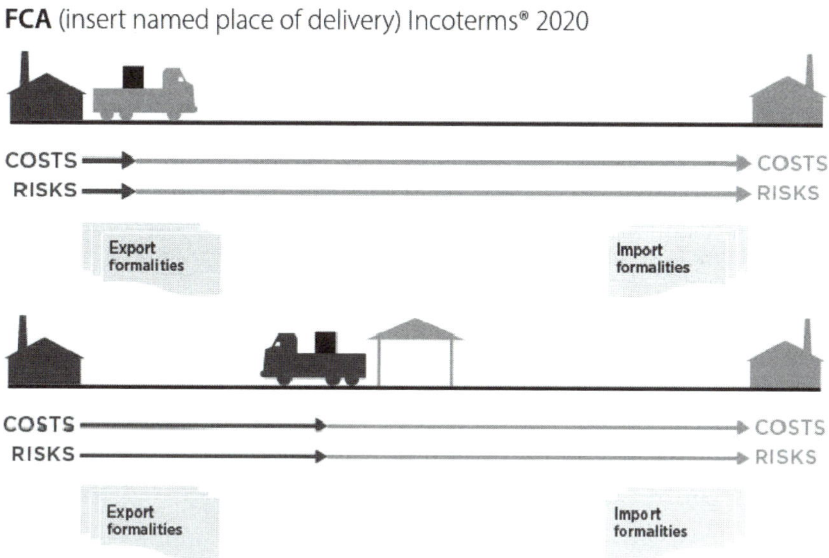


Free Carrier means that the seller delivers the goods to the buyer in one or other of two ways.

1. First:
   - when the named place is the seller's premises, the goods are delivered;
   - when they are loaded on the means of transport arranged by the buyer.

2. Second:
   - when the named place is another place, the goods are delivered;
   - when, having been loaded on the seller's mean of transport;
   - they reach the named other place;
   - they are ready for unloading from that seller's mean of transport;
   - at the disposal of the carrier or of another person nominated by the buyer.

Whichever of the two is chosen as the place of delivery, that place identifies where risk transfers to the buyer and the time from which costs are for the buyer's account.

This rule may be used irrespective of the mode of transport selected and may also be used where more than one mode of transport is employed.

A sale under Incoterms 2020 FCA can be concluded naming only the place of delivery, either at the seller's premises or elsewhere, without specifying the precise point of delivery within that named place. However, the parties are well-advised also to specify as clearly as possible the precise point within the named place of delivery. A named precise point of delivery makes it clear to both parties when the goods are delivered and when risk transfers to the buyer; such precision also marks the point at which costs are for the buyer's account. Where the precise point is not identified, however, this may cause problems for the buyer. The seller in this cause has the right to select the point "that best suits its purpose": that point becomes the point of delivery, from which risk and costs transfer to the buyer. If the precise point of delivery is not identified by naming it in the contract, then the parties are taken to have left it to the seller to select the point "that best suits its purpose." This means that the buyer may incur the risk that the seller may choose a point just before the point at which goods are lost or damaged. It is best for the buyer therefore to select the precise point within a place where delivery will occur.

Incoterms 2020 FCA requires the seller to clear the goods for export, where applicable. However, the seller has no obligation to clear the goods for import or for transit through third countries, to pay any import duty, or to carry out any import customs formalities.

In Incoterms 2020 FCA, now if goods are being picked up by the buyer's road-haulier in Las Vegas, it would be rather uncommon to expect a bill of lading with an on-board notation to be issued by the carrier from Las Vegas, which is not a port and which a vessel cannot reach for goods to be placed on board. Nonetheless, sellers selling FCA Las Vegas do sometimes find themselves in a situation where they need a bill of lading with an on-board notation (typically because of a bank collection or a letter of credit requirement), albeit necessarily stating that the goods have been placed on board in Los Angeles as well as stating that they were received for carriage in Las Vegas. To cater to this possibility of an FCA seller needing a bill of lading with an on-board notation, FCA Incoterms 2020 has, for the first time, provided the following optional mechanism. If the parties have so agreed in the contract, the buyer must instruct its carrier to issue a bill of lading with an on-board notation to the seller. The carrier may or may not, of course, accede to the buyer's request, given that the carrier is only bound and entitled to issue such a bill of lading once the goods are on board in Los Angeles. However, if and when the bill of lading is issued to the seller by the carrier at the buyer's cost and risk, the seller must provide that same document to the buyer, who will need the bill of lading in order to obtain discharge of the goods from the carrier. This optional mechanism becomes unnecessary, of course, if the parties have agreed that the seller will present to the buyer a bill of lading stating simply that the seller will present to the buyer a bill of lading stating simply that the goods have been received for shipment rather than that they have been shipped on board. Moreover, it should be emphasized that even where this optional mechanism is adopted, the seller is under no obligation to the buyer as to the terms of the contract of carriage. Finally, when this optional mechanism is adopted, the dates of delivery inland and loading on board will necessarily be different, which inland and loading on board will necessarily be different, which may well create difficulties for the seller under a letter of credit.

## 2.3 CPT – Carriage Paid To

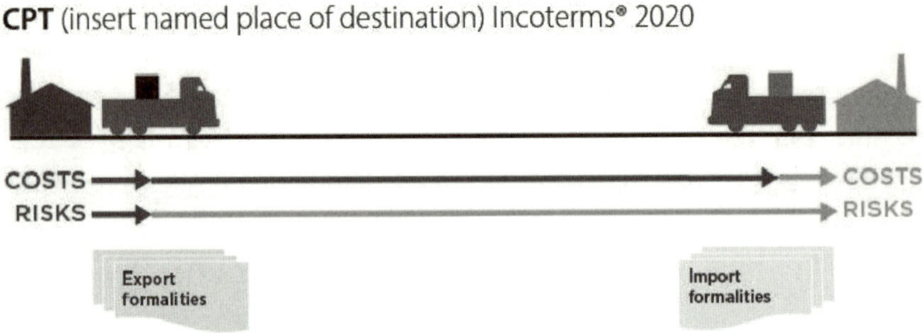


Carriage Paid To means that the seller delivers the goods – and transfers the risk – to the buyer:

- by handing them over to the carrier;
- contracted by the seller;
- or by procuring the goods so delivered.
- The seller may do so by giving the carrier physical possession of the goods in the manner and at the place appropriate to the means of transport used.

Once the goods have been delivered to the buyer in this way, the seller does not guarantee that the goods will reach the place of destination in sound condition, in the stated quantity, or indeed at all. This is because risk transfers from seller to buyer when the goods are delivered to the buyer by handing them over to the carrier; the seller must nonetheless contract for the carriage of the goods from delivery to the agreed destination. Thus, for example, goods are handed over to a carrier in Las Vegas (which is not a port) for carriage to Southampton (a port) or to Winchester (which is not a port). In either case, delivery transferring risk to the buyer happens in Las Vegas, and the seller must make a contract of carriage to either Southampton or Winchester.

This rule may be used irrespective of the mode of transport selected and may also be used where more than one mode of transport is employed.

In Incoterms 2020 CPT, two locations are important: the place or point (if any) at which the goods are delivered (for the transfer of risk) and the place or point agreed as the destination of the goods (as the point to which the seller promises to contract for carriage).

The parties are well-advised to identify both places, or indeed points within those places, as precisely as possible in the contract of sale. Identifying the place or point (if any) of delivery as precisely as possible is important to cater to the common situation where several carries are engaged, each for different legs of the transit from delivery to destination. Where this happens and the parties do not agree on a specific place or point of delivery, the default position is that risk transfer when the goods have been delivered to the first carrier at a point entirely of the seller's choosing and over which the buyer has no control. Should the parties wish the risk to transfer at a later stage (e.g., at a sea or river port or at an airport), or indeed an earlier one (e.g. an inland point some way away from a sea or river port), they need to specify this in their contract of sale and to carefully think through the consequences of so doing in case the goods are lost or damaged.

The parties are also well-advised to identify as precisely as possible in the contract of sale the point within the agreed place of destination, as this is the point to which the seller must contract for carriage and this is the point to which the costs of carriage fall on the seller.

If the seller incurs costs under its contract of carriage related to unloading at the named place of destination, the seller is not entitled to recover such costs separately from the buyer unless otherwise agreed between the parties.

Incoterms 2020 CPT requires the seller to clear the goods for export, where applicable. However, the seller has no obligation to clear the goods for import or for transit through third countries, or to pay any import duty or to carry out any import customs formalities.

## 2.4 CIP – Carriage and Insurance Paid To

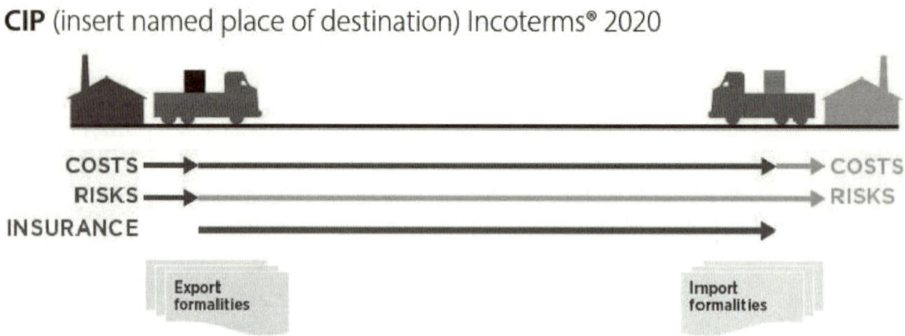


Carriage and Insurance Paid To means that the seller delivers the goods – and transfers the risk – to the buyer:

- by handing them over to the carrier;
- contracted by the seller;
- or by procuring the goods so delivered.
- The seller may do so by giving the carrier physical possession of the goods in the manner and at the place appropriate to the means of transport used.

Once the goods have been delivered to the buyer in this way, the seller does not guarantee that the goods will reach the place of destination in sound condition, in the stated quantity or indeed at all. This is because risk transfers from seller to buyer when the goods are delivered to the buyer by handing them over to the carrier; the seller must nonetheless contract for the carriage of the goods from delivery to the agreed destination. Thus, for example, goods are handed over to a carrier in Las Vegas (which is not a port) for carriage to Southampton (a port) or to Winchester (which is not a port). In either case, delivery transferring risk to the buyer happens in Las Vegas, and the seller must make a contract of carriage to either Southampton or Winchester.

This rule may be used irrespective of the mode of transport selected and may also be used where more than one mode of transport in employed.

In Incoterms 2020 CIP two locations are important: the place or point at which the goods are delivered (for the transfer of risk) and the place or point agreed as the destination of the goods (as the point to which the seller promises to contract for carriage).

The seller must also contract for insurance cover against the buyer's risk of loss of or damage to the goods from the point of delivery to at least the point of destination. This may cause difficulty where the destination country requires insurance cover to be purchased locally: in this case the parties should consider selling and buying under CPT Incoterms 2020 rule the seller is required to obtain extensive insurance cover complying with Institute Cargo Clauses or similar clause, rather than with the more limited cover under Institute Cargo Clauses. It is, however, still open to the parties to agree on a lover level of cover.

The parties are well advised to identify both places, or indeed point within those places, as precisely as possible in the contract of sale. Identifying the place or point (if any) of delivery as precisely as possible is important to cater for the common situation where several carriers are engaged, each for different legs of the transit from delivery to destination. Where this happens and the parties do not agree on a specific place or point of delivery, the default position is that risk transfers when the goods have been delivered to the first carrier at a point entirely of the seller's choosing and over which the buyer has no control. Should the parties wish the risk to transfer at a later stage (e.g. at a sea or river port or at an airport), or indeed an earlier one (e.g. an inland point some way away from a sea or river port), they need to specify this in their contract of sale and to carefully think through the consequences of so doing in case the goods are lost or damaged.

The parties are also well advised to identify as precisely as possible in the contract of sale the point within the agreed place of destination, as this is the point to which the seller must contract for carriage and insurance and this is the point to which the costs of carriage and insurance fall on the seller.

If the seller incurs costs under its contract of carriage related to unloading at the named place of destination, the seller is not entitled to recover such costs separately from the buyer unless otherwise agreed between the parties.

Incoterms 2020 CIP requires the seller to clear the goods for export, where applicable. However, the seller has no obligation to clear the goods for import or for transit through third countries, or to pay any import duty or to carry out any import customs formalities.

## 2.5 DAP – Delivered at Place

**DAP** (insert named place of destination) Incoterms® 2020

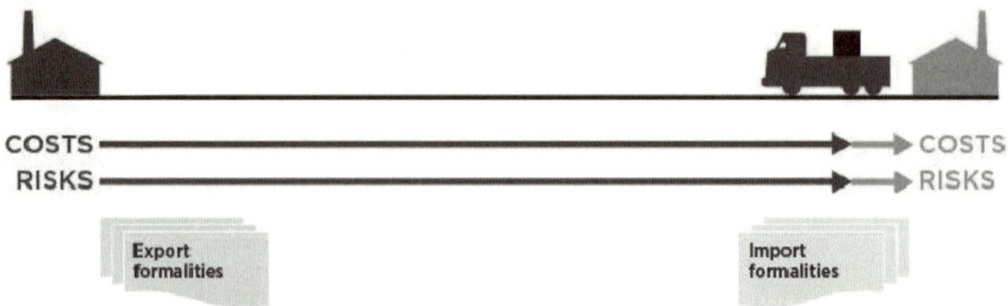


Delivered at Place means that the seller delivers the goods – and transfer risk – to the buyer:

- when the goods are placed at the disposal of the buyer;
- on the arriving means of transport ready for unloading;
- at the named place of destination;
- at the agreed point within that place, if any such point is agreed.

The seller bears all risks involved in bringing the goods to the named place of destination or to the agreed point within that place. In this Incoterms rule, therefore, delivery and arrival at destination are the same.

This rule may be used irrespective of the mode of transport selected and may also be used where more than one mode of transport is employed.

The parties are well advised to specify the destination place or point as clearly as possible and this for several reasons. First, risk of loss or damage to the goods transfers to the buyer at that point of delivery/destination – and it is best for the seller and the buyer to clear about the point at which that critical transfer happens. Secondly, the costs before that place or point of delivery/destination are for the account of the seller and the costs after that place or point are for the account of the buyer. Thirdly, the seller must contract or arrange for the carriage of the goods to the agreed place or point of delivery/destination. If it fails to do so, the seller is in breach of its obligations under the Incoterms DAP rule and will be liable to the buyer for any ensuing loss. Thus, for example, the seller would be responsible for any additional costs levied by the carrier to the buyer for any additional on-carriage.

The seller is not required to unload the goods from the arriving means of transportation. However, if the seller incurs costs under its contract of carriage related to unloading at the place of delivery/destination, the seller is not entitled to recover such costs separately from the buyer unless otherwise agreed between the parties.

Incoterms 2020 DAP requires the seller to clear the goods for export, where applicable. However, the seller has no obligation to clear the goods for import or for post-delivery transit to clear the goods for import or for post-delivery transit through third countries, to pay any import duty or to carry out any import customs formalities. As a result, if the buyer fails to organize import clearance, the goods will be held up at a port or inland terminal in the destination country. Who bears the risk of any loss that might occur while the goods are thus held up at the port of entry in the destination country? The answer is the buyer, delivery will not have occurred yet, ensuring that the risk of loss of or damage to the goods is with the buyer until transit to a named inland point can be resumed. If, in order to avoid this scenario, the parties intend the seller to clear the goods for import, pay any import duty or tax and carry out any import customs formalities, the parties might consider using DDP.

## 2.6 DPU – Delivered at Place Unloaded

**DPU** (insert named place of destination) Incoterms® 2020

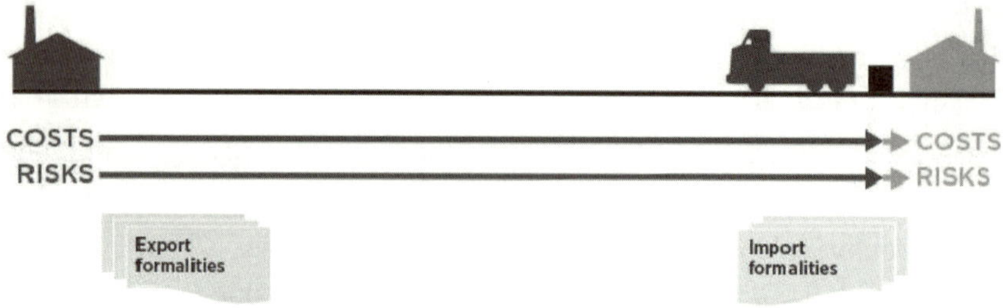


Delivered at Place Unloaded means that the seller delivers the goods – and transfers risk – to the buyer:

- when the goods, once unloaded from the arriving means of transport, are placed at the disposal of the buyer at a named place of destination;
- when the goods, once unloaded from the arriving means of transport, are placed at the disposal of the buyer at the agreed point within that place, if any such point is agreed.

The seller bears all risks involved in bringing the goods to and unloading them at the named place of destination. In this Incoterms rule, therefore, the delivery and arrival at destination are the same. DPU is the only Incoterms rule that requires the seller to unload goods at destination. The seller should therefore ensure that it is in a position to organize unloading at the named place. Should the parties intend the seller not to bear the risk and cost of unloading, the DPU rule should be avoided and DAP should be used instead.

This rule may be used irrespective of the mode of transport selected and may also be used where more than one mode of transport is employed.

The parties are well advised to specify to the destination place or point as clearly as possible and this for several reasons. First, risk of loss of or damage to the goods transfers to the buyer at the point of delivery/destination – and it is best for the seller and the buyer to be clear about the point at which that critical transfer happens. Secondly, the costs before that place or point of delivery/destination are for the account of the seller and the costs after that place or point are for the account of the buyer. Thirdly, the seller must contract or arrange for the carriage of the goods to the agreed place or point of delivery/destination. If it fails to do so, the seller is in breach of its obligations under this rule and will be liable to the buyer for any ensuing loss. The seller would, for example, be responsible for any additional costs levied by the carrier to the buyer for any additional on-carriage.

Incoterms 2020 DPU requires the seller to clear the goods for export, where applicable. However, the seller has no obligation to clear the goods for import or for post-delivery transit through third countries, to pay any import duty or to carry out any import customs formalities. As a result, if the buyer fails to organize import clearance, the goods will be held up at a port or inland terminal in the destination country. Who bears the risk of any loss that might occur while the goods are thus held up at the port of entry in the destination country? The answer is the buyer: delivery will not have occurred yet, ensuring that the risk of loss of or damage to the goods is with the buyer until transit to a named inland point can be resumed. If, in order to avoid this scenario, the parties intend the seller to clear the goods for import, pay any import duty or tax and carry out any import customs formalities, the parties might consider using DDP.

## 2.7 DDP – Delivered Duty Paid

**DDP** (insert named place of destination) Incoterms® 2020

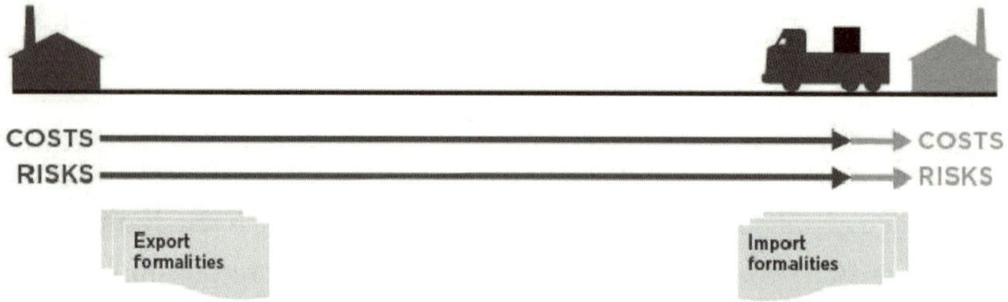


Delivered Duty Paid means that the seller delivers the goods to the buyer:

- when the goods are placed at the disposal of the buyer, cleared for import, on the arriving means of transport, ready for unloading, at the named place of destination or at the agreed point within that place, if any such point is agreed.

The seller bears all risks involved in bringing the goods to the named place of destination or to the agreed point within that place. In this Incoterms rule, therefore, delivery and arrival at destination are the same.

This rule may be used irrespective of the mode of transport selected and may also be used where more than one mode of transport is employed. Incoterms 2020 DDP, with delivery happening at destination and with the seller being responsible for the payment of import duty and applicable taxes is the Incoterms rule imposing on the seller the maximum level of obligation of all eleven Incoterms rules.

The parties are well advised to specify the destination place or point as clearly as possible and this for several reasons. First, risk of loss of or damage to the goods transfers to the buyer at that point of delivery/destination – and it is best for the seller and the buyer to be clear about the point at which that critical transfer happens. Secondly, the costs before that place or point of delivery/destination are for the account of the seller, including the costs of import clearance, and the costs after that place or point, other than the costs of import, are for the account of the buyer. Thirdly, the seller must contract or arrange for the carriage of the goods to the agreed place or point od delivery/destination. If it fails to do so, the seller is in breach of its obligations under the Incoterms rule DDP and will be liable to the buyer for any ensuing loss. Thus, for example, the seller would be responsible for any additional costs levied by the carrier to the buyer for any additional on-carriage.

If the seller incurs costs under its contract of carriage related to unloading at the place of delivery/destination, the seller is not entitled to recover such costs separately from the buyer unless otherwise agreed between the parties.

DDP requires the seller to clear the goods for export, where applicable, as well as for import and to pay any import duty or to carry out any customs formalities. Thus if the seller is unable to obtain import clearance and would rather leave that side of things in the buyer's hands in the country of import clearance being left to the buyer. There may be tax implications and this tax may not be recoverable from the buyer.

## 2.8 FAS - Free Alongside Ship

**FAS** (insert named port of shipment) Incoterms® 2020

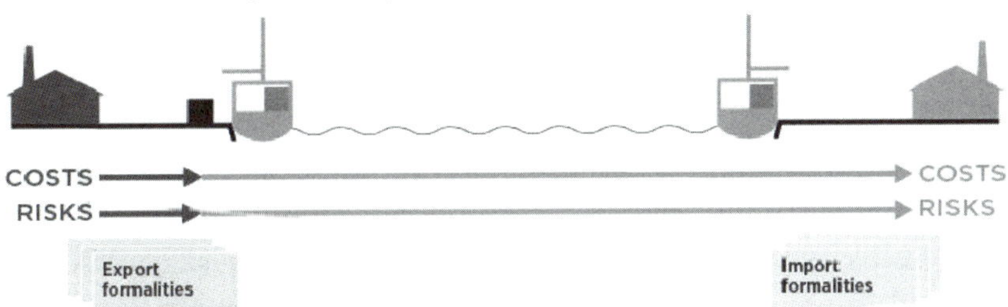


Free Alongside Ship means that the seller delivers the goods to the buyer:

- when the goods are placed alongside the ship (e.g. on a quay or a barge), nominated by the buyer, at the named port of shipment or when the seller procures goods already so delivered.

The risk of loss or damage to the goods transfers when the goods are alongside the ship, and the buyer bears all costs from that moment onwards.

This rule is to be used only for sea or inland waterway transport where the parties intend to deliver the goods by placing the goods alongside a vessel. Thus, the FAS rule is not appropriate where goods are handed over to the carrier before they are alongside the vessel, for example where goods are handed over to a carrier at a container terminal. Where this is the case, parties should consider using the FCA rule rather than the FAS rule.

The parties are well advised to specify as clearly as possible the loading point at the named port of shipment where the goods are to be transferred from the quay or barge to the ship, as the costs and risk to that point are for the account of the seller and these costs and associated handling charges may vary according to the practice of the port.

Incoterms 2020 FAS requires the seller to clear the goods for export, where applicable. However, the seller has no obligations to clear the goods for import or for transit through third countries, to pay any import duty or to carry out any import customs formalities.

## 2.9 FOB – Free On Board

**FOB** (insert named port of shipment) Incoterms® 2020

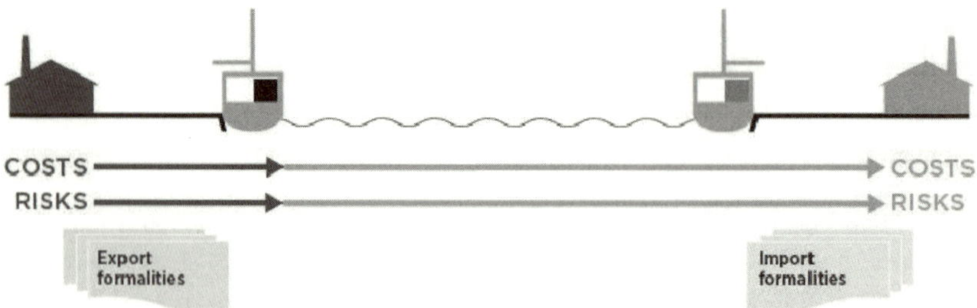


Free on Board mans that the seller delivers the goods to the buyer:

- on board the vessel, nominated by the buyer, at the named port of shipment or procures the goods already so delivered.

The risk of loss or damage to the goods transfers when the goods are on board the vessel, and the buyer bears all costs from that moment onwards.

This rule is to be used only for sea or inland waterway transport where the parties intend to deliver the goods by placing the goods on board a vessel. Thus, the FOB rule is not appropriate where goods are handed over to the carrier before they are on board the vessel, for example where goods are handed over to a carrier at a container terminal. Where this is the case, parties should consider using the FCA rule rather than the FOB rule.

FOB requires the seller to clear the goods for export, where applicable. However, the seller has no obligation to clear the goods for import or for transit through third countries, to pay any import duty or to carry out any import formalities.

## 2.10 CFR – Cost and Freight

**CFR** (insert named port of destination) Incoterms® 2020

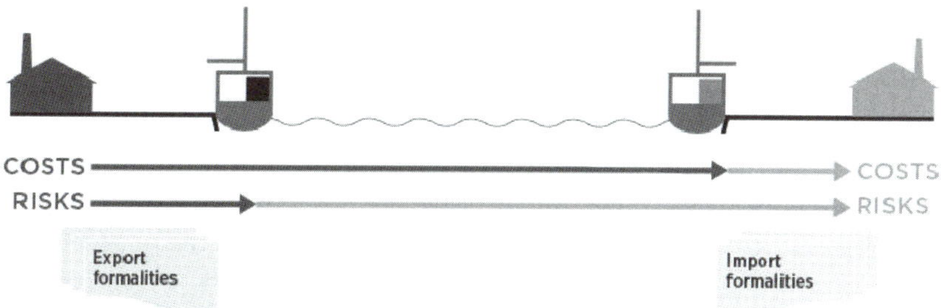


Cost and Freight means that the seller delivers the goods to the buyer

- on board the vessel
- or procures the goods already so delivered.

The risk of loss of or damage to the goods transfers when the goods are on board the vessel, such that the seller is taken to have performed its obligation to deliver the goods whether or not the goods actually arrive at their destination is sound condition, in the stated quantity or, indeed, at all. In CFR, the seller owes no obligation to the buyer to purchase insurance cover: the buyer would be well-advised therefore to purchase some cover for itself.

The Incoterms 2020 CFR rule is to be used only for sea or inland waterway transport. Where more than one mode of transport is to be used, which will commonly be the case where goods are handed over to a carrier at a container terminal, the appropriate rule to use is CPT rather than CFR.

In CFR, two ports are important: the port where the goods are delivered on board the vessel and the port agreed as the destination of the goods. Risk transfers from seller to buyer when the goods are delivered to the buyer by placing them on board the vessel at the shipment port or by procuring the goods already so delivered. However, the seller must contract for the carriage of the goods from delivery to the agreed destination. Thus, for example, goods are placed on board a vessel in Shanghai (which is a port) for carriage to Southampton (also a port). Delivery here happens when the goods are on board in Shanghai, with risk transferring to the buyer at that time; and the seller must make a contract of carriage from Shanghai to Southampton.

While the contract will always specify a destination port, it might not specify the port of shipment, which is where risk transfers to the buyer. If the shipment port is of particular interest to the buyer, as it may be, for example, where the buyer wishes to ascertain that the freight element of the price is reasonable, the parties are well advised to identify it as precisely as possible in the contract.

The parties are well advised to identify as precisely as possible the point at the named port of destination, as the costs to that point are for the account of the seller. The seller must make a contract or contracts of carriage that cover the transit of the goods from delivery to the named port or to the agreed point within that port where such a point has been agreed in the contract of sale.

It is possible that carriage is effected through several carriers for different legs of the sea transport, for example, first by a carrier operating a feeder vessel from Hong Kong to Shanghai, and then onto an ocean vessel from Shanghai to Southampton. The question which arises here is whether risk transfers from seller to buyer at Hong Kong or at Shanghai: where does delivery take place? The parties may well have agreed this in the sale contract itself. Where, however, there is no such agreement, the default position is that risk transfers when the goods have been delivered to the first carrier, i.e. Hong Kong, thus increasing the period during which the buyer incurs the risk of loss or damage. Should the parties wish the risk to transfer at a later stage (here, Shanghai) they need to specify this in their contract of sale.

If the seller incurs costs under its contract of carriage related to unloading at the specified point at the port of destination, the seller is not entitled to recover such costs separately from the buyer unless otherwise agreed between the parties.

CFR requires the seller to clear the goods for export, where applicable. However, the seller has no obligation to clear the goods for import or for transit through third countries, to pay any import duty or to carry out any import customs formalities.

## 2.11 CIF – Cost Insurance and Freight

**CIF** (insert named port of destination) Incoterms® 2020

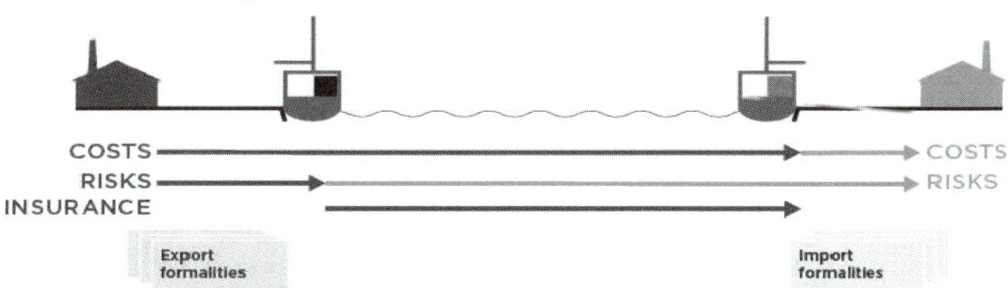

Cost Insurance and Freight means that the seller delivers the goods to the buyer on board the vessel or procures the goods already so delivered. The risk of loss of or damage to the goods transfers when the goods are on board the vessel, such that the seller is taken to have performed its obligation to deliver the goods whether or not the goods actually arrive at their destination in sound condition, in the stated quantity or, indeed, at all.

This rule is to be used only for sea or inland waterway transport. Where more than one mode of transport is to be used, which will commonly be the case where goods are handed over to a carrier at a container terminal, the appropriate rule to use is CIP rather than CIF.

In Incoterms 2020 CIF, two ports are important: the port where the goods are delivered on board the vessel and the port agreed as the destination of the goods. Risk transfers from seller to buyer when the goods are delivered to the buyer by placing them on board the vessel at the shipment port or by procuring the goods already so delivered. However, the seller must contract for the carriage of the goods from delivery to the agreed destination. Thus, for example, goods are placed on board a vessel in Shanghai (which is a port) for carriage to Southampton (also a port). Delivery here happens when the goods are on board in Shanghai, with risk transferring to the buyer at that time: and the seller must make a contract of carriage from Shanghai to Southampton.

While the contract will always specify a destination port, it might not specify the port of shipment, which is where risk transfers to the buyer. If the shipment port is of particular interest to the buyer, as it may be, for example, where the buyer wishes to ascertain that the freight or the insurance element of the price is reasonable, the parties are well advised to identify it as precisely as possible in the contract.

The parties are well advised to identify as precisely as possible the point at the named port of destination, as the costs to that point are for the account of the seller. The seller must make a contract or contracts of carriage that cover the transit of the goods from delivery to the named port or to the agreed point within that port where such a point has been agreed in the contract of sale.

It is possible that carriage is effected through several carries for different legs of the sea transport, for example, first by a carrier operating a feeder vessel from Hong Kong to Shanghai, and then onto an ocean vessel from Shanghai to Southampton. The question which arises here is whether risk transfers from seller to buyer at Hong Kong or at Shanghai: where does delivery take place? The parties may well have agreed this in the sale contract itself. Where, however, there is no such agreement, the default position is that risk transfers when the goods have been delivered to the first carrier, i.e. Hong Kong, thus increasing the period during which the buyer incurs the risk of loss or damage. Should the parties wish the risk to transfer at a later stage (here, Shanghai) they need to specify this in their contract of sale.

The seller must also contract for insurance cover against the buyer's risk of loss of or damage to the goods from the port of shipment to at least the port of destination. This may cause difficulty where the destination country requires insurance cover to be purchased locally: in this case the parties should consider selling and buying under CFR. The buyer should also note that under the Incoterms 2020 CIF rule the seller is required to obtain limited insurance cover complying with Institute Cargo Clauses or similar clauses, rather than with the more extensive cover under Institute Cargo Clauses. It is, however, still open to the parties to agree on a higher level of cover.

If the seller incurs costs under its contract of carriage related to unloading at the specified point at the port of destination, the seller is not entitled to recover such costs separately from the buyer unless otherwise agreed between the parties.

CIF requires the seller to clear the goods for export, where applicable. However, the seller has no obligation to clear the goods for import or for transit through third countries, to pay any import duty or to carry out any import customs formalities.

## 2. United Nations Convention on Contracts for the International Sale of Goods(1980)

# Part I. Sphere of application and general provisions

### CHAPTER 1. SPHERE OF APPLICATION

Article 1

(1) This Convention applies to contracts of sale of goods between parties whose places of business are in different States:

(a) when the States are Contracting States; or

(b) when the rules of private international law lead to the application of the law of a Contracting State.

(2) The fact that the parties have their places of business in different States is to be disregarded whenever this fact does not appear either from the contract or from any dealings between, or from information disclosed by, the parties at any time before or at the conclusion of the contract.

(3) Neither the nationality of the parties nor the civil or commercial character of the parties or of the contract is to be taken into consideration in determining the application of this Convention.

Article 2

This Convention does not apply to sales:

(a) of goods bought for personal, family or household use, unless the seller, at any time before or at the conclusion of the contract, neither knew nor ought to have known that the goods were bought for any such use;

(b) by auction;

(c) on execution or otherwise by authority of law;

(d) of stocks, shares, investment securities, negotiable instruments or money;

(e) of ships, vessels, hovercraft or aircraft;

(f) of electricity.

Article 3

(1) Contracts for the supply of goods to be manufactured or produced are to be considered sales unless the party who orders the goods undertakes to supply a substantial part of the materials necessary for such manufacture or production.

(2) This Convention does not apply to contracts in which the preponderant part of the obligations of the party who furnishes the goods consists in the supply of labour or other services.

Article 4

This Convention governs only the formation of the contract of sale and the rights and obligations of the seller and the buyer arising from such a contract. In particular, except as otherwise expressly provided in this Convention, it is not concerned with:

(a) the validity of the contract or of any of its provisions or of any usage;

(b) the effect which the contract may have on the property in the goods sold.

Article 5

This Convention does not apply to the liability of the seller for death or personal injury caused by the goods to any person.

Article 6

The parties may exclude the application of this Convention or, subject to article 12, derogate from or vary the effect of any of its provisions.

## CHAPTER II. GENERAL PROVISIONS

### Article 7

(1) In the interpretation of this Convention, regard is to be had to its international character and to the need to promote uniformity in its application and the observance of good faith in international trade.

(2) Questions concerning matters governed by this Convention which are not expressly settled in it are to be settled in conformity with the general principles on which it is based or, in the absence of such principles, in conformity with the law applicable by virtue of the rules of private international law.

### Article 8

(1) For the purposes of this Convention statements made by and other conduct of a party are to be interpreted according to his intent where the other party knew or could not have been unaware what that intent was.

(2) If the preceding paragraph is not applicable, statements made by and other conduct of a party are to be interpreted according to the understanding that a reasonable person of the same kind as the other party would have had in the same circumstances.

(3) In determining the intent of a party or the understanding a reasonable person would have had, due consideration is to be given to all relevant circumstances of the case including the negotiations, any practices which the parties have established between themselves, usages and any subsequent conduct of the parties.

### Article 9

(1) The parties are bound by any usage to which they have agreed and by any practices which they have established between themselves.

(2) The parties are considered, unless otherwise agreed, to have impliedly made applicable to their contract or its formation a usage of which the parties knew or ought to have known and which in international trade is widely known to, and regularly observed by, parties to contracts of the type involved in the particular trade concerned.

Article 10

For the purposes of this Convention:

(a) if a party has more than one place of business, the place of business is that which has the closest relationship to the contract and its performance, having regard to the circumstances known to or contemplated by the parties at any time before or at the conclusion of the contract;

(b) if a party does not have a place of business, reference is to be made to his habitual residence.

Article 11

A contract of sale need not be concluded in or evidenced by writing and is not subject to any other requirement as to form. It may be proved by any means, including witnesses.

Article 12

Any provision of article 11, article 29 or Part II of this Convention that allows a contract of sale or its modification or termination by agreement or any offer, acceptance or other indication of intention to be made in any form other than in writing does not apply where any party has his place of business in a Contracting State which has made a declaration under article 96 of this Convention. The parties may not derogate from or vary the effect of this article.

Article 13

For the purposes of this Convention "writing" includes telegram and telex.

## Part II. Formation of the contract

### Article 14

(1) A proposal for concluding a contract addressed to one or more specific persons constitutes an offer if it is sufficiently definite and indicates the intention of the offeror to be bound in case of acceptance. A proposal is sufficiently definite if it indicates the goods and expressly or implicitly fixes or makes provision for determining the quantity and the price.

(2) A proposal other than one addressed to one or more specific persons is to be considered merely as an invitation to make offers, unless the contrary is clearly indicated by the person making the proposal.

### Article 15

(1) An offer becomes effective when it reaches the offeree.

(2) An offer, even if it is irrevocable, may be withdrawn if the withdrawal reaches the offeree before or at the same time as the offer.

### Article 16

(1) Until a contract is concluded an offer may be revoked if the revocation reaches the offeree before he has dispatched an acceptance.

(2) However, an offer cannot be revoked:

(a) if it indicates, whether by stating a fixed time for acceptance or otherwise, that it is irrevocable; or

(b) if it was reasonable for the offeree to rely on the offer as being irrevocable and the offeree has acted in reliance on the offer.

### Article 17

An offer, even if it is irrevocable, is terminated when a rejection reaches the offeror.

Article 18

(1) A statement made by or other conduct of the offeree indicating assent to an offer is an acceptance. Silence or inactivity does not in itself amount to acceptance.

(2) An acceptance of an offer becomes effective at the moment the indication of assent reaches the offeror. An acceptance is not effective if the indication of assent does not reach the offeror within the time he has fixed or, if no time is fixed, within a reasonable time, due account being taken of the circumstances of the transaction, including the rapidity of the means of communication employed by the offeror. An oral offer must be accepted immediately unless the circumstances indicate otherwise.

(3) However, if, by virtue of the offer or as a result of practices which the parties have established between themselves or of usage, the offeree may indicate assent by performing an act, such as one relating to the dispatch of the goods or payment of the price, without notice to the offeror, the acceptance is effective at the moment the act is performed, provided that the act is performed within the period of time laid down in the preceding paragraph.

Article 19

(1) A reply to an offer which purports to be an acceptance but contains additions, limitations or other modifications is a rejection of the offer and constitutes a counter offer.

(2) However, a reply to an offer which purports to be an acceptance but contains additional or different terms which do not materially alter the terms of the offer constitutes an acceptance, unless the offeror, without undue delay, objects orally to the discrepancy or dispatches a notice to that effect. If he does not so object, the terms of the contract are the terms of the offer with the modifications contained in the acceptance.

(3) Additional or different terms relating, among other things, to the price, payment, quality and quantity of the goods, place and time of delivery, extent of one party's liability to the other or the settlement of disputes are considered to alter the terms of the offer materially.

Article 20

(1) A period of time of acceptance fixed by the offeror in a telegram or a letter begins to run from the moment the telegram is handed in for dispatch or from the date shown on the letter or, if no such date is shown, from the date shown on the envelope. A period of time for acceptance fixed by the offeror by telephone, telex or other means of instantaneous communication, begins to run from the moment that the offer reaches the offeree.

(2) Official holidays or non-business days occurring during the period for acceptance are included in calculating the period. However, if a notice of acceptance cannot be delivered at the address of the offeror on the last day of the period because that day falls on an official holiday or a non-business day at the place of business of the offeror, the period is extended until the first business day which follows.

Article 21

(1) A late acceptance is nevertheless effective as an acceptance if without delay the offeror orally so informs the offeree or dispatches a notice to that effect.

(2) If a letter or other writing containing a late acceptance shows that it has been sent in such circumstances that if its transmission had been normal it would have reached the offeror in due time, the late acceptance is effective as an acceptance unless, without delay, the offeror orally informs the offeree that he considers his offer as having lapsed or dispatches a notice to that effect.

**Article 22**

An acceptance may be withdrawn if the withdrawal reaches the offeror before or at the same time as the acceptance would have become effective.

**Article 23**

A contract is concluded at the moment when an acceptance of an offer becomes effective in accordance with the provisions of this Convention.

**Article 24**

For the purposes of this Part of the Convention, an offer, declaration of acceptance or any other indication of intention "reaches" the addressee when it is made orally to him or delivered by any other means to him personally, to his place of business or mailing address or, if he does not have a place of business or mailing address, to his habitual residence.

## Part Ⅲ. Sale of goods

### CHAPTER I. GENERAL PROVISIONS

**Article 25**

A breach of contract committed by one of the parties is fundamental if it results in such detriment to the other party as substantially to deprive him of what he is entitled to expect under the contract, unless the party in breach did not foresee and a reasonable person of the same kind in the same circumstances would not have foreseen such a result.

**Article 26**

A declaration of avoidance of the contract is effective only if made by notice to the other party.

Article 27

Unless otherwise expressly provided in this Part of the Convention, if any notice, request or other communication is given or made by a party in accordance with this Part and by means appropriate in the circumstances, a delay or error in the transmission of the communication or its failure to arrive does not deprive that party of the right to rely on the communication.

Article 28

If, in accordance with the provisions of this Convention, one party is entitled to require performance of any obligation by the other party, a court is not bound to enter a judgement for specific performance unless the court would do so under its own law in respect of similar contracts of sale not governed by this Convention.

Article 29

(1) A contract may be modified or terminated by the mere agreement of the parties.

(2) A contract in writing which contains a provision requiring any modification or termination by agreement to be in writing may not be otherwise modified or terminated by agreement. However, a party may be precluded by his conduct from asserting such a provision to the extent that the other party has relied on that conduct.

## CHAPTER II. OBLIGATIONS OF THE SELLER

Article 30

The seller must deliver the goods, hand over any documents relating to them and transfer the property in the goods, as required by the contract and this Convention.

## Section I. Delivery of the goods and handing over of documents

### Article 31

If the seller is not bound to deliver the goods at any other particular place, his obligation to deliver consists:

(a) if the contract of sale involves carriage of the goods--in handing the goods over to the first carrier for transmission to the buyer;

(b) if, in cases not within the preceding subparagraph, the contract relates to specific goods, or unidentified goods to be drawn from a specific stock or to be manufactured or produced, and at the time of the conclusion of the contract the parties knew that the goods were at, or were to be manufactured or produced at, a particular place--in placing the goods at the buyer's disposal at that place;

(c) in other cases--in placing the goods at the buyer's disposal at the place where the seller had his place of business at the time of the conclusion of the contract.

### Article 32

(1) If the seller, in accordance with the contract or this Convention, hands the goods over to a carrier and if the goods are not dearly identified to the contract by markings on the goods, by shipping documents or otherwise, the seller must give the buyer notice of the consignment specifying the goods.

(2) If the seller is bound to arrange for carriage of the goods, he must make such contracts as are necessary for carriage to the place fixed by means of transportation appropriate in the circumstances and according to the usual terms for such transportation.

(3) If the seller is not bound to effect insurance in respect of the carriage of the goods, he must, at the buyer's request, provide him with all available information necessary to enable him to effect such insurance.

Article 33

The seller must deliver the goods:

(a) if a date is fixed by or determinable from the contract, on that date;

(b) if a period of time is fixed by or determinable from the contract, at any time within that period unless circumstances indicate that the buyer is to choose a date; or

(c) in any other case, within a reasonable time after the conclusion of the contract.

Article 34

If the seller is bound to hand over documents relating to the goods, he must hand them over at the time and place and in the form required by the contract. If the seller has handed over documents before that time, he may, up to that time, cure any lack of conformity in the documents, if the exercise of this right does not cause the buyer unreasonable inconvenience or unreasonable expense. However, the buyer retains any right to claim damages as provided for in this Convention.

## Section II. Conformity of the goods and third party claims

Article 35

(1) The seller must deliver goods which are of the quantity, quality and description required by the contract and which are contained or packaged in the manner required by the contract.

(2) Except where the parties have agreed otherwise, the goods do not conform with the contract unless they:

(a) are fit for the purposes for which goods of the same description would ordinarily be used;

(b) are fit for any particular purpose expressly or impliedly made known to the seller at the time of the conclusion of the contract, except where the circumstances show that the buyer did not rely, or that it was unreasonable for him to rely, on the seller's skill and judgement;

(c) possess the qualities of goods which the seller has held out to the buyer as a sample or model;

(d) are contained or packaged in the manner usual for such goods or, where there is no such manner, in a manner adequate to preserve and protect the goods.

(3) The seller is not liable under subparagraphs (a) to (d) of the preceding paragraph for any lack of conformity of the goods if at the time of the conclusion of the contract the buyer knew or could not have been unaware of such lack of conformity.

### Article 36

(1) The seller is liable in accordance with the contract and this Convention for any lack of conformity which exists at the time when the risk passes to the buyer, even though the lack of conformity becomes apparent only after that time.

(2) The seller is also liable for any lack of conformity which occurs after the time indicated in the preceding paragraph and which is due to a breach of any of his obligations, including a breach of any guarantee that for a period of time the goods will remain fit for their ordinary purpose or for some particular purpose or will retain specified qualities or characteristics.

### Article 37

If the seller has delivered goods before the date for delivery, he may, up to that date, deliver any missing part or make up any deficiency in the quantity of the goods delivered, or deliver goods in replacement of any non-conforming goods delivered or remedy any lack of conformity in the goods delivered, provided that the exercise of this right does not cause the buyer unreasonable inconvenience or unreasonable expense. However, the buyer retains any right to claim damages as provided for in this Convention.

Article 38

(1) The buyer must examine the goods, or cause them to be examined, within as short a period as is practicable in the circumstances.

(2) If the contract involves carriage of the goods, examination may be deferred until after the goods have arrived at their destination.

(3) If the goods are redirected in transit or redispatched by the buyer without a reasonable opportunity for examination by him and at the time of the conclusion of the contract the seller knew or ought to have known of the possibility of such redirection or redispatch, examination may be deferred until after the goods have arrived at the new destination.

Article 39

(1) The buyer loses the right to rely on a lack of conformity of the goods if he does not give notice to the seller specifying the nature of the lack of conformity within a reasonable time after he has discovered it or ought to have discovered it.

(2) In any event, the buyer loses the right to rely on a lack of conformity of the goods if he does not give the seller notice thereof at the latest within a period of two years from the date on which the goods were actually handed over to the buyer, unless this time-limit is inconsistent with a contractual period of guarantee.

Article 40

The seller is not entitled to rely on the provisions of articles 38 and 39 if the lack of conformity relates to facts of which he knew or could not have been unaware and which he did not disclose to the buyer.

Article 41

The seller must deliver goods which are free from any right or claim of a third party, unless the buyer agreed to take the goods subject to that right or claim. However, if such right or claim is based on industrial property or other intellectual property, the seller's obligation is governed by article 42.

Article 42

(1) The seller must deliver goods which are free from any right or claim of a third party based on industrial property or other intellectual property, of which at the time of the conclusion of the contract the seller knew or could not have been unaware, provided that the right or claim is based on industrial property or other intellectual property:

(a) under the law of the State where the goods will be resold or otherwise used, if it was contemplated by the parties at the time of the conclusion of the contract that the goods would be resold or otherwise used in that State; or

(b) in any other case, under the law of the State where the buyer has his place of business.

(2) The obligation of the seller under the preceding paragraph does not extend to cases where:

(a) at the time of the conclusion of the contract the buyer knew or could not have been unaware of the right or claim; or

(b) the right or claim results from the seller's compliance with technical drawings, designs, formulae or other such specifications furnished by the buyer.

Article 43

(1) The buyer loses the right to rely on the provisions of article 41 or article 42 if he does not give notice to the seller specifying the nature of the right or claim of the third party within a reasonable

time after he has become aware or ought to have become aware of the right or claim.

(2) The seller is not entitled to rely on the provisions of the preceding paragraph if he knew of the right or claim of the third party and the nature of it.

Article 44

Notwithstanding the provisions of paragraph (1) of article 39 and paragraph (1) of article 43, the buyer may reduce the price in accordance with article 50 or claim damages, except for loss of profit, if he has a reasonable excuse for his failure to give the required notice.

## Section Ⅲ. Remedies for breach of contract by the seller

Article 45

(1) If the seller fails to perform any of his obligations under the contract or this Convention, the buyer may:

(a) exercise the rights provided in articles 46 to 52;

(b) claim damages as provided in articles 74 to 77.

(2) The buyer is not deprived of any right he may have to claim damages by exercising his right to other remedies.

(3) No period of grace may be granted to the seller by a court or arbitral tribunal when the buyer resorts to a remedy for breach of contract.

Article 46

(1) The buyer may require performance by the seller of his obligations unless the buyer has resorted to a remedy which is inconsistent with this requirement.

(2) If the goods do not conform with the contract, the buyer may require delivery of substitute goods only if the lack of conformity

constitutes a fundamental breach of contract and a request for substitute goods is made either in conjunction with notice given under article 39 or within a reasonable time thereafter.

(3) If the goods do not conform with the contract, the buyer may require the seller to remedy the lack of conformity by repair, unless this is unreasonable having regard to all the circumstances. A request for repair must be made either in conjunction with notice given under article 39 or within a reasonable time thereafter.

Article 47

(1) The buyer may fix an additional period of time of reasonable length for performance by the seller of his obligations.

(2) Unless the buyer has received notice from the seller that he will not perform within the period so fixed, the buyer may not, during that period, resort to any remedy for breach of contract. However, the buyer is not deprived thereby of any right he may have to claim damages for delay in performance.

Article 48

(1) Subject to article 49, the seller may, even after the date for delivery, remedy at his own expense any failure to perform his obligations, if he can do so without unreasonable delay and without causing the buyer unreasonable inconvenience or uncertainty of reimbursement by the seller of expenses advanced by the buyer. However, the buyer retains any right to claim damages as provided for in this Convention.

(2) If the seller requests the buyer to make known whether he will accept performance and the buyer does not comply with the request within a reasonable time, the seller may perform within the time indicated in his request. The buyer may not, during that period of time, resort to any remedy which is inconsistent with performance by the seller.

(3) A notice by the seller that he will perform within a specified period of time is assumed to include a request, under the preceding paragraph, that the buyer make known his decision.

(4) A request or notice by the seller under paragraph (2) or (3) of this article is not effective unless received by the buyer.

Article 49

(1) The buyer may declare the contract avoided:

(a) if the failure by the seller to perform any of his obligations under the contract or this Convention amounts to a fundamental breach of contract; or

(b) in case of non-delivery, if the seller does not deliver the goods within the additional period of time fixed by the buyer in accordance with paragraph (1) of article 47 or declares that he will not deliver within the period so fixed.

(2) However, in cases where the seller has delivered the goods, the buyer loses the right to declare the contract avoided unless he does so:

(a) in respect of late delivery, within a reasonable time after he has become aware that delivery has been made;

(b) in respect of any breach other than late delivery, within a reasonable time:

(i) after he knew or ought to have known of the breach;

(ii) after the expiration of any additional period of time fixed by the buyer in accordance with paragraph (1) of article 47, or after the seller has declared that he will not perform his obligations within such an additional period; or

(iii) after the expiration of any additional period of time indicated by the seller in accordance with paragraph (2) of article 48, or after the buyer has declared that he will not accept performances.

Article 50

If the goods do not conform with the contract and whether or not the price has already been paid, the buyer may reduce the price in the same proportion as the value that the goods actually delivered had at the time of the delivery bears to the value that conforming goods would have had at that time. However, if the seller remedies any failure to perform his obligations in accordance with article 37 or article 48 or if the buyer refuses to accept performance by the seller in accordance with those articles, the buyer may not reduce the price.

### Article 51

(1) If the seller delivers only a part of the goods or if only a part of the goods delivered is in conformity with the contract, articles 46 to 50 apply in respect of the part which is missing or which does not conform.

(2) The buyer may declare the contract avoided in its entirety only if the failure to make delivery completely or in conformity with the contract amounts to a fundamental breach of the contract.

### Article 52

(1) If the seller delivers the goods before the date fixed, the buyer may take delivery or refuse to take delivery.

(2) If the seller delivers a quantity of goods greater than that provided for in the contract, the buyer may take delivery or refuse to take delivery of the excess quantity. If the buyer takes delivery of all or part of the excess quantity, he must pay for it at the contract rate.

## CHAPTER Ⅲ. OBLIGATIONS OF THE BUYER

### Article 53

The buyer must pay the price for the goods and take delivery of them as required by the contract and this Convention.

## Section I. Payment of the price

### Article 54

The buyer's obligation to pay the price includes taking such steps and complying with such formalities as may be required under the contract or any laws and regulations to enable payment to be made.

### Article 55

Where a contract has been validly concluded but does not expressly or implicitly fix or make provision for determining the price, the parties are considered, in the absence of any indication to the contrary, to have impliedly made reference to the price generally charged at the time of the conclusion of the contract for such goods sold under comparable circumstances in the trade concerned.

### Article 56

If the price is fixed according to the weight of the goods, in case of doubt it is to be determined by the net weight.

### Article 57

(1) If the buyer is not bound to pay the price at any other particular place, he must pay it to the seller:

(a) at the seller's place of business; or

(b) if the payment is to be made against the handing over of the goods or of documents, at the place where the handing over takes place.

(2) The seller must bear any increase in the expenses incidental to payment which is caused by a change in his place of business subsequent to the conclusion of the contract.

### Article 58

(1) If the buyer is not bound to pay the price at any other specific

time he must pay it when the seller places either the goods or documents controlling their disposition at the buyer's disposal in accordance with the contract and this Convention. The seller may make such payment a condition for handing over the goods or documents.

(2) If the contract involves carriage of the goods, the seller may dispatch the goods on terms whereby the goods, or documents controlling their disposition, will not be handed over to the buyer except against payment of the price.

(3) The buyer is not bound to pay the price until he has had an opportunity to examine the goods, unless the procedures for delivery or payment agreed upon by the parties are inconsistent with his having such an opportunity.

### Article 59

The buyer must pay the price on the date fixed by or determinable from the contract and this Convention without the need for any request or compliance with any formality on the part of the seller.

## Section II. Taking delivery

### Article 60

The buyer's obligation to take delivery consists:

(a) in doing all the acts which could reasonably be expected of him in order to enable the seller to make delivery; and

(b) in taking over the goods.

## Section Ⅲ. Remedies for breach of contract by the buyer

### Article 61

(1) If the buyer fails to perform any of his obligations under the contract or this Convention, the seller may:

(a) exercise the rights provided in articles 62 to 65;

(b) claim damages as provided in articles 74 to 77.

(2) The seller is not deprived of any right he may have to claim damages by exercising his right to other remedies.

(3) No period of grace may be granted to the buyer by a court or arbitral tribunal when the seller resorts to a remedy for breach of contract.

### Article 62

The seller may require the buyer to pay the price, take delivery or perform his other obligations, unless the seller has resorted to a remedy which is inconsistent with this requirement.

### Article 63

(1) The seller may fix an additional period of time of reasonable length for performance by the buyer of his obligations.

(2) Unless the seller has received notice from the buyer that he will not perform within the period so fixed, the seller may not, during that period, resort to any remedy for breach of contract. However, the seller is not deprived thereby of any right he may have to claim damages for delay in performance.

### Article 64

(1) The seller may declare the contract avoided:

(a) if the failure by the buyer to perform any of his obligations under the contract or this Convention amounts to a fundamental breach of contract; or

(b) if the buyer does not, within the additional period of time fixed by the seller in accordance with paragraph (1) of article 63, perform his obligation to pay the price or take delivery of the goods, or if he declares that he will not do so within the period so fixed;

(2) However, in cases where the buyer has paid the price, the seller

loses the right to declare the contract avoided unless he does so:

(a) in respect of late performance by the buyer, before the seller has become aware that performance has been rendered; or

(b) in respect of any breach other than late performance by the buyer, within a reasonable time:

(i) after the seller knew or ought to have known of the breach; or

(ii) after the expiration of any additional period of time fixed by the seller in accordance with paragraph (1) of article 63, or after the buyer has declared that he will not perform his obligations within such an additional period.

### Article 65

(1) If under the contract the buyer is to specify the form, measurement or other features of the goods and he fails to make such specification either on the date agreed upon or within a reasonable time after receipt of a request from the seller, the seller may, without prejudice to any other rights he may have, make the specification himself in accordance with the requirements of the buyer that may be known to him.

(2) If the seller makes the specification himself, he must inform the buyer of the details thereof and must fix a reasonable time within which the buyer may make a different specification. If, after receipt of such a communication, the buyer fails to do so within the time so fixed, the specification made by the seller is binding.

## CHAPTER Ⅳ. PASSING OF RISK

### Article 66

Loss of or damage to the goods after the risk has passed to the buyer does not discharge him from his obligation to pay the price, unless the loss or damage is due to an act or omission of the seller.

Article 67

(1) If the contract of sale involves carriage of the goods and the seller is not bound to hand them over at a particular place, the risk passes to the buyer when the goods are handed over to the first carrier for transmission to the buyer in accordance with the contract of sale. If the seller is bound to hand the goods over to a carrier at a particular place, the risk does not pass to the buyer until the goods are handed over to the carrier at that place. The fact that the seller is authorized to retain documents controlling the disposition of the goods does not affect the passage of the risk.

(2) Nevertheless, the risk does not pass to the buyer until the goods are clearly identified to the contract, whether by markings on the goods, by shipping documents, by notice given to the buyer or otherwise.

Article 68

The risk in respect of goods sold in transit passes to the buyer from the time of the conclusion of the contract. However, if the circumstances so indicate, the risk is assumed by the buyer from the time the goods were handed over to the carrier who issued the documents embodying the contract of carriage. Nevertheless, if at the time of the conclusion of the contract of sale the seller knew or ought to have known that the goods had been lost or damaged and did not disclose this to the buyer, the loss or damage is at the risk of the seller.

Article 69

(1) In cases not within articles 67 and 68, the risk passes to the buyer when he takes over the goods or, if he does not do so in due time, from the time when the goods are placed at his disposal and he commits a breach of contract by failing to take delivery.

(2) However, if the buyer is bound to take over the goods at a place other than a place of business of the seller, the risk passes when delivery is due and the buyer is aware of the fact that the goods are

placed at his disposal at that place.

(3) If the contract relates to goods not then identified, the goods are considered not to be placed at the disposal of the buyer until they are clearly identified to the contract.

### Article 70

If the seller has committed a fundamental breach of contract, articles 67, 68 and 69 do not impair the remedies available to the buyer on account of the breach.

## CHAPTER V. PROVISIONS COMMON TO THE OBLIGATIONS OF THE SELLER AND OF THE BUYER

## Section I. Anticipatory breach and instalment contracts

### Article 71

(1) A party may suspend the performance of his obligations if, after the conclusion of the contract, it becomes apparent that the other party will not perform a substantial part of his obligations as a result of:

(a) a serious deficiency in his ability of perform or in his creditworthiness; or

(b) his conduct in preparing to perform or in performing the contract.

(2) If the seller has already dispatched the goods before the grounds described in the preceding paragraph become evident, he may prevent the handing over of the goods to the buyer even though the buyer holds a document which entitles him to obtain them. The present paragraph relates only to the rights in the goods as between the buyer and the seller.

(3) A party suspending performance, whether before or after dispatch

of the goods, must immediately give notice of the suspension to the other party and must continue with performance if the other party provides adequate assurance of his performance.

Article 72

(1) If prior to the date for performance of the contract it is clear that one of the parties will commit a fundamental breach of contract, the other party may declare the contract avoided.

(2) If time allows, the party intending to declare the contract avoided must give reasonable notice to the other party in order to permit him to provide adequate assurance of his performance.

(3) The requirements of the preceding paragraph do not apply if the other party has declared that he will not perform his obligations.

Article 73

(1) In the case of a contract for delivery of goods by instalments, if the failure of one party to perform any of his obligations in respect of any instalment constitutes a fundamental breach of contract with respect to that instalment, the other party may declare the contract avoided with respect to that instalment.

(2) If one party's failure to perform any of his obligations in respect of any instalment gives the other party good grounds to conclude that a fundamental breach of contract will occur with respect to future installments, he may declare the contract avoided for the future, provided that he does so within a reasonable time.

(3) A buyer who declares the contract avoided in respect of any delivery may, at the same time, declare it avoided in respect of deliveries already made or of future deliveries if, by reason of their interdependence, those deliveries could not be used for the purpose contemplated by the parties at the time of the conclusion of the contract.

## Section II. Damages

### Article 74

Damages for breach of contract by one party consist of a sum equal to the loss, including loss of profit, suffered by the other party as a consequence of the breach. Such damages may not exceed the loss which the party in breach foresaw or ought to have foreseen at the time of the conclusion of the contract, in the light of the facts and matters of which he then knew or ought to have known, as a possible consequence of the breach of contract.

### Article 75

If the contract is avoided and if, in a reasonable manner and within a reasonable time after avoidance, the buyer has bought goods in replacement or the seller has resold the goods, the party claiming damages may recover the difference between the contract price and the price in the substitute transaction as well as any further damages recoverable under article 74.

### Article 76

(1) If the contract is avoided and there is a current price for the goods, the party claiming damages may, if he has not made a purchase or resale under article 75, recover the difference between the price fixed by the contract and the current price at the time of avoidance as well as any further damages recoverable under article 74. If, however, the party claiming damages has avoided the contract after taking over the goods, the current price at the time of such taking over shall be applied instead of the current price at the time of avoidance.

(2) For the purposes of the preceding paragraph, the current price is the price prevailing at the place where delivery of the goods should have been made or, if there is no current price at that place, the price at such other place as serves as a reasonable substitute, making due

allowance for differences in the cost of transporting the goods.

**Article 77**

A party who relies on a breach of contract must take such measures as are reasonable in the circumstances to mitigate the loss, including loss of profit, resulting from the breach. If he fails to take such measures, the party in breach may claim a reduction in the damages in the amount by which the loss should have been mitigated.

## Section Ⅲ. Interest

**Article 78**

If a party fails to pay the price or any other sum that is in arrears, the other party is entitled to interest on it, without prejudice to any claim for damages recoverable under article 74.

## Section IV. Exemption

**Article 79**

(1) A party is not liable for a failure to perform any of his obligations if he proves that the failure was due to an impediment beyond his control and that he could not reasonably be expected to have taken the impediment into account at the time of the conclusion of the contract or to have avoided or overcome it or its consequences.

(2) If the party's failure is due to the failure by a third person whom he has engaged to perform the whole or a part of the contract, that party is exempt from liability only if:

(a) he is exempt under the preceding paragraph; and

(b) the person whom he has so engaged would be so exempt if the provisions of that paragraph were applied to him.

(3) The exemption provided by this article has effect for the period during which the impediment exists.

(4) The party who fails to perform must give notice to the other party of the impediment and its effect on his ability to perform. If the notice is not received by the other party within a reasonable time after the party who fails to perform knew or ought to have known of the impediment, he is liable for damages resulting from such nonreceipt.

(5) Nothing in this article prevents either party from exercising any right other than to claim damages under this Convention.

### Article 80

A party may not rely on a failure of the other party to perform, to the extent that such failure was caused by the first party's act or omission.

## Section V. Effects of avoidance

### Article 81

(1) Avoidance of the contract releases both parties from their obligations under it, subject to any damages which may be due. Avoidance does not affect any provision of the contract for the settlement of disputes or any other provision of the contract governing the rights and obligations of the parties consequent upon the avoidance of the contract.

(2) A party who has performed the contract either wholly or in part may claim restitution from the other party of whatever the first party has supplied or paid under the contract. If both parties are bound to make restitution, they must do so concurrently.

### Article 82

(1) The buyer loses the right to declare the contract avoided or to require the seller to deliver substitute goods if it is impossible for him

to make restitution of the goods substantially in the condition in which he received them.

(2) The preceding paragraph does not apply:

(a) if the impossibility of making restitution of the goods or of making restitution of the goods substantially in the condition in which the buyer received them is not due to his act or omission;

(b) the goods or part of the goods have perished or deteriorated as a result of the examination provided for in article 38; or

(c) if the goods or part of the goods have been sold in the normal course of business or have been consumed or transformed by the buyer in the course of normal use before he discovered or ought to have discovered the lack of conformity.

Article 83

A buyer who has lost the right to declare the contract avoided or to require the seller to deliver substitute goods in accordance with article 82 retains all other remedies under the contract and this Convention.

Article 84

(1) If the seller is bound to refund the price, he must also pay interest on it, from the date on which the price was paid.

(2) The buyer must account to the seller for all benefits which he has derived from the goods or part of them:

(a) if he must make restitution of the goods or part of them; or

(b) if it is impossible for him to make restitution of all or part of the goods or to make restitution of all or part of the goods substantially in the condition in which he received them, but he has nevertheless declared the contract avoided or required the seller to deliver substitute goods.

## Section Ⅵ. Preservation of the goods

### Article 85

If the buyer is in delay in taking delivery of the goods or, where payment of the price and delivery of the goods are to be made concurrently, if he fails to pay the price, and the seller is either in possession of the goods or otherwise able to control their disposition, the seller must take such steps as are reasonable in the circumstances to preserve them. He is entitled to retain them until he has been reimbursed his reasonable expenses by the buyer.

### Article 86

(1) If the buyer has received the goods and intends to exercise any right under the contract or this Convention to reject them, he must take such steps to preserve them as are reasonable in the circumstances. He is entitled to retain them until he has been reimbursed his reasonable expenses by the seller.

(2) If goods dispatched to the buyer have been placed at his disposal at their destination and he exercises the right to reject them, he must take possession of them on behalf of the seller, provided that this can be done without payment of the price and without unreasonable inconvenience or unreasonable expense. This provision does not apply if the seller or a person authorized to take charge of the goods on his behalf is present at the destination. If the buyer takes possession of the goods under this paragraph, his rights and obligations are governed by the preceding paragraph.

### Article 87

A party who is bound to take steps to preserve the goods may deposit them in a warehouse of a third person at the expense of the other party provided that the expense incurred is not unreasonable.

**Article 88**

(1) A party who is bound to preserve the goods in accordance with article 85 or 86 may sell them by any appropriate means if there has been an unreasonable delay by the other party in taking possession of the goods or in taking them back or in paying the price or the cost of preservation, provided that reasonable notice of the intention to sell has been given to the other party.

(2) If the goods are subject to rapid deterioration or their preservation would involve unreasonable expense, a party who is bound to preserve the goods in accordance with article 85 or 86 must take reasonable measures to sell them. To the extent possible he must give notice to the other party of his intention to sell.

(3) A party selling the goods has the right to retain out of the proceeds of sale an amount equal to the reasonable expenses of preserving the goods and of selling them. He must account to the other party for the balance.

## Part Ⅳ. Final provisions

**Article 89**

The Secretary-General of the United Nations is hereby designated as the depositary for this Convention.

**Article 90**

This Convention does not prevail over any international agreement which has already been or may be entered into and which contains provisions concerning the matters governed by this Convention, provided that the parties have their places of business in States parties, to such agreement.

Article 91

(1) This Convention is open for signature at the concluding meeting of the United Nations Conference on Contracts for the International Sale of Goods and will remain open for signature by all States at the Headquarters of the United Nations, New York until 30 September 1981.

(2) This Convention is subject to ratification, acceptance or approval by the signatory States.

(3) This Convention is open for accession by all States which are not signatory States as from the date it is open for signature.

(4) Instruments of ratification, acceptance, approval and accession are to be deposited with the Secretary-General of the United Nations.

Article 92

(1) A Contracting State may declare at the time of signature, ratification, acceptance, approval or accession that it will not be bound by Part II of this Convention or that it will not be bound by Part III of this Convention.

(2) A Contracting State which makes a declaration in accordance with the preceding paragraph in respect of Part II or Part III of this Convention is not to be considered a Contracting State within paragraph (1) of article 1 of this Convention in respect of matters governed by the Part to which the declaration applies.

Article 93

(1) If a Contracting State has two or more territorial units in which, according to its constitution, different systems of law are applicable in relation to the matters dealt with in this Convention, it may, at the time of signature, ratification, acceptance, approval or accession, declare that this Convention is to extend to all its territorial units or only to one or more of them, and may amend its declaration by submitting another declaration at any time.

(2) These declarations are to be notified to the depositary and are to state expressly the territorial units to which the Convention extends.

(3) If, by virtue of a declaration under this article, this Convention extends to one or more but not all of the territorial units of a Contracting State, and if the place of business of a party is located in that State, this place of business, for the purposes of this Convention, is considered not to be in a Contracting State, unless it is in a territorial unit to which the Convention extends.

(4) If a Contracting State makes no declaration under paragraph (1) of this article, the Convention is to extend to all territorial units of that State.

Article 94

(1) Two or more Contracting States which have the same or closely related legal rules on matters governed by this Convention may at any time declare that the Convention is not to apply to contracts of sale or to their formation where the parties have their places of business in those States. Such declarations may be made jointly or by reciprocal unilateral declarations.

(2) A Contracting State which has the same or closely related legal rules on matters governed by this Convention as one or more non-Contracting States may at any time declare that the Convention is not to apply to contracts of sale or to their formation where the parties have their places of business in those States.

(3) If a State which is the object of a declaration under the preceding paragraph subsequently becomes a Contracting State, the declaration made will, as from the date on which the Convention enters into force in respect of the new Contracting State, have the effect of a declaration made under paragraph (1), provided that the new Contracting State joins in such declaration or makes a reciprocal unilateral declaration.

Article 95

Any State may declare at the time of the deposit of its instrument of ratification, acceptance, approval or accession that it will not be bound by subparagraph (1) (b) of article 1 of this Convention.

Article 96

A Contracting State whose legislation requires contracts of sale to be concluded in or evidenced by writing may at any time make a declaration in accordance with article 12 that any provision of article 11, article 29, or Part II of this Convention, that allows a contract of sale or its modification or termination by agreement or any offer, acceptance, or other indication of intention to be made in any form other than in writing, does not apply where any party has his place of business in that State.

Article 97

(1) Declarations made under this Convention at the time of signature are subject to confirmation upon ratification, acceptance or approval.

(2) Declarations and confirmations of declarations are to be in writing and be formally notified to the depositary.

(3) A declaration takes effect simultaneously with the entry into force of this Convention in respect of the State concerned. However, a declaration of which the depositary receives formal notification after such entry into force takes effect on the first day of the month following the expiration of six months after the date of its receipt by the depositary. Reciprocal unilateral declarations under article 94 take effect on the first day of the month following the expiration of six months after the receipt of the latest declaration by the depositary.

(4) Any State which makes a declaration under this Convention may withdraw it at any time by a formal notification in writing addressed to the depositary. Such withdrawal is to take effect on the first day of

the month following the expiration of six months after the date of the receipt of the notification by the depositary.

(5) A withdrawal of a declaration made under article 94 renders inoperative, as from the date on which the withdrawal takes effect, any reciprocal declaration made by another State under that article.

Article 98

No reservations are permitted except those expressly authorized in this Convention.

Article 99

(1) This Convention enters into force, subject to the provisions of paragraph (6) of this article, on the first day of the month following the expiration of twelve months after the date of deposit of the tenth instrument of ratification, acceptance, approval or accession, including an instrument which contains a declaration made under article 92.

(2) When a State ratifies, accepts, approves or accedes to this Convention after the deposit of the tenth instrument of ratification, acceptance, approval or accession, this Convention, with the exception of the Part excluded, enters into force in respect of that State, subject to the provisions of paragraph (6) of this article, on the first day of the month following the expiration of twelve months after the date of the deposit of its instrument of ratification, acceptance, approval or accession.

(3) A State which ratifies, accepts, approves or accedes to this Convention and is a party to either or both the Convention relating to a Uniform Law on the Formation of Contracts for the International Sale of Goods done at The Hague on 1 July 1964 (1964 Hague Formation Convention) and the Convention relating to a Uniform Law on the International Sale of Goods done at The Hague on 1 July 1964 (1964 Hague Sales Convention) shall at the same time denounce, as the

case may be, either or both the 1964 Hague Sales Convention and the 1964 Hague Formation Convention by notifying the Government of the Netherlands to that effect.

(4) A State party to the 1964 Hague Sales Convention which ratifies, accepts, approves or accedes to the present Convention and declares or has declared under article 92 that it will not be bound by Part II of this Convention shall at the time of ratification, acceptance, approval or accession denounce the 1964 Hague Sales Convention by notifying the Government of the Netherlands to that effect.

(5) A State party to the 1964 Hague Formation Convention which ratifies, accepts, approves or accedes to the present Convention and declares or has declared under article 92 that it will not be bound by Part III of this Convention shall at the time of ratification, acceptance, approval or accession denounce the 1964 Hague Formation Convention by notifying the Government of the Netherlands to that effect.

(6) For the purpose of this article, ratifications, acceptances, approvals and accessions in respect of this Convention by States parties to the 1964 Hague Formation Convention or to the 1964 Hague Sales Convention shall not be effective until such denunciations as may be required on the part of those States in respect of the latter two Conventions have themselves become effective. The depositary of this Convention shall consult with the Government of the Netherlands, as the depositary of the 1964 Conventions, so as to ensure necessary co-ordination in this respect.

Article 100

(1) This Convention applies to the formation of a contract only when the proposal for concluding the contract is made on or after the date when the Convention enters into force in respect of the Contracting States referred to in subparagraph (1) (a) or the Contracting State referred to in subparagraph (1) (b) of article 1.

(2) This Convention applies only to contracts concluded on or after the date when the Convention enters into force in respect of the Contracting States referred to in subparagraph (1)(a) or the Contracting State referred to in subparagraph (1)(b) of article 1.

Article 101

(1) A Contracting State may denounce this Convention, or Part II or Part III of the Convention, by a formal notification in writing addressed to the depositary.

(2) The denunciation takes effect on the first day of the month following the expiration of twelve months after the notification is received by the depositary. Where a longer period for the denunciation to take effect is specified in the notification, the denunciation takes effect upon the expiration of such longer period after the notification is received by the depositary.

DONE at Vienna, this day of eleventh day of April, one thousand nine hundred and eighty, in a single original, of which the Arabic, Chinese, English, French, Russian and Spanish texts are equally authentic.

IN WITNESS WHEREOF the undersigned plenipotentiaries, being duly authorized by their respective Governments, have signed this Convention.

## 3. 무역영어 검정시험(1급) 무역실무(2019. 12. 1)

**01.** 승낙의 효력발생에 관한 국제물품매매계약에 관한 유엔협약(CISG)의 규정으로 옳지 않은 것은?

① 서신의 경우 승낙기간의 기산일은 지정된 일자 또는 일자의 지정이 없는 경우에는 봉투에 기재된 일자로부터 기산한다.

② 승낙이 승낙기간 내에 청약자에게 도달하지 아니하면 그 효력이 발생하지 아니한다.

③ 구두청약에 대해서는 특별한 사정이 없는 한, 즉시 승낙이 이루어져야 한다.

④ 지연된 승낙의 경우 청약자가 이를 인정한다는 뜻을 피청약자에게 통지하더라도 그 효력이 발생하지 아니한다.

**02.** 다음 무역계약에 대한 설명 중 옳지 않은 것은?

① 협의의 무역계약은 국제물품매매계약이라고 볼 수 있으며 이외의 기타 계약을 포함하면 광의의 무역계약이 된다.

② 매도인과 매수인간에 오랜 거래관계를 가지고 있는 경우에는 case by case contract보다는 master contract가 바람직하다.

③ 미국의 계약법 리스테이트먼트는 기존판례들을 약술하여 정리한 것이다.

④ 양도승인에 의한 인도에는 점유개정, 간이인도, 목적물 반환청구권의 양도가 있다.

**03.** 신용장 개설 시 유의사항에 대한 설명으로 옳지 않은 것은?

① 수익자, 개설의뢰인의 회사명 등은 약어를 사용하지 않는 것이 좋다.

② 신용장은 명시적으로 'Transferable'이라고 표시된 경우에 한해 양도될 수 있다.

③ 선적기일, 유효기일 및 서류제시기일 표기 시 해석상 오해의 소지가 없도록 월(month) 표시는 문자로 하지 않는 것이 좋다.

④ 신용장 금액 앞에 'about', 'approximately' 또는 이와 유사한 표현이 있는 경우 10% 이내에서 과부족을 인정한다.

**04.** 추심결제방식에 대한 설명으로 옳지 않은 것은?

① 은행을 통해 환어음을 수입상에게 제시하여 대금을 회수한다.
② D/P(Documents against Payment) 방식과 D/A(Documents against Acceptance) 방식이 있다.
③ URC522(Uniform Rules for Collection 522)이 적용되며 은행은 이에 따라 서류를 심사할 의무를 부담한다.
④ 신용장 거래에 비해 은행수수료가 낮다.

**05.** EXW 조건과 FCA 조건의 차이를 설명한 것 중 옳은 것은?

| | 매도인이 운송수단에 적재하여 인도할 의무 | 매도인의 수출통관 의무 |
|---|---|---|
| ㉠ | EXW, FCA | EXW, FCA |
| ㉡ | EXW, FCA | FCA |
| ㉢ | FCA | EXW, FCA |
| ㉣ | FCA | FCA |

① ㉠ ② ㉡ ③ ㉢ ④ ㉣

**06.** 신용장의 조건변경 시 유의사항으로 옳지 않은 것은?

① 사소한 분쟁을 사전에 예방하기 위하여 수익자는 조건변경에 대해 수락하거나 거절한다는 의사표시를 명시적으로 하는 것이 좋다.
② 수익자는 여러 개의 조건변경이 포함된 하나의 조건변경통지서에서의 일부의 조건만 선택적으로 수락할 수 있다.
③ 수익자가 조건변경에 대한 승낙 또는 거절의 통고를 해야 하지만 그런 통고를 하지 않은 경우, 신용장 및 아직 승낙되지 않은 조건변경에 일치하는 제시는 수익자가 그러한 조건변경에 대하여 승낙의 통고를 행하는 것으로 본다.
④ 조건변경을 통지하는 은행은 조건변경을 송부해 온 은행에게 승낙 또는 거절의 모든 통고를 하여야 한다.

**07.** 해상운송장(Sea Waybill)에 대한 설명으로 옳지 못한 것은?

① 해상운송계약을 증빙하는 서류로 운송회사의 화물수령증이라는 점에서 선하증권(B/L)과 같은 기능을 한다.

② 해상운송장(Sea Waybill)이 유통불능이라는 점에서 기명식 선하증권(straight B/L)과 유사하다.

③ 해상운송장(Sea Waybill)은 제3자 양도가 불가능하다.

④ 수하인이 화물수령을 위해 해상운송장(Sea Waybill) 원본을 운송회사에 제출해야 한다.

**08.** 제3자 개입에 의한 무역클레임 해결방법에 대한 설명으로 옳지 않은 것은?

① 조정안에 대하여 당사자가 수락할 의무는 없으며 어느 일방이 조정안에 불만이 있는 경우에는 조정으로는 분쟁이 해결되지 못한다.

② 알선은 형식적 절차를 거치며, 성공하는 경우 당사자간에 비밀이 보장되고 거래관계를 계속 유지할 수 있다.

③ 중재는 양 당사자가 계약체결 시나 클레임이 제기된 후에 이 클레임을 중재로 해결할 것을 합의하는 것이 필요하다.

④ 소송은 사법협정이 체결되어 있지 않는 한, 소송에 의한 판결은 외국에서의 승인 및 집행이 보장되지 않는다.

**09.** 신용장의 양도와 관련된 설명으로 옳지 않은 것은?

① 분할양도는 분할선적이 허용된 경우에만 가능하다.

② 양도취급 가능은행은 원신용장에 지급, 인수, 매입은행이 지정된 경우에 그 은행이 양도은행이 된다.

③ 양도는 1회에 한해서만 허용된다.

④ 양수인이 원수익자에게 양도환원(transfer back)하는 경우는 허용되지 않는다.

**10.** 다음은 청약의 취소(revocation)와 철회(withdrawal)에 대한 설명이다. (　　)안에 들어갈 내용이 옳게 나열된 것은?

( a )가 청약의 효력발생 후 효력을 소멸시키는 반면, ( b )는 청약의 효력이 발생되기 전에 그 효력을 중지시키는 것이다. 비록 청약이 ( c )이라도 청약의 의사 표시가 상대방에 도달하기 전에 또는 도달과 동시에 ( d )의 의사표시가 피청약자에게 ( e )한/된 때에는 ( d ) 가 가능하다.

| | a. | b. | c. | d. | e. |
|---|---|---|---|---|---|
| ① | 청약의 취소 | 청약의 철회 | 취소불능 | 철회 | 도달 |
| ② | 청약의 철회 | 청약의 취소 | 철회불능 | 취소 | 도달 |
| ③ | 청약의 취소 | 청약의 철회 | 취소불능 | 철회 | 발송 |
| ④ | 청약의 철회 | 청약의 취소 | 철회불능 | 취소 | 발송 |

**11.** 환어음의 임의기재사항으로 옳지 않은 것은?

① 환어음의 번호

② 지급인의 명칭

③ 환어음의 발행매수 표시

④ 신용장 또는 계약서 번호

**12.** 우리나라에서 유럽대륙, 스칸디나비아반도 및 중동 간을 연결하는 시베리아횡단철도 복합운송 경로로 옳은 것은?

① SLB

② ALB

③ Mini Land Bridge

④ Interior Point Intermodal

**13.** 신용장통일규칙(UCP 600)에서 규정하고 있는 선하증권의 수리요건으로 볼 수 없는 것은?

① 운송인의 명칭과 운송인, 선장 또는 지정 대리인이 서명한 것

② 화물의 본선적재가 인쇄된 문언으로 명시되어 있거나 본선 적재부기가 있는 것

③ 신용장에 지정된 선적항과 양륙항을 명시한 것

④ 용선계약에 따른다는 명시가 있는 것

**14.** 화물, 화주, 장소를 불문하고 운송거리를 기준으로 일률적으로 운임을 책정하는 방식은?

① Ad Valorem Freight ② Minimum Rate

③ Discrimination Rate ④ Freight All Kinds Rate

**15.** 해상보험에 대한 설명 중 옳지 않은 것은?

① 해상위험은 항해에 기인하거나 항해에 부수하여 발생되는 사고를 말한다.

② 해상손해는 피보험자가 해상위험으로 인해 보험의 목적인 선박, 적하 등에 입는 재산상의 불이익을 말하며 물적손해, 비용손해, 책임손해가 포함된다.

③ 추정전손은 보험목적물을 보험자에게 정당하게 위부함으로써 성립되며, 만약 위부(abandonment)를 하지 않을 경우 이는 현실전손으로 처리될 수 있다.

④ 적하보험에서 사용되고 있는 ICC(B)와 ICC(C)에서는 열거책임주의 원칙을 택하고 있다.

**16.** 국제팩토링결제에 관한 설명으로 옳지 않은 것은?

① 수출팩터가 전도금융을 제공함으로써 효율적으로 운전자금을 조달할 수 있다.

② 수출자는 대금회수에 대한 위험부담 없이 수입업자와 무신용장 거래를 할 수 있다.

③ 국제팩토링결제는 L/C 및 추심방식에 비해 실무절차가 복잡하다.

④ 팩터가 회계업무를 대행함으로써 수출채권과 관련한 회계장부를 정리해 준다.

**17.** ICC(C)조건의 담보위험에 해당되지 않는 것은?

① 공동해손희생 ② 화재, 폭발

③ 갑판 유실 ④ 육상운송 용구의 전복, 탈선

**18.** 인코텀즈(Incoterms) 2010에 관한 내용 중 옳지 않은 것은?

① FCA의 경우 Buyer가 자신을 위하여 지정된 도착지까지 적하보험에 부

보한다.

② CPT의 경우 Buyer가 자신을 위하여 지정된 도착지까지 적하보험에 부보한다.

③ CIP의 경우 Buyer가 자신을 위하여 지정된 도착지까지 적하보험에 부보한다.

④ CIF의 경우 Seller가 buyer를 위하여 도착항까지 적하보험에 부보한다.

**19.** 최저운임으로 한 건의 화물운송에 적용할 수 있는 가장 적은 운임을 의미하는 것은?

① minimum charge
② normal rate
③ quantity rate
④ chargeable weight

**20.** 신용장에서 송장(invoice)을 요구하는 경우 수리되지 않는 송장(invoice) 명칭으로 옳은 것은?

① commercial invoice
② final invoice
③ proforma invoice
④ tax invoice

**21.** 선하증권의 법적 성질에 대한 설명으로 옳지 않은 것은?

① 선하증권은 실정법에 규정된 법정기재사항을 갖추어야 유효하므로 요식증권이다.

② 선하증권은 화물수령이라는 원인이 있어야 발행하는 것이기 때문에 요인증권이다.

③ 선하증권은 권리의 내용이 증권상의 문언에 의하여 결정되기 때문에 유가증권이다.

④ 선하증권은 배서나 인도에 의하여 권리가 이전되기 때문에 유통증권이다.

**22.** 해상보험의 주요 용어 및 내용에 대한 설명으로 옳지 않은 것은?

① amount insured는 보험금액으로 사고 발생 시 보험자가 보상하는 최고 한도액이 된다.

② insurable value는 피보험목적물의 평가액이다.

③ under insurance는 보험가액보다 보험금액이 적은 경우로 둘 간의 비

율에 따라 보상한다.

④ 담보는 명시담보와 묵시담보로 구분되는데 감항성 담보는 명시담보에 해당된다.

**23.** 신용장통일규칙(UCP600) 서류심사의 기준에 대한 설명으로 옳지 않은 것은?

① 은행은 서류의 제시일을 포함하여 최장 5은행영업일동안 서류를 심사한다.

② 운송서류는 선적일 후 21일보다 늦지 않게 제시되어야 하고 신용장 유효기일 이전에 제시되어야 한다.

③ 일치하는 제시는 신용장, 국제표준은행관행, UCP 600에 따라 제시된 서류를 말한다.

④ 서류 발행자에 대한 내용을 명시하지 않은 채로 운송서류, 보험서류, 또는 상업송장 이외의 서류가 요구된다면 은행은 제시된 대로 수리한다.

**24.** 보험계약의 법적 성질에 대한 내용으로 옳지 않은 것은?

① bilateral contact : 보험계약당사자 쌍방이 계약상의 의무를 부담한다.

② consensual contract : 당사자 간의 의사표시의 합치만으로 계약이 성립하며 그 의사표시에 특별한 방식이 필요하지 않다.

③ remunerative contract : 보험자는 계약상 합의된 방법과 범위에서 피보험자의 손해를 보상할 것을 확약하는 대가로 보험료를 수취한다.

④ formal contract : 보험증권이 발행되어야만 해상보험계약이 성립한다는 것으로 보험계약 당사자 간의 정해진 계약방식이 필요하다.

**25.** 국제물품매매계약에 관한 유엔협약(CISG)에 따라 수입상이 계약의무를 위반한 수출상에게 원래 물품을 대체할 대체물의 인도를 청구하려고 한다. 이에 대한 내용으로 옳지 않은 것은?

① 매수인이 매도인의 계약위반에 대해서 대체물을 청구한다면 발생한 손해에 대해서는 배상을 청구할 권리가 없다.

② 매도인의 계약위반이 본질적인 계약위반에 해당할 때에만 매수인이 대체물의 인도를 청구할 수 있다.

③ 매수인이 물품을 수령했으나 계약에 부적합한 인도가 있었고 수령한 상태와 동등한 상태로 물품을 반환할 수 있어야만 매도인은 대체물을 청구할 수 있다.

④ 매수인은 물품이 계약에 부적합하다는 사실에 대해 매도인에게 통지해야 하며 이 통지와 동시에 또는 그 후 합리적인 기간 안에 대체물을 청구해야 한다.

**정답**

1. ④ 2. ② 3. ③ 4. ③ 5. ④ 6. ② 7. ④ 8. ② 9. ④ 10. ①
11. ② 12. ① 13. ④ 14. ④ 15. ③ 16. ③ 17. ③ 18. ③ 19. ① 20. ③
21. ③ 22. ④ 23. ① 24. ④ 25. ①, ③

## 4. 무역영어 검정시험(2급) 무역실무 (2019. 12. 1)

**01.** 다음 내용은 어떤 종류의 신용장 설명인가?

| 국가간의 무역불균형을 해소할 목적으로 수출상이 물품을 선적한 후 수출대금을 직접 지급받는 것이 아니라 이를 특별계정에 두었다가 수입상으로부터 다른 물품을 수입할 때의 결제대금으로만 사용할 수 있도록 지정한 신용장이다. |
|---|

① 회전신용장　② 선대신용장
③ 동시개설신용장　④ 기탁신용장

**02.** 무역거래에서 사용되는 수량에 대한 개념 중 용적에 대한 단위로 옳게 짝시은 것은?

① cubic meter, barrel, yard　② cubic feet, liter, super feet
③ cubic meter, meter, case　④ TEU, square foot, liter

**03.** 청약의 유형에 대한 설명으로 옳지 않은 것은?

① 확정청약은 확정적이라는 표현과 함께 청약의 유효기간을 명시하는 취소불능 청약이다.
② 확인조건부 청약은 피청약자가 청약내용을 승낙하여도 청약자가 최종적으로 청약내용을 재확인하여야 계약이 성립하는 청약이다.
③ 견본승인조건부 청약은 시험용 견본을 함께 송부하여 피청약자가 견본을 점검해 본 후 승낙 여부를 결정하는 것이다.
④ 잔고조건부 청약은 일정기간동안 판매하고 남은 상품은 매도인에게 반품하는 것을 조건으로 하는 청약이다.

**04.** 부정기선 운송의 특성으로 옳지 않은 것은?

① 화주와 운송인이 계약 방식에 의해 개별적으로 운항방식을 결정한다.
② 소수 화주(주로 1인)의 동종 · 동질의 대량 원자재 및 산화물(석탄, 철광석, 원목 등)을 대상으로 한다.

③ 사전에 공표된 화물별 운임(tariff rate)을 적용한다.
④ 개별 화주(용선자)와 운송인이 항해단위로, 운송시마다 계약조건이 다른 용선계약서(Charter Party)를 사용한다.

**05.** 화환신용장에서의 보험증권에 대한 설명으로 옳지 않은 것은?
① B/L에 기재된 상품의 위험을 담보할 것
② 보험금 청구권이 은행으로 양도되어 있을 것
③ 최저부보금액으로 신용장금액의 110%를 부보할 것
④ 부보일자가 B/L상의 선적일자 이후일 것

**06.** 신용장거래 시 상업송장에 대한 설명으로 옳지 않은 것은?
① L/C 개설의뢰인 앞으로 발행되어야 한다.
② L/C상의 물품명세와 동일하여야 한다.
③ 꼭 서명될 필요는 없다.
④ 반드시 매수인이 매도인 앞으로 발행하여야 한다.

**07.** 청약에 대한 설명 중 옳지 않은 것은?
① 청약이 취소불능인 경우 거절의 통지가 피청약자에게 도달하는 경우에는 효력을 상실한다.
② 청약은 피청약자에게 도달하였을 때 효력이 발생하고 취소불능이라도 청약과 동시에 철회가 도달하는 경우에는 철회될 수 있다.
③ 구두청약도 가능하지만 오해의 소지를 방지하기 위해 청약서를 작성하여 서면으로 하는 것이 바람직하다.
④ 반대청약은 피청약자가 청약의 조건을 변경, 추가 또는 제한하여 제안하는 청약으로 기존청약에 대한 거절에 해당된다.

**08.** 수출업자 입장에서 본 국제팩토링의 효용으로 옳지 않은 것은?
① 신용장이나 D/A, D/P 방식에 비해 실무상의 절차가 간단하다.
② 수출팩터를 통해서 수입업자의 신용상태를 사전에 파악할 수 있다.
③ 수출팩터의 지급보증과 수입업자에 대한 신용파악으로 과감하게 신규

거래를 시도할 수 있다.

④ 수출대금의 회수를 수입팩터가 보증하므로 수출하더라도 대금회수불능의 위험이 거의 없다.

**09.** 대외무역법상 수출입 품목관리를 위한 제도에 대한 설명으로 옳지 않은 것은?

① 대외무역법은 수출입 품목관리 체계에서 자유무역을 원칙으로 한다.

② 수출입공고에는 산업통상자원부장관이 정한 수출입물품에 대한 승인, 허가, 금지 등에 관한 사항을 공고하고 있다.

③ 수출입공고는 자유무역을 증진하기 위해 Positive System을 채택하고 있다.

④ 대외무역법 외의 법령에 의한 품목별 수출입절차는 통합공고를 통해 공고하고 있다.

**10.** 운송 중 컨테이너를 개폐할 필요가 없어서 안전성, 신속성을 최대한 달성할 수 있는 가장 효율적인 운송 형태는?

① CY/CY운송　② CFS/CFS운송
③ CY/CFS운송　④ CFS/CY운송

**11.** 무역계약 체결 시 계약 대상물품이 선박, 항공기인 경우 품질을 결정하는데 가장 바람직한 방법은?

① 규격매매　② 상표매매
③ 명세서매매　④ 표준품매매

**12.** 매수인이 운송인을 지정할 의무가 있는 인코텀즈(Incoterms) 2010 조건은?

① CIP　② CIF
③ FCA　④ DDP

**13.** 다음 중 환어음의 인지세를 부담하지 않기 위해 사용하는 동시지급방식으로 옳은 것은?

① CWO　② COD
③ CAD　④ D/P

14. 청약과 승낙에 대한 설명으로 옳지 않은 것은?

① 승낙은 Mirror Image Rule이 적용된다.
② 확정청약은 승낙기간이 명시되며, 그 기간 내에 취소될 수 있다.
③ counter offer는 청약에 대한 rejection일 뿐만 아니라, offeree에 의한 새로운 청약으로 간주된다.
④ 상대방의 거절이나 반대청약에 의하여 청약은 그 효력을 상실한다.

15. 해상운송장과 선하증권을 비교 설명한 것으로 옳지 않은 것은?

| 구분 | | 해상운송장(SWB) | 선하증권(B/L) |
|---|---|---|---|
| ㉠ | 인도 | 수하인이라는 증명만으로 물품인도 | 정당하게 배서된 B/L의 소지인에게 B/L원본과 상환을 조건으로 물품인도 |
| ㉡ | 유통성 | 유통불능 | 유통가능 |
| ㉢ | 유가 증권성 | 유가증권 | 단순한 화물수취증이므로 유가증권이 아님 |
| ㉣ | 서류 양식 | 이면약관을 생략한 약식 또는 이면 백지식 | 이면약관이 기재된 통일된 양식사용(약식 또는 이면 백지식도 가능) |

① ㉠ ② ㉡
③ ㉢ ④ ㉣

16. Factoring 거래와 Forfaiting 거래를 비교한 설명으로 옳지 않은 것은?

| 구분 | 항목 | Factoring | Forfaiting |
|---|---|---|---|
| ㉠ | 금액 | 주로 거액 (100만불 이상) | 주로 소액 (30만불 미만) |
| ㉡ | 외상기간 | 단기 | 장기 |
| ㉢ | 소구권 | with Recourse / without Recourse 둘 다 가능하나 기본적으로 without Recourse | without Recourse만 인정 |
| ㉣ | 금리 | 제한 없음 | 고정금리로만 할인 |

① ㉠ ② ㉡
③ ㉢ ④ ㉣

**17.** 국제상사중재에 대한 설명 중 옳지 않은 것은?

① 분쟁 당사자 간에 합의가 있어야 중재로 분쟁을 해결할 수 있다.
② 중재인은 판사와 같은 위치를 가짐으로써 증인 및 감정인의 출석을 명령할 수 있다.
③ 중재는 단심제로서, 내려진 중재판정 결과에 대하여 항소할 수 없다.
④ 뉴욕협약의 체약국 간에는 중재판정의 승인 및 집행이 가능하다.

**18.** 협회적하보험 ICC(A), ICC(B), ICC(C)의 약관상 공통으로 규정되어 있는 일반면책위험으로만 묶은 것은?

① 지연, 통상의 파손
② 자연소모, 쥐 혹은 벌레
③ 포장의 불완전, 통상의 누손
④ 상품고유의 하자, 기관손해

**19.** 선하증권(B/L)과 항공운송장(AWB)이 모두 가지는 기능으로 옳은 것은?

① 운송계약증거 기능
② 화물권리증서 기능
③ 지시·유통 증권성
④ 물권적 효력

**20.** 해상보험에서 보험계약 상 보험자의 최고보상한도가 되는 용어로 옳은 것은?

① 보험가액
② 보험금
③ 보험금액
④ 보험료

**21.** CIF조건에서 양당사자 간에 아무런 보험관련 약정이 없었다면 어떤 조건으로 보험을 부보하면 되는가?

① ICC(A) 또는 FPA
② ICC(B) 또는 WA
③ ICC(C) 또는 FPA
④ ICC(C) 또는 WA

**22.** 다음 중 보증신용장에 대한 설명으로 부적절한 것은?

① 순수한 금융서비스나 용역계약 등에 대한 입찰, 이행 등의 지급을 보증하는 형태로 사용한다.
② 상품의 수출입에 관한 대금지급을 보증하기 위해 사용한다.
③ 선적서류의 제공을 요구하지 않는다.
④ 신용장통일규칙을 적용할 수 있다.

**23.** 다음 해운동맹의 운영수단 중 성격이 다른 하나를 고르시오.

① 운임협정 ② 공동운항
③ 투쟁선 ④ 충성환불제

**24.** 부가위험담보조건에 대한 설명으로 부적절한 것은?

① TPND (Theft, Pilferage and Non-Delivery): 도난, 발화, 불착 위험
② RFWD (Rain and/or Fresh Water Damage): 우담수손
③ COOC (Contact with Oil and/or Other Cargo): 유류 및/또는 타화물과의 접촉위험
④ Denting and/or Bending: 혼합위험

**25.** 다음 결제조건의 분류가 부적절한 것은?

① 선지급 - CWO, red clause L/C
② 동시지급 - COD, CAD
③ 후지급 - D/A, D/P
④ 지급방식 - remittance, collection, L/C

**정답**

1. ④ 2. ② 3. ④ 4. ③ 5. ④ 6. ④ 7. ① 8. ④ 9. ③ 10. ①
11. ③ 12. ③ 13. ③ 14. ② 15. ③ 16. ① 17. ② 18. ③ 19. ① 20. ③
21. ③ 22. ② 23. ④ 24. ④ 25. ③

# 참고문헌

## 1. 국내문헌


강원진, 무역계약론, 박영사, 2009.
______, 무역결제론, 박영사, 2004.
김영훈, 무역실무에센스, 서울경제경영, 2009.
대한상공회의소 편집부, 인코텀즈 2020, 대한상공회의소, 2019.
대한상공회의소·전국은행연합회, UCP600 공식번역 및 해설서, 대한상공회의소, 2007.
박대위, 무역실무, 법문사, 2000.
박명섭·한낙현, 무역계약 이론과 실무, 우용출판사, 2006.
이시환·김광수, Incoterms 2010, 두남, 2010.
이용근, 무역계약론, 법문사, 1994.
서정두, 2010년 개정인코텀즈, 청목출판사, 2011.
신황호·박명섭·송계의, 무역계약론, 동성사, 2000.
오원석, 무역계약론, 삼영사, 1994.
______, 무역계약과 결제, 삼영사, 2007.
오원석·하강헌, 국제물품매매법, 박영사, 2004.
채진익, 국제무역계약, 두남, 2004.
한국무역협회 무역아카데미, 무역계약, 한국무역협회 경남지부, 2005.
한주섭 외 2인, 최신국제상사중재론, 동성사, 1997.
허재창, 종합무역실무연습, 박영사, 2001.
______, 무역실무, VISION미디어, 2001.


## 2. 외국문헌


大隈一武, 國際契約法入門, ㈱中央經濟社, 1996.
新堀聡, 國際統一賣買法, 同文館, 1991.

______, 貿易取引入門, 日本経済新聞社, 1992.
______, 現代貿易賣買, 同文館, 2001.
______, 實戰貿易取引, 日本経済新聞社, 1998.
東京銀行시스템부・TRI, 貿易と信用狀, 実業之日本社, 1996.
中村弘, 貿易契約の基礎, 東洋経済新報社, 1983.
斎藤祥男, 実践貿易実務, 世界書院, 1984.
上坂西三, 貿易契約, 東洋經濟新報社, 1960.
浜谷源蔵, 最新貿易実務, 同文館, 1993.

A. G. Guest, Anson's Law of Contract, Oxford, 1984.
ICC, Guide to export-Import Basics, ICC Publishing S. A., 2003.
___, Incoterms 2020, ICC Publishing S.A., 2019.
Jan Ramberg, ICC Guide to Incoterms 2010, ICC Publishing S. A., 2011.

# 찾아보기

## 저자약력

부산대학교 상과대학 무역학과(경제학사)
부산대학교 대학원 무역학과(경제학 석사)
부산대학교 대학원 무역학과(경제학 박사)
일본 와세다대학 대학원 상학연구과 수학(일본문부성 초청)
캐나다 University of British Columbia Law School 방문교수
관세사 무역영어시험 출제위원
한국무역협회 연수원 강사
현) 경상대학교 경영대학 국제통상학과 교수
http://nongae.gsnu.ac.kr/~jchuh/


**[저서]**

「무역일본어」, VISION미디어, 2000.
「해상보험론」, 아카데미프레스, 2013.
「Jump 무역영어」, 삼영사, 2014.
「Master 무역영어」, 삼영사, 2014.
「Top 3 국제무역법규」, 삼영사, 2016.
「관세사 무역영어 FINAL CHECK」, 삼영사, 2016.
「무역학개론(3판)」, 박영사, 2018.
「Essence 무역영어(2판)」, 삼영사, 2020.


**무역계약론 [제3판]**

2011년 8월 30일 1판 1쇄 발행
2018년 7월 20일 2판 1쇄 발행
2020년 8월 20일 3판 1쇄 발행

저 자 허 새 창
발행인 김 광 식
조 판 아 람 기 획

07285
발행처 서울특별시 영등포구 선유로3길 10, 617호
도서출판 탑 북 스
등 록 2009.12.21 제2016-000101호
전 화 02)365-2223 팩스 02)365-2224



ⓒ 2020, 허재창



정가 20,000 원

ISBN 979-11-90247-15-3-93320



이 책의 무단전재 또는 복제행위는 著作權法 제136조에 의거, 5년 이하의 징역 또는 5,000만원 이하의 벌금에 처하게 됩니다.

# 무역학의 이해

송채헌 · 김민호 · 이동렬 · 하현수 · 최경숙

Understanding of International Trade

탑북스

# 머 리 말

21세기의 세계는 "하나의 통일된 시장"을 목표로 WTO(World Trade Organization, 세계무역기구)를 중심으로 한 다자간 자유무역주의의 흐름속에서 FTA와 같은 지역무역협정을 통한 경제통합이 빠르게 확대되고 있다. 이러한 자유무역체제 속에서 더 이상 어느 나라의 기업, 국경 등은 경제적으로 그 의미가 점차 약해지고 있는 것이다.

시장이 개방됨에 따라 우리는 그동안 접하기 힘들었던 상품을 수입할 수 있게 되었고, 제품가의 하락은 더 많은 수요층을 창출하였다. 그러나 기업들의 경쟁이 치열해지면서 세계 전체 또는 다국적기업들을 상대로 싸워 살아남아야만 하는 큰 과제가 생기기도 하였다.

이러한 세계경제의 흐름속에서 무역의 중요성은 더욱 커지고, 세계 각국들은 무역확대를 통한 국익의 추구가 더욱 절실하게 되었다. 우리나라 역시 무역의존도가 높은 국가로서 무역을 발전시키기 위한 여러 가지 인프라 확보가 절대적이다. 그 중 무엇보다 무역에 필요한 비용과 시간을 줄이고 효율성을 높일 수 있기 위해서는 국제무역을 담당할 글로벌 무역인재를 육성하는 등 인적 인프라를 확충하는 일은 매우 절실하다.

이 교재는 무역에 관심을 가진 학생이나 일반인 등 미래의 글로벌 무역인재 양성을 위한 개론서이다. 이 책은 무역에 관한 전반적인 기초지식을 제공하고 무역이라는 학문을 보다 쉽게 이해할 수 있도록 자세한 설명보다 비교적 쉬운 개념위주로 집필하였다.

무역학은 무역상무·국제경영·국제경제부문이 혼합된 종합적 학문으로써 이 책은 총 3부 14장으로 구성되어 있다.

제1부는 무역상무(실무)부문으로서 수출·입에 관한 전반적인 과정 및 내용을 담고 있다. 대부분의 다른 책들은 무역이론을 다룬 경제부문을 앞서 다루고

있으나 본서는 무역상무·국제경영·국제경제부문 중 특히 무역상무부문을 중점으로 저술한 바 학생들이 비교적 어렵다고 느끼는 경제부문을 뒷 부분으로 배치하였다. 제2부은 국제경영부문으로서 폭넓은 경영분야 중 특히 무역에 관련한 부문만을 발췌·서술하였다. 국제경영부문에서는 글로벌 기업의 탄생배경 및 경영환경, 해외시장진입전략, 그리고 글로벌 기업의 마케팅·재무·인사전략 등을 다루었다. 제3부에서는 국제경제부문으로서 고전적·현대적 무역이론들을 비롯해 세계무역질서의 흐름 및 국제무역정책, 국제수지 그리고 국제통화제도 등을 서술하고 있다.

이 책을 통하여 무역학을 처음 접하는 많은 학생 및 일반인이 무역에 대한 관심과 흥미를 갖게 하고 이해를 도울 수 있다면, 큰 보람을 느낄 수 있을 것이다.

무더운 여름 본 교재의 저술을 위해 함께 애써 주신 교수님들과 대학원생에게 감사의 마음을 전하며, 끝으로 이 책의 출판을 위해 애써주신 도서출판 탑북스 김광식 대표님께 감사드린다.

2010년 7월

연구실에서 대표 저자

# 차 례

# 제1부 무역상무

## 제1장 국제무역의 개관



## 제2장 국제무역의 시작

## 제3장 무역계약과 수출입통관

# 제4장 국제운송과 보험



# 제5장 무역대금의 회수와 분쟁의 해결

## 제6장 인터넷과 무역

# 제2부 국제경영

## 제7장 글로벌 기업의 탄생



## 제8장 해외시장 진입전략

## 제9장 글로벌 마케팅 전략



## 제10장 글로벌 재무·인사 전략

# 제3부 국제경제

## 제11장 국제무역이론



## 제12장 국제무역정책

## 제13장 세계무역질서



## 제14장 국제수지 및 국제통화제도

제 1 부

# 무역상무

# 1 제1장 국제무역의 개관

# 제1절 국제무역의 개념

## 1. 무역의 일반적 개념

오늘날 사람들은 무역을 'International Trade'라고 하고, '貿易'이라고도 한다. 그러나 근래에 들어서는 대부분 통상(通商)이라는 말로 무역을 대신한다. 'Trade'의 의미는 발자취 또는 항로를 뜻하는 'trace'에서 유래되었으며 '貿易'이라는 말은 중국 史記의 "以物相貿易"이라는 말에서 비롯되었다고 한다. 비록 무역에 관한 용어들의 각각의 유래들이 이처럼 서로 다르다 하더라도 모두 항로나 자국을 쫓아 상품을 매매하거나 교환하는 것을 의미함으로 무역이 국가간 상품의 교환 또는 매매를 의미하는 데는 이견이 없다. 따라서 무역을 간단하게 정의하면 국가간 상품과 서비스의 교환이나 매매를 전제로 발생하는 국제상거래다.

## 2. 무역관계법상 무역의 개념

### 1) 대외무역법

대외무역법 제2조(정의)에 의하면 무역이라 함은 무역거래자에 의하여 물품[1)]과 대통령령이 정하는 용역[2)] 또는 전자적 형태의 무체

1) "물품"이란 외국환거래법에서 정하는 지급수단, 증권 및 채권을 화체(化體)한 서류 이외의 동산을 말한다(대외무역법 제2조 2호).

2) "대통령령이 정하는 용역"이라 함은 다음의 하나에 해당하는 용역을 말한다.(대외무역법 시행령 제2조의 3) 경영상담업, 법무관련 서비스업, 회계 및 세무관련 서비스업, 엔지니어링 서비스업, 디자인, 컴퓨터시스템 설계 및 자문업, 문화산업진흥기본법 제2

물[3](이하 "물품 등"이라 한다)의 수출 · 수입을 말한다.

## 2) 관세법

관세법에서 직접적으로 무역을 정의한 조항은 없다. 그러나 무역거래의 주체는 대외무역법 시행령 제3조, 제4조에 명시되어 있는 것처럼 상대방이 내국인이든 또는 외국인이든 그리고 본 · 지점간이든 관계없이 수출과 수입을 통하여 무역이 성립하므로 관세법 하에서 무역이란 관세선(customs line)을 기준으로 성립하는 물품의 수출입을 의미한다.

---

소제1호의 규정에 의한 문화산업, 그리고 지식기반용역 등 수출유망산업으로서 산업자원부장관이 정하여 고시하는 업종 그리고 국내의 법령 또는 대한민국이 당사자인 조약에 의하여 보호되는 특허권, 실용신안권, 의장권, 상표권, 저작권, 저작인접권, 프로그램저작권, 반도체직접회로의 배치설계권의 양도, 전용실시권의 설정 또는 통상실시권의 허락을 말한다.

3) "전자적 형태의 무체물"이라 함은 다음의 하나에 해당하는 것을 말한다. 소프트웨어, 영상물(영화, 게임, 애니메이션, 만화, 캐릭터 등), 음향 · 음성물, 전자서적, 데이터베이스.

# 제2절 국제무역의 형태

국제무역의 거래하는 거래주체, 무역대상, 유통경로 및 거래방법 등에 의해서 여러 가지 형태로 분류할 수 있다.

## 1. 거래주체에 따른 분류

### 1) 민간무역과 국영무역

민간무역(private trade)은 무역거래를 담당하는 주체가 민간기업인 경우이고, 국영무역(state trade)은 정부인 경우를 말한다. 국제무역에 있어서 민간무역은 거래의 성격상 순수하게 민간기업에 의해서만 이루어지는 것이 아니고 때로는 정부의 수출입정책이나 기타 경제여건의 변화에 따라 통제를 받는 경우도 있다. 그리고 국영무역의 형태로 대외거래가 이루어지는 경우는 과거 사회주의 국가에서 흔히 볼 수 있으며, 자본주의 국가에서는 비상사태에 직면하거나 혹은 국가가 필요하다고 인정하는 경우에만 국영무역을 하고 있다.

### 2) 자유무역과 보호무역

국제무역은 정부의 간섭정도에 따라 자유무역과 보호무역으로 구분된다.

자유무역(free trade)은 국가 간에 상품, 용역, 자본의 자유로운 유출 · 입을 보장하는 무역을 말한다. 자유무역원칙에서는 인위적으로 무역을 통제하는 것이 자원의 최적배분을 왜곡시킴으로써 비효율적이라는 개념을 기본으로 하고 있다. 자유무역은 19세기에 영국을 중심으로 이루어졌으며 현재 WTO체제를 중심으로 자유무역이 추진되고 있다.

반면 보호무역(protective trade)은 국가가 자국의 산업을 유치 또는 보호할 목적으로 무역거래에 간섭 또는 통제하는 경우를 말한다. 보호무역은 19세기 후반에 미국과 독일에서 자국의 유치산업을 보호·육성하기 위해 채택된 이래 오늘날 전반적인 자유무역의 대세 속에서도 보호무역주의는 병존하고 있다.

### 3) 남북무역과 동서무역

무역거래가 선진국과 개발도상국 간이냐, 또는 자본주의 국가와 사회주의 국가 간이냐에 따라 남북무역과 동서무역으로 구분된다.

남북무역(north-south trade)은 주로 남쪽에 편중되어 있는 개발도상국과 주로 북쪽에 편중되어 있는 선진국 간에 이루어지는 무역을 말한다. 이러한 남북문제는 제2차 세계대전 이후 주로 남반구에 위치하고 있는 식민지 국가들이 독립을 하면서 그들의 천연자원 내지는 1차산품을 선진국에 싼값으로 공급해 왔으나 이들 경제는 답보상태를 면하지 못하였고 선진공업국과의 경제적 격차가 더욱 확대되면서 나타난 것이다.

동서무역(east-west trade)은 주로 과거 동유럽권의 사회주의 국가와 서유럽권의 자본주의 국가 간에 이루어지는 무역을 말한다. 현재 이러한 동서라는 용어의 시칭은 무역에만 국한되는 것이 아니라 자본주의와 사회주의 간에 나타나는 정치·경제 등의 전반적인 문제를 동서문제(east-west problems)라고 한다.

## 2. 무역대상에 다른 분류

### 1) 유형무역과 무형무역

거래되는 무역대상을 눈으로 볼 수 있느냐, 없느냐에 따른 분류로서 유형무역(visible trade)은 우리의 육안으로 확인할 수 있는 상품의 무역을 말한다. 따라서 상품거래상 반드시 세관의 통관절차를 거치게 됨으로써 그 상품의 수리상황이 무역통계에 표시된다.

무형무역(invisible trade)은 상품으로서의 형태가 없으며 노동 · 자본 등의 생산요소와 용역의 거래를 의미한다. 따라서 그 성격상 세관의 통관절차가 필요 없으며 그 거래의 수지상황이 무역통계에 표시되지도 않는다. 그러나 무형무역이라 하더라도 국제수지에는 영향을 주는 것이기 때문에 국제수지표상에는 계상된다.

### 2) 수평무역과 수직무역

국제무역은 거래되는 상품의 생산단계에 따라 수평무역과 수직무역으로 구분된다.

수평무역(horizontal trade)은 상품의 생산단계가 같거나 유사한 상품간의 무역으로 공산품 상호간의 무역이나 1차 상품 상호간의 경쟁적인 무역을 수평무역이라고 하며, 주로 소득수준, 기술수준, 산업구조 등이 비슷한 국가 간에 이루어지는 무역이다. 오늘날 선진국 간의 무역은 대부분 수평무역의 형태를 띠고 있다.

수직무역(vertical trade)은 생산단계가 서로 다른 상품 간에 이루어지는 것으로서, 예를 들어 공산품과 1차 상품 간의 무역, 경공업제품과 중공업제품 간의 무역 등이 이에 해당된다. 이러한 수직무역은 생산요소 부존량, 기술수준 등의 차이가 있을 때 이루어지는 무역형태로 경제발전 정도가 서로 다른 선진국과 개발도상국 간에 주로 이루어지는 무역이다.

### 3) 기술무역과 플랜트무역

무역거래의 형태가 다양해짐에 따라 전형적인 상품무역과는 다른 특수한 무역형태로 기술무역과 플랜트무역이 있다.

기술무역(technology trade)은 기술의 국제적 이전을 무역이라는 관점에서 본 것으로 어떤 특정기업이 소유하고 있는 특허권(patent licence), 상표권(brand name), 의장권(design licence), 기타의 소유권 및 노하우(know-how) 등을 제공하거나 그에 대한 사용권을 외국 기업에 허가하고 그 대가로 로열티(royalty)를 받는 무역을 말한다. 최근에는 기술이나 노하우 등이 하나의 독립된 상품으로서 거래되는 경향이 있으며 그 비중이 또한 증대되고 있다.

플랜트무역(plant trade)은 각종 공장가동을 위한 중요설비, 부품, 기술 등을 일괄매매 하는 것으로 공장이나 기타 산업설비의 설계, 건설 그리고 초기운영까지 끝난 단계에서 그것을 현지인이 직접 담당 운영할 수 있도록 넘겨주는 턴키오퍼레이션(turn-key operation)형태의 무역을 말한다. 오늘날 플랜트무역은 자금의 거대화, 기술의 고도화, 시공기간의 장기화 등으로 인하여 설비와 기술이 함께 이루어지는 종합형태의 무역이라고 볼 수 있다.

## 3. 유통경로에 따른 분류

### 1) 수출무역과 수입무역

국제무역의 가장 일반적인 형태로 한 국가를 기준으로 상품의 이동방향에 따라 구분되는 방법이다. 상품이나 서비스가 국내에서 국외로 유출되는 경우를 수출무역(export trade) 또는 간략히 수출(export)

이라 하고, 반대로 국외로부터 국내로 유입되는 경우를 수입무역(import trade) 또는 간략히 수입(import)이라고 한다.

### 2) 직접무역과 간접무역

상품의 거래가 당사자 간에 직접적으로 이루어지느냐 아니면 제3자가 개입되어서 간접적으로 행해지느냐의 차이에 따른 구분으로서 직접무역과 간접무역으로 구분된다.

직접무역(direct trade)은 수출입 국가의 무역당사자들이 직접 상품의 매매계약을 체결하여 거래가 이루어지는 경우를 말한다. 한편 간접무역(indirect trade)은 수출입거래 당사자 간에 직접적으로 무역이 이루어지는 것이 아니라 제3자 또는 제3국의 무역중개상이 개입하여 거래가 이루어지는 형태를 말한다.

### 3) 중개무역과 중계무역

제3자의 중개에 의하여 이루어지는 간접무역은 제3자의 역할과 기능에 따라 중개무역과 중계무역으로 구분된다.

중개무역(merchandising trade)은 거래상대국 간에 매매계약이 직접 체결되지 않고 제3국의 중개업가가 개입하여 계약이 체결되는 무역거래를 말한다. 이때 일반적인 거래방식으로서는 먼저 물품이 수출업자로부터 직접 수입업자에게 송부되고 수출업자는 중개업자로부터 상품대금결제를 받고 수입업자는 중개업자에게 대금을 지불하게 하여 매매차익을 얻는 것이 보통이다. 그러나 수출업자가 직접 수입업자로부터 대금을 회수하고 제3국의 중개상은 수출업자로부터 수수료만을 받는 경우도 있다.

중계무역(intermediary trade)은 외국으로부터 상품을 수입하여 그것을 일부 가공하거나 또는 원형 그대로 제3국으로 재수출하여 일정한 무역차익을 얻는 무역거래이다. 이는 일종의 재수출과 같은 형태라고 할 수 있는데 홍콩이나 싱가포르가 중계무역을 하는 대표적인 국가라 할 수 있다.

### 4) 통과무역과 스위치무역

통과무역(transit trade)은 수출되는 상품이 수출국으로부터 수입국으로 이동되는 중 제3국을 부득이 통과하는 경우에 제3국의 입장에서 본 무역의 형태이다. 통과지역의 제3국은 상품의 통과시 수반되는 취급 수수료, 운임, 보험료, 하역료 등을 취득하게 되고 통과세의 부과도 가능하였으나 현재 WTO의 GATT규정(제5조 제3항)에 의하여 통과세를 징수하지 않고 있다. 통과무역의 대표적인 국가로서는 네덜란드를 들 수 있다.

스위치무역(switch trade)은 수출입계약이나 수출입상품의 이동이 거래당사자 간에 직접 이루어지고 단지 대금결제만이 제3국의 상인을 통해 간접적으로 이루어지는 무역형태를 말한다.

## 4. 거래방법에 따른 분류

### 1) 가공무역과 수탁가공무역

가공 내용과 방법에 따른 구분으로 가공무역(processing trade)은 외화가득을 목적으로 외국으로부터 원자재의 일부 또는 전부를 수입하여 가공한 후 이를 다시 외국에 수출하는 것을 말한다. 이러한 가공무역을 일반가공무역이라고도 말하는데, 원료를 수출한 국가로 재수출하는 경우를 능동적 가공무역(active processing trade)이라고 하고 가공제품을 원료수출국이 아닌 제3국에 수출하는 경우 통과적 가공무역(transit processing trade)이라고 한다. 반대로 원료를 외국에 수출하여 가공시킨 후, 이를 다시 수입하는 가공무역을 수동적 가공무역(passive processing trade)이라고 말한다.

수탁가공무역(processing trade on consignment)은 거래상대방으로부터 위탁을 받고 원자재를 가공하여 거래상대방 또는 그가 지정하는 자에게 수출하고 그 대가로서 가득액(가공임, 운임, 보험료, 창고료, 이자 등)을 지불받는 거래형태이다. 이러한 수탁가공무역은 그 원자재 수입을 유상으로 하느냐, 무상으로 하느냐에 따라 유환수탁가공무역과 무환수탁가공무역으로 구분된다.

### 2) 구상무역과 삼각무역

무역거래에 있어서 그 대금결제방식을 이용하여 수출입의 무역균형을 유지시키고자 하는 방법에 따른 구분이다. 구상무역(compensation or barter trade)은 수출입 상품의 대금을 그에 상응하는 수입 또는 수출로 대신하는 방식의 무역을 말한다. 이와 같은 형태의 무역은 무역 당사국간의 무역불균형을 시정할 목적으로 조약이나 협정에 의해서 무역거래가 이루어진다. 이러한 구상무역은 무역거래에 대한 대금결제시 화폐개입이 있느냐 또는 없느냐에 따라 유환구상무역과 무환구상무역으로 구분된다. 유환구상무역은 수출과 수입대금을 실제로 지급하지만 동일한 금액에 해당하는 상품을 반대급부로 수입 또는 수출을 해줄 것을 요구하는 거래이고, 무환구상무역은 무역 당사국간에 수출입 대금을 상호지급하지 않고 수출입 상품대금에 상응하는 상품을 수출 또는 수입하는 경우로 물물교환과 같은 형태를 말한다.

삼각무역(triangular trade)은 2국 간의 무역수지가 일치하기 어렵거나 한 국가의 초과수입이 발생하여 대금지급에 문제가 발생할 경우에 초과 수입국과 어떤 특수관계가 있는 제3국을 개입시켜 3개국 간 국제수지 의 균형을 이루려는 형태의 무역을 말한다. 예를 들어 A국이 B국에 대하여 초과 수입이 발생할 경우 B국에 대한 초과 수입국이 C국을 개입시켜 C국이 A국에 대해 일정한 액수의 수입을 하게 하여 A국과 B국의 무역은 불균형이지만 3국 전체를 보면 무역균형이 이루어지게 된다.

# 제3절 국제무역의 절차

## 1. 수출절차

### 1) 계약체결을 위한 준비

- 수출마케팅조사(Export marketing research)를 통한 시장진출여부 결정
- 거래상대방(수입상)물색, 신용조사
- 거래제의(Business proposal), 거래조회(trade inquiry)

### 2) 수출계약의 성립

- selling offer, counter offer, acceptance → sales contract
- 매매계약서 작성

### 3) 수출계약의 이행

- 신용장내도, 수출승인, 무역금융, 내국신용장
- 수출물품 제조
- 운송계약의 체결
- 해상적하보험계약의 체결
- 수출통관 및 선적
- 수출대금의 회수

### 4) 계약 종료 및 클레임

- 관세환급
- 수출대금 미회수 등이 발생하는 경우 클레임(claim) 제기

## 2. 수입절차

### 1) 계약체결을 위한 준비

- 수입마케팅조사(Import marketing research)를 통한 진출시장 결정
- 거래상대방(수출상)물색, 신용조사

### 2) 수입계약의 성립

- buying offer, counter offer, acceptance → sales contract
- 매매계약서 작성

### 3) 수입계약의 이행

- 수입승인
- 수입신용장개설
- 운송 및 해상적하보험계약의 체결
- 선적서류의 내도 및 대금결제
- 수입통관

### 4) 계약 종료 및 클레임

- 수령한 물품이 계약과 일치하지 않을 경우 클레임(claim) 제기

# 2 제2장 국제무역의 시작

# 제1절 무역회사의 창업

## 1. 무역거래자

대외무역법 제2조에서 무역거래자라 함은 수출 또는 수입을 하는 자, 외국의 수입자 또는 수출자의 위임을 받은 자 및 수출·수입을 위임하는 자 등 물품 등의 수출·수입행위의 전부 또는 일부를 위임하거나 행하는 자를 말한다고 규정하고 있다.

즉, "수출 또는 수입을 하는 자"는 무역거래를 실행하는데 자기의 이름과 자기의 계산으로 거래하는 자를 말한다. 본인의 명의로 계약을 체결하여 상품의 소유권 이전을 전제로 거래하는 법인 혹은 개인을 말한다.

"외국의 수입자 또는 수출자의 위임을 받은 자"는 타인으로부터 물품의 판매 또는 구매의 수탁을 받고 수탁자의 자격으로 물품을 수출입 하는 자를 말한다. 즉, 수출입거래 당사자의 중개인 입장에서 외국의 수입업자 또는 수출업자의 위임을 받아 국내에서 수출물품을 구매하거나 수입계약을 체결하고 기타 부대행위를 하는 자를 말한다. 이러한 행위를 하는 자들을 무역대리업자고 하며 통상 수출상과 수입상의 중간에서 수출입 거래를 알선해 주고 그 거래가 성사되면 수출입 계약 당사자로부터 일정액의 수수료(commission)를 받는다. 무역대리업자는 갑류무역대리업과 을류무역대리업으로 구분된다. 갑류무역대리업은 외국수출업자를 대리하여 국내의 수입업자에게 청약(offer)을 하는 업무를 하는 자를 말하며, 통상 offer상이라고 칭한다. 을류무역대리업은 외국수입업자를 대리하여 국내의 수출업자의 물품을 구매하는 계약을 체결하거나 이에 부수되는 업무를 담당하는 자이다.

"수출·수입을 위임하는 자 등 물품 등의 수출·수입행위의 전부 또는 일부를 위임하거나 행하는 자"는 물품 등의 판매 또는 구매를 위탁한 위탁자의 자격으로 물품을 수출입하는 자를 말한다. 즉, 타인에게 수출입을 대행시키는 자를 말한다. 이러한 수출입대행 의뢰는 통상 무역업 고유번호를 부여받지 않았거나 특수한 상품이나 거래처의 권유 등의 관계로 자기보다 전문적인 지식과 경험이 있는 자에게 대행시키는 것이 유리한 경우에 대행을 위탁하는 경우가 있다.

## 2. 무역회사의 창업

1993년 이전 우리나라는 무역업을 하기 위해서는 일정한 요건을 갖추도록 하여 허가제로 운영하여 왔다. 그러나 무역 자유화 추세에 맞추어 1993년 7월부터 이를 등록제로, 1997년 3월에는 신고제로 변경하였다가 2000년 1월1일부터는 신고제를 폐지하여 무역회사의 설립을 완전히 자유화하였다. 다만 무역업을 하고자 하는 자는 한국무역협회(Korea International Trade Association: KITA)로부터 무역업 고유번호를 부여받아야 한다.

이 고유번호는 수출입 통계를 위하여 수출입신고시 기재하게 된다. 무역업 고유번호를 부여받으려면 관할 세무서에 사업자등록을 마친 다음, 한국무역협회에 무역업 고유번호신청서를 제출하면 된다. 신청서에는 사업자등록번호, 주민등록번호, 업종, 상호 등만을 기재하면 되고, 신청 즉시 부여받을 수 있다.

무역업자의 수출입 취급품목의 범위에 원칙적으로 제한이 없다. 다만, 약사법, 마약법 등에서 별도로 무역업 영위요건을 정하고 있는 경우에는 별도의 허가·등록·신고 등이 필요하다. 또한 수출 또는 수입이 제한되는 일부 품목에 대하여서는 해당 품목에 대한 수출입승인을 관련단체나 조합으로부터 받아야 한다.

# 제2절 해외시장조사 및 거래선 발굴

## 1. 해외시장조사

### 1) 해외시장조사의 의의

해외시장조사는 수출입절차의 최초의 단계로서 특정상품에 대한 판매 또는 구매 가능성을 조사하는 것이다.

해외시장조사는 지역적인 격리성, 상이한 문화, 종교, 상관습 및 언어 등의 차이로 대단히 어렵다. 그러나 외국과 무역거래를 이행하는 과정에서 위험을 최소화하고, 이익을 극대화하기 위해서는 사전에 정확한 시장조사가 반드시 선행되어야 한다.

### 2) 해외시장조사 방법

해외시장조사의 방법은 크게 직접조사와 간접조사 방법으로 구분된다.

간접조사방법으로 조사지역에 관한 정보나 조사내용, 현지조사에 필요한 예비지식들을 문헌이나 통계자료, 지도, 사진, 인터넷검색 등을 통하여 조사한다. 이때, 국별 자료는 UN 무역통계연보(yearbook of international statistics), IMF발간연보(international financial statistics)를 이용하여 각 종 수출입통계 자료들을 수집할 수 있으며 KOTRA나 한국무역협회와 같은 국내 경제단체 및 유관기관과 주한 외국공관, 국내외 광고회사들을 이용하여 원하는 자료를 수집할 수 있다.

직접조사방법으로는 현지조사단계로서 신규 진출하고자 하는 국가에 직접 출장을 가거나 지사 또는 대리점을 통하여 현지시장의 자료를 수집 분석하는 방법이다. 현지시장을 직접 관찰하고, 견학하고, 설문조사하고, 현지주민과의 면담과 필요한 관계자들과의 면담을 통하여 자료들을 수집한다.

간접조사방법은 비용이 절감되고 객관적인 정보를 수집할 수 있는 장점이 있으나, 취급하고자 하는 품목에 대한 상세한 정보를 얻기가 힘들고, 또한 주관적이고 감각적인 판단을 하기가 힘들다. 반면 직접조사방법은 진출하고자 하는 시장에 대한 구체적인 정보를 얻을 수 있으나 간접조사방법에 비해 비용 및 시간이 많이 소요된다는 단점이 있다.

[그림 2-1] KOTRA 와 KITA의 홈페이지 초기화면

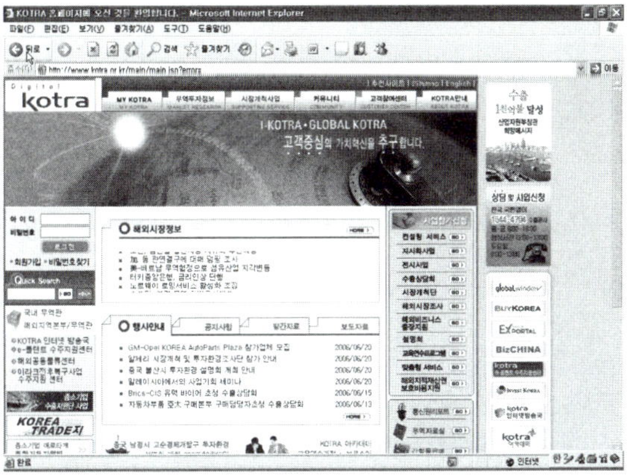


http://www.kotra.or.kr

http://www.kita.net

이밖에 특정지역에 대한 구체적 조사가 필요하면 KOTRA가 운영하고 있는 해외 한국무역관에 조사를 위탁하는 방법도 직접조사의 비용을 절감할 수 있는 방법이다.

### 3) 해외시장조사의 내용

- 일반사항 : 해당국의 정치, 경제, 사회, 문화, 종교, 인구, 언어 등
- 경제동향 : 경제성장, 국민소득, 물가, 임금, 고용, 국제수지, 대상국의 통화의 안전성 및 경기상태 등
- 산업동향 : 산업구조 특히 제조업 등
- 무역동향 : 대외무역구조, 특히 품목별, 지역별 경쟁국 진출동향, 수출규제여부, 외환사정 등
- 무역관리제도 : 통화정책, 수입관리제도, 대한 수입규제, 기타 관세율 및 외환관리제도 등
- 시장특성 및 유통구조 : 일반적인 시장특성 외에 소비자계층, 상관습 및 구매시기, 유통구조의 형태, 주요 수입상 명단 등
- 시장접근방법 : 중개상, 전문 수입상, 도매상 등
- 교역현황 : 한국의 전체 교역량 및 해당 품목에 대한 수입규모
- 경쟁사 및 경쟁사 상품에 관한 정보 : 해당 상품의 수출입현황, 취급상품의 수요 및 전망, 해당 상품의 유통과정, 수요상품의 품종, 품질 및 규격, 가격, 해당 지역의 수출입가격 등
- 기타사항 : 해당국의 항만사정, 통신시설, 여행 시 유의사항, 국민성, 상관습, 소비자 분석 등

## 2. 거래선 발굴

사전 해외시장조사를 통하여 자사상품의 시장성이 있는 대상시장을 선정을 했다면 잠재력이 있는 유능한 거래처를 발굴하여야 한다. 영

리를 추구하는 기업의 경우, 양질의 거래선 확보여부에 따라 회사의 운명이 좌우되므로 좋은 거래선을 발굴했다면 이미 거래의 반은 성공한 것이다.

## 1) 해외거래선의 선정

해외시장조사를 통해 목적시장이 선정되면 거래처(business counterpart)를 물색해야 한다. 그 방법에는 무역업자명부, 해외광고, 국내외 공공기관, 직접 해외출장 및 각종 무역박람회참가, 인터넷 이용 등이 있을 수 있다.

거래선의 발굴을 위한 가장 손쉬운 방법으로 전 세계의 상공회의소나 무역관련 단체에서 발행하는 무역업자명부(trade directory)가 있다. 이에는 품목별, 업종별로 업체명, 주소, 전화번호, 팩스번호 등이 기재되어 있기 때문에 편리하게 이용할 수 있다. 또한 한국무역협회의 Korea Export, Korea Trading Post와 미국의 The Wall Street Journal(www.wsj.com)과 영국의 The Financial Times(www.ft.com) 등의 광고매체를 이용하는 방법, 각종 이벤트를 이용하는 방법 등으로 최적의 거래선을 찾을 수 있다.

최근에는 인터넷을 통하여 거래처를 찾는 방법도 많이 이용되고 있다. 현재 운영 중인 국내의 대표적인 무역거래알선사이트로는 EC21, EC Plaza, T-page 등이 있다. 최근 이들은 정부의 e-무역상사로 지정받아 기존의 업무인 거래알선 및 바이어 정보제공 뿐만 아니라 실제 시장조사, 신용조사, 계약체결, 그리고 사후관리까지 종합적으로 지원하는 전자무역중개기관으로 인정받고 있다.

직접방문을 통해서 해외거래처를 발굴하는 방법은 경비측면에서 부담이 되지만 경비문제를 감안하지 않는다면 직접 해당국 방문이 거래선을 발굴하는 가장 좋은 방법이다.

## 3. 신용조사

국제 무역거래는 수출자와 수입자가 지리적으로 격리되어 있으므로 직접 만나 얼굴을 맞대고 협상하기보다는 팩스 또는 전자우편과 같은 통신수단을 이용하여 계약을 체결하거나 상호 교환하는 서류만으로 거래를 성사시키므로 무역거래에서 거래대상업체에 대한 신용상태를 확인하는 것은 수출자, 수입자 모두에게 향후 거래가능성을 진단하고 위험요소를 사전에 예방한다는 측면에서 매우 중요하다. 특히 국제무역이 신용을 바탕으로 이루어지고 있는 현 상황에서 신용조회는 그 어느 때보다 중요성이 강조되고 있다.

### 1) 신용조사의 내용

신용조사는 일반적으로 3C's, 즉 거래상대방 기업의 'Character', 'Capital', 'Capacity' 등을 중심으로 진행하여야 한다.

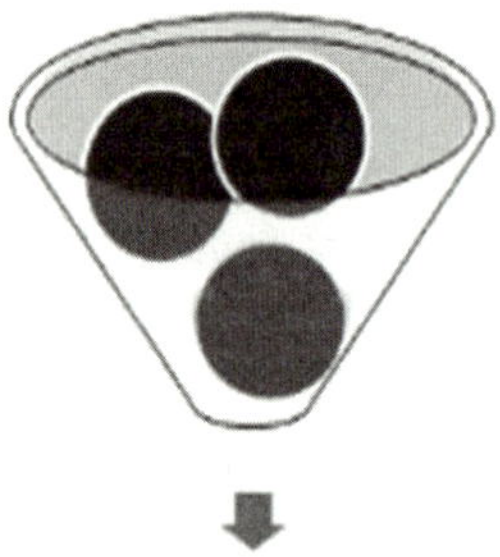

양질의 거래선

① character : 상대방의 성실성(integrity), 영업태도(attitude toward business), 업계의 평판(reputation), 계약이행에 대한 열의(willingness to meet obligations)나 인격, 도덕성 등이 포함된다.

② capital : 상대방의 물적인 신용상태로 상대방의 재정상태(financial status)를 의미한다.

③ capacity : 상대방의 영업형태, 연간매출액 및 생산능력, 연혁 내지 경력 등 영업능력(business ability)에 관한 내용으로 주로 거래상대방의 거래능력과 관계되는 사항들이 여기에 해당한다.

## 2) 신용조사의 방법

- 은행조회 또는 동업자 조회 ; 일반적으로 신용조사는 상대방 또는 자신이 거래하고 있는 은행을 통하게 되는 경우가 많은데 이를 은행조회라 한다. 이와는 달리 상대방과 거래한 경험이 있는 국내업자, 현지의 단골 거래처 또는 상공회의소 등을 통해서 하는 수가 있는데, 이를 동업자조회라 한다.
- 상업흥신소를 통한 방법 ; 상업흥신소란 신용조사전문회사로서, 특히 Dun&Brand Street 같은 국제적으로 널리 알려진 회사는 세계 전역에 지소 및 연락사무소를 두고 신용조사업무를 수행하고 있다.
- 국내 관련기관의 이용 ; 한국에서 국내기업은 물론 해외기업체에 대한 신용상태를 전문적으로 조사해주는 기관으로 신용보증기금(Korea Credit Guarantee Fund)이 있다. 해외의 수출업자에 대한 신용상태를 알고자 할 경우에 신용보증기금을 이용하게 되면 그다지 많은 비용을 들지 않고도 해외신용조사가 가능하다.

이 밖에 무역진흥공사에서도 해외무역관을 활용하여 신용조사 및 수출 보험사고 조사업무를 실비로 수행하여 주고 있으며, 수출입은행의 수출신용정보센터에서도 수출입업자, 금융기관, 수출유관단체 등을 대상으로 회원제방식에 의하여 신용정보자료를 제공하고 있다.

# 제3절 오퍼와 승낙

## 1. 거래제의(Business Proposal)

거래처의 발굴과 신용조사가 끝나면 거래를 희망하는 내용의 거래제의 서신 혹은 거래권유 서신(circular letter)을 보낸다. 거래제의 서신은 해외의 수입업자에게 처음 보내는 서신이므로 그 작성에 세심한 주의가 필요하다.

거래제의 서신의 작성요령은 먼저 상대방을 알게 된 경위와 자사(自社)의 업종, 취급상품, 거래국가 등을 명시하고 자국 내에서의 자사의 지위, 경험, 생산규모 등을 소개하며 거래조건(특히 결제 및 가격조건 등), 신용조회처(주로 거래은행명 및 주소), 정중한 결문 순으로 작성한다. 거래제의 송부방법으로는 일반적으로 서신에 의한 방법을 사용하지만 이메일, 팩스 등을 이용해도 무방하다.

## 2. 거래문의(Inquiry)

조회(inquiry)란 수출자가 제시한 거래조건내용에 관한 수입자의 거래상의 문의를 조회라 한다. 광의적인 의미로는 상품매매에 관한 전반적인 조회를 의미하는 것으로서 거래제의 서한이나 거래권유 서신을 포함하기도 하며 협의적인 의미로 거래관계가 수립된 거래처에게 구체적인 개별상품의 매매를 위해 문의하는 것이다. 따라서 조회는 수입자가 수입계약을 체결하기 전 수출자에게 상품수입에 관한 최초의 의사표시로서 수입자는 수출자에게 가격표나 샘플을 요구하기도 하고 혹은 수출자에게 청약(offer)을 권유하기도 한다.

〔서식 2-1〕 수출자의 거래제의 서한

Jeon Ju, May 20, 2009

Messrs. ABC Enterprise Co., Ltd.
50 Liberty St., Los Angeles
N. Y. 2005, U.S.A

Gentlemen :

Your name and address have been given us from EC21 (www.ec21.com), and We are writing this letter to you with a view to entering into business relations with your company.

As one of experienced exporters of travel bags, we have been doing business with Europe, U.S.A., Canada, the Middle East and other markets, and we are now very much interested in extending our business activities to your country.

As regards the terms of business, it is our custom to trade on Irrevocable Letter of Credit, under which we draw a draft at 30 d/s. If you care to deal with us on this basis, we shall be pleased to give you further details of business.

For any information respecting our standing, We refer you to the Korea Exchange Bank, Seoul, and we look forward to receiving your inquiry at earliest convenience.

Yours very truly,
President J. E. Park

GONJI TRADING CO., LTD.
URL : www.000.com/xyz
E-mail : n123456@yahoo.co.kr
Tel : +82-00-000-0000
Fax : +82-00-000-0000
CP : +82-00-0000-0000

## 3. 청약(Offer)

### 1) 청약(offer)의 의의

청약(offer)은 청약자(offeror)가 피청약자(offeree)에게 일정한 조건으로 계약을 체결하고 싶다는 의사표시이다. 즉, 수출상이 거래조건을 제시할 경우 판매청약(selling offer)라고 하고, 수입상이 거래조건을 제시할 경우 구매청약(buying offer)라고 한다. 그러나 무역거래에 청약이라고 하면 대부분 판매청약을 말하며, 우리나라의 대외무역법에서도 청약을 물품매도확약서라고 표현하고 있다.

청약은 원칙적으로 별도의 형식을 필요로 하지 않으므로 서면뿐만 아니라 구두(口頭)로도 가능하나, 무역실무에서는 보통 이메일, 팩스, 전보 등을 이용하여 청약서(offer sheet)를 보내 거래의사를 표시한다.

### 2) 청약(Offer)의 종류

무역계약을 체결하기 전에 수출업자와 수입업자 사이에는 한 번의 제의에 대해 바로 승낙을 하는 경우도 존재할 수 있지만 대부분의 경우 무역계약이 체결되기까지 여러 가지 거래조건들이 당사자에게 유리하도록 조성하기 위해 교섭(negotiation)을 사전에 수없이 반복한다.

- 판매청약(Selling offer)과 구매청약(Buying offer) : 판매청약은 수출업자가 구매청약은 수입업자가 각각 밀접한 관계를 이룬다. 이들은 상호간 예상거래처에서 문의한 내용을 자세하게 답변을 해주기도 하고, 견본 등을 우송해 주기도 한다. 상품의 견적을 낼 때는 거래부분을 명확히 해 사후에 문제가 발생하지 않도록 미연에 방지한다.
- 확정청약(Firm Offer) : 무역거래에 가장 일반적인 청약방법이다. 확정청약은 청약서의 유효기간이 정해져있어 해당 유효기

간 내에서만 청약자에 대해 구속력(binding force)이 발생한다. 따라서 피청약자는 유효기간 내에 청약자에게 승낙의 표시를 회신하여야 계약이 성립된다. 청약서의 유효기간이 경과하게 되면 법률적인 효력은 잃게 된다. 즉, 확정청약(firm offer)의 유효기간 내에 상대방이 승낙을 하면 당사자 쌍방을 법률적으로 구속하는 매매계약이 성립한다.

확정청약은 청약자의 청약내용에 승낙 또는 거절의사의 회신기간이 정해져 있으므로 그 유효기간이 지나면 청약은 자동으로 소멸한나. 반면 이 유효기간 내에는 청약자가 마음대로 청약을 취소 또는 변경할 수 없다.

- 불확정청약(Free Offer) : 청약의 유효기간이 정해져 있지 않은 청약으로서 불확정청약일 경우, 피청약자가 승낙을 하여도 계약이 성립히기 위해서는 해당 청약에 대해 피청약자의 승낙뿐만 아니라 다시 청약자의 확인(acknowlegement)이 필요하다. 또한 청약자의 자유의사에 따라 언제든지 취소가 가능하다.
- 반대청약(Counter offer) : 피청약자가 청약에 대해서 그 조건을 변경하거나 혹은 새로운 조항을 추가한 청약을 청약자에게 한 것을 말하며, 반대청약은 원청약의 거절임과 동시에 피청약자가 청약자에게 행하는 새로운 청약으로 보아야 한다. 따라서 반대청약은 승낙이 아니기 때문에 계약을 성립시킬 수 없다. 무역거래는 1회의 청약과 승낙으로 계약이 체결되는 경우는 거의 없으며, 대부분 청약, 반대청약이 반복된 이후에 상호 합의가 이루어지는 경우가 일반적이다.
- 조건부청약(Conditional Offer)

  조건부청약은 불확정청약의 일종으로, 피청약자가 승낙을 하여도 계약이 성립되지 않고 일정한 조건이 충족되어야 계약이 성립된다.

  예) We offer you the following goods subject to our final confirmation.

### 3) 청약(offer)의 효력과 유효기간

청약이 효력을 발생하기 위해서는 청약의 내용이 피청약자에게 전달되어야만 그 효력이 발생한다. 영미법과 한국의 민법은 제533조에서 도달주의원칙을 채택하고 있으므로 청약은 상대방에게 전달되어야 하며, 상대방에게 도달됨으로써 그 효력이 발생한다. 따라서 피청약자에게 청약이 도달하기 전에 청약자에 의하여 청약내용의 철회 또는 조건변경의 통지가 피청약자에게 도달할 경우에는 철회 또는 조건변경을 인정한다.

### 4) 청약(offer)의 기재 내용

① 품명 - 상품이나 상품명이 유사한 것은 분명하고 완전하게 기재
ex) 만년필의 경우- fountain pen(ball pen 또는 pen과 구별)

② 규격 - ex) 금24K, 전구30W

③ 원산지 - 상품에 따라 원산지에 따른 가격차이가 존재함
ex)포도주(스페인산)

④ 유효기간 - 청약서의 종류에 관계없이 청약서에는 유효기간이 명시됨. 특히 국제시세의 변동이 심한 원면, 원맥 등 1차산품의 청약서에서는 대개 1주일 이내의 유효기간을 주는 것이 상례임.

⑤ 선적일(Shipping Date, Delivery Date) - 정확한 선적기일과 분할선적, 환적허용여부 제시함

⑥ 포장방법(Packing Method) - 포장재종류, 단위포장 개수 등을 제시함

⑦ 단가 - 화폐단위를 분명히 명시함

⑧ 대금결제방법(Payment Condition) - 송금, 추심, 신용장에 의한 결제방법 제시함

## 4. 승낙(Acceptance)

승낙이란 피청약자가 청약자의 청약을 수락하여 계약을 성립시키고자 하는 의사표시이다. 승낙은 청약자의 청약조건과 일치하여야 하며, 유효기간 내에 해당하는 청약의 내용 또는 조건을 모두 수락하고 계약을 성립시키겠다는 의사표시로 청약의 모든 내용에 대해 무조건 승낙(unconditional acceptance)이어야 한다. 만약 청약내용에 대하여 변경을 요구하거나 일정한 단서를 붙이면 그것은 승낙이라 할 수 없고 반대청약(counter offer)이라고 해야 옳다. 청약에 대한 반대청약이 있을 경우에는 계약은 성립되지 않는다. 즉, 부분적 승낙, 조건부 승낙 등은 반대청약에 해당하는 것으로서 계약을 성립시키지 못한다.

### 1) 승낙의 방법

승낙의 방법에 대하여 당사자 간에 별도로 정한 바가 없는 한 특정한 방법을 필요로 하지 않는다. 즉, 구두, 서면, 또는 행위 등으로도 가능하다. 그러나 실무적으로는 청약시에 승낙의 방법이 명시적으로 지정되어 있는 경우에는 그 방법에 따르면 되고, 승낙의 방법이 명시되지 않은 경우에는 청약이 행하여진 방법대로 승낙을 하는 경우가 많다. 즉, 우편으로 청약한 경우에는 우편으로 승낙하고, 이메일로 청약한 경우에는 이메일로 승낙하는 것이 좋다.

### 2) 승낙의 효력

승낙의 효력은 피청약자의 승낙의 의사표시가 청약자에게 도달한 때에 계약이 성립한다고 보는 도달주의원칙이 일반적이다. 국제물품매매계약에 관한 UN협약은 도달주의를 채택하고 있다. 한국은 민법 제531조에 의하여 대면, 전화, 텔렉스, 팩시밀리 및 EDI와 같이 거의 동시상황으로 이루어지는 대화자간에는 도달주의를 채택하고, 우편, 전보와 같이 시차가 있는 통신수단으로 이루어지는 격지자간에는 발신주의를 채택하고 있다.

〔서식 2-2〕 청약서(Offer sheet)

# OFFER SHEET

we are pleased to offer the under-mentioned article(s) as per conditions and details described as follows ;

| Item No. | Commodity&Description | Unit | Quantity | Unit Price | Amount |
|---|---|---|---|---|---|
| | | | | | |

| | |
|---|---|
| Origin | Republic of Korea |
| Packing | Export Standard Packing |
| Shipment | Within 1 month after receipt of L/C |
| Shipping Port | Busan, Korea |
| Inspection | Seller's inspection to be final |
| Destination | Los Angeles., U. S. A |
| Payment | By irrevocable L/C in our favor |
| Validity | Until end of September, 2009 |
| Remarks | Subject to our final confirmation |

Looking forward to your valued order for the above offer, we are.

Your faithfully,

President
GonJi Co., Ltd.

## 5. 무역계약서의 작성

무역계약은 앞에서 살펴본 것처럼 청약과 승낙이라는 절차과정을 거친 후 당사자 간 합의에 의해 성립하는 것이므로, 국제적으로 무역계약서의 통일된 양식이나 형식이 따로 존재하는 것은 아니며 무역계약서의 작성이 반드시 필요한 것도 아니다. 경우에 따라서는 서면에 의한 무역계약의 체결은 물론이거니와 거래당사자 상호간 신용과 믿음을 바탕으로 하는 구두계약도 가능하다.

그러나 현실적으로 거래당사자간 무역계약내용을 확실하게 약정한 계약서가 없으면 거래당사자들은 지극히 불안정하게 된다. 무역계약이 상품을 계약의 목적으로 하는 국가 간 발생하는 국제매매계약이므로 지리적 차이와 문화적 차이, 시장환경의 변화와 재무구조의 변화에 따라 어느 일방의 계약내용 불이행에 따른 다툼의 소지가 항상 존재하기 마련이기 때문이다. 그러므로 실무적으로 매매당사자들은 이와 같은 분쟁을 방지하기 위해서 무역계약의 조건을 명백히 하며 또한 이를 문서화하여 서명한 매매계약서를 상호 교환하여 각 1통씩 보관한다.

표 2-1 매매계약서의 구성내용

| | |
|---|---|
| 기본사항 | 당사자(principal 및 서명), 계약확정문언, 계약체결일, 계약의 유효기간 등 |
| 상품에 관한 조건 | 품질조건(terms of quality), 수량조건(terms of quantity), 포장조건(terms of packing) |
| 계약에 관한 조건 | 선적조건(terms of shipment), 결제조건(terms of payment), 보험조건(insurance) |
| 계약 불이행에 관한 사항 | 불가항력조항(force of majeure), 클레임조항 (claim clause), 중재조항(arbitration clause) |
| 정형거래조건 | 정형거래조건(trade terms), 준거법(governing laws) |

# 3 제3장 무역계약과 수출입통관

# 제1절 무역계약의 의의

## 1. 무역계약의 의의

무역이란 서로 다른 각국의 사이에 이루어지는 국제상거래이고, 계약이란 2인 이상의 당사자가 법률적으로 강제할 수 있는 합의를 체결하는 것을 뜻함으로 무역계약이란 '국제간 무역상품의 매매계약'을 약칭한 것이다. 그런데 매매계약은 그 의미의 사용에 있어서 보통 물품의 소유권이 매매계약에 의하여 매도인에게서 매수인으로 이전되는 경우에도 사용하며 물품의 소유권 이전이 현재가 아닌 장래에 행하여지거나 또는 계약의 성립 이후에 일정한 조건이 성취될 것을 전제로 실행될 경우에도 사용하므로 매매계약은 현물매매와 미래의 시점에 물품을 매매할 계약, 즉 선물매매도 포함한다. 실무상으로 무역계약에서는 선물매매가 대부분을 차지한다.

## 2. 무역계약의 성립

수출자와 수입자는 장래의 거래를 위하여 사전에 "일반거래조건협정서"(general agreement on terms and conditions of business)에 합의하는 요식절차를 거치는 경우가 있다. 일반거래조건협정서는 본 계약에 선행하여 미래의 확실한 거래를 위해 수출자와 수입자가 상호 지켜야 할 규칙을 사전에 포괄적으로 합의하고 합의한 내용을 성문화한 것이다. 때문에 일부에서는 일반거래조건협정서의 작성이 수출자와 수입자 간 정식거래 성립의 선결조건으로 여기는 이도 있다.

그러나 국제무역계약을 실무적인 측면에서 보면 수출자와 수입자간 구체적인 거래는 이후의 청약과 승낙 혹은 주문과 이에 대한 확인에 의하여 계약이 성립한다. 일단 성립한 계약은 매매당사자인 수출자와 수입자를 법률적으로 구속하는 효과를 불러일으키기 때문에 계약 내용의 확인이나 이행상의 분쟁예방, 증거가치의 보전을 위해서 정식으로 본 계약을 체결한다. 무역거래의 본 계약의 체결에는 개별계약(case by case contract)과 포괄계약(master contract)의 두 가지 방법이 있다.

## 제2절 무역계약의 조건

무역계약은 불요식계약으로 문서로 작성하여야 할 의무는 없으나, 후일 분쟁이 발생할 수도 있기 때문에 계약내용을 증명하기 위해서는 문서로 작성하는 것이 필요하다. 그러면 이러한 계약서에 포함되어야 할 가장 기본이 되는 내용, 즉 기본조건들은 어떤 것들이 있는지 살펴보고자 한다. 물품자체에 관한 조건으로는 품질조건, 수량조건, 가격조건, 포장조건 등이 있고, 계약이행에 관한 조건으로는 선적조건, 보험조건, 지급조건 등이 있다. 또한 이러한 기본조건 외에 무역계약 이행 이후에 발생될지도 모르는 분쟁과 계약내용에 대한 법적 구제조건들에 대하여도 약정하여 두는 것이 매우 중요하다. 이에는 불가항력조항, 중재조항, 준거법조항 등이 있다.

[그림 3-1] 무역계약의 기본조건

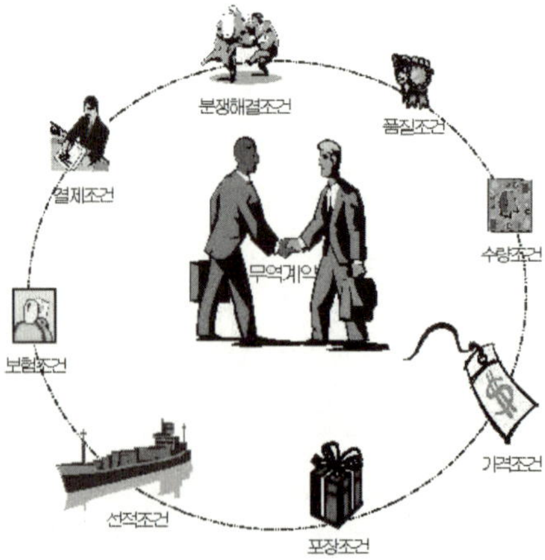

## 1. 품질조건

품질은 거래당사자 간에 있어서 매우 중요한 관심사이기 때문에 이 문제로 인하여 상거래 분쟁이 야기되는 경우가 많다. 따라서 무역계약 체결 시 품질조건에는 품명, 규격, 등급 등 품질기준과 이에 대한 검사방법, 품질결정시기 그리고 품질결정방법이 포함된다. 일반적으로 계약서상 상품의 품명과 규격, 등급에 대한 명세(description)가 곧 품질을 결정한다.

### 1) 품질결정방법

표 3-1 품질결정방법

| 품질의 결정방법 | 내 용 | 주요용도 |
|---|---|---|
| 견품매매 (sale by sample) | 샘플로 품질을 결정 방법으로 가장 널리 쓰인다. 상품의 성질에 따라 품질의 차이가 있을 수 있다는 문구가 필요하다. | 대부분의 공산품 |
| 상표매매 (sale by trade mark) | 세계적으로 유명한 상품의 경우 상표나 브랜드로 품질을 결정하는 방법이다. | Intel Chips, Coca Cola, Nike Shoes |
| 명세서 매매 (sale by specification) | 해당상품을 자세히 설명하는 명세서, 설계도, 청사진 등을 기준으로 하여 품질을 결정하는 방법 | 선박, 철도, 의료기기 등의 기계류 |
| 표준품매매 (sale by standard) | FAQ(Fair Average Quality): 동종품질 가운데 중등품을 표준으로 품질을 결정하는 방법 | 곡물,과일, 광산품 |
| | GMQ(Good Merchantable Quality): 물품 인도시 매도인이 해당상품의 판매적격성을 보증하는 조건 | 냉동어류, 목재 |
| | USQ(Usual Standard Quality): 공인검사기관 혹은 공인기준에 의하여 보통품질을 표준품의 품질로 정하는 방법이다 | 원면 |
| 규격품매매 (sale by type or grade) | 국제적으로 상품의 규격이 정해져 있는 경우에 그 규격을 품질의 기준으로 삼는 방법 | ISO9000, KS |

## 2) 품질결정시기

국제무역거래의 경우 지리적인 이유로 거래상품은 보통 장거리 운송에 따른 장기간 위험에 노출된다. 때문에 비록 선적항에서 상품매매계약 체결 시 제시된 견본품과 서로 동일한 상품을 선적했을지라도 통상의 운송과정에서 변형이나 파손, 멸실 등이 발생하여 도착항에서 매수인에게 인도될 때 상품의 품질이 선적전과 차이가 발생할 수 있다. 그러므로 거래당사자 간 수출상품의 품질을 선적 시에 결정하느냐 또는 양륙 시에 결정하느냐 하는 것은 대단히 중요하다.

- 선적품질조건(Shipped Quality Terms) : 상품의 품질을 검사하는 시기를 선적완료시점으로 하는 조건으로서 선적지인도조건인 FCA, FAS, FOB, CFR, CIP, CPT 및 FAQ, GMQ조건에서 가장 많이 이용한다. 공산품인 경우 선적 시에 공인검사기관의 품질확인을 받았다면 운송도중에 변질되어 도착지에서 하자를 발견했더라도 수출상은 이에 대한 책임을 지지 않는다.
- 양륙품질조건(Landed Quality Terms) : 상품의 품질이 계약내용과 일치하는지의 여부를 도착항에서 상품을 양륙한 후 검품한 결과에 따라 정하는 조건으로 도착지 인도조건인 DAF, DES, DEQ, DDU, DDP 조건에서 많이 사용한다. 운송도중에 품질이 변질될 수 있는 곡물, 피혁, 어류 등과 같은 1차상품의 경우에는 양륙지에서 품질검사를 한 것이 계약조건과 일치하여야 거래가 정상적으로 종료된다.

표 3-2 정형무역거래조건에 따른 품질결정시기

| 증명 책임 | 해당 계약 조건 | 관련조건 | 국제 검사기관 |
|---|---|---|---|
| 매도인 | 선적품질조건 | FCA, FAS, FOB, CFR, CIP, CPT, FAQ, GMQ | Lloyd's Surveyor, Lloyd's Agent, SGS, Del-Corporation |
| 매수인 | 양륙품질조건 | DAF, DES, DEQ, DDU, DDP | |

## 2. 수량조건

수출입물품의 양(quantity)을 규정하는 문제 역시 분쟁의 소지가 많을 수 있다. 여기에서는 수량의 단위, 수량표시 방법 등이 결정되어야 한다.

### 1) 수량단위

국가 간에 도량형 단위가 다른 경우가 있으므로 이의 정확한 표현이 중요하다.

표 3-3 수량 단위

| 단위 | 내 용 | 주요용도 |
|---|---|---|
| 중량 | Ton:<br>Long Ton(British Ton=2,240lbs=1,016kg)<br>Short Ton(American Ton=2,000lbs=907.2kg)<br>Metric Ton(Kilo Ton=2204lbs=1,000kg)<br>Pound (lb) | 원자재 |
| 용적 | SF(superfoot):<br>1 SF = 1 square feet × 1 inch)<br>M/T(measurement ton):<br>1 M/T=40 cubic feet(cft)<br>CBM: Cubic meter($m^3$)<br>Barrel: 원유 | 액체, 목재 |
| 개수 | Dozen: 1 Dozen=12 pieces<br>Gross: 1 Gross= 12 dozens | 잡화류 |
| 길이 | Meter, Yard, Feet | 직물, 전선 |
| 면적 | SF(square foot), SM(square meter) | 합판, 타일 |
| 포장 | Case, Bag, Bundle, Barrel | 원면, 시멘트 |

### 2) 수량결정시기

수량결정시기는 품질결정시기와 같이 선적수량조건과 양륙수량조건이 기준이 된다. 선적수량조건은 상품의 수량을 검사하는 시기를 선적완료시점으로 하는 조건으로서 선적할 때 계량된 수량이 계약서에 명시된 수량과 일치하기만 하면 된다. FOB와 CIF 조건에서는 별도의 특약이 존재하지 않는 한 선적지에서 결정된 수량이 최종적인 것으로 간주한다. 양륙수량조건은 상품의 수량이 계약내용과 일치하는지의 여부를 도착항에서 상품을 양륙한 후 검품한 결과에 따라 정하는 조건을 말한다. DES, DEQ의 거래조건은 특약이 존재하지 않는 한 양륙수량조건이 적용되는 것이 원칙이다.

대부분의 공산품은 선적수량조건으로 계약되나, 비포장상태로 거래되어 운송도중 감량이 예상되는 곡물류, 광산물, 원유 등의 살물(bulk cargo)의 경우에는 도착수량조건으로 계약하는 것이 일반적이다.

### 3) 과부족용인조항(More or less clause : M/L Clause/MOL)

일정수량의 과부족허용 한도를 정해두고 해당범위 안에서 상품이 인도되면 계약의 완료로 인정한다. 곡물이나 광산물 등과 같은 벌크화물들은 화물특성상 계약수량대로 정확하게 맞춰 인도할 수 없으므로 생산, 포장 등 기타의 사정으로 계약수량 대로 수량을 인도하기가 곤란할 경우에는 약간의 과부족을 용인하는 조항(More or Less Clause)을 두어야 한다.

M/L(more or less) Clause(과부족용인조항) : "3% More or less at sellers option" 또는 "Seller has the option of 3% more or less on contract quantity" 등으로 표현한다.

과부족인용조항(M/L Clause)이 없는 경우, '신용장방식거래'에선 과부족을 인정하지 않는다는 금지조항이 없는 한 5%의 과부족(tolerance)이 허용되는 것으로 해석해도 무방하다.

## 3. 가격조건

가격조건은 수출입상의 이윤과 직접적으로 연결되므로 무역계약의 기본조건 중에서 가장 중요한 부분이다. 수출품의 운반에 따른 비용과 보험 및 기타 비용과 위험을 수출상과 수입상 중 누가, 어느 정도까지 부담할 것이냐에 따라서 가격형태가 달라진다.

수출입과정은 국내거래와는 달리 여러 가지 복잡한 절차를 거치게 되므로 수출입상품의 가격을 매번 개별적으로 정하는 것은 번거롭고 오해의 소지도 있다. 따라서 ICC(International Chamber of Commerce: 국제상업회의소)가 정한 INCOTERMS(International Rules for Interpretation of Trade Terms: 무역거래 조건의 해석에 관한 국제규칙)의 규칙을 따르는 것이 일반적이다. 이러한 INCOTERMS는 1936년 처음 제정되어 현재는 2010년에 개정된 INCOTERMS 11가지 가격조건을 활용하고 있다.

[그림 3-2] INCOTERMS의 11가지 가격조건

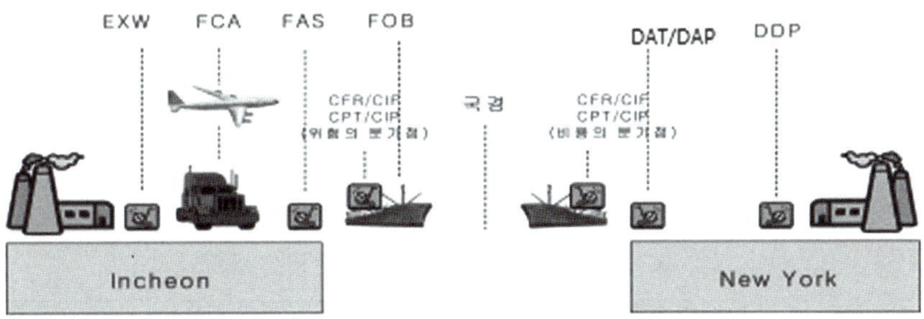


INCOTERMS 2010은 무역거래정형조건의 이해를 보다 쉽게 하기 위하여 무역거래정형조건들을 크게 4가지(E, F, C, D) 서로 다른 유형으로 분류하였다.

E-terms(EXW)조건은 상품을 제조하기만 하는 수출자에 의해 붙여진 유형으로 수출자는 자신의 공장이나 건물 안에서 직접 수입자에게 상품을 매매하는 조건이다. F-terms(FCA, FAS, FOB)조건은 수입자가 지명한 운송인에게 수출자가 상품을 인도하는 조건이다. C-terms(CFR, CIF, CPT, CIP)조건은 매도인인 수출자가 운송계약을 체결하지만, 선적 및 출항 후 발생하는 물품의 멸실이나 훼손, 추가비용들을 수출자가 부담하지 않는다. D-terms(DAT, DAP, DDP)조건은 매도인인 수출자가 물품을 바이어의 국가까지 운송하는데 따른 모든 위험과 비용을 부담하는 조건이다.

### (1) EXW(EX Work; 공장인도조건)

공장인도(EXW)란 매도인이 물품을 수출통관하지 아니하고 어떤 수거용 차량(집화차량)에 적재하지 아니한 상태로 자신의 영업장 구내 또는 기타 지정된 장소(예컨대 작업장, 공장, 창고 등)에서 매수인의 임의 처분 하에 두었을 때 인도가 완료되는 정형거래조건을 말한다. 매도인은 매수인을 위하여 화물의 수출통관절차를 이행해 주거나 화물을 트럭에 적재해줄 의무가 원칙적으로 없다. 이 조건은 일반적인 매매거래에서 인도가 완료되는 시점에 소유권이 이전되고 그 이후의 물품에 대한 책임과 비용부담을 매도인은 지지 않으므로, 매도인에게는 물품에 대한 위험부담이나 비용부담, 기타 여러 가지 관련 의무의 부담이 13가지 정형거래조건 중 가장 가볍다. 이 조건은 복합운송을 포함하여 운송방식에 관계없이 사용될 수 있다.

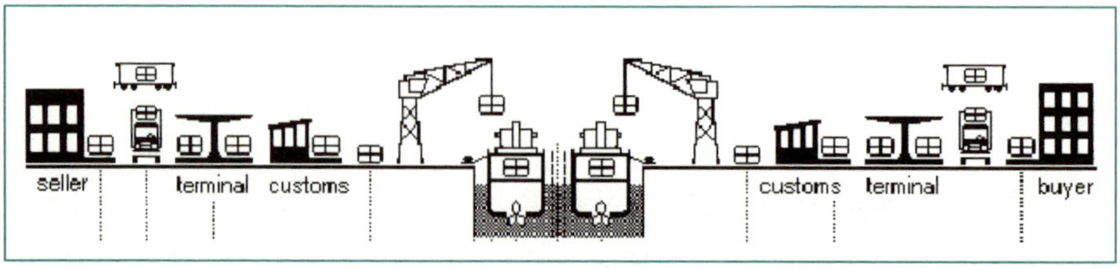


| D |
|---|
| R |
| E |

D: documents, R: risks, E: expenses
서류들과 위험, 비용부담이 이 지점에서 수입자에게 이전된다.

### (2) FCA(Free Carrier; 운송인인도조건)

운송인인도(FCA)라 함은 매도인이 물품을 수출통관하여 지정된 장소에서 매수인에 의하여 지정된 운송인에게 인도하는 것을 의미한다. 즉, 수출상은 수출통관까지 마친 후 지정된 지점에서 수입상이 정한 운송인의 관리 하에 물품을 인도함으로써 물품인도 의무를 끝낸다. 만약 수입자가 지정한 장소가 수출자의 사업장 내 구역이라면, 수출자는 트럭에 화물을 상차까지 해주어야 한다. 그러나 화물의 인도장소가 다른 곳이면 그곳까지 발생하는 육상운임은 수출상이 부담하지만 화물의 하차비는 수출자의 부담이 아니다. 이 조건 하에서 수출자는 장소를 불문하고 수입상에 의해 지정된 운송인에게 물품을 인도힘과 동시에 비용과 책임 부담이 수입상에게 이전한다. 이 조건은 복합운송을 포함하여 운송방식에 관계없이 사용될 수 있다.

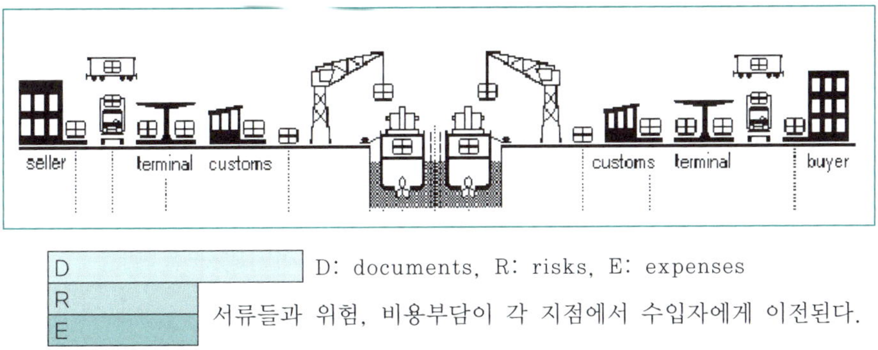


D: documents, R: risks, E: expenses
서류들과 위험, 비용부담이 각 지점에서 수입자에게 이전된다.

### (3) FAS(Free Alongside Ship; 선측인도조건)

선측인도(FAS)라 함은 물품을 지정된 선적항에서 수출통관을 완료한 후 본선의 선측(alongside the vessel)에 둘 때 매도인의 인도의무가 이행되는 것을 의미한다. 선측인도조건은 선측에서 수출자에 의해 화물이 인수가 되면 그 후 발생하는 화물의 손해나 손실, 그리고 포워더의 보수를 포함한 모든 비용들을 수입자가 부담한다는 뜻이다. 따라서 부선을 사용하는 작업일 경우, 선측까지 운반하는 부선의 사용비용 및 부선의 사고 시 사고비용 책임은 수출상의 부담이다. 또한 수출자는 수출통관 의무가 있다. 이 조건은 물품의 해상운송 또는 내수로 운송의 경우에만 사용한다. 특히 원맥, 원목, 원사 등 선적비용이 많이 드는 대량의 살물(bulk cargo)에 자주 쓰인다.

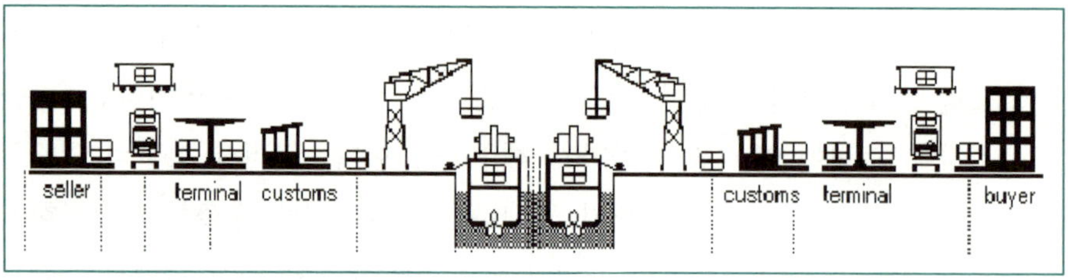


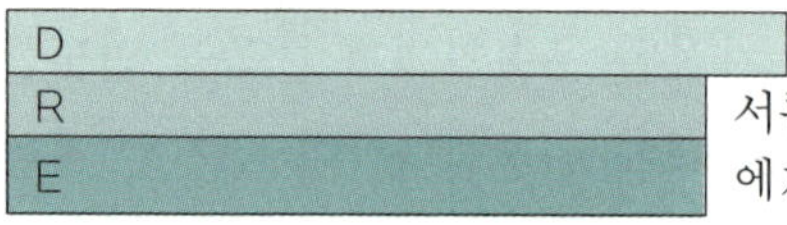


D: documents, R: risks, E: expenses
서류들과 위험, 비용부담이 각 지점에서 수입자에게 이전된다.

### (4) FOB(Free On Board; 본선인도조건)

본선인도(FOB)라 함은 물품이 지정된 선적항에서 본선의 난간(ship's rail)을 통과할 때 매도인의 인도의무가 이행되는 것을 말한다. FOB 조건은 본선인도조건으로 본선적재비용을 수출상이 책임진다. 수출상의 책임은 물품이 본선의 난간을 통과할 때 완료된다는 뜻이다. 수출자는 본선에 물품을 선적화는 것까지의 모든 비용을 포함한다. 수입상이 선박을 수배하여 수출상에게 통지하는 것이 원칙이나 실무상 수입상을 대신하여 수출상이 선박을 수배하기도 한다. 이 조건은 해상 또는 내수로 운송에만 사용될 수 있다.

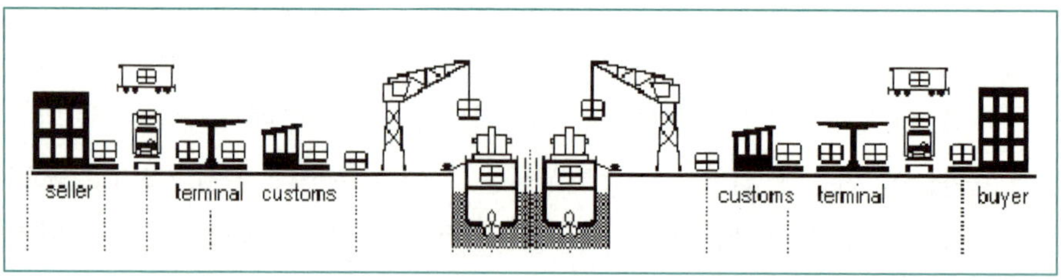

D
R
E

D: documents, R: risks, E: expenses
서류들과 위험, 비용부담이 각 지점에서 수입자에게 이전된다.

### (5) CFR(Cost and Freight; 운임포함조건)

운임포함인도(CFR)라 함은 물품이 선적항에서 본선의 난간을 통과하는 때에 매도인의 인도의무가 이행되는 것을 의미한다. 그러나 이 조건에서는 매도인이 목적항까지 물품운송에 필요한 운임을 부담하지만 물품에 대한 위험과 추가적인 비용은 물품이 선적항에서 본선의 난간을 통과 할 때 이선되기 때문에 위험부담의 이전시기와 비용부담의 이전시기가 불일치하다. 즉, 이 조건은 매도인이 매매계약에 지정된 목적항까지 운송계약을 체결하고 운임을 지급한다는 점에서 FOB 조건과는 다르지만, 기타 추가적인 비용 및 물품의 멸실이나 손상의 모든 위험은 물품이 선적항에서 본선의 난간을 통과할 때 매수인에게 이전된다는 점에서 FOB 조건과 같다.

주운임중 매도인이 부담하게 되는 비용은 목적항까지의 선적비 및 해상운임이며, 양륙비는 매수인이 부담하게 되나, 정기선 운송인 경우에는 해상운임에 양륙비도 포함되어 있음으로 매도인이 목적항에서의 양륙비도 부담하여야 한다. 이 조건은 FOB 조건과 같이 해상 또는 내수로 운송에만 사용될 수 있다.

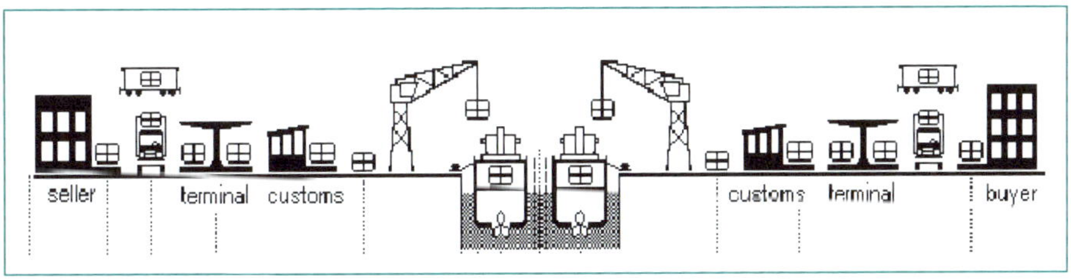


D documents
R risks
E expenses (정기선의 경우)

서류들과 위험, 비용부담이 각 지점에서 수입자에게 이전된다.

### (6) CIF(Cost, Insurance and Freight; 운임보험료포함조건)

운임보험료포함인도(CIF)라 함은 매도인이 목적항까지 물품의 운송에 필요한 비용을 지급하지만 물품에 대한 위험은 물품이 선적항에서 본선의 난간을 통과할 때 매수인에게 이전되는 조건이다. 즉, 매도인은 목적항까지의 운송계약과 보험계약을 자신의 위험과 비용부담으로 체결하여야 한다. CIF 조건도 CFR 조건과 같이 위험과 비용의 분기점이 일치하지 않는다.

이 조건은 매도인이 매수인을 위하여 보험계약을 체결하고 보험료를 납입한 것이기 때문에 피보험자는 매수인이 된다. 따라서 보험사고가 발생하는 경우 보험금을 수령할 권리는 매수인에게 있게 된다. CIF 조건은 CFR 가격에 해상보험료를 더한 것으로 보험계약 의무와 보험료 납부 의무를 수출상이 진다는 것 외에는 CFR 조건과 동일하다. 이 조건은 CFR 조건과 같이 해상 또는 내수로 운송에만 사용될 수 있다.

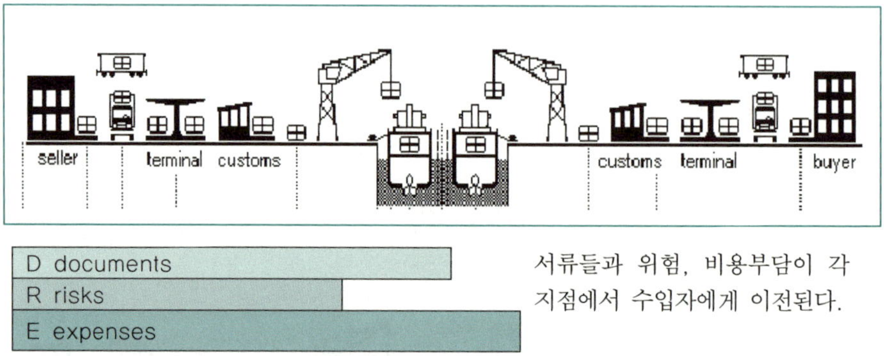


서류들과 위험, 비용부담이 각 지점에서 수입자에게 이전된다.

### (7) CPT(Carriage Paid To; 운임지급인도조건)

운송비지급인도(CPT)라 함은 매도인이 스스로 지정한 운송인에게 물품을 인도하되 지정된 목적지까지 물품을 운반하는데 필요한 운송비를 추가로 지급하는 조건이다. 매도인의 인도의무는 자신이 지정한 운송인에게 인도함으로써 완료되고 이후에 발생하는 모든 위험과 목적지까지의 운송비를 제외한 비용은 매수인이 부담한다. 즉, 이 조건도 CFR 조건과 같이 위험의 분기점과 비용의 분기점이 일치하지 않는다.

이 조건은 매도인이 목적지까지 운송계약을 체결하고 운송비를 지급한다는 점에서 CFR 조건과 유사하지만 CFR 조건은 해상운송을 전제로 하는 데 반하여 CPT 조건은 해상운송을 포함하여 모든 운송에 사용될 수 있다.

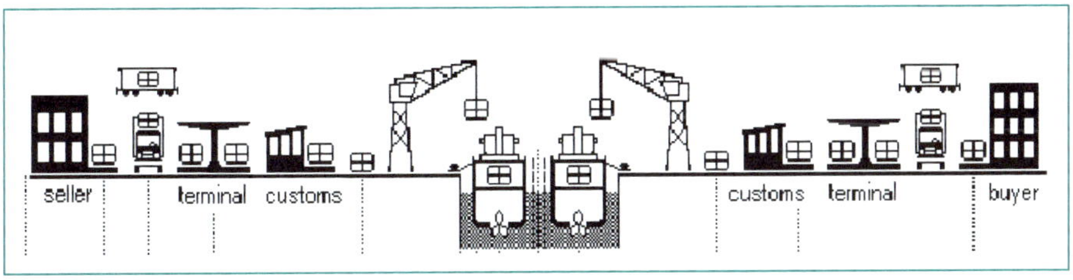


| D documents | |
|---|---|
| R risks | 서류들과 위험, 비용부담이 각 지점에서 수입자에게 이전된다. |
| E expenses | |

### (8) CIP(Carriage and Insurance Paid; 운임보험료지급인도조건)

운송비보험료지급인도(CIP)라 함은 매도인이 선적지에서 자신이 지정한 운송인에게 물품을 인도하되 지정된 목적지까지 운송계약과 보험계약을 체결하고 운송비(carriage)와 보험료(premium)를 지급하는 조건이다. 이 조건은 물품이 인도된 이후 발생하는 모든 위험과 운송비 및 보험료를 제외한 모든 비용은 매수인이 부담하는 것을 의미한다. 즉, 이 조건도 CIF 조건과 같이 위험의 분기점과 비용의 분기점이 일치하지 않는다.

이 조건은 매도인이 목적지까지 운송계약과 보험계약을 체결하고 운송비 및 보험료를 지급한다는 점에서 CIF 조건과 유사하지만 CIF 조건은 해상운송을 전제로 하는 데 반하여 CIP 조건은 해상운송을 포함하여 모든 운송에 사용될 수 있다.

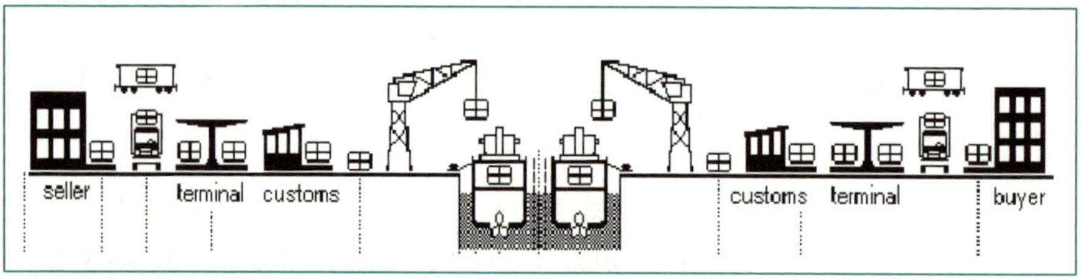


D documents

R risks 서류들과 위험, 비용부담이 각 지점에서 수입자에게 이전된다.

E expenses

### (9) DAT(Delivered At Terminal; 터미널인도조건)

터미널인도(DAT)라 함은 매도인이 물품을 수출 통관하여 지정 목적항 또는 지정 목적지에 있는 지정 터미널에서 매수인의 임의처분 상태로 인도하는 것을 의미한다. 이때 매도인은 지정 터미널에 도착된 화물을 운송수단으로부터 일단 양화하여 수입통관하지 않은 상태로 매수인에게 인도하게 된다.

이 조건은 해상운송뿐만 아니라 모든 운송수단에서 활용가능하다.

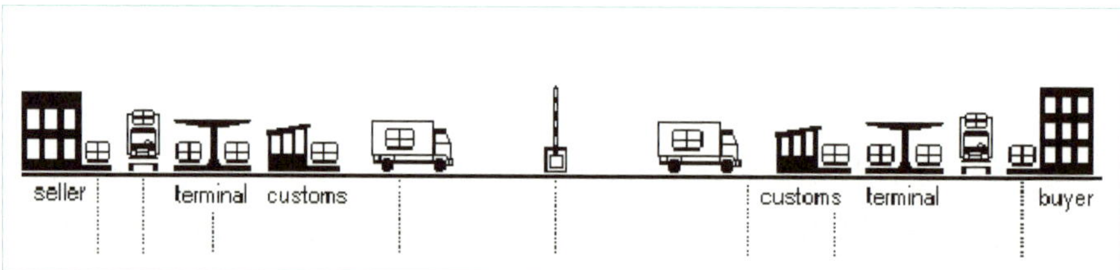


D documents

R risks

E expenses

서류들과 위험, 비용부담이 각 지점에서 수입자에게 이전된다

### (10) DAP(Delivered At Place; 목적지인도조건)

목적지인도(DAP)라 함은 지정목적지에서 수입통관을 필하지 않은 계약물품을 도착된 운송수단으로부터 양화하지 않은 상태로 매수인의

임의처분 상태로 인도하는 조건을 의미한다.

앞서 설명한 DAT와 가장 큰 차이점이라 할 수 있는 것이 바로 수출자인 매도인에게 양화책임의 존재 유무이다. 즉, DAT는 매도인에게 도착된 지정터미널에서 도착된 화물에 대한 양화의 책임이 존재하나 DAP는 매도인에게 이러한 양화의 책임이 존재하지 않는다.

DAT조건 역시 복합운송을 비롯하여 모든 운송수단에서 활용가능하다.

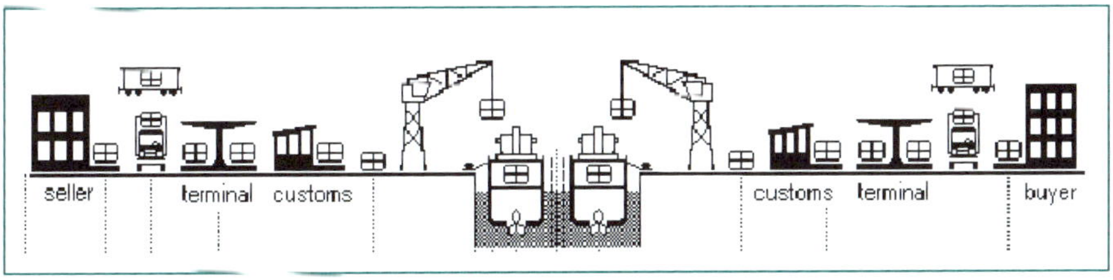


D documents

R risks

E expenses

서류들과 위험, 비용부담이 각 지점에서 수입자에게 이전된다.

### (11) DDP(Delivered Duty Paid; 관세지급인도조건)

관세지급인도(DDP)라 함은 매도인이 물품을 수입 통관하여 최종 목적지까지 운반한 후 운송수단으로부터 양화하지 아니한 상태로 매수인에게 인도하는 조건이다. 이 조건은 매도인의 13가지 정형거래조건 중 매도인의 의무가 최대인 조건이다. DDU 조건은 매도인이 수입지에서 직접 또는 간접적으로 수입허가 또는 수입통관 절차를 이행할 수 있는 경우, 즉 자신의 지점이나 대리점을 수입지에 두고 있는 경우에 사용하기 적합한 조건이다.

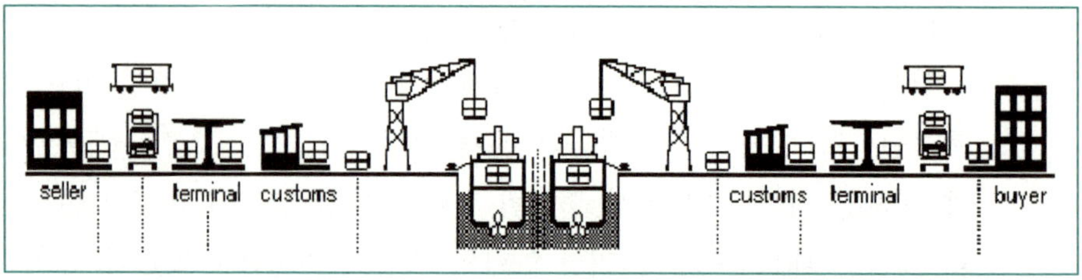


D documents
R risks
E expenses

서류들과 위험, 비용부담이 각 지점에서 수입자에게 이전된다.

**표 3-4** 11가지 정형무역거래조건의 위험과 비용의 분기점

| Group | | 가 격 조 건 | 통관 및 관세지불에 대한 수출자의무 여부 | | 비용의 이전 | 위험의 이전 |
|---|---|---|---|---|---|---|
| | | | 수출 | 수입 | | |
| 선적지인도조건 | E | EXW: Ex Works<br>(작업장인도조건) | X | X | 매도인의 공장 | 매도인의 공장 |
| | F | FCA: Free Carrier<br>(운송인인도조건) | O | X | 최초<br>복합운송인에게<br>물품 인도 시 | 최초의 복합운송인<br>에게 물품인도시 |
| | | FAS: Free Alongside Ship<br>(선측인도조건) | O | X | 선적항 본선 선측 | 선적항<br>본선 선측 |
| | | FOB: Free On Board<br>(본선인도조건) | O | X | 선적항 본선난간 | 선적항 본선난간 |
| | C | CFR: Cost and Freight<br>(운임포함인도조건) | O | X | FOB비용 +<br>목적항까지 운임 | 선적항 본선난간 |
| | | CIF: Cost, Insurance and Freight<br>(운임·보험료포함인도조건) | O | X | CFR비용 +<br>목적항까지 보험료 | 선적항 본선난간 |
| | | CPT: Carriage Paid To<br>(운송비지급인도조건) | O | X | 지정목적지 | 최초의 복합운송인<br>에게 물품인도시 |
| | | CIP: Carriage and Insurance Paid To<br>(운송비·보험료지급인도조건) | O | X | CPT비용 +<br>목적지까지 보험료 | 최초의 복합운송인<br>에게 물품인도시 |
| 도착지인도조건 | D | DAT: Delivered at Terminal<br>(터미널인도조건) | O | X | 지정 목적 터미널<br>(+양화의 비용) | 지정 목적 터미널 |
| | | DAP: Delivered at Place<br>(목적지인도조건) | O | X | 지정 목적지 | 지정 목적지 |
| | | DDP: Delivered Duty Paid<br>(관세지급인도조건) | O | O | 최종도착지 | 최종도착지 |

## 4. 포장조건

포장은 수출입상품이 운송도중 멸실이나 손상, 변형이 일어나지 않도록 내용물을 보호하여 상품의 본래가치를 유지하도록 하기 위한 상품에 부과되는 작업을 말한다.

포장은 견고성과 포장비용 자체의 절감 그리고 운임절감 등과 같이 경제성을 감안하여 포장조건을 거래당사자 간 합의에 의하여 결정하는데, 그에 적합한 포장을 해야 할 의무를 수출상이 부담한다. 따라서 수출자는 수출상품의 포장 시, 운송종료 후 수입자에게 인도한 상품이 선적 전 상품과 상태가 동일하도록 포장에 최선을 다하여야 한다. 만일, 운송도중 상품에 클레임이 발생하고, 그 원인이 포장불량에 인한 것으로 판명되면 이에 대한 책임은 전적으로 수출상에게 있으므로 보험회사나 선박회사가 책임을 지지 않는다. 포장조건(terms of packing)에는 외포장재, 화인(shipping mark) 등이 있다.

- 개장(Unitary Packing)과 내장(Interior Packing) : Trade Mark나 Brand, 제조자, 제품의 성분, 용량 등이 표시되고 적절하게 디자인된 제조자 고유의 포장재가 사용되므로 문제되지 않는다.
- 외장(Outer Packing) : 어떠한 소재를 선택할 것인가를 계약 시 정해 두어야 한다. 물품의 성질, 운송수단과 거리, 환적여부, 포장비와 운임, 기후조건, 당사국의 포장규정이나 상관습 등을 감안하여 포장재와 포장단위를 약정하되, 과대포장(over packing) 되지 않도록 유의하어야 한다.
- 화인(shipping mark) ; 화인은 포장화물의 외부포장에 기입하는 주화인(수입상의 상호), 포장번호, 목적항, 원산지, 주의표시 등의 표식들이다. 화인을 하는 목적은 무역운송의 경우 화물을 혼재하는 경우가 많기 때문에 화인이 없거나 불명확한 경우에는 다른 화물과 혼동이 되어 양화착오 또는 화물의 인도착오가 발

생할 수 있으므로 상품의 하역, 운송, 보관 등에 있어서 관계당사자들이 화물을 용이하게 구별할 수 있도록 하는데 있다.

[그림 3-3] 화인(Shipping Mark)

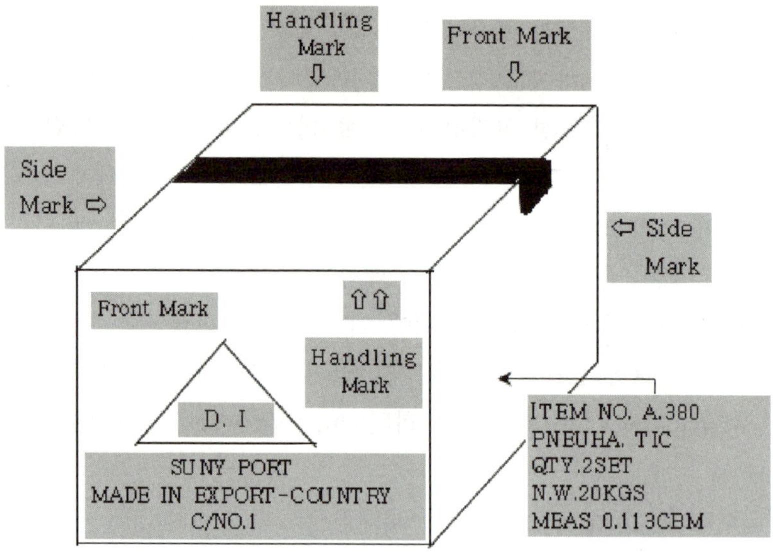


## 5. 선적조건

선적(shipment)이란 선박, 철도, 항공기 등에 계약물품을 싣는 것(loading)뿐만 아니라 우편을 이용할 경우의 발송(dispatch), 복합운송의 경우의 수탁(taking in charge)을 포함하는 포괄적 의미이다. 선적계약의 당사자 및 선적방법에 관해서는 INCOTERMS의 정형거래조건에 규정되어 있으며, 계약을 체결할 때에는 선적시기, 분할선적(partial shipment) 및 환적(transhipment), 지연선적 등에 대하여 명확히 해두어야 한다.

## 1) 선적시기 결정

- 단월(單月) / 연월(延月) 선적 : 특정 월을 선적시기로 정하는 경우. 예) "Terms of Shipment: March, 2013", "Terms of Shipment: March/April, 2013"
- 실무상 많이 이용되는 선적시기 결정방법은 다음과 같다. "Terms of Shipment: Within two months after receipt of your L/C", "Terms of Shipment: Within sixty days from the date of this contract", "Latest Date of Shipment: March 31, 2013"
  무역계약시 주의하여야 할 사항은 선적시기에 관하여 모호하게 즉시선적이라는 표현을 사용하지 말아야 한다. 즉시선적이란 선적시기를 특정 월이나 기간으로 명시하지 아니하고 "immediate shipment", "prompt shipment"처럼 막연하게 선적화도록 하는 것인데 이러한 표현은 매매당사자간에 분쟁이 야기되기 쉽다. 신용장거래와 관련하여 prompt, immediately, as soon so possible 등 유사한 표현을 사용해서는 안된다. 만일 그러한 용어가 사용되었을 경우에는 은행은 그것을 무시하도록 규정하고 있다.

## 2) 분할선적 및 환적

분할선적(partial shipment)은 단일 상품매매계약이지만 계약내용이 거액이고 이에 합당한 상품 보관 창고가 확보되지 않았거나, 단일 선적으로 계약상품 전체 이동이 불가능할 경우 등에 분할선적화여 선적하는 방법을 채택한다. 매매당사자가 계약 시에 분할선적을 금지하는 'partial shipments are not allowed' 또는 'partial shipments are prohibited'와 같은 규정을 약정하지 않았다면 분할선적은 허용되는 것으로 본다.

환적(transshipment)이란 선적항에서 상품을 선적화고 목적지로 가는 도중에 다른 선박 또는 다른 운송수단에 옮겨 싣는 행위를 말한다. 매수인의 입장에서는 물품이 환적될 경우 그 과정에서 파손 위험이 증가하기 때문에 환적을 원하지 않을 수 있다. 그리고 매도인의 입장에서는 직항로가 없는 경우나, 직항로가 있더라도 납기를 맞추기 위해서는 불가피하게 환적을 하여야 하는 경우도 있을 것이다. 따라서 매수인은 환적을 원하지 않는 경우에는 'transshipment is not allowed' 또는 'transshipment is prohibited' 등의 명확히 약정하여야 한다. 그러나 복합운송(combined transport, multimodal transport)의 경우에는 환적금지문언이 있더라도 환적이 허용된다.

### 3) 선적의 지연

매도인이 고의, 과실 또는 태만으로 인하여 약정된 기간 내에 선적이 미이행되어 선적지연이 야기되었을 경우에는 당연히 매도인이 책임을 져야 한다. 그러나 선적지연 원인이 천재지변이나 전쟁 등 불가항력인 원인에 의하여 발생하는 경우에는 수출지 주재 상대방의 공관이나 상공회의소 등 공적기관의 동 사태에 대한 입증을 통하여 선적을 일시 지연시키거나 선적의무를 완전히 면제받을 수 있다. 이와 같은 불가항력사태가 발생할 경우를 대비하여 매매계약 시에는 불가항력조항(force majeure)을 약정하여 두는 것이 중요하다. 또한 불가항력조항은 추상적이어서는 안 되고 구체적으로 약정하여야 한다.

## 6. 결제조건

무역대금의 결제방법은 여러 가지 방법이 있을 수 있으나 크게 송금결제(remittance settlement), 추심결제(documentary collection), 신용장결제(letter of credit)방식으로 분류할 수 있다.

송금결제는 계약 물품의 인도 전, 인도와 동시, 또는 인도 후에 대금을 전신환(T/T: telegraphic transfer) 또는 우편환(M/T: mail transfer)

을 이용하여 대금을 결제하는 단순 송금방식이다. 이는 다시 CWO(cash with order), CAD(cash against documents), COD(cash on delivery) 등이 있다.

추심결제는 상품의 선적 후 제시되는 화환어음(documentary bill of exchange)을 인수 또는 지급하는 방식이다. 이에는 지급도(D/P: document against payment)조건과 인수도(D/A: document against acceptance)조건이 있다.

이 밖에 제3자인 은행이 개입하여 대금의 지급을 보장하는 신용장(L/C: letter of credit)결제방식이 가장 많이 쓰인다.

무역결제와 관련한 내용은 제5장 무역대금의 회수와 분쟁의 해결에서 보다 구체적으로 살펴보기로 한다.

## 7. 보험조건

운송중인 물품은 예상하지 않는 위험을 만나 손해가 발생할 가능성이 있기 때문에 이러한 위험을 담보받기 위해서는 적화보험(cargo insurance)을 부보(cover)하여 만일의 손해 발생에 대비하여야 한다. 적화보험은 해상운송이나 해륙복합운송의 경우에는 해상적화보험(marine cargo insurance), 육상운송의 경우에는 운송보험(transport insurance), 그리고 항공운송의 경우에는 항공운송보험(air transport insurance)을 이용한다.

매도인이나 매수인이 자신을 위하여 보험에 부보해야 할 무역거래조건의 경우에는 보험계약에 관한 명시적인 규정이 필요 없지만, CIF 또는 CIP 계약과 같이 매도인이 매수인을 위해 화물을 보험에 부보하는 경우에는 보험조건을 명확히 결정해 둘 필요가 있다. CIF 또는 CIP 계약의 경우, 수익자를 매수인으로 하여 매도인이 매수인을 위하여 상품을 보험에 부보를 하지만 실무적으로 매도인은 최저의 보험조건만을 부보하게 되므로, 수입자는 추가적인 위험에 대하여 보험에 부보하고자 하는 경우에는 이러한 사항을 매매계약 시에 명확히 약정하거나 자신의 비용부담으로 추가 위험에 대해 부보하여야 한다.

적화보험은 한 보험자가 다수의 보험계약자와 계약을 체결하므로 각 계약마다 내용을 달리할 수 없는 부합계약(contract of adhesion)이므로 자유계약원칙에 따라 계약조건 하나 하나를 상호 협의하여 정하지 않고 보험자가 제시하는 약관을 보험계약자가 승인하므로써 체결된다. 따라서 보험계약자는 담보위험에 관하여 제시된 담보조건을 선택하는 권리만 있게 된다. 이러한 담보조건은 런던보험자협회에서 제정한 협회적화약관(Institute Cargo Clauses : ICC)인 ICC(A), ICC(B), ICC(C)가 있다. 이러한 담보조건 중에서 보험계약자가 하나를 선택하여 계약을 체결한다. 그리고 제품의 특성이나 운송 지역 등을 고려하여 필요에 따라 각종 특별약관이나 부가약관 등을 통해 전쟁위험, 동맹파업위험 등에 대비하여야 한다.

## 8. 분쟁해결조건

국제간의 무역은 본질적으로 언어, 상관습, 법률 등이 다른 지역간의 거래이기 때문에 국내거래에 비하여 계약조건의 상이한 해석이나 계약의 불이행 등으로 인하여 분쟁이 많이 발생한다. 이로 인하여 손해를 입은 당사자가 손해배상을 청구하는 것을 클레임(claim)이라고 부른다.

이러한 분쟁의 신속한 해결을 위하여 분쟁시 적용할 준거법, 클레임의 제기시기 및 방법, 분쟁해결을 위한 중재조항 등을 계약서에 명시하여 두는 것이 바람직하다. 특히 국제간의 거래시 발생하는 클레임의 경우 주로 상사중재(arbitration)에 의하여 해결한다. 중재조항에는 중재의 장소, 중재를 진행할 기관, 중재규칙 등을 상세히 명시하여야 한다. 분쟁해결조건은 제5장에서 보다 자세히 설명하기로 한다.

〈 사례 3-1 〉

# 무역계약서

# SALES AGREEMENT

This Agreement is made on March 1, 2006 by and between Westerly Furniture Co., Inc., at 1250 Park Ave., New York, NY 10020, U.S.A. ("Buyer") and Korea Furniture Co., Inc. at 134, Seocho-dong, Seocho-ku, Seoul, Korea ("Seller").

| | |
|---|---|
| Sale of Goods | The buyer shall purchase from the seller and the seller shall sell to the buyer newly manufactured Executive Desk Sets("goods") subject to the terms and conditions herein provided. |
| Quality | Goods sold on the specification shall be guaranteed by the seller to be fully equal to products upon shipping at shipped place. The specification and quality of the goods shall be prescribed and specified on the specification attached hereto. |
| Quantity | For 5 years commencing March 1, 2006, the buyer shall purchase from the seller and the seller sell to the buyer two hundred(200) pieces of the Goods per year to make the total quantities of the sale of the goods one thousand (1,000) pieces during March 1, 2006 to February 28, 2009. |
| Price | All offers or quotations are to be the cost of the Goods, Marine Insurance Premium and Ocean Freight to destination, the use of the terms "CIF" to be construed accordingly. |
| Packing | The Goods shall be packed and marked in the customary manner for exporting. In case special instructions are necessary, Buyer shall furnish seller with such instructions in time for preparation or |

| | |
|---|---|
| | shipment of the goods. |
| Insurance | Seller shall effect marine insurance on all shipments on ICC(B) for 110% of the invoice amount. |
| Shipment | Date of Bill of Lading constitutes time of shipment. In case of force majeure one month's delay is allowed. After the delay allowed the seller must get the buyer's consent before shipping goods that are late, and it is at the buyer's option either to accept the delayed shipment or to cancel the order, in which case notice of cancellation should be faxed immediately. |
| Payment | Drafts are to be drawn on the buyer for full invoice amount with one of the following mode of payment: At sight under Irrevocable Letter of Credit |
| Claim & Arbitration | All disputes, controversies, or differences which may arise between the parties, out of, or in relation to, or in connection with this contract, or for the breach thereof, shall be finally settled by arbitration in Seoul, Korea in accordance with the Commercial Arbitration Rules of the Korean Commercial Arbitration Board and under the Laws of Korea. The award rendered by the arbitrator(s) shall be final and binding upon both parties concerned. |

Buyer,
*Westerly Furniture Co., Inc.*
1250 Park Avenue
New York, NY 10020
U.S.A.

__________________

Nike Jordon
President

Seller,
*Korea Furniture Co., Inc.*
134 Seocho-dong
Seocho-ku, Seoul 130-070
Republic of Korea

__________________

James A. Sung
President

# 제3절 수출입승인과 통관

## 1. 수출입승인

현행 우리나라 수출입품목관리 체계는 negative list system이기 때문에 원칙적으로 수출입승인이 필요 없다. 다만, 대외무역법의 수출입공고 등에서 수출입제한·승인 혹은 수출입금지 품목으로 명기되어 있는 품목의 수출입은 수출입승인이 필요하다. 따라서 수출상은 계약물품이 수출제한승인 품목에 속하는지를 확인하여 필요하다면 관련협회나 조합 등으로부터 승인을 받아야 한다.

수출입승인을 지식경제부로부터 위임받은 기관은 대외무역법을 비롯한 각종 무역관련법규에서 규정하고 있는 바를 충족하고 있는가를 검토한 후 승인해 준다.

만약 정부에서 수출입 승인품목을 체계적으로 분류하여 공고하지 않는다면 무역거래자는 많은 혼란을 겪을 것이다. 이를 해소하고 국가 간 무역거래를 원활하게 하기 위하여 지식경제부장관은 수출입공고, 통합공고, 전략물자·기술수출입통합고시 등을 통해 수출입제한, 금지 품목 및 수출입승인 절차 등을 공고하고 있다.

대외무역법 제11조는 지식경제부장관은 헌법에 따라 체결·공포된 조약과 일반적으로 승인된 국제법규에 따른 의무의 이행, 생물자원의 보호 등을 위하여 필요하다고 인정하면 물품등의 수출 또는 수입을 제한하거나 금지할 수 있다고 규정하고 있다. 즉, 수출입공고란 산업자원부장관이 수출입 승인대상 물품의 품목별 수량, 금액, 규격 및 수출 또는 수입지역 등의 한정 등 물품의 수출 또는 수입의 제한 및 절차 등을 정하여 공고하는 것으로, 수출입품목관리를 위한 기본공고이다.

통합공고는 수출입공고에서 수출입을 제한하지 않는 품목이라도 국민건강, 환경보호, 문화재보호 등을 위하여 해당품목을 관장하는 50여개 개별법에서 수출입을 제한하고 있는 경우, 지식경제부장관이 이들 개별법 상의 수출입요령 등을 통합하여 공고하는 것을 말한다.

전략물자·기술수출입통합고시는 국제평화 및 안전의 유지, 국가안보를 위하여 지식경제부장관이 필요하다고 인정하는 전략물자를 고시하는 것으로, 이에 따라 전략물자를 수출입하고자 하는 자는 관계행정기관의 장으로부터 허가를 받아야 한다.

## 2. 수출통관

수출품을 확보한 후 선적을 하려면 먼저 수출통관 절차를 밟아야 한다. 수출통관 절차라 함은 수출하고자 하는 물품을 세관에 신고하고 세관에서는 신고된 내용에 따라 수출금지품 혹은 수출입공고 등에 위반되는 품목인지를 검사하여 이상이 없는 경우 수출신고필증을 교부하는 일련의 절차를 말한다.

### 1) 수출신고

수출신고는 내국물품을 외국에 반출하겠다는 의사표시를 세관에 하는 것이다. 수출신고는 과거에는 수출면허를 받기 위하여 수출품을 보세구역에 반입하여 신고하도록 하였으나 현재는 원칙적으로 EDI (Electronic Data Interchange)를 통하여 P/L(paperless)로 하며, 수출품의 제조 전에도 수출신고가 가능하다.

수출품의 보세구역반입의 폐지와 EDI 도입으로 물류비용과 수출통관비용이 대폭 절감되고 있어 수출단가를 낮추는데 기여하고 있다.

수출신고시 필요한 서류에는 수출신고서, 수출승인서(수출제한승인품목의 경우), 상업송장, 포장명세서가 있다. 수출신고는 화주, 관세사 관세사법인, 통관법인이 할 수 있다.

[그림 3-4] 수출통관업무처리 흐름도

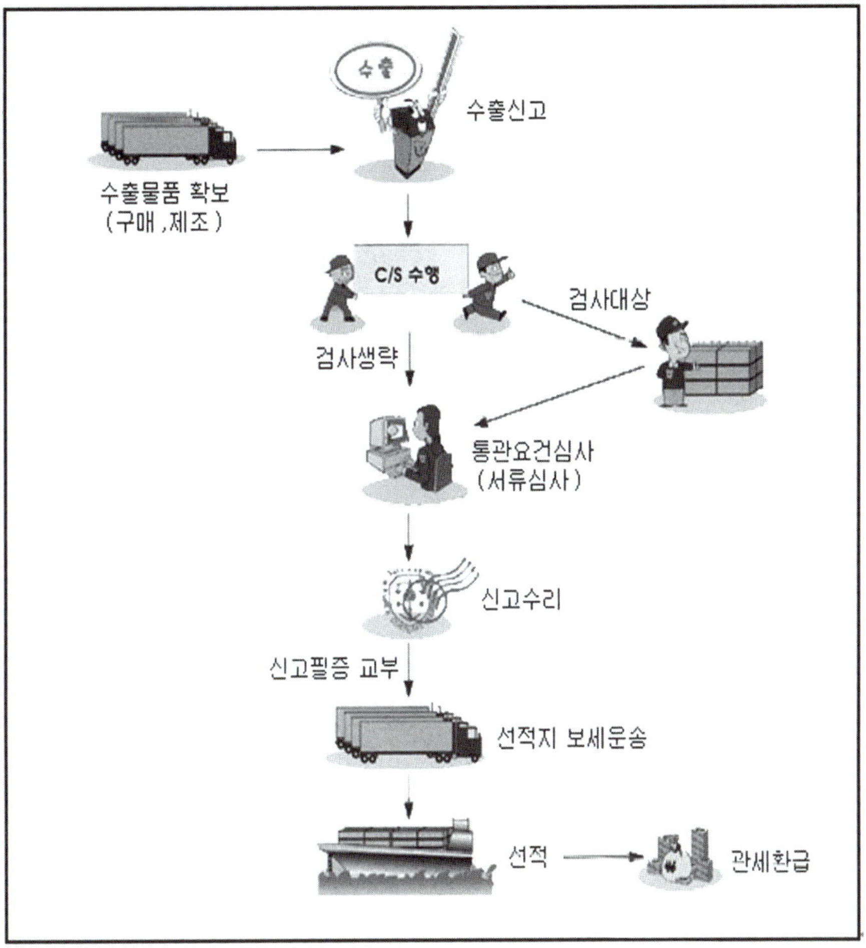

### 2) 수출 및 세관검사

세관은 수출신고가 접수되면 신고된 내용에 따라 대외무역법 등 수출법령에서의 규제사항 이행여부, 수출승인품목 확인, 품목분류번호의 정확성 등을 심사한다. 이러한 심사는 전자서류에 의해 이루어지며 보다 자세한 정보가 필요하다고 세관이 판단하면 종이서류를 요구할 수 있다.

또한 신고된 모든 수출품은 관세청의 화물선별제도(C/S: Cargo Selectivity System)를 통하여 검사생략과 검사대상으로 구분처리 된다. 검사생략으로 분류된 수출품은 전산으로 즉시 관할 세관장이 수출신고필증을 교부한다. 검사대상품목은 세관장이 지정한 보세구역에 반입하여 검사하는 것을 원칙으로 하고 있다. 검사의 목적은 위장 및 불법 수출의 방지, 관세 등 환급의 정확성을 기하기 위함이다. 수출품 전품목을 검사하기는 사실상 불가능하고 신속한 통관을 위하여 관세청은 세관별로 1% 이내에서 우범가능성이 큰 품목을 대상으로 검사대상품을 선별한다.

## 3. 수입통관

수입통관이란 수입하고자 하는 물품을 세관에 수입신고한 후 필요한 경우 심사와 검사를 거쳐 수입신고수리를 받고 수입물품을 인수한 후 관세 등을 납부하기까지의 일련의 절차를 말한다.

### 1) 수입신고

물품을 외국에서 수입하려면 해당 물품의 품명, 금액, 수량 및 가격 등을 세관에 신고하여야 하며, 세관에서 수입신고를 수리하여야 물품을 국내로 반입할 수 있다. 수입신고는 우리나라에 물품이 도착되기 전에도 가능하다. 이러한 신고를 입항전 수입신고라고 한다. 이런 경우 화물이 부두에 도착하기 전에 통관심사가 완료되어 도착과 동시에 부두에서 곧장 공장 혹은 소비자에게 반출할 수 있다. 따라서 항만대기 시간을 대폭 감축시킴으로써 물류 관련비용을 절감하는 효과를 보고 있다. 물품이 이미 우리나라에 도착된 경우에는 이를 보세장치장에 장치하여야 하는데 수입신고는 보세장치장 반입전이나 반입 후 어느 때라도 가능하다.

수입신고는 화주, 관세사, 관세사법인, 통관취급법인의 명의로 하여야 한다. 화주가 직접 신고하는 경우에는 수입신고 사항을 세관에 전송하기 위해 PC 등을 갖춘 후 세관에서 ID를 부여받아 신고하는 방법과 영세수출업체의 경우 무역협회 등에 설치된 공용단말기를 통하여 신고하는 방법이 있다.

## 2) 신고의 수리 및 물품검사

수입신고를 접수한 세관은 수출품검사와 마찬가지로 통관시스템의 C/S에 의거하여 즉시수리, 심사대상, 물품검사 대상물품으로 분류한다.

대부분의 물품은 즉시수리물품으로 분류되어 수입신고서 및 제출서류가 형식적 요건을 구비하였는지 여부만 확인한 후 수입신고필증을 교부하여 준다. 심사대상물품에 대해서는 제출서류의 구비여부, 세번 및 세율의 적정여부, 수입승인사항과 신고사항의 일치여부, 수입통관 허용여부 등을 검토하기 위하여 관련 서류를 중점 심사하며, 필요한 경우 현품을 확인할 수도 있다.

물품검사 대상물품에 대해서는 수입신고된 물품 이외에 은닉된 물품이 있는지를 정밀 조사한다. 물품검사 대상물품은 우범성화물이 내부분으로 2인 이상이 복수검사를 실시하여 은닉물품이 있는지를 검사하게 된다.

[그림 3-5] 수입통관업무 처리 흐름도

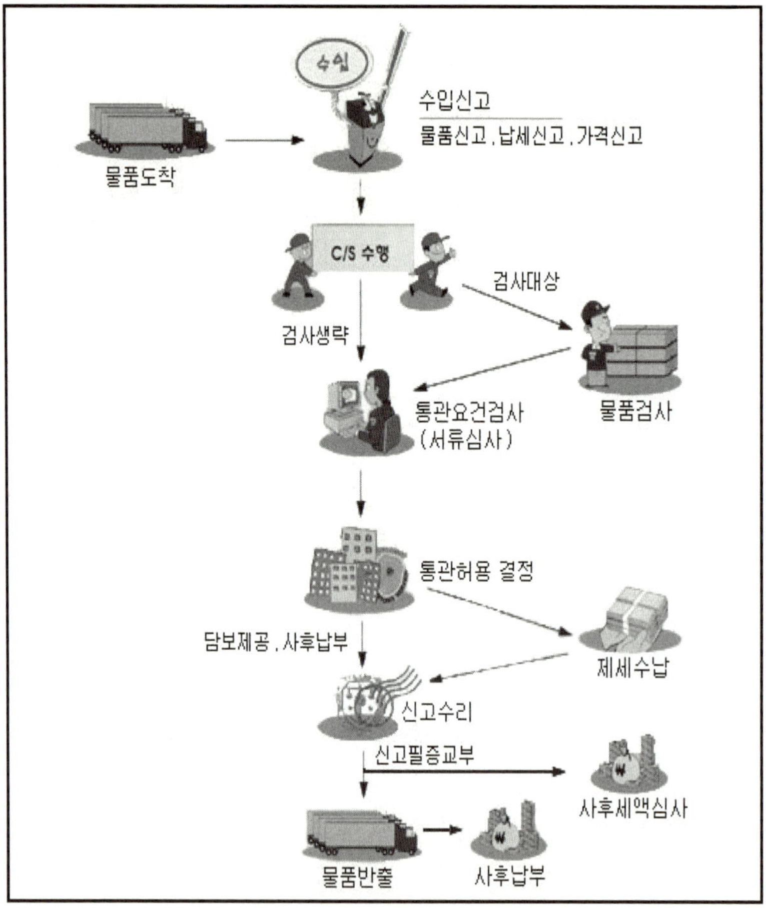


### 3) 관세의 납부

세관의 심사결과 통관을 허용하기로 결정한 경우에는 해당물품에 대한 관세 등을 납부하거나 해당 세액에 상당하는 담보를 제공하여야 신고 수리가 되어 물품을 반출할 수 있다. 담보를 제공한 경우에는 신고수리 후 15일 이내에 관세를 납부하여야 한다.

원칙적으로 수입물품에 대하여는 정하여진 관세와 내국세 등을 납부하여야 하지만 관세가 면제되거나 일부가 감면되는 경우가 있으며, 관세를 납부하였다 하더라도 이를 원재료로 사용하여 수출한 경우에는 납부하였던 관세를 환급해 주기도 한다.

수입물품에 대한 관세는 신고납부가 원칙이므로 납세의무자가 관세와 수입물품에 부과되는 내국세를 계산하여 세관에 EDI방식으로 전송한다. 관세는 국내도착가격(CIF US$)을 기준으로 수입신고일의 과세환율을 적용한 금액에 해당 물품의 관세율을 곱하여 산출한다. 이때 수입물품에 대하여 부과되는 부가가치세 등 내국세에 내하여도 관세와 함께 납부하여야 한다.

표 3-5 관세산출방식

| 관 세 | |
|---|---|
| 종가세 적용물품 | 거래가격(일반적으로 CIF가격) × 과세환율 = 감정가격 × 관세율 = 관세 |
| 종량세 적용물품 | 수입물품의 수량 × 일정액(관세율표상) = 관세 |

예를 들면 CIF US$5,000 과세환율 1,100원/ $, 관세율 8%인 경우에 납부할 관세는 440,000원(CIF$5,000×1,100원/ $ ×8%), 부가가치세는 594,000원(CIF$5,000×1,100원/ $ ×1.08×10%)이 되어 총 납부해야 할 세금은 1,034,000원이 된다.

# 4 제 4 장 국제운송과 보험

제1절 선적전 활동

제2절 국제운송

제3절 해상보험

제4절 선적관련서류

# 제1절 선적전 활동

## 1. 수출물품의 확보

수출자는 상품을 수출을 하기 위하여 먼저 해당 수출상품의 확보가 선행되어야 한다. 실무적으로 수출상품의 확보는 보통 두 가지 방법에 의하여 이루어지는데 수출업체가 상품을 직접 제조·생산하거나 해당 완제품을 외부로부터 구매하기도 한다. 수출업체가 해당 상품을 직접 제조·생산할 경우, 물품의 제조·생산을 위해 소요되는 원재료의 확보는 국내에서 구매하거나 외국으로부터의 수입에 의존하기도 한다.

즉, 수출자는 수출물품을 확보하기 위하여 수출자의 자기공장에서 수출물품을 직접 생산하거나 다른 회사에서 생산한 수출물품을 국내에서 구매할 수 있다. 또 수출물품을 제조 생산하기 위한 원자재를 국내에서 구입하거나 외국에서 수입할 수 있다.

## 2. 수출포장

수출포장이라 함은 "수출상품에 발생하는 멸실이나, 손해, 또는 비용이 불충분한 포장이나 부적합한 포장을 그 원인으로 발생하지 않도록 상품의 고유특성과 운송구간, 운송기간 등을 고려하여 운송 전 원형 그대로의 상태를 운송 종료 후까지 상품이 안전하게 유지할 수 있도록 하게 하는 다분히 인위적이고 계획적인 행위"를 말한다.

### 1) 포장의 기능

수출포장은 크게 개장(個裝)·내장(內裝)·외장(外裝)의 3종류로 분류된다. 개장(unitary packing)이란 최소 소매단위를 개별적으로 포장하는 것을 말하는 것으로, 물품의 보호기능과 소비자의 구매욕구를 자극하기 위한 기능을 한다. 내장(inner packing)은 개장된 물품을 수송 또는 취급하기에 편리하도록 일정한 양의 개장물품을 묶어 다시 한번 포장하는 것을 말한다. 그리고 외장(outer packing)은 운송 중 화물의 변질, 파손, 도난, 멸실 등을 방지하고 하역에 편리하도록 몇 개의 내장을 목재나 골판지 등으로 된 상자에 다시 포장하는 것을 말한다. 이러한 외장에는 화물의 단위화(unitization)를 고려하여야 한다. 즉, 팔레트(pallet)나 컨테이너(container) 등의 규격에 맞게 외장을 조정하여야 한다.

또한 포장은 상품이 생산되어 마지막 소비자에게 건네지고 소비되기까지 필요한 보호기능 및 생산성, 기계적응성, 편리성, 보온성, 방습성, 안전성, 위생성, 폐분성, 판매촉진성 등, 상품의 성질과 유통환경에 따라 다양한 기능과 저렴한 비용이 요구된다.

### 2) 화인(Shipping Mark)

화인은 물품을 포장한 후 외장에 특정의 기호, 포장번호, 목적항, 그리고 원산지 등을 표시하여 포장 상호간 식별할 수 있도록 하는 것을 말한다. 이러한 화인의 주요표시는 선화증권이나 포장명세서 등에 그대로 나타나므로 화물과 서류의 대조가 가능하다. 간혹 각 서류상의 표시가 일치하지 않는 예가 있으므로 주의를 요하는 사항이다. 서류 상호간의 불일치는 하자로 간주되므로 각별히 주의하여 검사하여야 한다.

표 4-1 화인

| | | |
|---|---|---|
| 1. SHPPING MARK (SIDE PANEL 2면 표시) | •MAIN MARK – LOGO<br>•DESTINATION<br>•V.I.A<br>•PORT NAME<br>•PKG NO. (CASE NO)<br>•COUNTRY OF ORIGIN | <br> |
| 2. SUB MARK | •P/O NO.<br>•OR L/C NOO<br>•NET WEIGHT OR<br>•GROSS WEIGHT<br>•SIZE :<br>MEASUREMENT | **EXAMPLE]**<br>**P/O NO : IN001-3456**<br>**G/WEIGHT : 3,500 KGS**<br>**SIZE : 2200 X 1800 X 1950 mm** |
| 3. CARE & CAUTION MARK | 물품 취급 표시(CAUTION MARK)는 양질의 방수잉크 또는 붉은색 유성 페인트로 END PANEL &SIDE PANEL 표기.<br>1. FRAGILE 2. KEEP DRY<br>3. THIS SIDE UP 4. USE NO HOOK<br>5. SLING HERE 6. HEAVY WEIGHT THIS END<br>7. DO NOT DROP 8. CENTER OF BALANCE<br><br> | |
| 4. COLOR MARK | 제품별 식별이 용이하도록 BOX 상단 모서리에 PART별 지정된 색깔을 삼각형 형태로 선명히 표시. 삼각형의 치수는 서로 직각이며 –변의 길이 20CM이상 | |

## 3. 선적준비 및 선박수배

수출자는 수출물품의 확보가 종료되면 선박회사에 선적스케줄을 요청하여 수입자와 계약한 선적 스케줄에 맞춰 수출물품의 선적예약을 해야 한다. 실무적으로 한국 내 존재하는 모든 선박회사들은 인터넷상에서 전용 홈페이지를 운영하고 있으므로 수출자는 인터넷상에서 선적스케줄을 확인할 수 있고, 운임견적과 선복요청 모두가 가능하므로 편리하게 선적업무를 수행할 수 있다.

# 제2절 국제운송

국제간의 무역은 본질적으로 서로 멀리 떨어져 있는 국가에 거주하는 매매당사자 간에 이루어지기 때문에 계약물품의 운송(transportation)이 중요한 문제 중의 하나이다. 유럽이나 북미지역 국가 간의 무역에는 철도나 트럭 등을 이용한 육상운송이 주를 이루고 있으나, 전통적으로 국제무역은 해상운송을 중심으로 발전되어 오고 있다. 최근에는 컨테이너의 발달로 해상·육상·항공 중 어느 두 가지 이상을 이용하는 복합운송도 보편화되고 있다. 또한 신속한 운송을 위하여 항공운송의 이용도 증가하고 있는 추세이다.

국제거래 당사자들은 화물의 종류, 운송의 안정성, 운임, 운송구간 등 모든 여건을 고려한 다음, 운송수단별 특성을 면밀하게 반영하여 최적의 운송수단을 선택하여야 한다.

## 1. 해상운송

해상운송(ocean transportation)은 해상에서 선박을 이용하여 사람 또는 화물을 운송하고 그 대가로 운임을 얻는 상행위를 말한다. 이는 육상이나 항공운송에 비하여 많은 위험이 있고 운송시간이 많이 걸린다는 단점이 있지만, 한꺼번에 대량의 화물을 저렴한 비용으로 운반할 수 있는 것이 장점이다. 이러한 장점 때문에 해상운송은 국제무역의 운송 수단으로 가장 널리 이용되고 있다.

우리나라의 경우 지리적인 특징 등으로 인하여 해상운송은 더욱 발전되어 있다. 즉, 외국과 육로가 거의 연결되어 있지 않아 대량의 물품을 수출입하기 위해서는 해상운송이 가장 적합한 운송방식으로 이용될 수밖에 없었기 때문이다. 우리나라의 이러한 해상운송의 발전은 해 조선, 항만, 물류 등과 같이 해상운송과 연관된 산업의 발전을 견인하고 있다.

## 1) 해상운송의 형태

해상운송은 선박이 운항되는 형태에 따라 정기선과 부정기선 운항으로 나눌 수 있다. 정기선(liner)이란 엄격한 운송 계획 하에서 특정한 항로나 항만을 규칙적으로 왕복 운항하는 선박을 말한다. 이는 다수 하주의 소량화물 및 컨테이너 화물, 여객, 우편물 등을 주요 운송대상으로 한다. 정기선은 고정된 항로, 운임률, 운항 계획 등에 의하여 화물이 만선 여부에 관계없이 지정 항로를 항해하므로 많은 고정비용이 들게 되어 자연히 운임도 부정기선에 비해서 높다.

부정기선(tramper)은 정기선과는 달리 고정된 항로가 없이 하주의 요구에 따라 수시로 어느 곳이나 운항하는 선박을 말한다. 정기선이 화물이 선박을 찾아가는 형태라면 부정기선은 선박이 화물을 찾아가는 형태라고 할 수 있다. 부정기선은 단일 하주의 대량 화물, 즉 광석, 곡물, 원유, 원목 등을 주 운송대상으로 한다. 운임이 그 당시의 수요와 공급에 의하여 결정되므로 수시로 변동하며, 일반적으로 정기선보다 저렴하다.

표 4-2 정기선과 부정기선 비교

| 구 분 | 정기선 운송 | 부정기선 운송 |
|---|---|---|
| 운항 형태 | 규칙성. 반복성 | 불규칙성 |
| 운 송 인 | 보통운송인(COMMON CARRIER)<br>공중운송인(PUBLIC CARRIER) | 계약운송인(CONTRACT CARRIER)<br>전용운송인(PRIVATE CARRIER) |
| 화물의 성격 | 이종화물 | 동종화물 |
| 화물의 가치 | 고 가 | 저 가 |
| 운 송 계 약 | 선화증권(BILL OF LADING) | 용선계약서(CHARTER PARTY) |
| 운 임 | · 동일운임(동일품목/상이한 화주)<br>· 운임률(TARIFF)적용<br>· 운임동맹 | 선박의 수요와 공급에 의해 결정 |
| 서 비 스 | 화주의 요구에 따라 조정 | 선주.용선자간 합의 결정 |
| 선 박 | 고가.구조복잡(컨테이너선) | 저가.구조단순(벌크선) |
| 조 직 | 대형조직(본사 및 해외점소) | 소형조직 |
| 화물의 집화 | 영업부 직원 | 중 개 인 |

### 2) 해상운송계약의 형태

해상운송계약은 선주와 화주간에 체결되는데 화주는 INCOTERMS 2000의 정형거래조건에 따라 수출상 혹은 수입상이 될 수 있다. 즉, E그룹(EXW)과 F그룹(FCA, FAS, FOB)에서는 수입업자가, C그룹(CFR, CIF, CPT, CIP)과 D그룹(DAF, DES, DEQ, DDU, DDP)에서는 수출업자가 각각 운송계약을 체결한다. 해상운송계약은 화물의 성질과 수량에 따라 개품운송계약과 용선운송계약으로 구분할 수 있다.

개품(個品)운송계약은 주로 정기선의 경우에 이용되는 계약형태로 선박회사가 다수의 하주와 화물에 대한 운송계약을 개별적으로 체결하는 것을 말한다. 개품운송계약은 불요식 계약이므로 계약서는 필요없고, 송하인(shipper) 또는 그 대리인이 선박회사에 선복의 사용을 신청(shipping request)하면, 운송인이 이를 수락함으로써 운송계약이 성립된다. 물품을 선적하게 되면 그에 대한 증거로 선박회사는 하주에게 선화증권(B/L: bill of lading)을 발행한다.

용선(傭船)운송계약은 선복의 전부 또는 일부를 빌려 화물을 운송하고자 할 경우에 체결하는 계약이다. 이때 계약체결의 증거로 선박회사는 용선계약서(C/P: charter party)를 발행한다. 용선운송에 의하여 운송되는 물품은 주로 곡물, 광석 등의 bulk cargo이며 부정기선을 이용하는 것이 일반적이다. 자기 화물을 운송하기 위하여 용선하는 경우도 있지만, 타인의 화물을 운송하고 그 운임과 용선료의 차액을 바라고 용선을 하는 전문해운업자들이 대부분이다. 용선운송계약은 선복의 범위에 따라 전부용선(whole charter)과 일부용선(partial charter)으로 구분된다. 또한 전부용선은 용선료의 계산방법에 따라 정기용선(time charter), 항해용선(voyage charter), 나용선(bare boat charter)으로 구분된다. 정기용선(time charter)은 선박에 필요한 모든 용구와 선원까지 승선시킨 선박을 일정기간 용선하여 그 용선기간을 기준으로 보수를 지불하는 방식이다. 따라서 선박 소유주는 선박의 감가상각비, 보험료, 금리 등의 간접경비와 선원의 임금, 선박용품비, 수리비 등의 직접경비를 부담한다. 선박을 용선한 화주는 용선료 외에 연료비, 항만사용세 등의 운항비를 부담한다.

항해용선(voyage charter)은 A항에서 B항까지와 같이 특정항로를 대상으로 선박을 임대할 때 사용한다. 이는 주로 한 항해에 한하는 것이 대부분이나 여러 항해가 연속되는 경우도 있다. 운임은 화물의 양에 따라 표시되는 것이 일반적이나, 한 항해에 얼마로 정해지는 lump sum charter와 1일에 얼마로 정해지는 daily charter가 있다.

나용선(bare boat charter)은 선박만을 임대하여 선원급료, 항만비, 항해 중의 선박수리비, 보험료 등 일체의 인적·물적 비용을 용선자가 부담하는 방식이다. 따라서 용선자가 고용한 선장을 통해 그 선박을 점유하는 것으로 실질적으로 선박임대차(ship hiring)와 같다. 외국선박을 나용선하여 우리나라의 선원과 장비를 갖추어 다시 다른 나라에 재용선(sub-charter) 하는 경우도 많다.

[그림 4-1] 해상운송계약의 형태

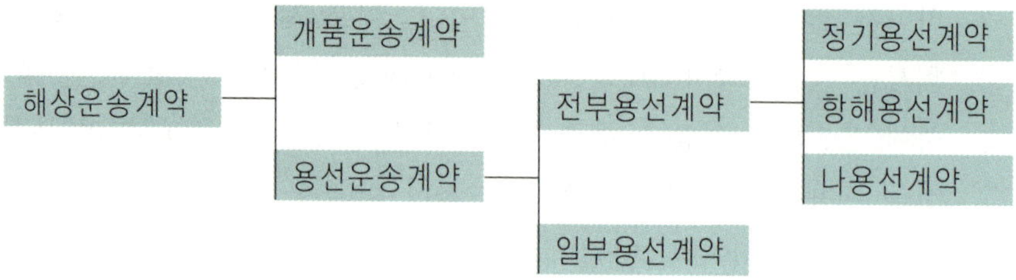


표 4-3 용선계약별 특성 비교

| 구 분 | 항해용선계약 | 기간(정기)용선계약 | 선박임대차(나용선)계약 |
|---|---|---|---|
| 선장고용 책임 | 선주가 선장임명 및 지휘감독 | 좌 동 | 임차인이 선장임명 및 지휘감독 |
| 책임한계 | 용선자는 선복이용하고 선주는 운송행위 | 좌 동 | 임차인이 선박을 일정 기간사용 및 운송행위 |
| 운임결정 기준 | 화물의 수량 또는 선복으로 결정 | 기간에 의하여 결정 | 임차료는 기간을 기초로 결정 |
| 기항담보 | 용선자는 재용선자에 대하여 기항담보 책임 없음 | 좌 동 | 임차인은 화주 또는 용선자에 기항담보책임 있음 |
| 선주의 비용 부담 | 선원급료, 식대, 음료수, 윤활유, 유지비 및 수선료, 보험료, 감가상각비, 연료, 항비, 하역비, 제수수료, 예선비, 도선료 | 선원급료, 식대, 음료수, 윤활유, 유지비 및 수선료, 보험료, 감가상각비 | 감가상각비, 보험료 |
| 용선자 비용부담 | 부담비용 없음 | 연료, 항비, 하역비, 제수수료, 예선비, 도선료 | 항해용선중 감가상각비 이외의 비용 |

## 2. 컨테이너운송

컨테이너(container)란 일정 이상의 내용면적을 가지고 반복적으로 사용할 수 있는 운송용기를 말한다. 컨테이너는 화물의 포장·수송·하역·보관에 이르기까지의 모든 육·해·공로상의 운송과정에서 화물 운송의 3대원칙인 경제성·신속성·안전성을 최대한 만족시킬 수 있는 수송도구이다. 특히 컨테이너운송은 운송도중 화물을 옮겨 싣지 않고 여러 운송수단을 동시에 사용할 수 있는 일관수송(through transportation)이 가능하여 수출상의 문전에서 수입상의 문전까지 운송하는 'door to door'운송을 실현시킨 혁신적인 운송수단이다.

컨테이너의 성격과 구조에 관해서는 아직 통일된 국제협약은 없지만 국제표준화기구(ISO: International Standard Organization)는 컨테이너를 다음과 같이 정의를 내리고 있나. 즉,

- 일정기간 재사용이 가능한 충분한 내구력을 가질 것,
- 운송수단이 바뀌어도 화물의 이적(intermediate reloading)없이 일관수송이 가능하도록 설계될 것,
- 특히 운송수단이 바뀔 때 쉽게 조작할 수 있는 도구를 갖출 것,
- 화물을 채우고 비우기(fill and empty)가 편리하게 설계될 것,
- 내부용적이 1㎥(35.3 cubic feet) 이상일 것.

### 1) 컨테이너 운송의 장·단점

컨테이너운송은 일관운송체제를 갖추어 다른 운송방법보다 경제성·신속성·안정성을 도모할 수 있는 다음과 같은 장점을 가지고 있다.

- 경제성 : 화주의 입장에서는 컨테이너운송은 포장비를 줄일 수 있고 철도·트럭 등 내륙운송비를 줄일 수 있다. 또한 컨테이너 자체가 창고 역할을 하므로 창고료를 절감할 수 있으며, 화물의 적화 및 양화가 기계화 되어 있어 인건비를 절감할 수 있다. 선

주의 입장에서는 선박이 항만에 체항하는 시간을 단축시킬 수 있어 항만에서의 불필요한 비용을 줄일 수 있다. 또한 선박의 가동률이 높아져 선복 생산성을 향상시킬 수 있고 이로 인하여 운송화물의 단위당 비용을 줄일 수 있어 선복이윤을 극대화시킬 수 있다.

- 신속성 : 규격화된 컨테이너와 기계화된 적화 및 양화로 인하여 정박기간이 단축된다. 또한 컨테이너선은 최근에 고속엔진을 장착하여 건조되었기 때문에 일반운송에 비하여 운송시간을 단축할 수 있다.
- 안정성 : 화물이 견고한 밀폐용기에 의해서 운반되므로 운송도중 파손이나 도난의 위험이 적어진다.

그러나 컨테이너운송의 다음과 같은 단점이 있다. 첫째, 목재나 철강제품과 같이 화물의 종류나 성질상 컨테이너로 운송할 수 없는 경우도 있다. 둘째, 컨테이너 자체가 비싸고 컨테이너 운송에 필요한 여러 가지 도구와 항만설비를 갖추기 위해서는 막대한 투자가 필요하다. 셋째, 컨테이너는 상당 부분이 컨테이너선의 갑판에 적재되는데 이를 담보하기 위하여서는 갑판적재약관(on deck clause)을 삽입하고 할증보험료를 지불하여야 한다.

### 2) 컨테이너화물의 운송형태

컨테이너화물은 컨테이너 한 개에 채울 수 있는 양에 따라 FCL화물(full container load cargo)과 LCL화물(less than container load cargo)로 구분된다. FCL화물은 한 사람의 화물이 한 컨테이너에 가득 찰 정도의 화물을 말한다. FCL 화물의 경우는 수출상의 공장 또는 창고에서 화물이 컨테이너에 바로 채워져 컨테이너 야적장(CY: Container Yard)으로 보내어진 다음 목적지까지 운송된다.

LCL화물은 한 사람의 화물이 한 컨테이너를 가득 채울 수 없는 정도의 화물을 말한다. 따라서 이 경우에는 컨테이너 화물집하소(CFS:

Container Freight Station)에서 같은 방향으로 가는 화물끼리 혼재되어 목적지까지 운송된다. 이에 따라 컨테이너화물의 운송형태는 다음과 같이 4가지로 구분된다.

[그림 4-2] 컨테이너화물의 운송형태

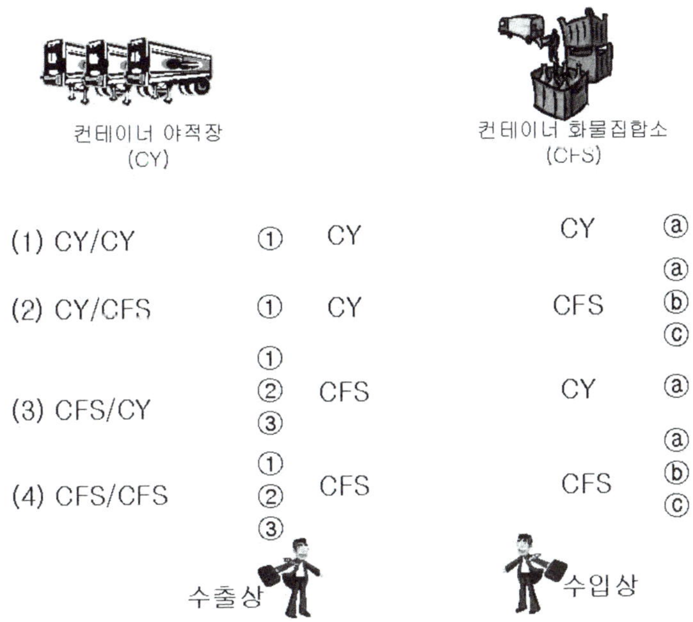


### (1) CY/CY(FCL/FCL : door to door)

한 사람의 수출상이 한 사람의 수입상에게 FCL화물을 보내는 경우이다. 이는 운송의 3대 요소인 신속성, 경제성, 안정성을 충족시키고, door to door의 서비스로 컨테이너 운송의 장점을 최대로 이용한 운송방법이다.

### (2) CY/CFS(FCL/LCL : door to pier)

한 사람의 수출상이 여러 사람의 수입상에게 일시에 운송하고자 할 때 사용한다. 이는 수출상의 공장 또는 창고에서 화물이 채워져 수출항의 CY를 거쳐, 목적항의 CFS에 도착하여 다시 분류작업을 거쳐 각 수입상에게 보내어지는 화물을 운송하는 형태이다.

(3) CFS/CY(LCL/FCL : pier to door)

여러 사람의 수출상이 한 사람의 수입상에게 일시에 운송하고자 할 때 사용한다. 선적항의 CFS에서 최종 목적지의 CY를 거쳐 수입상의 창고 또는 공장까지 컨테이너 화물을 운송하는 형태이다.

(4) CFS/CFS(LCL/LCL : pier to pier)

LCL화물 수송에 이용되는 것으로 여러 명의 수출상이 여러 명의 수입상에게 화물을 보내는 경우이다. 선적항의 CFS에서 혼재된 화물은 목적항의 CFS에 도착하여 다시 분류작업을 거쳐 각 수입상에게 보내어진다.

## 3. 복합운송

복합운송(multimodal transport, combined transport)이란 특정 화물을 육, 해, 공로 중 어느 두 가지 이상의 서로 다른 운송수단을 이용하여 출발지에서 최종 목적지까지 화물을 옮겨 싣지 않고 일괄운송(through transportation)하는 것을 말한다. 이러한 일괄운송의 전 기간에 대해 책임을 지는 주체를 복합운송인(combined transport operator)이라 한다. 복합운송인은 복합운송계약의 증거로 하주에게 선하증권을 대신하여 복합운송서류(combined transport document)를 발행한다. 현재 사용되고 있는 복합운송서류로는 선하증권에 복합운송의 의미를 부여한 combined transport B/L이 있다. 복합운송은 반드시 컨테이너를 이용하여야 하는 것은 아니지만 컨테이너의 등장과 더불어 정착된 운송방법이다.

### 1) 복합운송을 위한 가격조건

국제운송 방법으로 복합운송이 점차 보편화됨에 따라 국제상업회의소(ICC: International Chamber of Commerce)는 INCOTERMS를 개정하면서 이를 반영하여 복합운송에 적합한 세 가지 가격조건인 FCA, CPT, CIP를 제정하였다. 복합운송에서는 내륙의 최초 운송인(first carrier)에게 물품이 위탁된(taken in charge) 시점이 매매당사자 간 위험의 분기점이 된다.

### 2) 복합운송의 주요경로

#### (1) 세계적인 랜드브리지의 주요 경로

랜드브리지(Land Bridge)란 해상-육로-해상으로 이어지는 운송구간 중 중간구간인 육로운송구간을 말하며, 대륙횡단을 위한 철도 및 육로 운송방식을 이용하여 매개운송구간화 함으로써 육상과 해상을 잇는 해륙복합운송의 교량역할을 한다.

① American Land Bridge(ALB) ; 극동→북미 서안의 항구까지 해상운송을 한 후 북미 동남부항까지 내륙운송(철도)하여 다시 유럽지역 항구까지 해상운송 하는 일괄수송경로

② Mini Land Bridge(MLB) ; 미국 서안에서 철도 등의 내륙운송을 거쳐 미국 동안(대서양) 또는 걸프지역 항만까지 수송하는 경로

③ Siberian Land Bridge(SLB) ; 극동지역에서 유럽과 중동행의 화물을 러시아의 극동항구인 보스트치니항까지 수송한 후 시베리아철도로 시베리아를 횡단하여 러시아의 서부국경에서 유럽지역 또는 그 반대루트로 운송하는 시스템

### (2) 한국을 경유한 랜드브리지의 주요 경로

① 중국출발 한국경유의 복합운송

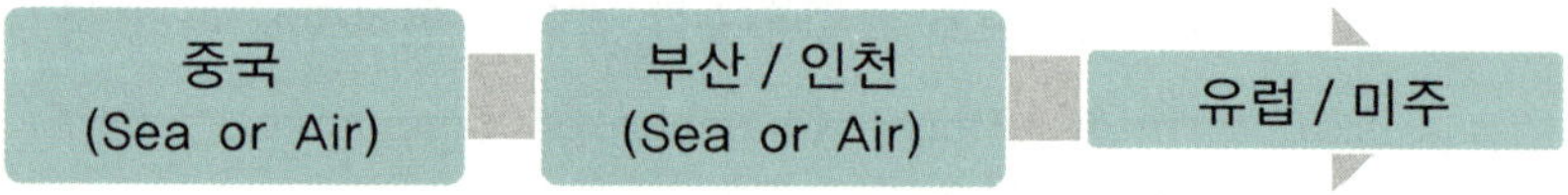


② 외국출발 한국경유의 중국, 러시아도착 복합운송

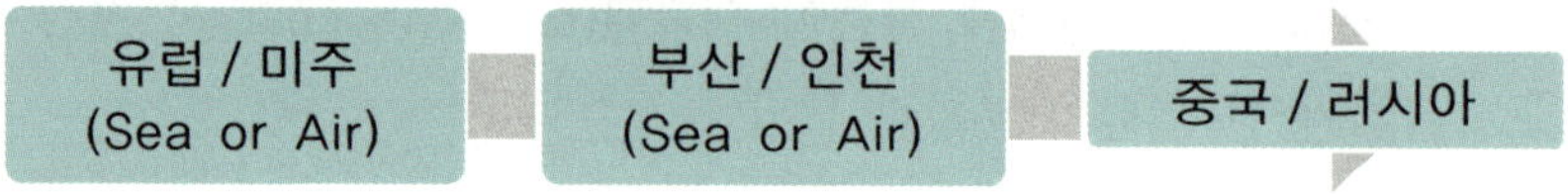


## 3) 복합운송증권

복합운송증권이란 복합운송인이 발행하는 증권으로, 발행자인 운송인이 운송품의 수령을 증명하고, 나아가 운송계약의 증거가 되는 외에 권리증권, 즉 유가증권의 성격을 갖는다.

〔서식 4-1〕 복합운송증권

# COMBINED TRANSPORT DOCUMENT

<table>
<tr><td colspan="2">Shipper<br>JEON BUK 000 co. LTD<br>C.P.O. BOX 000. SEOUL, KOREA</td><td rowspan="3">B/L No.<br>BURD2009<br><br>J. J OCEAN<br>Jeon Buk Shipping Corporation<br>COMBINED TRANSPORT BILL OF LADING<br>BETWEEN AMERICA AND FAR EAST</td></tr>
<tr><td colspan="2">Consignee<br>TO ORDER</td></tr>
<tr><td colspan="2">Notify party</td></tr>
<tr><td>Pre-carriage by</td><td>Place of receipt<br>KUNSAN, CFS</td><td rowspan="3">RECEIVED in apparent good order and condition accept otherwise noted the total number of Containers of Packages or units enumerated below for transportation from the place of receipt to the place of delivery subject to the terms hereof. One of the international Bill of Lading must be surrendered duly endorsed in charges for the goods. On presentation of this document(duly endorsed) IN WITNESS whereof the number of Bill of Lading stated below have been signed one of which being accomplished the other(s) to be void.</td></tr>
<tr><td>Ocean Vessel<br>J. J OCEAN</td><td>Place of delivery<br>KUNSAN, KOREA</td></tr>
<tr><td>Port of discharge<br>SEATTLE</td><td>Final destination<br>SEATTLE</td></tr>
</table>

| Container No. | No. of Container | Changes and Description of goods | Gross Weight (KGS) | Measurement (CBM) |
|---|---|---|---|---|
| KACU1234567/ 12345 | 2 CNTRS | SAID TO CONTAIN<br>2pcs, of JJ<br>MODEL : 00-160<br>CHECK NO : AF123<br>"LCL, SERVE, CHARGES ARE DUE AT THE DESTINATION" | 51 | 0.976 |

Total number of Containers or Packages (in words) TWO(2) CONTAINERS ONLY

| Freight and Charges | Reverse tons | Rate | Prepaid | Collect |
|---|---|---|---|---|
| U.S. 7600<br>INTERIM BAF,<br>CAF SURCHARGE<br>LCL SERVICE CHARGE(L)<br>WHARFAGE | 0.976 | 100.00JJ<br>-0.20%<br>-14.00%<br>TOTAL<br>$7.50<br>$0.33 | 7.50<br>0.33 | 90.04<br>-0.18<br>-12.08<br>80.72 |

<table>
<tr><td>Freight amount as arranged</td><td>Freight payable at</td><td>Place and date of issue Seoul, Korea</td></tr>
<tr><td></td><td>Number of Original FBL<br>THREE(3)</td><td>Stamp and Signature<br>As Multimodal Transport Operator<br>J. J OCEAN<br>Jeon Buk Shipping Corporation</td></tr>
</table>

## 4. 도로운송

도로운송은 기동성과 신속성이 뛰어나다. 근거리 소량운송에 적합하고 'Door to Door'와 같은 일괄수송이 가능하며 다양한 화물특성에 대응이 용이하다. 배차의 유연성도 다른 운송수단과 비교하여 뛰어나다. 그러나 대량운송에 부적합하고 장거리 시 운임이 상승하며 교통사고, 교통체증, 공해 등을 유발한다. 도로 중량제한 및 도로 파손 등의 부작용도 발생한다.

## 5. 철도운송

중·장거리 대량/중량물 운송에 적합하다. 운송수단의 특성상 높은 안전성과 전천후 수송이 가능하고 출발과 도착시간이 타 운송수단과 비교하여 비교적 정확한 편으로 높은 정시성을 보인다. 또한 철도운송은 타 운송수단에 비하여 낮은 운임으로 경제성이 높다. 그러나 도로운송처럼 'Door to Door'와 같은 일괄수송 불가능하고, 근거리 운송 시에는 운임이 비싸다. 또 다른 운송수단과 연계하는 환적 작업이 필요하며 배차의 탄력성이 낮다. 긴급한 운송에는 특히 부적합하다.

## 6. 항공운송

항공운송이란 항공기에 의해 공로(空路)를 통하여 운송되는 승객의 수화물과 우편물을 제외한 항공화물운송장(airway bill : AWB)에 의해 운송되는 화물만을 운송하는 것을 말한다.

## 1) 항공운송의 특징

한국은 IMF 이후 외부로부터의 산업구조의 조정에 따라 항공기를 이용한 수출화물운송이 비약적으로 발전하고 있다. 최근에는 전체 항공화물의 30% 이상을 반도체와 전자제품이 차지하고 있다. 항공화물은 해상화물과 비하여 다음과 같은 장점을 가지고 있다.

표 4-4 항공운송의 특성

| 구 분 | 항공화물 | 해상화물 | 비 고 |
|---|---|---|---|
| 신속성 | 북미 · 유럽지역 : 2일 | 북미: 약15일, 유럽: 약3주 | |
| 안정성 | 높음 | 충격에 의한 손상 / 자기운송에 따른 파손 도난, 원형변질 / 해수에 의한 부식 | |
| 경제성 | 운임이 높음 / 포장비 저렴 / 보험요율 낮고 운임 외 부대비용 없음 | 운임이 낮음 / 포장비 높음 보험요율 높음 / 부피화물 요금 높음 / 장기운송에 따른 기타 변동비의 추가발생 | 1CBM(1m × 1m × 1m) 의 부피화물의 경우<br>– 항공 : 167kg<br>– 해상 : 1,000kg |

항공운송은 신속성과 정시성을 최고의 서비스로 하고 있으며, 운임면에서 항공운임이 해상운임에 비해 높으나 포장비, 보험료, 창고료 등 직접비와 재고품에 대한 투자자본, 관리비, 손실 등 간접비 및 배달시간, 정시성, 신뢰성 등 보이지 않는 비용을 감안한 종합비용에서 볼 때 해상운송과 경쟁력이 있는 품목도 발생하고 있다.

표 4-5 항공운송 이용품목

| | |
|---|---|
| 긴급 수요 품목 | 납기 임박 화물, 계절 유행 상품, 투기 상품 |
| 장기운송 시 가치상실 품목 | 신문, 잡지, 필름, 원고, 긴급서류 등, 생선, 식료품, 생화, 동물, 방사선 물질 |
| 부가가치가 높은 품목 | 전자기기, 정밀광학기기, 컴퓨터기기, 통신기기, 반도체, 귀금속 미술품 |
| 물류관리/마케팅전략 품목 | 과잉재고에 의한 가격하락 방지, 경쟁상품보다 신속한 서비스 체제 확립 |
| 타 운송수단의 약세 품목 | 벽지운송, 해상 또는 육상운송의 정지 |

### 2) 항공화물운송장(Airway bill : AWB)

항공화물운송장은 항공회사가 화물을 항공기로 운송할 때 발행하는 화물수취증을 말하고, 항공운송장 또는 항공화물수취증이라고도 한다. 즉, 항공화물운송장은 송화인과 운송인 사이에 항공화물의 운송계약이 체결되었다는 것을 나타내고 또한 송화인으로부터 항공화물을 운송하기 위하여 수령하였다는 증거서류가 된다.

표 4-6 항공화물운송장과 선화증권의 차이점 비교

| 항공화물 운송장(Airway bill) | 선화증권(Bill of Lading) |
|---|---|
| · 유가증권이 아닌 단순한 화물운송장<br>· 비유통성(Non-Negotiable)<br>· 기 명 식<br>· 수취식(화물은 창고에서 수취하고 AWB발행)<br>· 수려증권(受戾證券)이 아님<br>· 송화인이 작성 | · 유가증권<br>· 유통성(Negotiable)<br>· 지시식(무기명식)<br>· 선적식(shipped: 화물은 본선에 적재 후 B/L발행)<br>· 수려증권<br>· 선박회사가 작성 |

# 제3절 해상보험

## 1. 해상적화보험의 의의

해상적화보험이란 해상운송 중에 발생하는 각종의 위험으로 인해 화물이 손상을 입는 경우를 대비하여 화주가 소액의 보험료를 부담하고 보험사고가 발생할 경우, 이에 따른 재정적 손해를 보험자로부터 보상받기 위한 보험이다. 이와 같은 해상적화보험에 대한 법률적 근거는 영국의 해상보험법(MIA: Marine Insurance Act 1906)과 상법에서 찾을 수 있다. MIA 제1조에는 "해상보험계약이란 보험자가 그 계약에 의하여 합의한 방법과 범위 내에서 해상손해, 즉 해상사업에 수반되는 손해에 대하여 피보험자에게 손해보상을 약속하는 계약이다"고 정의하고 있다. MIA 제2조에 의하면 해상보험 내 해상적화보험의 범위는 내수 또는 육상 위험까지 확장 부담할 수 있으며, 해상사업과 관련이 있는 유사한 사업에 관한 위험도 해상보험에 의해 담보될 수 있다. 이에 따라 현행 해상적하보험은 해상운송 중의 위험은 물론, 화물의 매도인의 창고를 떠나 본선에 적재될 때까지, 그리고 본선에서 양화되어 수하인의 최종 목적지에 인도될 때까지 육상위험도 해상적화보험자가 부담한다.

### 1) 수출자에게 적화보험 부보 의무가 있는 무역거래조건

수출자에게 적화보험의 부보 의무가 있는 정형거래조건에는 CIF, CIP, DES, DDU, DDP 조건 등이 있다. CIF 조건이나 CIP 조건의 I는 'Insurance', 즉 적화보험을 의미하는 것으로 매도인의 위험부담은 선적지에서 물품의 인도와 동시에 종료되나, 적화보험에 부보하여 물품의 인도와 함께 보험증권이 매수인에게 양도되므로 인도 전까지는 매도인 자신을 위하여, 인도 후에는 매수인을 위해 보험에 부보하는 것이다. 또한, 양륙지에서 매도인의 위험부담이 종료되는 DES, DEQ, DDU, DDP 조건 등의 경우 매도인은 자신을 위해, 즉 자신을 피보험자로 하여 보험을 부보하게 된다.

### 2) 수입자에게 적화보험 부보 의무가 있는 무역거래조건

수출자에게 적화보험의 부보 의무가 있는 정형거래조건에는 EXW, FCA, CPT, FAS, FOB, CFR 조건 등이 있다. CIF조건이나 CIP조건의 경우 매도인이 적화보험을 부보해야 된다고 INCOTERMS에 규정되어 있는 것에 반해, 매수인의 적화보험 부보의무가 명시된 정형거래조건은 없다. 그러나 매도인의 위험부담이 선적지에서 종료됨에 따라 매수인이 물품 인수 후 최종목적지까지 위험을 부담해야 하는 상기 정형거래조건 등의 경우에는 매수인이 자신을 위해 보험을 부보하여야 한다.

## 2. 해상적화보험의 관계 당사자 및 기본 용어

### 1) 기본당사자

#### (1) 보험자

보험자(insurer, underwriter)는 보험영업을 하는 자로서 보험계약자가 지불한 보험료에 대한 대가로서 해상위험으로 인한 손해를 보상을 할 것을 약속한 자를 말한다. 보험자는 보험사고 발생시 보험금 지급의무를 지는데 우리나라의 경우 보험 사업은 회사조직(insurance company)이 아니면 할 수 없으나, 외국의 경우는 영국의 Lloyd와 같이 개인(underwriter)도 보험자가 될 수 있다.

#### (2) 보험계약자

보험계약자(policy holder)는 보험자와 보험계약을 체결하고 보험료를 지불하는 자를 말한다.

#### (3) 피보험자

피보험자(insured)는 보험사고가 발생했을 경우 보험금 지급을 받을 권리를 가진 자를 의미한다. 피보험자는 피보험이익을 갖는 자, 즉 피보험목적물이 손해를 입었을 때 보험자에게 직접 보험금을 청구할 수 있는 자를 말한다.

### 2) 해상적화보험의 기본용어

#### (1) 보험금(Claims Paid)

보험자가 보험사고 발생으로 인하여 피보험자에게 지급하는 손해배상액을 말한다. 보험계약에 부보하고 있는 위험에 의해 보험사고가 발생하면, 보험자는 피보험자에게 약속된 손해보상금, 곧 보험금을 지급하게 된다.

#### (2) 보험료(Insurance Premium)

보험료(insurance premium)는 보험자가 위험을 담보하고 보험사고로 인하여 손해가 발생했을 경우 피보험자에게 손해를 보상할 것을 약속하는 대가로 보험자가 보험계약자로부터 징수하는 금액을 말한다. 보험료의 산출 근거가 되는 보험료율은 선박의 상태, 항로, 화물의 종류, 보험조건 등에 따라 달리 책정된다.

#### (3) 보험증권(Insurance Policy)

보험계약이 성립한 후 보험자가 보험계약의 사항을 기재하여 보험계약자에게 발행하는 일종의 증서로서 보험계약의 증명이 된다. 보험증권은 증거증권(證據證券)이므로 양도할 수 없으나, 해상적화보험인 경우에는 선적서류의 하나로서 배서(背書)에 의해 화물의 매수인에게 양도되므로, 일종의 유가증권과 같은 효력을 가진다.

보험증권의 요건으로는 다음과 같은 것이 있다.

- B/L 또는 송장에 기재된 상품의 위험을 담보해야 한다.
- 보험청구권이 양도되어 있어야 한다.
- 부보금액은 신용장금액의 110%이다.
- 부보일자가 B/L상의 선적일자 이전이거나 소급적용의 특약이 있어야 한다.
- 담보되는 위험의 범위가 ICC(A), ICC(B,) ICC(C) 등으로 명확히 기재되어 있어야 한다.

### (4) 보험목적물(Subject-matter Insured)

보험목적물은 위험발생의 객체, 즉 보험사고의 대상이 되는 객체를 의미한다. MIA 제3조 2-a항은 일체의 선박, 화물 또는 동산이 해상위험에 노출되는 경우, 그러한 재산 모두를 피보험재산(insurable property)이라고 규정하고 있으므로 해상적화보험의 목적물을 피보험재산이라고도 한다. 따라서 해상적화보험의 목적물은 피보험목적물 혹은 보험목적물로서 수출입화물을 의미한다.

### (5) 피보험이익(Insurable Interest)

피보험이익은 상법상 보험계약의 목적을 말한다. 보험의 보호대상은 선박이나 화물 또는 그에 준하는 유체물 그 자체가 아니고, 그러한 보험의 목적물에 대하여 특정인이 가지고 있는 법률적인 이해관계이다. 즉, 보험의 목적물이 우연한 사고로 인하여 멸실 또는 손상됨으로써 경제적 손실을 입게 되는 특정인과 그 보험의 목적물 사이에 존재하는 이해관계를 말한다.

즉, 해상적화보험의 목적물은 적화이지만, 보험이 담보하는 대상은 그 목적물에 대하여 특정인이 갖는 이해관계이며, 이것이 해상적화보험계약의 목적물인 동시에 피보험이익이다. 해상보험에서 주요한 피보험이익에는 화물·선박의 소유이익 이외에 희망이익, 운임, 수입세 등이 있다.

## 3. 해상손해의 종류

해상손해는 보험목적물 자체의 손해를 의미하는 직접손해와 그 밖의 간접손해로 구분된다. 직접손해는 물적손해라고도 하며 손해의 정도에 따라 전손과 분손으로 구분된다. 전손은 다시 현실전손과 추정전손으로 구분되고, 분손은 단독해손과 공동해손으로 구분된다. 간접손해에는 비용손해와 배상책임손해 등이 있다. 해상손해는 [그림 4-3]과 같이 정리할 수 있다.

### 1) 전 손

피보험 목적물의 전부가 못쓰게 되었을 때의 손해를 전손(total loss)이라 하며 전손은 현실전손과 추정전손으로 분류한다. MIA 제57조에 의하면 현실전손(actual total loss)은 "보험의 목적물이 파괴되거나 또는 부보된 종류의 물건으로서 존재할 수 없을 정도로 심한 손상을 받은 경우, 또는 피보험자가 보험의 목적물을 박탈당하여 회복할 수 없는 경우에 존재한다"라고 규정하고 있다. 즉, 화재로 인한 완전소실, 침수로 인한 시멘트의 고체화, 적에게 포획된 화물, 선박의 행방불명 등이 현실전손에 속한다.

추정전손(constructive total loss)은 화물이 현실적으로 멸실되지 않아도 그 손해의 정도가 심하여 화물이 본래의 효용을 상실하거나 또는 구조되어도 그 가치를 회복하기 위한 비용이 화물의 시가를 초과하는 경우 이를 전손으로 간주한다. 추정전손이 발생한 경우 피보험자는 피보험목적물에 대한 일체의 권리(잔존화물의 소유권, 제3자에 대

[그림 4-3] 해상손해의 종류

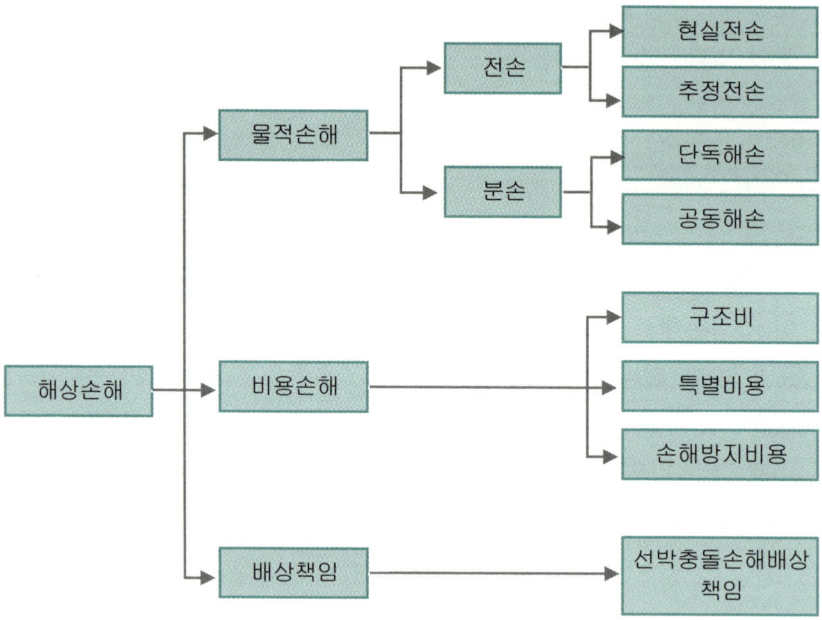


한 구상권)를 보험자에게 양도하고 전손에 대한 보험금을 청구하게 된다. 이것을 위부(abandonment)라고 하며 추정전손이 성립하기 위해서는 위부의 행위가 필요하다.

## 2) 분 손

피보험 목적물의 일부가 손해를 입은 것을 분손(partial loss) 혹은 해손(average)이라고 하는데, 분손은 그 손해부담자의 범위에 따라 단독해손과 공동해손으로 나누어진다. 단독해손(particular average)은 피보험자의 피보험이익이 단독으로 겪는 손해를 말하는 것으로, 결국 분손 중에서 공동해손이 아닌 손해를 의미한다. 예를 들면, 화물의 질적 저하 혹은 양적 부족, 선박의 일부 손상, 화물의 손실로 인한 운임의 상실 등이 단독해손이다.

공동해손(general average)은 해난을 당하여 공동의 안전을 위하여 행한 행위로 인한 손실이나 비용을 말한다. 이러한 손해는 특정한 당사자만 부담할 것이 아니라 관련되는 모든 당사자가 모두 똑같이 부담해야 한다는 의미로 공동해손이라고 한다. MIA 제66조에서는 공동해손을 "공동항해의 수행과정에서 위험에 놓인 재산을 보호할 목적으로 고의로 그리고 합리적으로 특별한 희생(extraordinary sacrifice)을 하거나, 또는 특별한 비용을 지출한 경우에는 공동해손 행위가 존재한다"라고 규정하고 있다.

공동해손으로 인정되는 대표적 손해는 투하(jettison of cargo) 및 그 결과로 인한 손해가 있다. 즉, 해난을 당하여 선박의 안전을 위하여 화물의 일부를 바다에 버린 경우나, 화물을 버리기 위하여 열은 선박의 문으로부터 들어온 바닷물에 의하여 선박과 화물이 입은 손해는 공동해손으로 처리된다. 공동해손이 발생하게 되면 공동해손정산인(general average adjuster)이 손해를 정산하고 모든 당사자가 균등하게 부담하게 된다. 그 금액을 공동해손분담금(general average contribution)이라고 하고 보험자가 부담하게 된다.

### 3) 비용손해

보험목적물에 발생할 가능성이 있는 위험의 제거에 비용을 지출하였을 때 이 손해를 비용손해라고 한다. 이에는 구조비, 특별비용, 손해방지비용이 있다. 구조비(salvage charges)란 해난을 당한 보험목적물을 제3자가 해난구조계약을 체결하지 않고 임의로 해난구조행위를 하고, 그 결과 보험목적물의 일부 혹은 전부가 구조되었을 때 제3자가 받는 보수이다. 이 구조비는 보험자가 보상책임이 있다.

특별비용(particular charges)이란 보험목적물의 안전을 위하여 피보험자나 그 대리인이 지출한 비용으로 공동해손비용과 구조료 이외의 것을 말한다. 이에는 긴급사태로 피난항에서 지출하게 된 양륙비,

창고보관료, 재포장비용, 재선적비 등이 있다.

손해방지비용(sue and labor charges)이란 보험목적물의 손실을 방지하거나 경감시킬 목적으로 합리적으로 지출된 비용을 말한다. 이는 결국 보험자를 위한 행위로 볼 수 있기 때문에 여기에 소요되는 비용은 보험계약에서 합의한 보험금액과 별도로 보험자가 피보험자에게 지불하게 된다. 보험목적물의 손해방지행위는 모든 피보험자의 의무이기 때문에 제3자가 취한 손해방지행위는 손해방지비용으로 인정되지 않는다.

## 4. 보험계약의 체결과 협회적화약관

CIF나 CIP 조건에서는 수출상이 보험계약자가 되어 수입상을 피보험자로 하여 보험자와 해상보험계약을 체결한다. CFR, CPT, E, F 그룹의 조건에서는 수입상이 보험계약자가 되어 자기 자신을 피보험자로 하여 보험계약을 체결하게 된다. 해상보험을 체결하기 위해서 보험계약자는 먼저 적절한 보험조건을 결정한 다음 보험자에게 보험료와 함께 보험청약서를 제출한다. 이때 보험자는 보험계약이 체결되었음을 증명하는 보험증권을 교부하게 된다.

적절한 보험조건의 선택은 수출입 단가에 직접적인 영향을 미치므로 무역계약의 당사자들은 가장 저렴한 보험료로 가장 적절한 보상을 받을 수 있도록 보험조건을 선택하여야 한다. 해상적화보험에서는 보험계약자는 런던보험자협회(ILU: Institute of London Underwriters)에서 정한 협회적화약관(ICC: Institute Cargo Clause)이 보험조건 선택의 기준이 되고 있다. ICC는 보험료에 따라 ICC(A), ICC(B), ICC(C)의 3등급으로 나누고 있는 데, 이는 1982년 이전의 구약관에서 사용하던 A/R(all risk; 전위험담보), WA(with average; 분손담보), FPA(free from particular average; 단독해손부담보)의 명칭을 변경한 것이다. 우리나라에서는 1983년부터 신약관을 사용하고 있지만 아직도 일부에서는 구약관도 병행되어 사용되고 있다.

위의 세 가지 조건은 보험료에 따른 보험자의 담보범위를 기준으로 구분한 것으로 ICC(A)를 선택하였다면 피보험자는 보험자의 일반면책사항, 운송선박의 불내항성 및 부적합성, 전쟁·파업을 제외한 전손, 공동해손, 비용손해 등의 모든 손해를 보상받게 된다. 그러나 보험료가 높아져서 피보험자의 비용이 증가하게 된다. 따라서 실무적으로는 화물의 종류, 포장방법, 운송방법 등을 고려하여 기본조건인 ICC(B), ICC(C)에 열거된 보험조건에 특별약관을 추가하여 부보함으로써 보다 저렴한 보험료로 전위험 담보조건으로 부보하는 것과 동일한 효과를 거둘 수 있다.

특별약관에는 다음과 같은 것들이 있다.

- 전쟁위험 : 해상적화보험에서는 전쟁이나 이에 준하는 위험으로 인한 손해에 대하여 보험자는 면책된다. 따라서 보험계약자가 이를 담보하고자 하면 할증보험료를 지불하고 협회전쟁약관(Institute War Clause)을 첨부하여야 한다.
- 동맹파업위험 : 부두 노동자들의 파업은 화물에 막대한 피해를 주기 때문에 보험자는 이에 따른 손해에 대해 면책된다. 따라서 이의 담보를 원하는 피보험자는 협회동맹파업·폭동·소요약관(Institute Strikes, Riots, and Civil Commotions Clause)을 첨부하여야 한다.
- TPND(theft, pilferage & non-delivery) : 도난(theft)이란 포장된 단위채로 훔쳐 가는 것이고, 발하(pilferage)는 포장된 물품 중 일부만 훔쳐 가는 좀도둑을 말한다. 불도착(non- delivery)은 화물의 일부가 목적지에 도착하지 않은 경우를 말한다.
- RFWD(rain and/or fresh water damage) : 바닷물 이외에 빗물, 담수로 인한 손해를 담보하는 조건이다.
- COOC(contact with oil and/or other cargo) : 선박의 연료나 기계의 기름이 화물과 접촉되어 발생된 손해를 담보하는 조건이다.

- JWOB(jettison & washing over-board) : 해난사고 시 갑판 상에 적재된 보험가입 화물을 투하하거나 풍랑으로 유실된 손해를 담보하는 조건이다.

| 보상하는 손해 | ICC(C) | ICC(B) | ICC(A) |
|---|---|---|---|
| ① 화재 또는 폭발 | ○ | ○ | ○ |
| ② 본선 또는 부선의 좌초, 교사, 침몰, 전복 | ○ | ○ | ○ |
| ③ 육상운송 용구의 전복 또는 탈선 | ○ | ○ | ○ |
| ④ 본선, 부선, 운송용구의 타물과의 충돌 · 접촉 | ○ | ○ | ○ |
| ⑤ 피난항에서의 화물의 하역 | ○ | ○ | ○ |
| ⑥ 지진, 화산의 분화, 낙뢰 | × | ○ | ○ |
| ⑦ 공동해손 희생 | ○ | ○ | ○ |
| ⑧ 투하로 인한 손해 | ○ | ○ | ○ |
| ⑨ 갑판유실 | × | ○ | ○ |
| ⑩ 본선, 부선, 선창, 운송용구, 컨테이너, 지게차 또는 보관 장소에 해수, 호수, 강물의 유입 | × | ○ | ○ |
| ⑪ 본선, 부선에 선적 또는 하역작업 중 바다 혹은 갑판에 추락하여 발생한 포장단위당 전손 | × | ○ | ○ |
| ⑫ 상기 이외의 멸실 · 손상의 일체의 위험 | × | × | ○ |
| ⑬ 공동해손 구조비 | ○ | ○ | ○ |
| ⑭ 쌍방과실 충돌(Both to Blame Collision) | ○ | ○ | ○ |

〔서식 4-2〕 보험증권

MARINE CARGO INSURANCE POLICY

① Assured(s), etc THE SAMWON CORPORATION

③ Policy No. 002599A65334

② Ref. No. Invoice No. DS-990228 L/C No. IOMP20748

⑤ Claim, if any, payable at :
GELLATLY HANKEY MARINE SERVICE
842 Seventh Avenue New York 10018
Tel(201)881-9412
* CLAIMS ARE PAYABLE IN AMERICA IN THE CURRENCY OF THE DRAFT.

④ Amount insured
USD 65,120.-
(USD59,200 XC 110%)

⑥ Survey should be approved by
THE SAME AS ABOVE

⑮ Conditions
* INSTITUTE CARGO CLAUSE(A) 1982

| | |
|---|---|
| ⑦Local Vessel or Conveyance | ⑧From (interior port or place of loading) |
| ⑨ Ship or Vessel called the KAJA-HO V-27 | ⑩ Sailing on or about MARCH 3, 1999 |
| ⑪ at and from PUSAN, KOREA | ⑫ transshipped at |
| ⑬ arrived at NEW YORK | ⑭ thence to |

⑯ Goods and Merchandises
16,000 YDS OF PATCHWORK COWHIDE LEATHER

Subject to the following Clauses as per back hereof institute Cargo Clauses Institute War Clauses (Cargo) Institute War Cancellation Clauses(Cargo) Institute Strikes Riots and Civil Commotions Clauses

⑰Place and Date signed in **SEOUL, KOREA APR /09/2000.**

⑲ NO. of Policies issued. TWO

Notwithstanding anything contained herein or attached hereto to the contrary, this insurance understood and agreed to be subject to English Law a ......

*Warranted free of capture, seizure, arrest restraint or detainment, and the consequences there of or any attempt there at: also from the consequences of*

......

*The descriptions to be inserted in the following clauses are shown as above.*

Be it known that as well in his or their own name, as

......

*In the event of loss or damage arising under this policy, no claims will be admitted unless a survey has been held with the approval of*

......

000 INSURANCE CO., LTD

PRESIDENT *Hong gil dong* 법인 도장

## 제4절 선적 관련 서류

### 1. 선화증권(Bill of Lading)

선화증권(B/L: Bill of Lading)이란 운송인이 화주로부터 물품을 수령 또는 선적하였음을 나타내며, 도착항까지 운송하여 증권의 정당한 소지인에게 물품의 인도를 약속하는 유가증권이다. 또한 B/L은 운송계약의 증거서류이며, 화물의 권리를 표시하는 권리증권이다. 즉, 선화증권은 물품영수증(a receipt of goods), 물품에 대한 권리증권(a document of title to the goods), 그리고 운송계약조건의 증거(an evidence of the terms and conditions of goods)로서의 기능을 갖는다.

오늘날 무역에서의 인도는 매도인으로부터 매수인에게 현실적 인도가 이루어지지 않고, 선화증권을 포함한 선적서류에 의한 상징적 인도로 이행된다. 특히 B/L은 환어음과 결부되어 화환계약을 통하여 매도인의 인도의무의 이행과 이에 대한 대금수령이 가능하게 되고, 화환계약에 개입하는 은행은 유통성 B/L을 물적담보로 확보하여 안심하고 매수인을 대신하여 대금을 결제하기 때문에 매도인이 발행한 화환어음의 결제가 가능하게 된다.

선화증권은 선박소유자가 발행함이 원칙이지만 선장 기타 사용인에게 이를 위임할 수도 있다. 선화증권은 운송관계에서 가장 중요한 서류이며, 상업송장 및 포장명세서와 함께 신용장거래 시 3대 필수 네고서류로 사용되고 있다.

## 1) 선화증권의 종류

선화증권은 선적시기, 화물상태, 유통방법, 운송방법 등에 따라 다음과 같은 여러 가지 종류가 있다.

표 4-7 선하증권의 종류

| 분류기준 | 종 류 |
|---|---|
| 양 식 | Long Form B/L, Short Form, B/L |
| 선적여부 | Shipped B/L, Receivod B/L, On Board B/L |
| 하자표시 유무 | Clean B/L, Dirty B/L, Foul B/L 또는 Unclean B/L이라고도 함 |
| 수하인 표시 유무 | Straight B/L, Order B/L, Bearer B/L |
| 발행인 | Master B/L, Forwarder B/L, House B/L이라고도 함 |
| 기타 | Through B/L, Charter, Party B/L, Third Party B/L<br>Red B/L, Back Date B/L, Stale B/L |

### (1) 선적선화증권(Shipped or on Board B/L)과 수취선화증권 (Received B/L)

선화증권은 적재에 관한 기재문언의 유무에 따라 선적선화증권과 수취선화증권으로 분류된다.

선적선화증권은 선박회사가 화주로부터 수령한 운송화물을 선적한 후에 발행하는 증권이다. 보통 선화증권의 앞면 하단부분에 선적완료 사실을 "shipped" 또는 "shipped on board"란 표시와 함께 선적일자 등을 기재하여 나타낸다. INCOTERMS 상의 13가지 정형무역거래조건 중 현재 가장 많이 이용되고 있는 FOB 또는 CIF 같은 무역조건은 본선(mother vessel) 인도를 전제로 한 것이기 때문에 이 경우 당연히 'shipped B/L'이 발행 되어야 한다.

수취선화증권은 화물을 선적할 선박이 화물을 적재하기 위하여 항내에 정박 중이거나 혹은 아직 입항되지는 아니하였지만 선박이 지정된 경우에 선박회사가 주로 화물을 CY에서 수령하고 선적 전에 발행하는 선화증권이다. 그러나 수취선화증권은 이후 실제로 선적이 이루어진 후 선박회사가 B/L상에 'on board' 표시를 부기하고 서명하면, 선적선화증권과 동일한 효력을 가지게 된다.

### (2) 무사고선화증권(Clean B/L)과 사고부선화증권(Foul or Dirty B/L)

선화증권의 비고란(remarks)에 기재사항의 유무에 따라 사고부선화증권과 무사고선화증권으로 나눌 수 있다.

무사고선화증권(clean B/L)은 본 선상에 계약 화물을 선적할 때 그 화물의 상태가 양호하고 수량이 맞아 비고란(remarks)에 아무 것도 기재되지 않은 선화증권을 말한다. 증권면에는 "shipped on board in apparent good order and condition"이라는 표시가 된다. 사고부선화증권(foul or dirty B/L)은 비고란에 "6 bags torn", "5 packages short in dispute", "3 cases loose strap" 등 선박회사가 인수할 당시 포장 상태가 불완전하거나 수량이 모자라면 이 사실을 증권 상에 기재한 선화증권이다. 사고부선화증권은 선화증권으로서의 가치가 없기 때문에 화주는 수량을 채워 넣거나 재포장하여 무사고선화증권을 발급받아야 한다. 그러나 시간적 여유가 없을 때에는 화주가 파손이나 부족한 화물에 대해서 책임을 지겠다는 파손화물보상장(L/I: Letter of Indemnity)을 제출하고 무사고선화증권을 발급받을 수 있다. 선박회사는 이 보상장만 있으면 후에 훼손화물에 대해 책임이 면제된다.

### (3) 기명식선화증권(Straight B/L)과 지시식선화증권(Order B/L)

수하인(consignee)란의 표시방법에 따라 기명식선화증권과 지시식선화증권으로 나눌 수 있다.

기명식선화증권은 수하인란에 특정인이 기명되는 경우이므로 기명된 자를 제외하고는 아무도 화물을 수령할 수가 없다. 따라서 기명식선화증권은 유통에 제한을 받는다. 이는 주로 신용장방식을 제외한 송금방식 등의 대금결제조건에서 수입지의 은행이 채권을 행사할 필요가 없는 경우에 발행하게 된다.

지시식선화증권은 수하인란에 특정인을 기명하지 않고 단순히 "to order", "order of shipper" 또는 "order of xx bank" 등으로 기재되어 있는 선화증권이다. 지시식선화증권의 경우 지시에 의하여 양도된 선화증권의 소지인은 화물청구권을 갖기 때문에 선화증권의 담보물권적 기능이 충분히 발휘된다. 지시식선화증권은 화환신용장 제도와 조화를 이룬다. 은행이 국제결제에 개입하려면 질권 확보가 필요하기 때문에 정당하게 지시된 선화증권을 질권으로 확보하고 대금을 지급할 수 있다. 신용장거래에서는 주로 선화증권의 수하인란을 개설은행의 지시인 'to the order of xx bank'로 기재할 것을 요구한다. 이것은 개설은행이 자신의 지시 없이는 매수인이 물품을 수령 할 수 없도록 함으로써 화물에 대한 권리를 결제시까지 확보하기 위한 것이다.

### (4) 제3자선화증권(Third Party B/L)

선화증권 상에 표시되는 송하인은 일반적으로 신용장의 수익자가 된다. 그런데, 수출입 거래의 매매당사자가 아닌 제3자가 송하인이 되는 경우가 있는데, 이처럼 선화증권 상에 제3자를 송하인으로 하여 발행된 선화증권을 제3자선화증권(third party B/L)이라고 한다. 주로 중계무역 등에서 이용되는데, 신용장에 별도의 명시가 없는 한 은행은 이를 수리하도록 신용장 통일규칙에서 정하고 있다.

### (5) 약식선화증권(Short Form B/L)

약식선화증권은 선화증권으로서의 필요 기재사항을 갖추고 있지만 정식선화증권(long form B/L)의 이면약관이 생략된 것을 말한다. 최근 미국을 위시한 여러 나라에서 널리 사용되고 있다. 그러나 분쟁이 발생하면 정식선화증권 상의 약관을 따르도록 하는 문구를 삽입하고 있다.

#### (6) 적색선화증권(Red B/L)

적색선화증권은 보통의 선화증권과 보험증권을 결합시킨 것으로서, 이 증권에 기재된 화물이 항해 중에 사고가 발생하면 이 사고에 대하여 선박회사가 보상해 주는 선화증권이다. 이 경우 선박회사는 모든 'Red B/L' 발행권을 일괄부보하게 되므로 보험회사가 손해부담을 진다. 그러나 운임에 보험료가 추가되므로 결과적으로 보험료는 화주가 부담하는 것이 된다. 이러한 Red B/L은 과거 선박회사와 보험회사가 동일인일 경우에 사용하였으나 근자에는 사용하지 않고 있다.

#### (7) 기간경과선화증권(Stale B/L)

기관경과선화증권이란 선화증권의 어떤 형태를 말하는 것이 아니고, 선적 후 정당하다고 인정되는 기간이 경과한 후에 은행에 제시된 선화증권을 말한다. 주로 신용장 상에 명시된 선화증권의 제시시한을 경과한 선화증권을 지칭하는 용어이다. 신용장통일규칙(제43조)은 선화증권 또는 기타 선적서류의 발행일로부터 지급 · 인수 또는 매입을 위하여 서류를 제시할 때까지의 일정기간을 명시하도록 하고 있다. 이러한 제시기간이 신용장 상에 명시 되어 있지 않은 경우 선화증권의 발행일로부터 은행 측에서 일반적으로 용인하는 허용기간(21일)이 경과한 후 매입은행에 제시되면, 은행은 신용장상에 "Stale B/L acceptable"이란 조항이 있는 경우를 제외하고는 수리를 거절한다.

### 2) 선화증권의 기재사항

선화증권의 양식 및 기재사항은 컨테이너로 운반되는지 혹은 재래선 벌크 형태로 운반되는지에 따라 약간의 차이가 존재하나 대부분 유사하다.

〔서식 4-3〕 선화증권(B/L)

<table>
<tr><td colspan="7">Bill of Lading</td></tr>
<tr><td colspan="2">①Shipper/Exporter<br>ABC TRADING CO. LTD.<br>1. PIL-DONG, JUNG-KU, SEOUL, KOREA</td><td colspan="5">⑪B/L No. ; But 1004</td></tr>
<tr><td colspan="2">②Consignee<br>TO ORDER OF XYZ BANK</td><td colspan="5"></td></tr>
<tr><td colspan="2">③Notify Party<br>ABC IMPORT CORP.<br>P.O.BOX 1, BOSTON, USA</td><td colspan="5"></td></tr>
<tr><td>Pre-Carriage by</td><td>⑥Place of Receipt<br>BUSAN, KOREA</td><td colspan="5"></td></tr>
<tr><td>④ Ocean Vessel<br>WONIS JIN</td><td>⑦Voyage No.<br>1234E</td><td colspan="5">⑫Flag</td></tr>
<tr><td colspan="7">⑤Port of Loading ⑧Port of Discharge ⑨ Place of Delivery ⑩ Final Destination(For the Merchant Ref.)<br>BUSAN, KOREA BOSTON, USA BOSTON, USA BOSTON, USA</td></tr>
<tr><td colspan="2">⑬Container No. ⑭Seal No.<br>Marks & No<br><br>ISCU1104<br><br>Total No. of Containers or Packages(in words)</td><td>⑮No. & Kinds of Containers or Packages<br><br>1 CNTR</td><td>⑯Description of Goods<br><br>LIGHT BULBS (64,000 PCS)</td><td>⑰Gross Weight<br><br>4,631 KGS</td><td colspan="2">Measurement<br><br>58,000 CBM</td></tr>
<tr><td>⑱ Freight and Charges</td><td>⑲ Revenue tons</td><td>⑳ Rate</td><td>㉑ Per</td><td>㉒ Prepaid</td><td colspan="2">㉓ Collect</td></tr>
<tr><td>㉓ Freight prepaid at</td><td>㉔ Freight payable at</td><td colspan="5" rowspan="2">㉖ Place and Date of Issue<br>May 21, 2000, Seoul<br>Signature</td></tr>
<tr><td>Total prepaid in</td><td>㉕ No. of original B/L</td></tr>
<tr><td colspan="2">㉗ Laden on board vessel<br>Date Signature<br>May 21, 2000</td><td colspan="5">㉘ ABC Shipping Co. Ltd.<br>as agent for a carrier, zzz Liner Ltd.</td></tr>
</table>

① Shipper ; 송하인의 성명 또는 상호를 기재
② Consignee ; T/T 방식이나 D/P, D/A 방식에서는 수입상의 상호 및 주소가 기재되나 신용장 방식에서는 신용장상에 표시된 문구에 따라 TO ORDER, TO ORDER OF SHIPPER, TO ORDER OF 개설은행명, 수입상명 등이 된다.(상업송장상의 Consignee와 일치시켜야 함.)
③ Notify Party ; 대개 신용장에 Notify Accountee라 기재되며 신용장 개설의뢰인, 즉 수입업자 또는 수입업자가 지정하는 대리인이 통지처(화물도착 시 연락처)로 기재된다.
④ Ocean Vessel ; 화물을 수송하는 해상운송 선박명이 기재된다.
⑤ Port of Loading ; 화물을 선적하는 항구명 및 국명이 표시된다.
⑥ Place of Receipt ; 송하인으로부터 운송인이 화물을 수취하는 장소로 "Busan C.Y" "Busan C.F.S" 등으로 표기한다.
⑦ Voyage No. ; 운송선박의 운송회사나 선박회사가 임의로 정한 일련번호가 기재되는데 1항차는 출발항에서 목적항을 거쳐 출발항에 회항하는 것으로 한다. 수출·수입을 구별하기 위하여 East, West, South, North 등을 표기한다.
⑧ Port of Discharge ; 화물의 양륙항 및 국명이 기재된다.
⑨ Place of Delivery ; 운송인이 책임지고 운송하여 수하인에게 인도하여 주는 장소를 명기한다.
⑩ Final Destination ; 화물의 최종 목적지를 표시하나 선화증권에 운임이 계상되어 있지 않는 경우는 단지 참조사항에 불과하다. 그리고 복합운송이 아닌 경우에는 기재되지 않는 경우가 많다.
⑪ B/L No. ; 선사가 임의로 규정한 표시번호를 기재한다.
⑫ Flag ; 선박의 등록국적을 나타낸다.
⑬ Container No. ; 화물이 적재되는 Container No.를 표기한다.
⑭ Seal No. ; Container에 적재된 화물에 봉인을 한 Seal No.를 표기한다.
⑮ No of CONT or other PKGS ; 컨테이너 숫자나 기타 포장갯수를 기재한다. 예) 1 CNTR(컨테이너)
⑯ Description of Packages and goods ; Packing List 및 Invoice에 기재된 상품의 내용을 열거 기재하며 B/L No.도 통상 표시되어진다.
⑰ Gross Weight, Measurement ; 등록 검량회사에서 검측된 중량 및 용적이 명기된다. Packing List, Invoice와 일치되지 않는 경우 Remark를 부기하여야 한다.
⑱ Freight and Charges ; 상품의 운송에 따른 제반비용의 명세로 표시된다.
⑲ Revenue Tons ; 중량과 용적 중에서 운임이 높게 계산되는 편을 택하여 표시한다.
⑳ Rate ; Revenue ton당의 운임단가 및 'CFS Charge', 'Wharfage',

'B.A.F', 'C.A.F'의 비율 등이 표시된다.

㉑ Per ; 용적단위 또는 중량단위로 표시하고 'Full Container'의 경우는 Van 단위로 표시한다.

㉒ Prepaid & Collect ; C.I.F조건의 수출일 경우는 'Prepaid'난에 운임을 계산하여 표시한다. F.O.B 조건의 수출일 경우는 'Collect'난에 계산 표시한다.

㉓ Freight Prepaid At ; C.I.F 수출조건인 경우 운임이 지불되는 장소를 나타낸다. 즉, 화물이 부산에서 선적운송되고 서울에서 운임이 지불되는 경우는 "Seoul, Korea"라고 기재한다.

㉔ Freight Payable At ; F.O.B 수출조건으로 운임이 수하인 부담인 경우에 수하인의 운임 지불장소가 기재된다.

㉕ No. of Original B/L ; Original B/L의 빌행통수를 기재한다.

㉖ Place of Issue ; B/L의 발행장소가 기재된다.

㉗ On Board Date and Issue ; B/L의 On Board Date가 기재되며 선적일과 발행일자는 보통 일치된다.

㉘ Carrier Name ; B/L 발행권자의 서명(signature)이 표시된다.

## 2. 상업송장(Commercial Invoice)

상업송장이란 수출상이 수입상 앞으로 발행하는 것으로, 물품의 명세서와 물품에 대한 대금청구서 역할을 한다. 또한 수출상이 매매계약에 따라 물품을 제공하였다는 계약이행의 입증서류이기도 하다. 상업송장은 수출상의 입장에서는 무역대금을 결제받기 위한 주요 서류뿐만이 아니라 출하안내, 과세자료, 수출통관상 세관 등에 제공하게 되는 서류이다. 따라서 상업송장에 나타난 내용, 즉 품명, 수량, 단가 및 금액 등은 계약서와 일치하여야 한다. 또한 신용장거래의 경우에는 신용장의 조건과 상업송장의 조건이 일치하여야 한다.

송장(invoice)는 상업송장과 공용송장(official invoice)으로 구된다. 상업송장은 무역계약을 이행하고 거래조건에 따라 작성되는 선적송장(shipping invoice), 가격계산의 기초로 사용되는 견적송장(proforma invoice) 등이 있다. 이 가운데 국제무역에서 흔히 말하는 상업송장이란 선적송장을 말한다.

〔서식 4-4〕 상업송장

견본

# COMMERCIAL INVOICE

| Seller | Invoice No. & date |
|---|---|
| HONG KIL DONG CO., LTD<br>45, Namdaemun-Ro 4Ga, Jung-gu Seoul, 100-743 Korea<br>TEL:(82-2)316-3302/ FAX : (82-2)779-8889 | HKD04-07 29. APR. 2002<br>**L/C No. & date (or contract No.& date)**<br>HSB3305509497B1 20. MAR. 2002 |
| **For Account & Risk of Messrs**<br>AL EARA EST. FOR TRADING P.O.BOX 280 772,<br>RIYADH 11392 SAUDI ARABIA<br>TEL :4481781, FAX : 4477765 | **Remarks**<br>• WE CERTFY THAT THE GOODS ARE NEITHER OF ISRAELI ORIGIN NOR DO THEY CONTAIN ANY ISRAELI MATERIALS.<br>• ORIGIN : THE REPUBLIC OF KOREA |
| **Notify Party**<br>SAME AS ABOVE | |

| Port of loading | Final distination |
|---|---|
| BUSAN PORT, KOREA | RIYADH VIA DAMMAM PORT SAUDI ARABIA |
| **Carrier** | **Sailing on or about** |
| mv.AL ABDALI V-C187W | 30. APRIL. 2002 |

| Marks & Numbers of PKGS | Description of Goods | Quantity | Unit Price | Amount |
|---|---|---|---|---|
| LUIS SALMUN SACEL | 100% POLYESTER WOVEN FABRIC | | FOB BUSAN, KOREA | |
| SINGLE GGT PD | 1. SINGLE GEORGETTE PLAIN DYED | 14,500MTS | $0.61/MTS | USD 8,845.00 |
| COL NO.# : | 2. KOSHIBO PLAIN DYED | 5,418MTS | $1.09/MTS | USD 5,905.62 |
| C/T NO.# : 1-24 | 3. HI-MULTI CHIFFON GEORGETTE PLAIN DYED | | | |
| QTY : | | 12,596MTS | $0.83/MTS | USD10,454.68 |
| MADE IN KOREA | 4. DOBBY GEORGETTE PLAIN DYED | 7,700MTS | $0.96/MTS | USD 7,392.00 |
| | TOTAL | 40,214MTS | | USD32,597.30 |

Signed by

HONG KIL DONG CO., LTD

PRESIDENT HONG KIL DONG

공용송장은 세관송장(customs invoice)과 영사송장(consular invoice)으로 구분된다. 영사송장은 수입국에서 수입관세 탈세나, 외화도피, 덤핑 등을 방지하거나 수출국소재 공관의 사증료 수입을 증대시키기 위하여 수출국 주재 수입국 영사의 확인을 받아야 하는 송장이다.

세관송장은 영사송장과 같이 과세가격기준 결정, 덤핑유무의 판정, 수입통계 등을 목적으로 수입자가 수입화물의 통관을 위하여 세관에 제출하는 송장을 말한다. 이 송장 또한 수출자가 수입자 앞으로 발행한다. 그러나 세관송장은 국가 별로 양식이 상이함으로 작성시 유의하여야 한다.

## 3. 보험증권

보험증권(insurance policy)은 보험계약 성립의 증서로시 보험자가 피보험자의 청구에 의하여 교부하는 것으로 계약서도 유가증권도 아니고 단지 증거증권이며 통상 배서나 인도에 의하여 양도된다. 통상 2통이 발행되며 1통이 수리되면 나머지 한 통은 무효가 된다. 보험증권의 요건으로는 다음과 같은 것이 있다.

① B/L 또는 송장에 기재된 상품의 위험을 담보해야 한다.

② 보험청구권이 양도되어 있어야 한다.

③ 부보금액은 신용장금액의 110%이다.

④ 부보일자가 B/L상의 선적일자 이전이거나 소급적용의 특약이 있어야 한다.

⑤ 담보되는 위험의 범위가 ICC(A),(B,)(C) 혹은 A/R, WA, FPA 등으로 명확히 기재되어 있어야 한다.

## 4. 기타서류

### 1) 포장명세서(packing list)

포장명세서에는 선적화물의 포장단위별 명세와 단위별 총중량, 순중량 등이 기재된다. 따라서 매수인은 포장을 뜯지 않고서도 포장명세서만을 보고 그 포장물의 명세를 확인할 수 있다.

포장명세서에는 선적화물의 포장 및 포장 단위별 명세와 단위별 순중량, 총중량, 그리고 화인 및 포장의 일련번호 등을 기재함으로써 포장과 운송, 통관상의 편의를 위하여, 수출업자가 수입업자 앞으로 작성하는 계약관련 서류 중의 하나이다. 따라서 기재 내용은 상업송장에 부수하여 거래계약 성립에 따라 선적화물의 자세한 명세를 표시하게 된다. 그리고 선적된 화물을 일목요연하게 알아 볼 수 있도록 작성하는 것으로 송장을 보충하는 역할을 한다.

계약체결에 따른 선적화물의 포장 및 그 명세(품목명, 수량, 순중량, 총중량, 용적, 화인, 포장번호 등)를 기재하는 포장명세서에는 대금 관련사항을 명기하지 않고 각 규격별, 단위별로 일목요연하게 기재한다는 점을 제외하고는 송장과 별다른 차이점을 발견할 수 없다.

〔서식 4-5〕 포장명세서

# PACKING LIST

견 본

| Seller<br>HONG KIL DONG CO., LTD<br>45, Namdaemun-Ro 4Ga, Jung-gu Seoul, 100-743 Korea<br>TEL:(82-2)316-3302/ FAX : (82-2)779-8889 | | Invoice No. & date<br>HKD04-07 29. APR. 2002<br>L/C No. & date (or contract No.& date)<br>HSB3305509497B1 20. MAR. 2002 |
|---|---|---|
| For Account & Risk of Messrs<br>AL EARA EST. FOR TRADING P.O.BOX 280 772,<br>RIYADH 11392 SAUDI ARABIA<br>TEL :4481781, FAX : 4477765 | | Remarks<br>• WE CERTFY THAT THE GOODS ARE NEITHER OF ISRAELI ORIGIN NOR DO THEY CONTAIN ANY ISRAELI MATERIALS.<br>• ORIGIN : THE REPUBLIC OF KOREA |
| Notify Party<br>SAME AS ABOVE | | |
| Port of loading<br>BUSAN PORT, KOREA | Final distination<br>RIYADH VIA DAMMAM PORT<br>SAUDI ARABIA | |
| Carrier<br>mv.AL ABDALI V-C187W | Sailing on or about<br>30. APRIL. 2002 | |

| Marks & Numbers of PKGS | Description of Goods | Quantity | Net Weight | Gross Weight | Measurement |
|---|---|---|---|---|---|
| LUIS SALMUN SACEL | <u>100% POLYESTER WOVEN FABRIC</u> | | | | |
| SINGLE GGT PD | 1. SINGLE GEORGETTE PLAIN DYED | 14,500MTS | 10,200KG | 12,240KG | 40CBM |
| COL NO.# : | 2. KOSHIBO PLAIN DYED | 5,418MTS | 3,900KG | 4,680KG | 18CBM |
| C/T NO.# : 1-24 | 3. HI-MULTI CHIFFON GEORGETTE PLAIN DYED | | | | |
| Q'TY : | | 12,596MTS | 8,860KG | 10,630KG | 36CBM |
| MADE IN KOREA | 4. DOBBY GEORGETTE PLAIN DYED | 7,700MTS | 5,410KG | 6,492KG | 20CBM |
| | TOTAL | 40,214MTS | 28,370KG | 34,042KG | 114CBM |

Sworn before us that the foregoing to be true and correct.

Signed by
**HONG KIL DONG CO., LTD**

PRESIDENT HONG KIL DONG

### 2) 원산지 증명서(certificate of origin)

원산지증명서는 수출물품의 원산지를 증명하는 서류이다. 원산지증명서는 수입상이 물품을 수입할 때 관세협약 등에 의해 협정관세율을 적용하거나 덤핑방지 등 무역정책상 또는 수출입통계, 국민의 알권리 충족 등의 목적으로 요청된다.

### 3) 위생증명서

위생증명서(health certificate; sanitary certificate; veterinary certificate)란 식료품, 약품, 동물의 가죽류 등을 수출하는 경우에 수입국 보건기준에 합치된 것을 수입할 수 있도록 관리하기 위하여 수입상의 요구에 의해 수출국의 위생 검사 당국에서 발행하는 서류이다.

### 4) 검역증명서

검역증명서(quarantine certificate)는 위생증명서의 일종으로 특히 식물이나 동물 또는 동물의 부산물 등을 수출하는 경우 전염병 등 세균의 침입을 예방하기 위하여 수출국에서 소독, 방역 또는 검역을 실시하고 발급하여 주는 서류를 말한다.

〔서식 4–6〕 원산지 증명서

**1. Exporter (Name, address, country)**

HONG KIL DONG CO., LTD.
45, NAMDAEMUN-RO 4GA, JUNG-GU, SEOUL
100-743 KOREA

Reference No. 001-06-0002312
Reference Code. cf5d-d2c2

**ORIGINAL**

**CERTIFICATE OF ORIGIN**

issued by
THE CHAMBER OF COMMERCE & INDUSTRY
, Republic of Korea

**2. Consignee (Name, address, country)**

TO THE ORDER

**3. Country of Origin**

THE REPUBLIC OF KOREA

**4. Transport details**

FROM : BUSAN PORT, KOREA
TO : PORT RASBIO, DUBAI, U.A.E
BY : HANJIN XIAMEN 0002V
ON : 03 MAY, 2007

**5. Remarks**

BUYER :
HAPPY COMPANY
P.O.BOX 6372, DUBAI, U.A.E.

Invoice number & date :
HK007-0100 & 2007-04-27

**6. Marks & numbers; number and kind of packages; description of goods**

LADIES PULLOVER 130 CARTONS OF

DEPARTMENT : ABC
ORDERNUMBER :
STYLE:ABC-1-KN-100
COLOUR:
BOXNUMBER : 1 OF 130

1) SERIAL NO. [illegible]
ORDERNUMBER : [illegible] /STYLE : ABC-1-KN-100
LADIES PULLOVER U-NECK LONG SLEEVE
75% COTTON 23% POLYAMID 2% ELASTHAN

2) SERIAL NO. 123458
ORDERNUMBER : /STYLE : HKD-2-KN-202
LADIES PULLOVER TURTLE NECK LONG SLEEVE
75% COTTON 23% POLYAMID 2% ELASTHAN

3) SERIAL NO. 123459
ORDERNUMBER : HP007-420/STYLE : ROZALIE
LADIES PULLOVER U-NECK SHORT SLEEVE
47% VISCOSE 30% COTTON 23% POLYAMID

---

TOTAL :

"WE CERTIFY THAT THE GOODS ARE NEITHER OR ISRAELI ORIGIN NOR DO THEY CONTAIN ANY ISRAELI MATERIALS"

////////////////////////////////////////////////////////////////////////

견 본

**7. Quantity**

990PCS
1,490PCS
2,000PCS
4,480PCS

**8. Declaration by the Exporter**

The undersigned, as an authorized signatory, hereby declares that the above-mentioned goods were produced or manufactured in the country shown in box 3

(Signature)

(Name) PRESIDENT HONG KIL DONG

**9. Certification**

The undersigned authority hereby certifies that the goods described above originate in the country shown in box 3 to the best of its knowledge and belief

Authorized Signatory

# 5 제5장 무역대금의 회수와 분쟁의 해결

## 제1절 송금결제와 추심결제

무역대금의 결제방법은 거래당사자가 무역계약을 체결할 때 결정하게 된다. 결제방법에 따라 당사자 간 유불리가 결정될 수 있음으로, 거래당사자는 거래 상황을 적절히 고려하여 자신에게 가장 합리적이고 유리한 방법으로 결제방식을 결정하여야 한다.

무역대금의 결제방법은 여러 가지 방법이 있을 수 있으나 크게 송금결제, 추심결제, 신용장결제방식으로 분류할 수 있다. 신용장 결제방식에 대해서는 다음 절에서 자세히 살펴보고 이 절에서는 송금결제방식과 추심결제방식에 대하여 살펴보기로 한다.

송금결제(remittance settlement)는 계약 물품의 인도전, 인도와 동시, 또는 인도 후에 대금을 전신환(T/T: telegraphic transfer) 또는 우편환(M/T: mail transfer)을 이용하여 대금을 결제하는 단순 송금방식이다. 송금결제방식에는 CWO(Cash With Order), CAD(Cash Against Documents), COD(Cash On Delivery)가 있다.

추심결제(documentary collection)은 수출상이 수입상 앞으로 발행한 환어음(draft, bill of exchange)에 선적서류를 첨부하여 수출상 거래은행에 추심(collection)을 의뢰하면 은행은 은행 간 추심을 통하여 수입상 거래은행에서 선적서류와 상환으로 대금을 결제하는 방식이다. 이 방식은 은행이 대금지급에 대한 확약 없이 수입상의 신용만을 믿고 대금을 추심하는 방식으로, 수출상에게 결제상의 위험이 상대적으로 크기 때문에 신용이 두터운 거래선과 거래시 또는 본점과 지점 간의 거래시에 이용되는 경우가 많다. 추심결제에는 어음지급 서류인도조건(D/P: document against payment)과 어음인수 서류인도조건(D/A: document against acceptance)이 있다.

# 1. 송금결제

## 1) CWO(Cash With Order)

수입상이 물품 구입 주문과 동시에 대금을 전부 지불하고 수출상은 일정한 기일 내에 이에 상응하는 물품을 선적하는 것을 말한다. 이 방식은 수출상의 입장에서 보면 대금을 미리 받는 것이기 때문에 대금이 결제되지 않을 위험이 없는 반면 수입상은 자금부담이 크고 물품의 확실한 인수 보장이 없다는 단점이 있다. 따라서 CWO방식은 긴급한 주문이나 소량의 견본, 혹은 거래가 장기간 지속되어 상호간에 서로 신뢰할 수 있을 때 사용된다.

## 2) CAD(Cash Against Document)

수출상이 상품을 선적하고 이를 증명할 수 있는 선하증권, 보험증권, 상업송장 등 주요 선적서류를 수출지의 수입상의 대리점이나 거래은행에 제시하고 수출대금을 받는 방식이다. 따라서 이는 수출지에 수입자의 대리점이나 거래은행이 있을 때 가능하다. 그러나 거래은행을 통하여 관련 서류를 수입상의 거래은행에 보낸 뒤 수입상의 거래은행에서 서류와 상환으로 대금을 결제하는 방식도 있다. 이 방식의 경우 수출상이 선적을 완료하고 관련 서류를 준비하여 수입상이나 거래은행에 제시하였을 때 수입상이 서류의 인수를 거부하여 대금회수가 어려워질 위험성이 있으므로 수입상의 신용상태에 대한 확신이 있을 때 사용해야 한다.

## 3) COD(Cash On Delivery)

계약물품이 수입지에 도착하면 수입상이 물품의 품질이나 수량 등을 검사한 후 그 물품과 상환으로 수출대금을 현금으로 결제해 주는 방식이다. 수입국의 수출상의 해외지점 등이 수출상이 보낸 서류를 받아서 수입상에 전달한 후 물품의 검사가 끝나면 수출대금을 받는 방식을 취한다. 이는 주로 고가의 보석, 귀금속이나 동일 물품이라도 물품의 색상, 순도 등에 따라 가격의 차이가 많이 나는 물품의 거래에 주로 쓰인다.

## 2. 추심결제

추심결제방식은 수출상이 수입상 앞으로 발행한 환어음(draft, bill of exchange)에 선적서류를 첨부하여 수출상 거래은행에 추심(collection)을 의뢰하면 은행은 은행 간 추심을 통하여 수입상 거래은행에서 선적서류와 상환으로 대금을 결제하는 방식이다. 추심방식은 보통 채무자인 매수인이 채권자인 매도인에게 매입대금의 결제를 위하여 어음을 발행하는 국내거래와는 반대로 매도인이 매수인 앞으로 환어음을 발행하게 된다. 이러한 의미에서 환어음을 역환(逆換, adverse exchange)이라고도 한다.

추심결제에는 D/P와 D/A 방식이 있다. 이 방식은 신용장 없이 환어음의 발행만으로 대금의 결제가 이루어지는 방식이다. 따라서 수출상은 수입상이 추심에 응하지 않거나 대금지급을 하지 않으면 대금회수에 어려움을 겪게 된다. 따라서 수입상의 입장에서는 대금의 지급을 은행이 보장해 주는 신용장거래를 선호하게 된다. 그러나 신용장의 개설은 담보금의 적립 등을 수입상이 신용장 개설은행에 하여야 하기 때문에 수입상은 이러한 부담이 없는 추심결제 방식을 선호하게 된다. 결국 추심결제는 수출상과 수입상의 신용을 바탕으로 혹은 수출보험의 부보를 전제로 거래가 이루어지는 것이 보통이다.

〔서식 5-1〕 환어음 서식

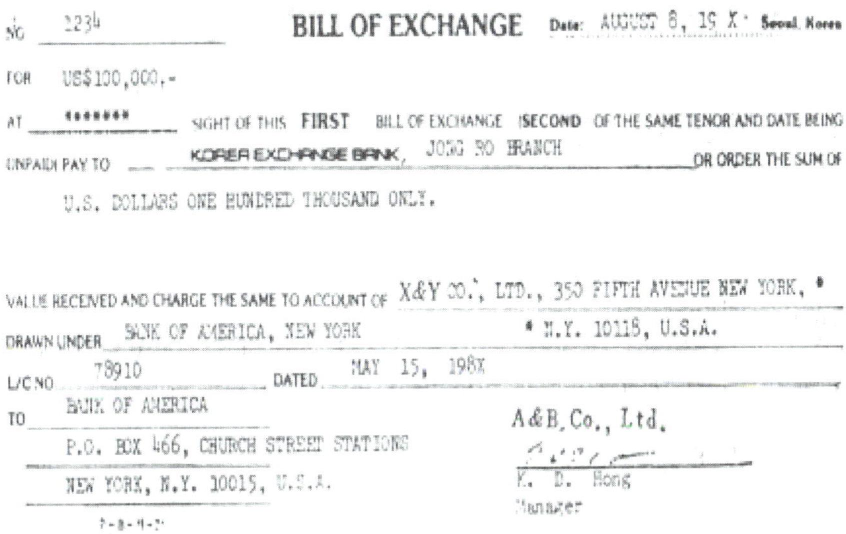
NO 1234 **BILL OF EXCHANGE** Date: AUGUST 8, 19X Seoul, Korea

FOR US$100,000.-

AT ******* SIGHT OF THIS FIRST BILL OF EXCHANGE (SECOND OF THE SAME TENOR AND DATE BEING UNPAID) PAY TO KOREA EXCHANGE BANK, JONG RO BRANCH OR ORDER THE SUM OF

U.S. DOLLARS ONE HUNDRED THOUSAND ONLY.

VALUE RECEIVED AND CHARGE THE SAME TO ACCOUNT OF X&Y CO., LTD., 350 FIFTH AVENUE NEW YORK, N.Y. 10118, U.S.A.

DRAWN UNDER BANK OF AMERICA, NEW YORK

L/C NO 78910 DATED MAY 15, 198X

TO BANK OF AMERICA
P.O. BOX 466, CHURCH STREET STATIONS
NEW YORK, N.Y. 10015, U.S.A.

A&B Co., Ltd.
K. D. Hong
Manager

### 1) D/P(documentary against Payment)

어음지급 서류인도조건은 수출상이 수입상과의 매매계약에 따라 물품을 선적하고 구비된 서류에 일람출급환어음(sight bill of exchange)을 발행 첨부하여 자기 거래은행(추심의뢰은행)을 통하여 수입상 거래은행인 수입국의 은행 앞으로 그 어음대금을 추심 의뢰하면 수입국측 은행(추심은행)은 수입상에게 어음을 제시하여 그 어음금액의 일람지급을 받고 서류를 인도하는 거래방식을 말한다. 수입상이 대금지급을 하지 않고는 선적서류를 인수하지 못하기 때문에 수출상의 입장에서는 D/A조건보다 유리하다.

### 2) D/A(documentary against acceptance)

어음인수 서류인도조건는 D/P 거래와 대금을 추심하는 경로는 같으나 D/P와 다른 점은 수출상이 기한부환어음을 발행하고 수입상 거래은행인 추심은행은 환어음을 수입상에게 제시하여 그 제시된 어음을 일람지급 받지 않고 인수만 받음으로써 서류를 인도한 후 만기일에 대금을 지급 받는 거래방식이다. 즉, 수입상은 인도받은 서류로 물품을 찾은 다음 판매하여 그 대금으로 어음의 기일 내에 결제하게 된다.

# 제2절 신용장결제

## 1. 신용장의 의의

신용상(L/C: letter of credit)이란 무역거래의 대금결제 및 상품수입을 원활하게 하기 위하여 수입상의 요청에 따라 수입상의 거래은행이 발행하는 것으로 신용장 상에 명시된 조건과 수출상이 제시하는 서류가 일치하면 수출대금 지급을 확약하는 증서(instrument)이다. 즉, 신용장은 은행이 수익자 앞으로 보낸 편지로 일정한 조건 하에 그 수익자에게 신용장 상의 금액을 지급하겠다는 조건부지급약속이다. 이는 신용장 개설은행이 개설의뢰인의 지시에 따라 자신이 개설한 신용장 조건에 일치하는 서류와 상환으로 수익자에게 신용장 대금을 지급하겠다는 확약이다. 결국 신용장은 은행이 수입상을 위하여 자신의 신용을 제공하는 행위로 불확실한 수입상의 신용을 확실한 은행의 신용으로 대체하는 증서이다.

신용장에 의한 국제거래에 있어서 수출상(상인)은 수입상(소비자)을 믿는 것이 아니라 신용장을 발행한 은행이 대금지급을 확약한 신용장을 믿고 계약물품을 안심하고 수출할 수 있는 것이다.

신용장에 관한 국제적인 규칙으로는 국제상업회의소(International chamber of commerce ; ICC)가 세정한 '상업회환신용장에 관한 통일규칙 및 관례'(uniform customs and practice for commercial documentary credits ; UCP, 신용장통일규칙)가 있다. 그러나 UCP는 민간단체인 ICC에서 제정한 것으로 국제적인 협약이나 통일법과 같은 구속력은 없다. 따라서 당사자가 실제 거래에서 이를 적용하기로 합의한 경우에만 동 규칙을 적용할 수 있다. 다만, 현재 국제거래에 사용되는 거의 대부분의 신용장에는 신용장 거래에서 야기되는 문제를 신용장통일규칙을 중심으로 해결한다고 규정하고 있어 이를 따르고 있다.

## 2. 신용장의 기능

### 1) 국제무역촉진기능

수출입당사자간에 매매계약이 체결되었음에도 불구하고 신용장이 개설되어 있지 않으면, 수출상은 수입상이 상품을 주문한 후 시세하락 및 기타 다른 이유로 주문을 취소하지 않을까, 가격인하를 요구할지 않을까 또는 대금지급을 거절하지 않을까 하는 불안감에 사로잡힐 수 있다. 반대로 수입상은 수출상이 계약조건대로 계약기간 내에 매매상품을 선적할 것인지 확신을 가질 수 없다. 이에 대해 신용장은 수출대금결제를 보장하고 상품의 수령을 확실하게 함으로써 국제무역을 촉진시키는 역할을 수행한다.

### 2) 금융수단의 기능

신용장에 의한 수출대금은 개설은행이 지급을 확약하고 있으므로 수출자는 내도된 신용장을 근거로 수출에 소요되는 자금을 융자받을 수 있게 된다. 또한 수출을 이행하고 나면 수입자가 대금을 지급하기 전이라도 수출자는 환어음을 발행하여 자기 거래은행에 매입 또는 할인을 의뢰함으로써 수출대금을 회수한다. 한편 수입자는 상품이 도착한 후에 대금을 지급할 수도 있고, 기한부신용장인 경우에는 수입상품을 판매한 후에 이 판매대금으로 수입대금을 결제할 수도 있어 금융상의 혜택을 볼 수도 있다.

## 3. 신용장 거래의 특성

### 1) 신용장의 독립성

신용장의 독립성이란 신용장은 매매계약에 근거하여 개설되었지만 일단 개설되면 신용장은 매매계약과는 독립된 별도의 법률관계를 형성한다는 것이다. 따라서 수입상은 신용장 조건과 매매계약 조건이 서로 다르다는 점을 이유로 대금지급을 지연 또는 취소할 수 없으며, 매매계약이 취소되었다 할지라도 신용장 조건대로 이행한 수입상은 신용장의 독립성에 의해 보호를 받을 수 있다. 극단적인 예로, 신용장이 개설되고 개설의뢰인이 파산하였다 하더라도 개설은행은 수익자가 신용장의 조건에 일치하는 화환어음을 제시하면 이를 수리하여야 할 의무가 있다. 즉, 개설은행은 매매계약을 이유로 신용장에 따른 의무의 회피를 주장할 수 없게 된다.

### 2) 신용장의 추상성

신용장거래에 있어서 모든 관계 당사자는 서류상의 거래를 하는 것이지 그러한 서류들이 관련되어 있는 상품, 용역 또는 계약이행상의 거래를 하는 것이 아니다. 따라서 신용장거래에서 수출상이 물품을 선적하고 신용장에서 요구하는 서류를 제시하면 은행은 그 서류만을 가지고 수리여부를 판단한다. 그 이유는 신용장거래에 개입한 은행은 물품거래의 당사자가 아니므로 매매당사자간의 매매 목적물인 물품에 대하여 알 수가 없기 때문이다.

따라서 신용장을 받은 수출상은 개설된 신용장이 매매계약서에 있는 내용과 일치하는지를 확인하여 불일치가 발견되면 즉시 은행을 통하여 신용장의 정정을 요구하여야 한다. 또한 신용장에서 요구한 선적서류 상의 조건과 신용장의 조건에 불일치가 있으면 은행에서 환어음의 매입을 거절하게 되므로 반드시 일치된 서류를 제출하여야 한다.

### 3) 엄밀일치성

엄밀일치성이란 신용장의 조건에 따라 은행에 제시된 서류는 신용장의 조건과 문면상 엄격히 일치하여야 한다는 것이다. 즉, 물품에 관한 지식이 없는 은행의 입장에서는 서류만으로 결제여부를 결정하여야 하기 때문에 서류가 문면상 신용장 조건과 일치하게 표시되지 아니한 경우에는, 은행은 서류의 수리를 거절할 수 있다. 이는 신용장 거래가 상품거래가 아닌 서류거래이므로 서류만을 기준으로 지급여부를 결정하게 되므로 제시되는 서류가 신용장의 조건과 엄격하게 일치함을 요구하는 것이다.

## 4. 신용장의 당사자

신용장거래의 관계당사자는 기본당사자와 기타당사자로 구분된다. 기본당사자는 신용장거래에서 직접적인 권리와 의무를 부담하는 자를 말하며, 기타당사자는 신용장의 원활한 거래를 위하여 간접적으로 참여하는 은행 등을 말한다. 기본당사자에는 개설의뢰인, 개설은행, 수익자 등이 있고, 확인신용장의 경우에는 확인은행이 여기에 포함된다. 기타당사자에는 통지은행, 매입은행, 지급은행, 인수은행 등이 있다.

### 1) 기본 당사자

#### (1) 개설의뢰인(applicant)

개설의뢰인은 신용장의 개설을 의뢰하는 자를 말한다. 즉, 신용장 개설을 개설은행에 요구하는 자로 일반적으로 매수인이다. 다만 일부 경우에 있어서 매수인의 거래처인 제3자가 개설의뢰인이 되는 경우도 있다.

#### (2) 개설은행(issuing bank, opening bank)

개설은행은 개설의뢰인의 지시와 요청으로 신용장을 개설하고, 수출상이 발행한 환어음을 지급, 인수 또는 매입할 것을 확약하고, 신용장의 제조건에 일치하는 서류와 환어음을 지급, 인수 또는 매입한 은행에 대하여 보상할 의무가 있는 은행을 말한다.

#### (3) 수익자(beneficiary)

수익자는 개설의뢰인의 요청에 따라 개설된 신용장의 편익을 누리는 자를 말한다. 즉, 개설은행으로부터 신용장을 수령하여 신용장 조건에 따른 권한과 이익을 얻는 수출상을 신용장거래에서는 수익자라고 한다.

#### (4) 확인은행(confirming bank)

확인은행은 개설은행의 수권이나 요청에 따라 수익자에게 지급, 인수 또는 매입을 확약한 은행이다. 따라서 확인은행은 개설은행과 동일한 의무를 갖는다. 즉, 신용장 조건과 일치하는 서류가 제시되면 이를 지급, 인수 또는 매입할 의무를 지게 된다.

수익자의 입자에서 개설은행의 대외신용이나 자산상태가 불확실하거나 외화부족 등으로 대외결제에 제한을 가할 가능성이 있는 경우에, 개설은행의 지급확약만을 믿고 거래하기 어렵다. 이러한 경우 수익자가 개설의뢰인에 요청하여 확인은행을 추가해줄 것을 요청하면 개설의뢰인은 개설은행에 요청하여 확인은행을 지정하게 되는데, 일반적으로는 통지은행이 확인은행의 역할을 겸하는 경우가 많다.

### 2) 기타 당사자

#### (1) 통지은행(advising bank, notifying bank)

통지은행은 개설은행의 요청으로 수익자에게 신용장이 개설된 사실과 그 내용을 동지하는 은행을 말한다. 통상 통지은행은 수익자가 소재하는 수출지에 있는 개설은행의 지점이나, 지점이 없는 경우에는 환거래은행이 통지은행으로 이용된다. 통지은행은 개설은행의 요청에 의하여 신용장이 개설되었음을 단순히 통지하는데 그치므로 거래에 대하여 책임과 의무가 부과되는 것은 아니다. 다만 수익자에게 신용장 개설을 통지할 때 외관상 진정성을 확인하기 위하여 상당한 주의를 기울려야할 의무는 부과된다.

### (2) 매입은행(negotiating bank)

수출자는 물품선적을 완료한 후 신용장조건에 따라 개설은행 앞으로 환어음을 발행하고 신용장에서 요구하는 운송서류를 첨부하여 자기의 거래은행에 환어음의 매입을 신청하는데, 이때 환어음을 매입하는 은행을 매입은행이라고 한다. 개설은행에 의하여 일람출급이나 기한부환어음을 매입하도록 지정받은 은행이 있는 경우에는 그 지정은행이 매입은행이 되고, 특별한 지정이 없는 경우에는 모든 은행이 매입은행이 될 수 있다. 매입은행은 지급은행이 아니므로 자기의 자금으로 먼저 신용장 대금을 지급하고 일정기간 후 개설은행으로부터 상환 받게 되므로 그 기간의 이자와 수수료를 공제하고 신용장 대금을 수익자에게 지급한다. 이때 공제하는 이자와 수수료를 환가료(exchange commission)라고 한다.

### (3) 지급은행(paying bank)

지급은행은 신용장 조건에 따라 수익자가 발행한 환어음에 대하여 지급하도록 수권된 은행을 말한다. 일반적으로 개설은행의 본지점이나 개설은행의 지정을 받은 예치환거래은행 또는 개설은행이 결제대금의 전액을 미리 위탁시켜둔 지정은행 만이 지급은행이 될 수 있다.

지급은행은 개설은행의 예치환거래은행으로서 예치환거래약정을 체결하고 개설은행의 예금계정을 설정하여 신용장 조건에 일치되는 서류에 응하여 지급시마다 개설은행의 예금계정에서 당해 금액을 차감하면서 지급을 행하기 때문에 지급과 동시에 상환을 받게 된다. 따라서 지급신용장을 이용하는 경우에 수익자는 환가료를 부담하지 않는다.

#### (4) 인수은행(accepting bank)

수익자가 발행한 환어음이 기한부어음(usance bill)일 경우에 은행이 지급에 앞서 인수(acceptance)를 하게 된다. 이때에 은행은 어음의 만기일에 가서 그 어음을 지급하게 되는데 이러한 기한부어음을 인수하는 은행을 인수은행이라고 한다. 인수은행은 기한부어음을 인수한 경우 어음의 만기일에 어음대금을 지급하여야 한다.

## 5. 신용장의 거래과정 및 구성내용

### 1) 신용장의 거래과정

신용장의 거래과정은 [그림 5-1]과 같다.

① 거래당사자인 수출상과 수입상 간에 매매계약이 이루어진다.

② 수입상은 거래은행에 신용장의 개설을 의뢰한다.

③ 수입상의 거래은행은 수입상의 신용평가에 근거하여 또는 수입상으로부터 담보를 요구하여 이에 만족하면 신용장에 포함된 지시와 조건에 따라서 상품에 대해 지불을 보증하는 신용장을 개설한다.

④ 통지은행은 수출상에게 신용장의 도착을 확인하여 통지해 준다.

⑤ 신용장을 받은 수출상은 계약대로 상품을 수입업자에게 선적한다.

⑥ 수출상은 선화증권을 선박회사에서 발급 받고 보험증권, 상업송장 등 신용장에서 요구하는 서류를 구비한 다음 환어음을 작성하여 거래은행인 매입(통지)은행에 제시하고 상품대금을 지급 받는다.

[그림 5-1] 신용장의 거래 과정

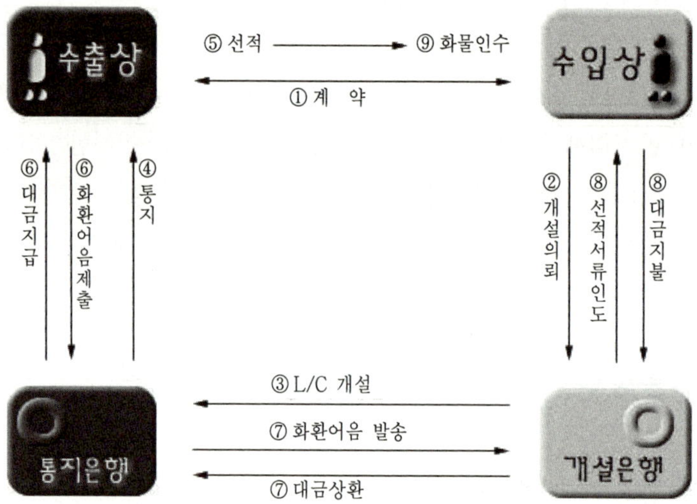


⑦ 화환어음을 매입한 은행은 수출상에게 지급한 어음대금을 결제 받기 위해 신용장 개설은행에 어음과 관련 선적서류를 보낸다. 개설은행은 화환어음을 확인 후 신용장 조건과 일치하는 경우 매입은행에 신용장 대금을 상환한다.

⑧ 개설은행은 선적서류를 수입상에게 인도해 주면서 신용장 대금을 받는다.

⑨ 수입업자는 선적서류와 상환으로 선박회사 또는 항공회사로부터 화물을 인도 받는다.

## 2) 신용장의 기재사항

### (1) 개설은행

개설은행명이 맨 상단에 기록된다. Business Letter의 양식과 동일하며 이를 Letterhead라 한다. 통상적으로 개설은행 밑에는 은행의 주소, 전신약호 그리고 e-mail 등이 기록되어 진다.

### (2) 신용장 개설 장소와 일자

신용장이 발행되는 장소와 일자를 기입한다.

### (3) 신용장의 종류

상단부분에 보통 "IRREVOCABLE DOCUMENTARY CREDIT"이라고 인쇄되어 있다. "Irrevocable Documentary Credit"이란 신용장의 종류를 명기한 것으로 취소불능 화환신용장을 의미한다. 화환신용장이란 신용장에 규정한 환어음을 발행할 때에 신용장에 명기한 선적서류를 첨부하여 발행해야하는 신용장을 의미한다. 즉, 17), 18), 19), 20)의 선적서류를 첨부해서 발행해야 하는 것이다. 참고로 IRREVOCABLE이라는 용어대신 REVOCABLE이라고 되어 있으면 취소가능신용장이다.

### (4) 신용장 번호

신용장을 발행하는 은행의 기준에 따라 부여된 번호이며 우측의 "of advising bank에는 통지은행의 번호가 기입된다. 신용장번호는 모든 선적서류와 환어음에 의무적으로 기입해야만 한다.

### (5) 유효기간

Nego를 할 수 있는 기한을 의미하며 "Validity"와 같은 의미이다. 유효기간 내에 네고를 해야 한다.

### (6) 신용장 개설의뢰인

신용장 개설을 은행에 요구하는 자로 통상 수입상이 개설의뢰인이 된다.

〔서식 5-2〕 취소불능화환신용장 서식

1) THE BANK OF TOKYO, LTD.

2) Place and Date at issue

| 3)IRREVOCABLE DOCUMENTARY CREDIT | Credit Number<br>4) of issuing bank 0615374 | of advising bank |
|---|---|---|
| 8) Advising Bank | 6) Applicant | |
| Korea First Bank, Seoul, Republic of Korea | K. Nomura & Co., Ltd., Tatsumi-Bldg., No.3-13, 1-Chome, Kyomachibori, Nishi-Ku, Osaka. | |
| 7) Beneficiary | 9) Amount | |
| Konji Trading Co., Ltd.<br>664-1, DuckJin-Dong, Jeonju, Jeonbuk. | US$82,390.00 (Say Dollars Eighty-Two Thousand Three Hundred and Ninety Only in U.S. Currency)<br>5) Expiry Date<br>for negotiation July 31,2008 | |

Dear Sir(s),
We hereby issue in your favor this documentary credit [10]which is available by negotiation of your drafts [11]at ___________ sight for 100% invoice cost drawn on The Bank of Tokyo, Ltd., OSAKA, OFFICE being marked as having been drawn under this credit, and accompanied by the following documents::
17) Signed commercial invoice in quadruplicate indicating Import Declaration No. ID(8)J(39)-01828.
19) Marine insurance policy or certificate endorsed in blank, for 110% of the invoice cost including: The Institute Cargo Clause ( A ) and war risks from warehouse to warehouse. Claims to be payable in the currency of the draft in Japan.
18) Full set of clean on board ocean bills of lading dated not later than July 25, 2008,[14] made out to order and blank endorsed, and marked "Freight" "Prepaid" and Notify K. Nomura & Co., Ltd., Tatsumi-Bldg., No.3-13, 1-Chome, Kyomachibori, Nishi-Ku, Osaka.
20) Inspection Certificate of Tae Hwa Corporation to be signed certifying that all items or orders have been fully complied with.
covering:
21) Description of Commodities

| 12) Shipment from Pusan, Korea<br>13) to Kobe,Japan | 15) Partial shipment Permitted. | 16) Transhipment Prohibited. |
|---|---|---|

23) Special conditions: Drafts and documents must be presented for negotiation within 6 days after on board date of bill of lading, but within the credit validity.
24) This credit is transferable.

SAMPLE

| 25) We herby engage with drawers, endorsers and bona fide holders that drafts drawn and negotiated in conformity with the terms of this credit will be duly honoured on presentation and that drafts accepted within the terms of this credit will be duly honoured at maturity.<br><br>Yours faithfully.<br>THE BANK OF TOKYO, LTD.<br>OSAKA OFFICE<br>*Authorized Signature* | 26) Advising Bank's Notification<br><br>27) The amount of each draft must be endorsed on the reverse of this credit by the negotiating bank. |
|---|---|

*22) "Unless otherwise expressly herein, this credit is subject to the Uniform Customs and Practice for Documentary Credit(2007 Revision), International Chamber of Commerce Publication No.600."*

### (7) 수익자

수출신용장을 받아서 상품을 선적하고 어음을 발행하는 자를 의미한다. 영문명에서 보듯이 수익자는 신용장을 받아서 이익을 본다는 의미이다. 그만큼 신용장거래가 수출상에게는 혜택이라 할 수 있는 것이다.

### (8) 통지은행

통지은행이란 신용장을 수익자에게 통지하는 은행으로서 발행은행의 본지점이나 발행은행과 환거래 계약이 체결된 은행이 된다.

### (9) 신용장금액

신용장 하에서 발행될 수 있는 어음의 총계를 뜻하며 통상 숫자와 문자로 표기된다. 문자와 병행하는 것은 금액의 위조를 예방하기 위한 방법으로 모든 유가증권에서 동일한 방법으로 표기하고 있다.

### (10) 신용장의 사용방법

수익자가 어음을 발행하여 NEGO할 수 있는 화환신용장이란 의미로 신용장의 종류가 Negotiation L/C라는 뜻이다. 즉, 이런 경우에는 발행된 어음이 제시되면 발행인, 배서인 그리고 선의의 소지인에게 어음대금을 바로 지급하겠다는 개설은행의 확약이 있는 것으로 추정할 수 있다. 실제로 본 신용장의 말미, 즉 25)항에 이와 동일한 취지의 확약문언이 명시되어 있다.

### (11) 환어음에 관한 사항

본 신용장 하에서 발행되는 어음의 종류를 명시하고 있는네, 이는 송장금액 전액(100% of invoice cost)에 대하여 일람출급 환어음을 발행하도록 규정하고 있다. 따라서 본 신용장은 sight bill이 발행되는 Sight L/C가 되는 것이며, 이를 usance bill로 만들기 위해서는 at와 sight 사이에 일정한 기일, 즉 수출상과 수입상이 협약한 기일

을 명시하면 Usance L/C가 되는 것이다. (예: at 60days after sight)

### (12) 선적항

선적항은 대한민국 Pusan으로 규정되었다. 일반적으로 부산은 "Busan"으로 사용하지만 신용장에 "Pusan"으로 되어 있으면 신용장 표기대로 해야만 한다. 그것이 신용장의 엄밀일치의 원칙에 부합하기 때문이다.

### (13) 목적항

목적항 또는 하역항은 일본의 고베항이다. 본 신용장은 항구 간(port to port) 운송이기 때문에 목적항이 표시되었지만 복합운송, 즉 "door to door service"일 경우에는 최종목적지(destination)가 따로 명시되거나 "Kobe upto Osaka" 등으로 명확하게 명시해야만 한다.

### (14) 선적기일

선적기일은 일반적으로 "not later than" 다음에 표시되는데 이 경우에는 그 날짜가 포함되는 것으로 해석한다.

선적기일의 기준은 선화증권의 일자 또는 선적이나 발송을 증명하는 수령인(reception stamp)이 찍힌 일자로 하며, 선적기일의 표시에 사용되는 'to', 'until', 'till', 'from' 및 이와 유사한 의미의 용어는 기재된 일자를 포함하며, 'after'란 용어가 사용되면 기재된 일자는 제외한다. 그리고 'on or about'라는 용어가 지정일자와 함께 표시된 경우에 5일 이내의 기간(끝날짜 포함)을 선적일자로 본다. "loading an board", "dispatch", "taking in charge" 등으로 최종 선적기일을 표시해도 선적(shipment)과 같은 뜻으로 간주한다.

### (15) 분할선적

분할선적(partial shipment)과 환적(transhipment)은 허용이 되는

경우 "allowed" "permitted" "authorized" 등으로 표시하고, 불허하는 경우 "prohibited" "not allowed" "not permitted" 등으로 표시하는데, 금지의 표시가 없는 경우엔 허용된 것으로 간주한다.

### (16) 환적

환적의 경우는 비록 신용장이 환적을 금지하는 조건일지라도 선화증권 상에서 화물이 컨테이너·트레일러 등에 선적된 것으로 입증되거나, 운송인이 환적을 할 권리를 유보한다는 뜻의 조항이 인쇄되어 있는 선화증권은 수리할 수 있다.

### (17) 상업송장

상업송장은 통상 "Signed commercial invoice"를 요구한다. UCP 600에선 상업송장은 반드시 수익자에 의하여 발행되도록 하고 있으며, 별도의 지시가 없는 한 시명을 필요로 하지 않도록 하였다.

### (18) 선화증권

본 신용장에서는 선화증권을 요구하고 있으나 운송의 형태에 따라서 각 각 요구하는 운송서류가 달라진다. 항공운송의 경우에는 항공화물운송장(Airway Bill)이 요구 되겠고 육상운송의 경우에는 철도화물탁송장(Railway Consignment Note) 또는 도로화물탁송장(Road Consignment Note), 복합운송의 경우에는 복합운송증권(Multimodal Transport Documeent 또는 Combined Transport Document)이 요구된다. 선화증권 문언을 구체적으로 설명하면 다음과 같다.

첫째, "Full set"는 선화증권 원본 3부를 의미한다. 선화증권은 3부, 즉 the original, the duplicate. the triplicate로 구분하여 발행되며 3부가 각각 원본이며 이 중 한부가 사용되면 나머지 2부는 자동적으로 효력이 상실된다. 둘째, "clean on board ocean"이란 무사고, 선적, 해양선화증권의 의미이다. 셋째, "made out to order and blank endorsed"은 지시식으로 만들어지고 백지배서된 선화증권을 요구하는 문언이다. 선화증권의 유통을 위하여 지시식으로 만들고 유통이 계속되도록 하기 위하여 백지배서하도록 한 것이다. 넷째, 운임선불여부와 착하통지처의 명시이다. 운임이 선불되었을 경우엔 "Freight Prepaid", 운임이 후불일 경우엔 "Freight Collect"로 명시되며 이는 최소한의 가격조건의 암시이기도 하다.

### (19) 보험증권

보험증권에 관한 문언은 "Insurance policy or certificate blank endorsed for 110% of the invoice cost including Institute Cargo Clauses(A), (B) 또는 (C)와 특약보험으로 구성된다. 이를 구체적으로 설명하면 다음과 같다.

첫째, "blank endorsed"는 백지배서를 요구하는 의미인데, 백지배서란 유가증권의 소유권 양도 시에 행해지는 법률적인 행위이다.

둘째, 보험금액이 110% of invoice cost로 되어 있어서 초과보험이 발생하게 된다. 이 경우 보험가액은 invoice cost이고, 보험금액은 보험가액의 110%이다. 원칙적으로 손해보험에서 초과보험은 인정되지 않지만 국제무역에선 예외로 희망이익과 최소한의 수출입비용이 인정되어 초과보험이 합법적으로 가능하게 되는 것이다. 보험금액 110%는 수출입업자 당사자의 계약에 의해서 120%, 130%도 가능하다. 다만 필요 이상으로 보험금액이 높을 경우 수출가격이 상승하여 가격경쟁력이 상실될 우려가 있기 때문에 최소한으로 보험금액을 책정하여 무역계약을 체결하는 것이 관례가 되었다.

셋째, 담보범위는 ICC(A), (B), (C) 중에서 당사자 간 합의 하에 정하여야 되며, 특약보험의 가입여부도 마찬가지다.

### (20) 검사증명서

본 신용장에서 품질 검사자는 한국에 있는 수입상의 Agent로 규정되어 있다. 수입상이 신뢰하거나 Brand 가치가 널리 인식되어 있는 대부분의 공산품의 경우는 수출상의 검사로 품질검사가 유효하게 되는데 이러한 방법이 가장 바람직하다. 이런 경우에는 "Exporter's inspection to be final"이란 문언을 계약서에 명시하고, 그러한 취지의 문언이 신용장에 기록되면 된다.

### (21) 상품명세서

상품 명세는 "covering" 다음에 표시된다. 대개 상품명(commodity name), 수량(quantity), 단가(unit price), 상품규격(commodity specification), 가격조건(price terms) 등으로 구성되어 있다. 신용장에 구체적으로 규정하는 경우도 있으나 대부분 계약서의 내용에 따르도록 규정하고 있다.

### (22) 준거문언

신용장에 별도 명시가 없으면 본 신용장은 국제상업회의소가 2007년에 개정한 신용장통일규칙에 따르도록 규정하고 있다. 따라서 분쟁이 발생하면 준거규칙에 따라서 이를 해결해야 한다.

### (23) 특별조항

어음과 선적서류는 선화증권의 선적일 후 6일 이내에 매입은행에 제시되어야 하며, 신용장의 유효기일 이내 이어야 한다. 선화증권의 선적 일부일 후 6일 이내에 매입이 이루어지지 않으면 "Stale B/L"이 된다는 의미이다. 앞서 선화증권의 종류에서 설명하였듯이 이러한 선화증권은 은행에서 수리되지 않으니 특별한 조치를 취하지 않는 한 기일을 엄수하여야 한다.

### (24) 양도문언

양도가 허용된다는 문언이다. 신용장이 다른 사람(2nd beneficiary)에게 양도되려면 허용문언이 있어야 된다.

### (25) 지급확약문언

이러한 지급확약문언이 바로 지급보증을 의미하는 것이다. 신용장의 조건과 일치하게 발행되고 매입된 어음은 제시되자마자 정히 지불될 것임을 어음의 발행인, 배서인 그리고 선의의 소지인에게 약속하는 것이다. 또한 신용장의 조건 내에서 인수된 어음은 만기에 정히 지불될 것임을 아울러 확약하는 것이다. 전반부는 일람출급 환어음이 발행되는 경우의 지급보증이고 후반부는 기한부어음이 발행되는 경우의 지급보증이다. 본 신용장은 sight bill이 발행되기 때문에 전반부의 지급보증문언으로 충족되지만 이처럼 포괄적으로 인쇄하여 사용하고 있다.

### (26) 통지은행 통지란

통지은행의 통지란은 별 다른 의미는 없으나 어느 은행을 통해서 통지된다는 내용이 기록되기도 한다.

### (27) 매입은행에 대한 지시

신용장에 의하여 어음을 매입하였을 때는 사무착오의 방지와 선의의 제3자를 보호하기 위하여 그 사실을 신용장 뒷면에 기재하도록 매입은행 또는 지급은행에 본문과 같이 지시한다. 또는 "All draft(s) under this credit should be endorsed on the back hereof." 같이 지시사항이 명시되기도 한다.

## 6. 신용장의 종류

일반적으로 신용장이라고 하면 무역거래의 결제를 목적으로 하는 상업신용장을 의미하며, 사용방식, 결제기한, 상환방식, 양도성 여부, 상환청구 가능성 여부, 제3은행의 확약추가 여부 등의 기준에 따라서 분류한다. 신용장의 종류를 구분하는 것은 신용장에 명시되어 있는 문구를 통하여 구별할 수 있기 때문에 수출업자는 신용장을 면밀하게 살펴보고 당해 신용장이 어떤 신용장에 해당되는지를 확인하여야 한다.

### 1) 취소불능신용장과 취소가능신용장

취소불능신용장(irrevocable credit)이란 신용장이 일단 개설되어 수익자에게 통지된 이상, 신용장의 관계 당사자를 구속하여 신용장의 유효기간 내에는 신용장거래 기본당사자 중 수익자, 개설은행 그리고 확인은행의 합의 없이는 신용장의 취소나 조건변경이 불가능한 신용장을 말한다.

반면 취소가능신용장(revocable credit)이란 신용장을 개설한 은행이 수익자에게 사전통지를 하지 않고도 신용장을 취소하거나 조건변경을 할 수 있는 신용장이다. 신용장상에 'revocable'이라는 문자가 표시되어 있으면 개설은행은 수익자의 동의 없이 일방적인 의사표시로 신용장의 매입통지가 있기 전에는 아무 때나 취소권을 행사할 수 있다. 신용장통일규칙에서는 취소가능 여부없을 경우 취소불능신용장으로 간주한다.

### 2) 확인신용장과 미확인신용장

확인신용장(confirmed credit)은 개설은행 이외의 제3의 은행이 개설은행의 요청에 의하여 수익자가 발행한 어음의 지급, 인수 또는 매입을 확약한 신용장을 말한다. 확인신용장은 개설은행과는 별도로 개설은행과 동일하게 지급, 인수, 또는 매입에 대한 확약을 제3의 은행이 추가하는 것으로, 확인은행은 개설은행에 대해 부가적인 책임을 지는 것이 아니라 독립적인 책임을 지는 것이다. 미확인신용장(unconfirmed credit)은 이러한 확약이 없는 신용장을 말한다.

### 3) 매입신용장과 지급신용장

신용장에 의해서 발행되는 어음이 유통 및 현금화될 것을 예상하고 이를 허용하는 신용장을 매입신용장(negotiation credit)이라 한다. 매입신용장에서는 어음의 발행인(drawer), 배서인(endorser) 및 선의의 소지인에게 모두 지급을 확약하고 있지만, 지급신용장(straight credit)에서는 배서인이나 선의의 소지인에게 대한 약정이 없고 단순히 신용장 개설은행 또는 동 은행의 특정 환거래취결은행 앞으로 어음이 발행되어 제시되면 지급하겠다는 약정의 신용장이다.

### 4) 화환신용장과 무화환신용장

화환신용장(documentary credit)이란 개설은행이 수익자가 발행한 환어음에 선화증권 등의 운송서류를 첨부하는 것을 조건으로 지급, 인수 또는 매입 할 것을 확약하는 신용장을 말한다.

무화환신용장(clean credit)이란 신용장에 의해 발행되는 환어음에 선적서류가 첨부되어 있지 않은 무담보어음(clean bill)인 경우에도 어음을 지급, 인수 또는 매입할 것을 확약하는 신용장을 말한다.

### 5) 일람출급신용장과 기한부신용장

일람출급신용장(sight credit)은 신용장에 의해서 발행되는 어음이 일람출급어음(sight bill)인 경우를 말한다. 즉, 개설은행에 신용장 조건에 일치되는 화환어음이 제시되면, 개설은행은 즉시 신용장 대금을 지급하여야 하는 신용장이다.

기한부신용장(usance credit)은 기한부어음(usance bill)의 발행을 요구하는 신용장이며, 기한부신용장의 수익자는 일정기간 후에 어음금액을 지급 받거나 그 기간 동안의 이자를 사전에 할인하여 지급 받을 수 있다. 수입상은 물품을 인수한 후 어음의 유예기간 동안에 수입물품을 매각하여 어음의 만기가 도래하면 상환할 수 있다.

### 6) 양도가능신용장과 양도불능신용장

양도가능신용장(transferable credit)이란 수익자가 신용장 금액의 전부 또는 일부를 제3자에게 양도할 수 있는 권한을 부여받은 신용장을 말하고, 수익자가 신용장을 제3자에게 양도할 수 없는 신용장을 양도불능신용장(non-transferable credit)이라 한다.

신용장은 본래 양도가 불가능한 증서이므로 'transferable'이란 문가가 신용장 상에 명시되어 있지 않으면 양도가 불가능하다. 양도된 신용장이 조건은 원신용장의 조건과 동일하여야 하지만, 신용장 금액, 단가, 유효기간, 서류의 제출기한, 선적기간 등은 감액되거나 단축될 수 있다. 반면 증가될 수 있는 것은 적화보험 부보금액의 백분율이다.

신용장은 1회에 한해 양도가 가능하다. 다만 분할선적이 금지되어 있지 않는 한 최초의 수익자는 다수의 제2수익자에게 분할양도 할 수 있다.

### 7) 상환청구가능신용장과 상환청구불능신용장

화환어음이 신용장 조건과 불일치하게 발행되었을 때 어음지불인은 지불을 거절할 수 있는데, 이때 선의의 어음소지인이 어음발행인에게 상환청구를 할 수 있는 신용장을 상환청구가능신용장(with recourse credit)이라 하고, 할 수 없는 신용장을 상환청구불능신용장(without recourse credit)이라 한다. 그런데 한국의 어음법에는 상환청구불능을 인정하고 있지 않기 때문에 상환청구가능으로 신용장을 개설하여도 법적인 보호를 받지 못한다.

### 8) 내국 신용장

내국신용장(local credit)이란 외국의 수입상으로부터 신용장을 받은 수출상이 수출품을 국내에서 구매하거나 생산에 필요한 원자재를 국내에서 조달 받기 위하여 자신의 거래은행에 원신용장(master credit)을 견질로 하여 국내의 생산업자나 원자재 공급자를 수익자로 하여 개설하는 신용장이다.

내국신용장은 수출업자로 하여금 수출상품 또는 수출용 원자재를 국내에서 조달할 수 있게 하는 역할을 해주는 동시에 공급업자에 대해서는 대금지급보증 및 수출지원 금융을 융자・지원해 줄 뿐만 아니라 무역관리 및 세제면에서 내국신용장에 의한 공급실적을 수출실적으로 인정하여 원신용장의 경우와 동일한 혜택을 줌으로써 국산 원자재의 사용촉진 및 외화 가득률 제고 시책으로서 중요한 기능을 갖고 있다.

### 9) 구상무역신용장

구상무역과 관련된 신용장에는 동시개설신용장(back to back credit), 기탁신용장(escrow credit), 토마스신용장(Tomas credit)이 있다.

#### (1) 동시개설신용장

동시개설신용장(back to back credit)은 어느 한 국가에서 수입신용장을 개설하는 경우 수출국에서도 동일한 액수의 수입신용장을 개설하는 경우에만 유효하도록 제한하는 신용자이다. 즉, 이것은 수출과 수입과 연계시키므로 궁극적으로 양국 간의 무역수지를 균형시키고자 하는 목적에 이용된다.

#### (2) 기탁신용장

기탁신용장(escrow credit)은 수출상이 선적 후 수입상으로부터 수출대금을 지급받는 것이 아니라 이를 기탁계정에 기탁하여 두었다가 이후 수입상으로부터 물품을 수입할 때 그 결제대금으로만 사용하도록 지정된 신용장이다.

기탁신용장은 동시개설신용장과 달리 똑 같은 금액의 신용장을 동시에 서로 개설하여야 하는 것이 아니므로 물품의 선택과 수입 시기가 보다 자유롭고 유연서이 있다. 기탁신용장도 수출과 수입을 연계하는 신용장이라는 점에서 동시개설신용장과 유사하나 연계 시기와 금액 면에서 다소 유연성이 있다. 근본적으로는 이것도 무역수지의 균형을 목적으로 이용되고 있다.

### (3) 토마스신용장

토마스신용장(Tomas credit)은 구상무역에 이용도지만 양측이 동시에 동액의 신용장을 개설하도록 하는 것이 아니라 한쪽이 먼저 신용장을 개설하고 상대방은 일정기간 후에 동액의 신용장을 개설하겠다는 보증서를 발급하여야 하는 조건으로 개설된 신용장을 말한다. 따라서 토마스신용장은 상대방이 일정기간 후에 동액의 신용장을 개설하겠다는 보증서를 발급해 주어야 효력이 발생한다.

# 제3절 무역클레임해결

## 1. 무역클레임 의의

인간이 사회생활을 영위하는 한 시간과 장소를 불문하고 어떤 분쟁의 발생은 불가피하다. 특히 외국과 거래를 하는 경우에는 국내거래에 비하여 분쟁의 개연성이 그만큼 더 높아진다. 또한 경제규모가 확대되고 무역거래가 활발해지면 그것에 비례하여 클레임이 증가되는 것은 불가피하며, 또 클레임의 형태나 그 원인도 더욱 더 복잡한 양상을 띠어가는 것이 보통이다.

무역클레임이란 국제무역 당사자 간 거래계약을 이행하는 과정에서 그 계약의 일부 또는 전부의 불이행 때문에 발생되는 손해를 상대방에게 청구하는 것을 말한다. 또한 무역클레임은 구체적인 청구가 수반된 요구행위이다. 이는 불평·불만 등과 구별된다. 즉, 불평이나 불만은 구체적인 청구가 수반되지 않은 피해 감정에 입각한 것을 주로 말한다.

무역클레임의 당사자 형태는 단순히 매도인과 매수인에 국한되지 않는다. 즉, 운송계약에 관여하는 선박회사, 보험계약에 관여하는 보험회사, 신용장의 개설 및 화환어음의 매입에 관여하는 은행, 그리고 창고계약에 관여하는 창고회사 등이 관련되어 복잡한 형태로 클레임(claim)이 발생할 수 있다.

무역실무에 있어서 무역클레임은 대금지급의 거절, 손해배상금의 청구, 대금감액의 청구와 같이 금전배상을 청구하는 방법과 화물의 인수거절, 계약이행 청구, 계약의 해제, 약정품의 반환, 대체품 청구, 부족분의 추가송부와 같이 금전 이외의 방법으로 손해배상을 청구하는 방법, 그리고 이 두 가지 방법을 병용하는 방법 등의 형태로 나타난다.

## 2. 무역클레임의 발생원인

무역클레임은 다양한 원인에 의하여 발생할 수 있는데 여기서는 간접적 원인과 직접적 원인으로 구분하여 살펴본다.

### 1) 무역클레임의 간접적 원인

무역클레임을 발생시키는 원인 중 간접적 원인에는 다음과 같은 것들이 있다.

첫째, 언어의 상위. 거래 당사자 등이 모국어가 아닌 상위한 언어를 이용하여 거래협상 및 계약을 체결하는 경우, 외국어실력 부족 등으로 인하여 부정확한 표현에 따라 분쟁이 발생할 소지가 있다.

둘째, 상관습과 법률의 상위. 각 국의 상관습과 법률의 공통점도 많으나, 한편으로 다른 점들도 존재한다. 따라서 상관습 및 법률의 해석상의 차이에 의하여 분쟁이 발생할 수 있다.

셋째, 신용조사의 불비. 국제거래시 거래 상대방에 대한 신용조사는 국내거래에 비해 어렵다. 따라서 신용조사의 불충분으로 인하여 불성실한 상대방과 거래를 개시하게 되고, 그 결과 분쟁이 발생하는 경우가 많다.

넷째, 무역계약서 등의 미작성. 서면을 통한 계약은 계약 내용이 증거로 남게 되나, 구두에 의한 계약은 증거가 없기 때문에 클레임 발생시 입증이 어렵다. 따라서 계약서를 작성하여 서로 교환해 두는 것이 후일의 클레임에 대처하는 방책이다.

다섯째, 원거리 운송. 외국과의 무역은 대부분 원거리 운송이기 때문에 사고가 발생할 확률이 국내 거래에 비해 상대적으로 높다.

여섯째, 경쟁의 심화. 가격 경쟁의 심화에 따라 정상적인 가격보다 싼 가격으로 계약을 체결하고, 가격의 손해를 보전하기 위하여 계약품질보다 낮은 품질의 제품을 공급함으로써 발생하는 분쟁을 말한다.

일곱째, 도량형의 차이. 국가 마다 도량형이 상이할 수 있음으로 무역계약시 도량형의 정확히 표시하여야 한다.

## 2) 무역클레임의 직접적 원인

무역클레임을 발생시키는 원인 중 직접적 원인에는 다음과 같은 것들이 잇다.

첫째, 품질관련. 무역클레임 중에서 가장 자주 발생하는 경우는 품질에 관한 클레임이다. 여기에는 품질불량, 품질상이, 변질, 변색 등이 있다.

둘째, 수량관련. 수량의 감소이나 감량, 혹은 부족 등으로 인하여 무역클레임이 발생한다.

셋째, 선적 및 운송관련. 선적에 관한 클레임은 지연선적 혹은 불인도 등으로 인하여 발생하며, 운송에 관한 클레임은 흔히 환적이나 취급불량, 분실 등으로 야기된다.

넷째, 적화보험관련. Incoterms에 의해 당사자 일방이 부보해야 할 의무를 위반하는 부보 태만의 경우 등에 발생한다.

다섯째, 결제관련. 신용장 불개설, 개설지연, 대금 미지급 등의 경우에 발생한다.

여섯째, 포장관련. 포장불량, 화인누락 등에 의해 클레임이 발생한다.

## 3. 무역클레임의 제기

### 1) 물품의 검사와 통지의무

수입물품을 인도받은 수입자는 이를 수령함에 있어 최우선적으로 그 물품이 계약목적에 합치되는지를 외견상으로 검사하여 만약 하자를 발견하였거나 수량이 부족하면 지체 없이 수출자에게 통지하여야 한다. 이러한 검사와 통지는 매수인의 필수적인 권리이며 의무이다. 이를 해태하면 법률적 청구권을 상실한다.

### 2) 무역클레임의 제기기간

클레임의 제기기간에 관한 약정은 클레임의 포기조항을 수반하고 있으므로 일종의 면책조항이라고 할 수 있다. 클레임 제기기간의 설정은 그 물품의 성질상 합리적으로 요구되는 하자발견 및 통지기간보다 너무 짧게 규정되어 있으면 그 효력을 부인당하는 경우도 있으므로 그 기간을 설정하는데도 주의하여야 한다. 클레임 제기기간은 당사자 간에 제기기간에 대하여 약정이 있으면 그 기간 안에 제기하고 약정이 없는 경우는 나라마다 그 기간이 상이하므로 주의하여야 한다.

### 3) 클레임의 제기

무역클레임을 제기하고자 하는 자는 반드시 다음의 구비서류를 작성하여 상대방에게 제출하여야 한다.

① 클레임 사실진술서 : 법적문서로서 간단하고 명료하게 구체적으로 기술하여야 하며 '언제, 어디서, 누가, 무엇을, 왜, 어떻게'의 6하 원칙으로 기재

② 청구액에 대한 손해명세서 : 손해액과 제비용(운송료, 관세, 창고료, 은행이자, 검사료 등)

③ 검사보고서(Survey Report) : 품질불량, 색상상이, 성능미달, 수량부족 등일 때 반드시 공인검정기관의 보고서 첨부
④ 기타 : 거래사실을 입증할 수 있는 계약서, B/L, L/C 등

## 4. 무역클레임의 해결방법

무역클레임의 발생은 그 해결에 있어 당사자 쌍방에 시간과 비용이 수반하게 되어 원활한 무역거래에 지장을 초래하게 된다. 따라서 사전에 무역클레임이 발생하지 않도록 예방하는 것이 무엇보다 중요하다. 그 예방대책으로 다음과 같은 점에 주의할 필요가 있다.

첫째, 철저한 사전 신용조사가 이루어져야 한다. 무역거래는 격지간 거래이므로 물품의 인도와 대금의 지급이 시차가 발생하게 된다. 따라서 상대방의 성실성, 자본력, 거래능력, 상대국의 정치·경제적 제반 조건 등을 철저한 신용조사를 통하여 거래처를 선정하는 것이 필수적이다.

둘째, 계약조건을 신중하게 검토하여야 한다. 매매당사자는 계약을 체결할 때 청약이나 승낙의 조건을 충분히 검토하여 애매한 문구나 조건이 있는지를 확인하여야 한다. 만일 이해하기 어려운 조건이나 불명확한 내용이 포함되어 있으면 상대방에게 이를 통보하여 명확히 하여야 한다.

셋째, 정확한 계약서를 작성하여야 한다. 우리와 언어가 다르기 때문에 발생하는 불명료하거나 오해를 자아내게 하는 표현은 사전에 발견하여 수정하거나 보완하여야 한다. 특히 당사자 간의 계약서에 무역계약의 기본조건을 명확히 기재하여 불필요한 분쟁을 방지해야 한다.

무역클레임이 발생되면 해결을 위하여 신속히 대응하여야 한다. 가능한 한 당사자 간에 우호적인 협의에 의하여 해결하는 것이 바람직하나, 그러하지 못할 경우에는 제3자를 통하여 해결을 하게 된다. 클레임의 해결에 관하여 흔히 "중재는 재판보다 나으며, 조정은 중재보

다 낫다. 그리고 화해는 조정보다 나으며, 분쟁예방은 화해보다 낫다"라는 격언대로 무역클레임은 당사자들끼리 해결하는 것이 가장 바람직하지만, 당사자 간에 원만한 해결이 불가능할 경우에는 제3자의 개입을 통해 분쟁을 해결하여야 한다. 제3자의 개입에 의한 분쟁해결 방법으로 알선, 조정, 중재, 소송 등이 있다.

## 1) 당사자 간 해결

당사자 간의 해결방법은 당사자 간에 직접 교섭하여 우의적으로 분쟁을 해결하는 방법을 말한다.

청구권 포기(waiver of claim)란 피해자가 상대방에게 손해를 배상받을 수 있는 권리인 청구권을 행사하지 않는 것을 말한다. 보통 상대방이 즉각적으로 손해배상 약속을 하거나 실제 배상을 한 경우 그리고 구세비용이 과나한 경우, 상대방의 변싱능력이 없는 경우 등에 이루어진다.

화해(amicable settlement)는 제3자를 개입시키지 않고 당사자 간에 자주적인 교섭으로 분쟁을 해결하는 방법이다. 화해는 쌍방 당사자가 자주적인 교섭으로 합의점을 찾는 것이기 때문에 다른 분쟁해결 방법에 비해 감정을 덜 상하고 원만한 해결책을 찾을 수 있다는 장점이 있다.

## 2) 제3자 개입에 의한 해결

### (1) 알선(Mediation)

알선이란 중재기관 또는 상입회의소 등과 같은 제3자적 기관이 당사자 일방 또는 쌍방의 의뢰에 의하여 분쟁에 개입하여 해결을 위한 조언을 하는 것을 말한다. 이는 쌍방의 협력이 없으면 실패로 돌아가며, 강제력은 없다. 그러나 알선인 또는 알선기관이 당사자에게 강력한 영향력을 미칠 수 있는 경우에는 당사자들이 알선안 수용할 가능성이 높기 때문에 보다 쉽게 분쟁을 해결할 수 있다.

### (2) 조정(Conciliation)

조정이란 양 당사자가 공정한 제3자를 조정인으로 선임하고, 이러한 조정인이 제시하는 해결안(조정안)에 양 당사자가 합의함으로써 분쟁을 해결하는 방법을 말한다. 조정은 양 당사자의 합의에 의하여 행해지고, 당사자는 제시된 조정안을 수락할 의무는 없으므로 만약 어느 일방이 조정안에 불복하면 결국 조정은 실패로 돌아간다.

### (3) 중재(Arbitration)

중재란 당사자 간의 합의로 공정한 제3자를 중재인으로 선임하여, 이러한 중재인의 판정에 복종함으로써 최종적으로 분쟁을 해결하는 방법이다. 이처럼 중재는 중재를 통해 분쟁을 해결하겠다는 당사자 간의 합의가 있어야만 중재가 가능하며, 이에 따라 중재인의 판정에 절대 복종하여야 하며, 중재판정의 결과는 법원의 판결과 동일하게 강제력을 갖는다.

또한 중재판정은 중재에 관한 국제조약인 "외국중재판정의 승인 및 집행에 관한 UN협약(the United Nations Convention on the Recognition and Enforcement of Foreign Arbitral Awards : 일명 뉴욕협약)"에 의해 국제적 집행력이 보장된다. 뉴욕협약은 외국중재판정을 체약국 내에서 강제집행이 가능하도록 하기 위해 1958년 6월 10일 UN 경제사회이사회의 주도로 제정되었다. 현재 동 협약 가입국 수는 130여개국이 넘었으며, 우리나라는 1973년 2월 8일 가입하여 동년 5월 9일부터 그 효력이 발효되었다. 따라서 국내 유일한 상설중재기관인 대한상사중재원에서 내려진 중재판정도 본 협약의 체약국에서는 그 승인 및 집행을 보장되고 있다.

### (4) 소송(litigation)

소송은 국가공권력(사법기관)에 의한 분쟁해결 방법으로, 외국과의 사법협정이 체결되어 있지 않기 때문에 그 판결은 외국에서 승인 및 집행이 보장되지 않는다. 따라서 소송에 의하여 클레임을 해결하려는 경우에는 피제기자가 거주하는 국가에서 현지 변호사를 법정대리인으로 선인하고 소송절차를 진행하여야 한다.

## 5. 중재절차

① 중재계약 : 당사자간 중재합의가 있어야 중재를 통해 분쟁해결이 가능하다.

② 중재신청 : 중재계약에서 정한 중재기관에 중재를 신청한다. 이때 중재신청인은 중재비용을 예납하고, 중재합의서, 중재신청서, 중재신청관련 증기지료 등을 제출한다.

③ 접수통지 : 사무국(대한상사중재원)은 중재의 신청을 접수하면 신청이 적합한지 여부를 확인하고 적합한 경우에는 쌍방당사자에게 이를 수리하였음을 통지한다.

④ 조정 : 양 당사자가 합의할 경우 중재절차 개시 이전에 조정을 시도하며, 조정에 실패하면 30일 이내에 자동적으로 중재절차가 진행된다.

⑤ 중재인 선정 : 사무국은 접수, 수리통지와 함께 중재인단 명부에서 중재인 후보자 10명을 선정하여 양 당사자에게 보내면, 양 당사자는 의장중재인과 기타 중재인에 대하여 선호순위를 표시하여, 송부일로부터 국내중재의 경우 15일, 국제 중재의 경우 30일 이내에 사무국에 제출한다.

⑥ 답변서 제출 및 반대신청 : 사무국은 양당사자로부터 중재인후보자 선정명단과 피신고인으로부터 답변서를 접수받고, 신청인에게 피신청인의 답변서를 송부한다.

⑦ 심문 : 사무국은 양 당사자의 희망순위에 따라 선정된 중재인에게 수락서를 받아 중재판정부를 구성하고, 제1차 심문기일을 결정한다. 사무국은 양 당사자에게 중재인 선정통지 및 제1차 심문기일 통지하고 심문개시 및 진행한다. 중재판정부는 사건

내용에 따라 당사자가 주장 및 입증을 다하였다고 인정할 때까지 수차에 걸쳐 심문을 진행한 후에 심문종결을 선언한다.

⑧ 중재판정 : 중재재판부는 심문종결일로부터 30일 이내에 서면으로 주문, 이유, 작성일자, 중재지, 중재인의 서명, 그리고 중재비용 부담 비율 등이 포함된 중재판정문을 작성하여, 양당사자에게는 중재판정문 정본을 송부하고, 관할법원에는 중재판정문 원본을 송부하여 보관하게 한다.

## 6. 중재제도의 장 · 단점

### 1) 중재제도의 장점

- 자율성 : 중재는 분쟁의 당사자가 법원의 판결에 의존하지 아니하고, 그들의 자유의사에 의한 중재합의에 따라 자신이 선임하는 사인(私人)인 중재인에게 분쟁을 해결할 것을 신청하여, 양 당사자가 판정의 결과에 복종하기로 하는 자주적인 분쟁해결방법이다.
- 신속성: 중재는 단심제이므로 분쟁이 신속히 종결된다.
- 저렴한 비용 : 분쟁을 신속하게 해결함으로써 비용이 절약된다.
- 중재인의 전문성 : 상거래와 관습에 정통한 중재인의 판정이 보다 현실적이고 타당할 수 있어 합리적 판정이 가능하다.
- 신문절차의 비공개 : 중재는 비공개로 진행되므로 비밀이 외부에 누설될 염려가 없다.
- 중재판정효력의 국제성 : 중재판정은 민주적인 분쟁해결방법으로서 국가주권의 문제와는 별도의 국제적으로 효력을 미칠 수 있다.

### 2) 중재제도의 단점

- 법적 안정성과 예측가능성의 결여 : 중재판정은 중재인의 양식에 따라 판정하므로 판정기준이 애매하여 때로는 객관성이 결여되어

중재인의 자의나 주관이 가미될 위험성이 있다.

- 상소제도의 결여: 중재는 1회에 의해 종결되므로 잘못된 판정의 경우에는 판정 내용을 바로잡을 방법이 없다.
- 중재인의 대리인 의식: 선임된 중재인은 자기를 선임해 준 당사자에 대해 대리인적 경향을 배제할 수 없다.
- 당사자간 주장의 절충: 중재인이 가끔 안일한 절충주의에 의하여 판정을 내리는 경우가 있다. 이것은 중재인에게는 법관과 같이 강제처분권이 없는데다가 판정기간이 짧게 정해져 있는 것이 보통이기 때문이다. 그러나 이러한 절충주의는 서로 대립되는 주장에 대하여 판정을 회피하는 태도이므로 중재제도의 이용자에게 불안을 안겨주는 요인이 되기도 한다.

# 6 제6장 인터넷과 무역

# 제1절 전자무역

## 1. 전자무역의 개념

'전자무역'은 무역의 전부 또는 일부가 컴퓨터 등 정보처리능력을 가진 장치와 정보통신망을 이용하여 이루어지는 거래를 의미한다. 즉, 전자무역거래에서는 수출업자가 자기 회사의 상품을 웹사이트를 통해 인터넷시장에 내놓거나 반대로 수입업자가 웹사이트에 구매오퍼를 게시하면 수출입업자는 상호간 이메일을 통해 가격상담과 계약체결을 결정한다.

[그림 6-1] 전자무역의 개념도

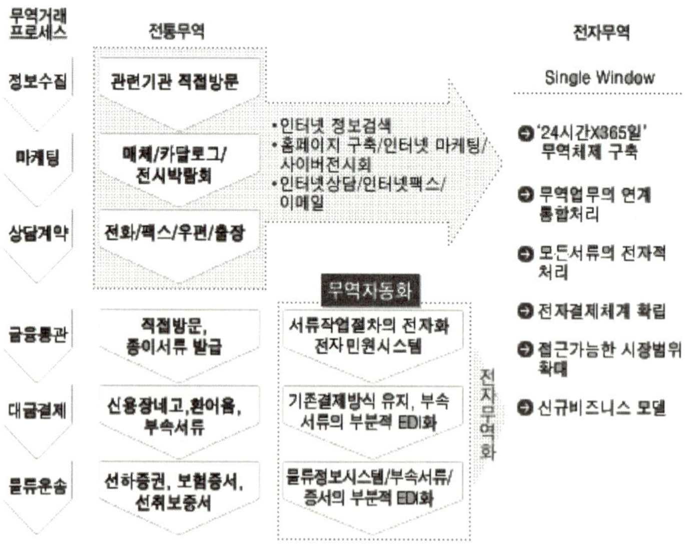


[자료원] 한국무역협회

이처럼, 전자무역은 무역거래 당사자가 인터넷 상에서 자사 상품정보를 매수인에게 홍보하고 최상의 거래선을 발굴한 다음 실제 거래를 유도한다.

전자무역은 시간과 공간의 제약을 받지 않음으로 국가와 위치에 상관없이 인터넷에 의하여 전 세계를 하나의 시장으로 통합하게 한다. 또 전자무역은 불특정 다수를 대상으로 하는 전통적 무역마케팅과 달리 구체적인 대상을 설정하여 일대일 마케팅 가능하게 하고 통신비용 등 정보획득의 비용이 감소하여 업무비용 절감을 통한 예산의 효율적인 운용이 획기적으로 가능하고, 쌍방통신 및 멀티미디어 이용으로 업무가 신속하게 촉진되므로 효과측정 및 피드백이 전통적인 무역방식 보다 훨씬 용이하다.

그러나 인터넷으로 무역을 할 경우, 저렴한 비용으로 자사상품의 광고와 새로운 거래선의 발굴은 매우 용이하지만 수출·입 업체의 신용이나 거래내용의 보안유지 문제 등이 남아있어 이에 대한 기술적인 보완이 필요하다.

현재 국제무역거래가 순수 전자무역방식만을 통하여 이루어지는 경우는 극히 드물다. 전자무역의 여러 방식 중 일부분과 기존 무역을 병행한 무역이 많이 성행하고 있다.

표 6-1 Off-Line 무역과 On-Line 무역의 비교

| 기존무역거래(Off-Line) | 단계 | 인터넷무역거래(On-Line) |
| --- | --- | --- |
| 거래알선기관 직접방문 등 | 정보 수집 | 국내외 무역사이트 정보검색 |
| 카탈로그, 매체광고, 전시회 등 | 광고 마케팅 | 홈페이지, 유즈넷, 메일링리스트 등 |
| 전화, 팩스, 우편, 출장 등 | 의사 교환 | 이메일, 팩스, EDI, 인터넷폰 활용 등 |
| L/C, D/A, D/P 등 이용 | 대금 결제 | 무역카드, 전자화폐, 전자자금이체 등 |
| 포워더, 해운항공운송 등 | 물류 운송 | 온라인 전송, 특급운송 등 |

## 2. 전자무역의 거래절차

전자무역의 거래절차는 보통 크게 3단계로 구분된다. 제1단계는 전자무역 준비단계로서 전자무역사이트에 전자 카탈로그 등을 등록한 다음 수출·입업자에 제공하는 고유의 아이디와 패스워드를 부여받아야 한다. 제2단계는 탐색 및 설득단계로 전자무역사이트 상에서 수출·입업자가 만나 서로 거래를 제의하고 구매의사를 전송받는다. 제3단계는 의사결정단계로서 전자무역사이트 상에서 수출·입업자가 만나 규정된 전자적 상품매매계약서를 확정한다. 전자무역사이트 상에서 거래확정은 전자무역보험 대상여부를 결정짓는 핵심요소이므로 제일 중요하다.

표 6-2 전자무역실무거래절차

| 무역거래절차 | 전자무역거래 | 참 고 |
|---|---|---|
| ① 시장조사, 거래선발굴 | 국내외 전자무역사이트 등록 및 검색 | EC21, EC Plaza, Tpage, KOTIS 등 |
| ② 제품홍보, 마케팅 | 웹프로모션(웹사이트, 유즈넷, 메일링리스트) | EC21, EC Plaza, Tpage, KOTIS, KITRA,등 |
| ③ 조회 및 거래 의사교환 | Internet-phone, fax e-mail | Internet-phone, fax e-mail 기타 전저무역 거래사이트 |
| ④ 신용조사 | 무역관련기관, 전문신용 조사기관, 거래처 | KOTRA, KEIC, KITA |
| ⑤ 계약체결 | Internet-phone, fax e-mail | Internet, e-mail, phone, fax 기타 전자무역 거래사이트 |
| ⑥ 통관·보험 | 전자문서,EDI, BOLERO | KLNET, EDI, MFCS, e-L/C, e-B/L |
| ⑦ 선적, 운송 | 온라인 다운로드,EDI, BOLERO | 각 운송사 홈페이지, KTNET, E-customs |
| ⑧ 대금결재 | 전자화폐, 전자자금이체, Trade Card | 전자화폐, 전자자금이체, Trade Card, CTB, BOLERO 등 |

출처: 지식경제부, 「전자상거래 활성화대책」, 2003. 2.15., 재정리

## 3. 전자무역의 주요수단

전자무역에서 단계별 정보기술의 활용을 살펴보면 대부분의 수출입자들은 계약 전에는 인터넷을, 계약 후에는 EDI와 인터넷을 이용하여 무역을 성공적으로 수행하고 있다.

계약 전에는 인터넷을 이용하여 해외홍보·마케팅과 거래선 발굴, 신용조회, 청약 및 거래협상, 거래계약을 수행하고, 거래계약체결 후에는 EDI와 인터넷을 이용하여 구매조달생산부터 항만·하역정보까지 수집하고 무역을 성공적으로 종료한다.

**표 6-3** 국제무역에서의 경로별 정보기술활용

| 계약체결 전 | 계약체결 후 | | |
|---|---|---|---|
| INTERNET | EDI | EDI | INTERNET |
| 해외홍보/ 마케팅<br>거래선 발굴<br>신용조회<br>오퍼 및 거래협상<br>거래계약 | 구매조달<br>생산<br>재고관리<br>물류운송<br>외부납품 | 신용장(L/C)<br>추천 및 승인<br>운송/보험청약<br>대금결제/네고<br>통관/관세환급 | 수출입통관정보<br>화물추적정보<br>선박입출항정보<br>항만/하역정보 |

### 1) EDI(electronic data interchange)

현재 EDI에 대한 정의는 약간씩 다르게 표현되고 있으나 일반적으로 EDI는 조직간 교환되는 거래문서를 정형화된 양식 및 코드체계를 이용하여 컴퓨터가 처리 가능한 형태로 교환하는 시스템을 말한다.

### 2) 현재 시행중인 업무내용

① 수출업무 : 해외홍보·마케팅과 거래선 발굴, 신용조회, 거래협상, 청약, 수출계약, 수출신용장 통지, 운송계약, 보험계약, 수

출신고, 원산지증명서 등 각종 수출관련 증명서 발급 신청

② 수입업무 : 해외홍보·마케팅과 거래선 발굴, 신용조회, 거래협상, 승낙, 수입계약, 수입신용장 개설 및 조건변경 신청 등을 포함한 무역결제, 수입신고, 수입관련 각종 증명서 발급 등

③ 내국신용장업무 : 내국신용장 개설 및 조건변경 신청, 내국신용장 통지

④ 구매승인업무 : 구매확인서 신청, 물품매도확약서, 물품수령증명서, 세금계산서 발급

⑤ 매입/추심업무 : 수출환어음매입(추심)신청, 판매대금 추심(매입) 신청

## 4. 무역실무 상 한계

국제 전자상거래 시스템이 완전히 정립되기 전까지는 인터넷무역이 효과를 나타내는 분야는 거래처 물색, 거래제의 및 견적 단계까지 이며 이후의 계약, 샘플 확인, 선적, 결제에 수반되는 절차 및 서류 행위는 종전의 무역방식을 그대로 따라야 한다. 또한 국가별로 존재하는 복잡한 수출입절차도 인터넷무역으로는 현재 처리가 곤란하다.

# 제2절 전자상거래와 국제무역

## 1. 전자상거래의 등장

전자상거래(EC: Electronic Commerce)란 기업간 혹은 기업과 소비자 간에 전자적 매체의 가상공간(cyberspace)에서 행하는 상품과 서비스의 구매 및 판매, 광고, 정보수집, 대금결제 등의 경제활동을 뜻한다. 따라서 유사한 개념인 EDI를 포함하는 상위의 개념이다.

전자상거래는 시간적, 공간적 한계를 뛰어 넘어 실현되고 있기 때문에 국제무역을 포함한 거의 모든 실물 경제의 패러다임에 커다란 변화를 불러일으키고 있다. 즉, 구매자의 입장에서는 직접 매장까지 나가는 번거로움을 덜 수 있고, 경쟁사의 제품을 서로 비교할 수 있어 보다 저렴한 가격으로 원하는 상품을 구매할 수 있다. 거래대금은 신용카드나 전자화폐로 결제된다.

## 2. 전자상거래의 형태

기업과 기업 간(Business to Business: B2B), 기업과 정부 간(Business to Government: B2G)의 조직간 전자상거래와 기업과 소비자 간(Business to Consumer: B2C), 정부와 개인 간(Government to Consumer: G2C)의 소비자중심의 전자상거래로 나누고 있다.

[그림 6-2] 전자상거래의 구분

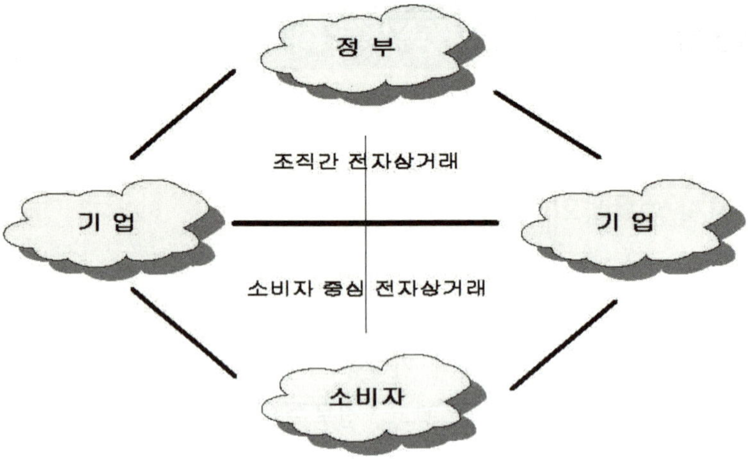


〈 ESPRIT(1996), http://www.cordis.lu/esprit〉

조직간 전자상거래는 EDI가 주로 사용되는데 이는 앞 절에서 살펴본 바와 같이 국제무역 및 통관을 비롯하여 제조, 물류, 의료, 국방조달 등 다양한 분야에 적용되고 있다. 최근에는 인터넷을 이용한 Web-EDI가 시행되고 있다.

인터넷 사용자의 급격한 증가로 점차 확산되고 있는 소비자 중심의 전자상거래의 경우는 Web을 기반으로 광고, 가상상점(cyber shopping mall), 전자결재(Electronic Payment System) 등을 중심으로 구현되고 있다. 이는 전자소매(electronic retailing)로 구분되기도 하며 소비자와 기업이 상품과 서비스를 사고 파는 협의의 전자상거래를 말한다.

## 3. 전자상거래 절차

인터넷 전자상거래는 여러 가지 형태가 있지만 여기에서는 수입상(소비자)과 수출상(기업)간에 상품이나 서비스의 교환이 이루어지는 과정을 설명한다.

① 수출상은 자신의 제품을 인터넷 시장에 올려놓는다.

② 수입상은 필요한 물건을 가상상점에서 선택한 다음 거래신청서를 통해 수출상에게 상품을 주문한다.

③ 수출상은 거래인증기관에 수입싱의 신용상태에 대하여 확인을 요청한다. 거래인증기관은 수출상과 수입상의 신용을 법적으로 보증해주는 곳으로 국가의 관리를 받는다.

④ 인증기관은 자체적으로 보유하고 있는 신용정보를 토대로 수입상의 신용을 확인해 준다.

⑤ 수출상은 수입상의 거래 요청을 승낙한 후 대금지불을 요구한다. 대금의 지불은 신용카드나 가상은행에서 발행하는 전자화폐를 이용한다.

⑥ 상품이 수입자에게 택배나 자체유통망을 통해 전달된다.

위와 같이 인터넷을 통하면 기존의 복잡했던 무역절차들이 생략되고 인적·물적 비용을 절약 할 수 있는 거래를 이룰 수 있는 것이다. 그러나 위의 절차는 전자상거래를 위한 제약조건이 완전히 해소된 상황을 가정한 것이다. 실제로 인터넷을 통한 무역거래를 하기 위해서는 해결하여야 할 문제들이 많다. 먼저 상대방의 신용을 확인해 줄 수 있는 인증기관이 충분히 발달해 있지 못하며, 대금결제, 통관 및 관세 등의 문제도 해결되어야 한다. 또한 보안문제와 분쟁이 생겼을 때의 법률적 제도장치가 미비한 것도 해결하여야 할 과제이다.

## 4. 전자상거래의 효과

인터넷을 통한 거래의 경우 고객이 원하면 어떠한 상품을, 어떤 시간이든지, 어떤 장소이든지 간에 판매할 수 있는 시스템을 갖추고 있다. 이를 통하여 고객과의 즉각적 상호작용을 통한 신속한 업무처리, 홍보 및 업무처리비용의 절감, 전세계적인 단일 시장 및 가격의 형성 등을 이루어 가고 있다.

### 1) 고객과의 즉각적인 상호작용

인터넷 거래에서는 쌍방향 통신을 통한 개별적 판촉활동이 가능해졌다. 또한 기업들은 그 기업들이 구축해 놓은 홈페이지에 새로운 뉴스나 정보를 업데이트하거나 새로운 제품의 소개 및 광고를 통해 소비자나 거래처에 홍보활동을 즉각적으로 할 수 있다.

소비자는 인터넷을 통하여 즉각적으로 주문할 수 있으며 제품이나 기업에 대한 반응을 바로 표현할 수 있다. 따라서 기업들은 고객의 제품에 대한 요구사항 파악이나 불만 처리를 신속하게 할 수 있으며 이러한 소비자의 반응을 연구하여 소비자의 반응이 어떤 것인지에 대해 데이터를 수집할 수 있다.

### 2) 비용의 절감

기업의 경우 판매 상품이나 서비스에 대한 정보를 별도의 홍보 책자를 만들지 않고 인터넷에 곧바로 올려서 전시할 수 있다. 이에 따라 제품 및 기업의 홍보비용을 대폭 줄일 수 있다. 수입상들도 인터넷을 이용하여 다양한 상품 정보를 쉽게 얻을 수 있기 때문에 필요로 하는 수입상품을 보다 신속하고 정확하게 찾을 수 있다.

무역과정에서 발생되는 비용도 절감할 수 있다. 예를 들어, 기존의 방식대로 물품을 수입하려면 먼저 여러 경로로 외국 거래 회사의 신용조회를 시작으로 매매계약 체결, 신용장 개설, 수출입승인 신청, 환어음 매입 등 많은 절차를 거쳐야 한다. 그러나 인터넷을 이용하면 무역은 훨씬 빠르고 쉽게 이루어진다. 거래 회사가 마련해 놓은 사이트에 들어가 화면에 나타난 원하는 규격과 품질의 상품을 선택한 뒤 신용카드나 전자화폐로 결제하면 된다.

### 3) 단일시장, 단일가격의 형성

인터넷이라고 하는 가상공간에서는 시간과 공간을 초월한 기업활동이 가능하다. 이에 따라 국가별로 나누어져 있던 시장이 하나로 통합되는 효과가 나타나고 있다. 국내외를 막론하고 고객이 원하는 것을 적시에 제공해줌으로써 타사나 경쟁기업, 심지어는 대기업들보다 보다 더 넓은 경쟁력을 가진 기업들이 탄생하고 있다. 또한 참신한 아이디어 하나만으로 전세계를 상대로 성공적으로 영업을 하는 가상기업(virtual enterprise : VE)의 출현도 가능해 졌다. 이러한 추세로 인하여 전세계적으로 경쟁력이 있는 제품이나 서비스만이 살아남을 수 있게 되어 제품 가격의 전반적 하락과 동일 물품의 단일 가격 현상도 나타나고 있다.

제 2 부

# 국제경영

# 7 제7장 글로벌 기업의 탄생

## 제1절 글로벌 기업의 정의

국내 시장에 머무르지 않고 어떤 형태로든 해외시장에 진출한 기업은 그 진출 방법이나 정도에 따라, 그리고 학자나 경영자에 따라 다양한 용어로 정의된다. 예를 들면 국제기업(international company), 다국적기업(multinational company), 세계기업(world company), 초국적기업(transnational company), 혹은 글로벌 기업(global company) 등의 용어가 사용되고 있다. 여기에서는 이러한 기업들을 '글로벌 기업'으로 통일해서 사용하고 필요에 따라 구별해서 서술한다.

글로벌 기업은 '하나의 기업이 2개 이상의 국가에서 상품이나 용역을 생산하고 판매하는 등 자사의 경영활동을 전 세계적으로 표준화(standardize) 하고 통합(integrate)하는 기업을 말한다.' 초기의 글로벌 기업은 상품과 용역의 수·출입에서 시작하여 라이슨싱(licensing), 프랜차이징(franchising), 턴키계약(turn-key contract) 등을 포함한 각종 국제 계약에 의하여 이루어진다. 보다 적극적인 글로벌 기업 단계에서는 단독 혹은 해외기업과 합작을 통하여 자본 및 생산 기술 등을 복합적으로 해외에 이전시키는 해외직접투자(foreign direct investment: FDI)를 하게 된다. 이러한 과정을 통해서 하나의 기업이 글로벌화 되게 된다. 따라서 글로벌화의 진행정도에 따라서 단순 수출입에 주력하는 수출입기업, 모국에 상존하는 본사가 다수의 해외지사를 관리하는 다국적 기업, 그리고 전 세계를 하나의 시장으로 보고 경영활동을 하는 진정한 의미의 글로벌 기업으로 분류할 수 있다. 다음 절에서 기업의 글로벌화 전개과정을 보다 자세히 서술한다.

# 제2절 기업의 글로벌화 전개과정

기업의 경영활동은 단순한 수출에서 시작하여 복잡하고 거대한 국제경영에 이르기까지 몇 가지 단계를 거친다. 따라서 기업의 국제화 또는 글로벌화는 기업의 경영활동이 점진적으로 국내지향 단계에서 해외지향 단계, 현지지향 단계, 세계지향 단계로 이행되며, 이러한 경영활동을 계속하여 반복적으로 수행하는 것을 말한다. 이러한 기업의 국제화 과정을 단계별로 살펴보면 다음과 같다.

## 1. 제1단계 : 국내기업

기업이 창설된 초기에는 정보수집과 경영능력에 비추어 볼 때 경영활동이 용이한 국내시장을 목표로 생산 및 판매활동이 이루어진다. 따라서 이러한 국내지향 단계의 국내기업은 생산시설의 가동률을 극대화하고 국내시장 점유율을 증대시킴으로써 수익을 극대화시키는 것이 정책적 목표가 된다. 대부분 제조업을 중심으로 한 중소기업이 이 유형에 속한다.

## 2. 제2단계 : 수출기업

수출기업의 대부분은 제한된 국내시장으로부터 탈피하여 기업의 경영활동 영역을 해외시장으로 확대하는 이른바 해외지향형 단계이다. 이러한 기업들은 해외시장을 개척함으로써 수출을 증대시키고 조업능력의 향상과 생산규모의 적정화를 통하여 수익을 증대시키려는 경영 목표를 세우고 있다.

이와 같은 수출기업에서는 수출활동을 지원하기 위해서 마케팅 부서를 국내부와 수출부로 구분하여 설치하고 있으며 주로 수출부의 주도 아래 수출활동을 하고 있다. 재무측면에서는 정부의 수출금융 및 기타 지원조치를 효과적으로 활용하기 위한 전담 부서를 편성하고 있는 것이 일반적이다.

[그림 7-1] 기업의 글로벌화 과정

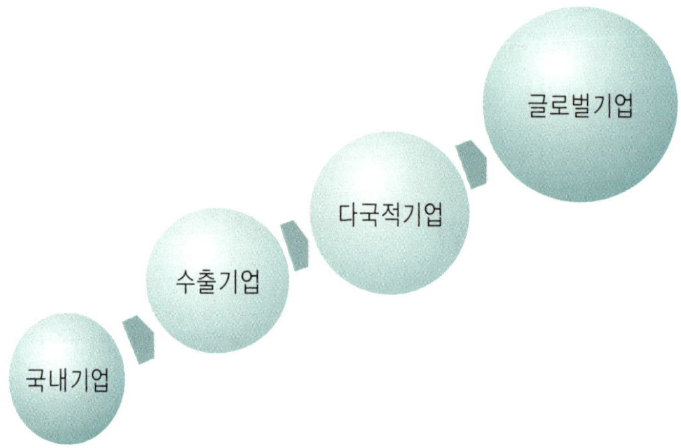


## 3. 제 3 단계 : 다국적기업

다국적기업 단계에서는 기업의 경영활동 중에서 해외사업이 차지하는 비중이 점차 커진다. 따라서 기업의 조직도 본사와 해외 자회사 형태로 구분되어 있으며 본사는 해외 자회사를 계획, 조직, 지휘, 통제한다. 또한 기업의 인사관리 측면에서는 현지인의 채용과 활용이 두드러지고 재무관리 측면에서도 해외자본을 적극 조달하여 국제금융 업무를 수행하는 경우가 대부분이다.

## 4. 제 4 단계 : 글로벌 기업

세계기업 또는 글로벌 기업은 가장 저렴한 원가체제를 지닌 국가에서 제품을 생산하여 전 세계에 판매하는 경영활동을 수행하는 기업이다. 따라서 글로벌 기업은 기업의 형태 중에서 가장 다변화되고 경쟁력 있는 생산과 판매체제를 갖춘 기업이라고 할 수 있다.

글로벌 기업의 경영조직은 라인과 스텝으로 구성되어 있다. 즉, 기존의 기능별 또는 제품별 조직에서 한 단계 더 나아가 지역별 세분화에 의한 라인조직을 설치한다. 이와 동시에 각 지역별 조직의 하부기관인 생산 및 판매를 중앙에서 유기적, 효율적으로 통제하고 조정할 수 있는 기획실과 같은 스텝조직의 이중적 구조로 되어 있다.

인사면에서는 국적을 중시하기 보다는 능력을 기준으로 제3국 경영자나 현지인의 채용과 활용이 두드러지게 나타난다. 재무면에서는 다각적인 현지투자를 뒷받침하고 복잡한 지역적 조직에서 파생되는 위험성을 총체적으로 방지하고 관리하는 시스템을 도입한다.

# 제3절 글로벌 기업의 탄생 동기

글로벌 기업의 탄생 동기는 여러 가지 요인이 있을 수 있다. 실제로 한 기업이 해외로 진출하게 되는 이유도 어느 한 특정한 요인에 의해서 이루어 질 수도 있고 여러 가지 복합적인 요인 때문에 이루어 질 수 도 있다. 여기에서는 시장적(market) 동기, 정치적(political) 동기, 기술적(technological) 동기, 비용적(cost) 동기, 그리고 경쟁적(competitive) 동기의 다섯 가지 주요 동기로 나누어서 글로벌 기업의 탄생 동기를 설명한다.

## 1. 정치적(political) 동기

WTO(World Trade Organization)의 출범에 따라 각국 정부의 관세 및 비관세장벽의 축소로 인한 자유무역의 확대, 자유무역협상(Free Trade Agreement: FTA)을 통한 경제의 불럭화, EU의 통합 등은 기업들이 전 세계적 경영을 하게 되는 동기를 제공하고 있다. 예를 들어 우리나라와 칠레의 FTA 체결 이후 양국의 교역량이 늘어나고 있고 우리나라 기업들이 칠레에 생산시설 등의 투자를 하게 되는 경우를 들 수 있다. 또한 세금 우대, 금융상의 특권, 토지에 대한 사용권 등 해외 기업을 현지에 유치하여 고용을 창출하려는 현지 정부의 유인책으로 인하여 해외에 진출하게 되는 경우도 있다.

## 2. 시장적(market) 동기

현지국의 시장을 개척하거나 확보 또는 유지하기 위하여 기업은 해외로 진출하게 된다. 즉, 기업은 기존의 시장과 판매망을 유지하되 제3국의 새로운 수출 시장을 개척하기 위하여 해외에 진출하여 생산을 하게 된다. 현대 자동차가 수입규제를 효과적으로 피하고 판로를 확대하기 위하여 미국 알라바마 주에 승용차 조립공장을 세우고 아울러 판매망을 확보한 것이 그 예이다.

한 기업이 해외로 진출하면서 다른 기업을 글로벌 기업으로 만들게 되는 요인을 제공하기도 한다. 한 기업이 해외에 진출하게 되면서 그 기업에 부품을 제공하던 기업들이나 광고를 전담 해왔던 기업이 동반해서 해외로 진출하는 경우가 있다. 현대 자동차와 함께 미국 시장에 진출한 만도기계 등 우리나라의 자동차 부품 업체들이 그 예이다.

또한 우리나라와 같이 시장이 좁은 나라 기업의 경우 자국시장이 포화상태가 됨에 따라 해외시장을 개척하는 경우도 있을 수 있다. 특히 인터넷, 위성TV 등 정보통신의 발달, 해외여행의 증가 등의 요인에 따라 전 세계의 고객의 기호나 생활 습관이 같아지는 현상이 생겨서 기업들이 해외로 진출할 수 있는 기회를 제공하고 있다.

## 3. 기술적(technological) 동기

인터넷과 정보통신수단의 발달은 전 세계의 시장과 소비자를 하나로 묶는 역할을 하고 있다. 이러한 기술의 발달로 인하여 소비자들은 손쉽게 다른 나라에서 생산되는 제품에 대한 정보를 얻을 수 있고 기업은 자국뿐만 아니라 해외에 자사제품에 대한 수요층이 존재하게 되어 해외시장에 진출하는 동기가 생기게 된다.

또한 통신수단의 발달로 하나의 제품을 생산하는데 필요한 디자인이나 부품을 전 세계에서 조달하는 것이 가능하게 되었다. 특히 인터넷 기술의 발달은 중소기업들도 물리적 장소에 구애받지 않고 전 세계 시장에서 다른 나라의 기업들과 경쟁하는 것을 가능하게 만들고 있다. 델 컴퓨터는 고객으로부터 주문을 받으면 전 세계의 컴퓨터 부품 공급자로부터 가장 저렴하게 부품을 공급받아서 가장 저렴하게 조립할 수 있는 곳에서 조립한 후 소비자에게 배달하는 global production network을 구축하고 있다. 또한 이 회사는 미국의 자사 컴퓨터 사용자가 문제가 생길 경우 임금이 저렴한 인도의 기술자가 인도에서 인터넷 전화를 통하여 미국의 소비자와 상담케 하는 시스템으로 가격과 서비스의 경쟁력을 유지하고 있다. 이러한 일들은 인터넷 기술의 발달 이전에는 상상할 수 없는 것들이었다.

## 4. 비용적(cost) 동기

생산성에 비해 생산요소의 가격이 상대적으로 저렴한 지역에 진출하는 것으로 노동집약적인 기업의 경우이다. 선진국의 전자회사들은 전자제품의 조립을 위해 상대적으로 인금이 저렴하면서 풍부한 노동력을 보유하고 있는 동남아 혹은 중남미 등 개발도상국에 진출하여 조립공장만을 경영하기도 한다. 또한 각종 생산원료가 풍부하고 저렴한 지역을 찾아 진출하는 경우도 있다. 농업, 원유, 광업, 임업 등의 자원개발투자가 이에 해당된다.

해외 투자 및 생산으로 생산효율성을 높이기 위하여 해외에 진출하기도 한다. 생산량의 증대는 규모의 경제효과, 경험의 축적에 따른 경험곡선 효과, 그리고 원자재의 대량구매나 대량 수송으로 물류 비용절감 등 원가의 절감 효과를 가져 올 수 있다.

## 5. 전략적(Strategic) 동기

기업의 해외시장 진출은 최대한의 이윤을 추구하기 위한 여러 가지 전략적 선택에 의해 이루어진다. 삼성전자는 자사의 최첨단 휴대폰을 가지고 세계 여러나라에 진출함으로서 최대의 이익을 실현하고 있다. 이는 자사의 핵심역량을 최대한 활용하여 최대의 이윤을 추구하기 위한 전략적 선택이다.

선진국의 첨단 기술이나 경영기법을 습득하기 위한 전략적 진출의 경우는 세계의 전자기업들이 미국의 IT산업단지인 실리콘밸리에 현지법인을 설립한 사례를 들 수 있다. 기업은 또한 동종 산업의 경쟁자들과의 경쟁 때문에 해외시장에 진출하기도 한다. 경쟁업체가 특정국에서 주도권을 갖는 것을 막고 자사의 국내 시장을 지키기 위하여 세계 전 지역에서 지속적으로 상호 공격적인 진출을 하기도 한다.

제품의 수명이 한 시장에서 다하거나 신제품의 출현으로 기존 제품의 판매가 한계에 도달한 경우에도 해외 시장의 진출을 통하여 제품의 수명을 연장하고 지속적 이윤을 추구하기도 한다. 특히 제품의 수명 주기는 국가에 따라 시차를 두고 발생하는 경우가 많은데 선진국에서의 첨단 제품들이 시차를 두고 개도국으로 전파되기 때문이다. 이 경우 기업은 한 제품의 급격한 수요 감소에 따른 수입 감소의 위험을 분산하는 효과를 가져 올 수 있다.

# 8 제8장 해외시장 진입전략

## 제1절 수 출

### 1. 수출의 의의와 동기

수출은 해외시장에 진출하는 기업의 가장 기본적인 전략이다. 기업이 수출을 해외시장진입의 기본전략으로 활용하고 있는 이유는 상대적으로 적은 자원의 투입으로 판매이익을 올릴 수 있고 해외시장 경험을 축적할 수 있는 기회를 제공할 뿐 아니라 상대적으로 위험이 적어서 다른 진입방식과 동시 활용이 가능하기 때문이다.

수출의 동기는 전장에서 살펴본 글로벌 기업이 탄생하게 되는 동기와 같은 맥락에서 이해할 수 있다. 즉, 기업 속성상 최대의 이윤을 추구하기 때문에 자사의 상품이나 서비스로 수출을 통하여 추가적인 이익을 얻을 수 있다고 판단이 되면 해외 수출을 선택하게 된다. 특히 국내시장에서 자사의 제품이 성숙기에 있거나 경쟁이 치열할 경우 아직 미성숙기에 있거나 경쟁이 치열하지 않은 시장으로의 수출을 통하여 최대의 이윤을 추구하게 된다.

기업은 또한 수출로 규모의 경제를 달성하여 생산 비용을 절감할 수 있다. 특히 총 생산비 중에서 고정비와 연구개발비의 비중이 큰 산업의 경우 수출을 통하여 생산시설의 가동률을 높여서 단위당 생산비를 절감할 수 있다. 우리나라와 같이 시장규모가 작은 나라의 경우 기업들이 자국의 협소한 시장을 극복하기 위하여 해외 진출의 수단으로 수출을 택하게 되는 경우가 많다. 이 밖에도 과잉생산과 유휴시설을 활용하기 위하여 수출하는 경우도 있고 글로벌 기업의 본사와 해외 자회사 상호간 원자재나 부품을 공급할 목적으로 수출이 이루어지는 등 기업에 따라 다양한 원인이 존재한다.

## 2. 수출의 유형

### 1) 간접수출(indirect export)

간접수출이란 국내의 종합무역상사, 수출대행업자, 수출조합 혹은 국내에 들어와 활동하고 있는 외국 무역상을 통해 자사의 물건을 해외에 판매하는 형태이다. 이 경우 상품의 선적, 보험, 세관통관, 해외 판매 등 해외시장 진출에 관련된 모든 기능과 책임은 수출을 대행하는 업제가 진다. 따라서 간접수출은 제조업체가 국내의 수출대행업체를 통해 해외에 제품을 파는 것이기 때문에 근본적으로 국내 판매와 동일하다 할 수 있다.

수출입업무에 대한 전문적 지식이나 해외시장에 대한 경험이 부족할 경우 또는 물량 자체가 얼마 되지 않을 경우에 직접 수출을 하는 것은 현실적으로 위험부담이 많고 경제적이지 못하기 때문에 직접수출의 대안으로 간접수출을 택하는 경우가 대부분이다. 그러나 해당국의 수입규제 등 경제 외적인 이유 때문에 간접수출형태로 해외시장에 제품을 판매하는 경우도 있다. 2004년 멕시코 정부가 자유무역협정(FTA)을 맺은 국가에 한해 자동차 수입 관세를 철폐키로 결정하여 멕시코와 FTA를 맺지 않은 한국산 자동차의 멕시코 수출을 사실상 봉쇄하였다. 이 수입 관세 철폐 전 멕시코는 자동차 산업 육성 정책의 일환으로 멕시코에 진출한 외국계 자동차 회사에 대해서만 자동차 수입 판매권을 주는 수입쿼터제를 운용해 왔다. 이에 따라 현대자동차는 현지에 진출해있는 미국 자동차 회사인 다임러크라이슬러를 통해 멕시코에 아토스·포터를 간접적으로 수출하였다.

간접수출의 장점으로는

① 추가적인 인력이나 자본 투입이 별로 없이도 수출을 할 수 있다.

② 해외시장개척, 제품기획, 판촉활동 등 해외 판매에 대한 부담이 없다.

③ 중개인의 신용으로 금융지원을 받을 수 있다.
④ 수출에 따른 각종 클레임이나 위험을 피할 수 있다.
⑤ 시장에서 철수할 때 간단하고 손실이 적다.
⑥ 해당국의 수입 제한 등의 무역규제를 피할 수 있다.

반면 간접수출의 단점으로는
① 수출 중개인에게 높은 수수료를 지불할 경우가 있다.
② 중개인에 대한 의존도가 높기 때문에 불리한 거래조건을 강요받을 수 있다
③ 중개인이 조건이 좋은 다른 공급처로 전환할 경우가 생길 수 있다.
④ 자사제품에 대한 제품의 가격이 제대로 책정되지 않아 해외시장에서 이미지가 손상될 수 있다
⑤ 국제화 경험이 축적되지 못하고 해외시장에 대한 정보를 획득하기 어려워서 향후 직접 수출해야 할 경우 애로가 있을 수 있다.

### 2) 직접수출(direct export)

직접수출이란 간접수출보다 발전된 단계로서 현지에 진출하려는 기업이 직접 시장조사부터 시작하여 제반의 수출 계획을 수립하고 직접 부딪히는 경우이다. 직접 현지 내 자체 판매조직을 보유하거나 현지의 유통 업체를 통하여 직접 접촉을 하여 상품을 유통시키는 방식이다. 중개인에게 주어지는 커미션이 없기 때문에 비용이 절감되고 판매액이 늘어 날 수 있다. 수출 활동이 보편화되어 있는 최근에는 대기업은 물론 중소규모의 기업들도 많은 경우 직접수출 방식을 택하고 있다.

반면 직접 수출은 수출에 관련된 모든 업무를 직접 수행하고 현지 마케팅을 하기위한 조직이나 인력이 필요하므로 초기 투자비용이 많이 든다. 또한 현지시장의 요구에 신속히 대응하는데 한계가 있다. 이를 극복하기 위하여 많은 기업들이 현지 법인을 설립하여 해외직접 투자를 하게 된다.

# 제2절 계약형태의 진출

오늘 날 국제간에는 섬유, 자동차, 전자제품과 같은 유형의 재화뿐만 아니라 특허권, 상표, 저작권 등의 지적소유권, 마케팅, 재무 회계, 인사를 포함한 경영기법, 그리고 컴퓨터 프로그래밍 등의 기술적 지식과 같은 무형의 자산도 하나의 상품으로 활발한 거래가 이루어지고 있다. 특히 WTO체제 하에서는 재화의 국제거래 뿐만 아니라 서비스와 무역관련 지적 재산권을 포함한 포괄적 개념의 무역질서를 표방하고 있기 때문에 이러한 무형자산의 국제간의 거래는 더욱 활발해질 것으로 예상되고 있다.

선진국의 기업들은 이러한 지적, 기술적 우위를 바탕으로 개발도상국에 라이슨싱, 프랜차이즈 등의 계약형태 진출을 활발하게 하고 있다. 이러한 계약방식의 해외진출은 근본적으로 기술이나 노하우를 판매한다는 측면에서 일반상품의 수출과는 다르고 다음절에 서술하는 해외직접투자와도 성격이 다르다. 즉, 계약방식의 해외진출은 수출과 해외직접투자의 중간 형태라고 할 수 있다. 다음은 주요 계약형태의 해외 시장 진출방법이다.

## 1. 국제 라이슨싱(licensing)

국제 라이슨싱은 특정기업이 보유하고 있는 특허권이나 기술 및 상표 등과 같은 독점적 자산의 사용권을 해외시장에 판매하는 것을 말한다. 라이슨서(licensor)는 특허, 기술 및 상표 등의 독점적 자산을 도입자, 즉 라이슨시(licensee)가 사용할 수 있게 하는 계약을 체결하고 그 대가로 매출액의 일정비율을 로얄티로 받는다.

라이슨싱은 수입국의 수입 장벽을 우회하거나 높은 생산 원가나 물류비용 때문에 제품을 국내에서 생산하기 힘든 경우 등에 이용되고 있다. 또한 직접투자에 비해 정치적 위험에 대한 노출이 적다는 장점이 있다. 최악의 경우 잃게 되는 부분이 적고 현지국 정부가 라이슨싱을 기술 습득의 기회로 생각하는 경우가 많아 비교적 우호적인 대우를 받을 수 있다.

반면 라이슨스 공여자가 특정 해외시장에 직접 진출하고자 할 때에는 라이슨싱이 장애요인으로 작용될 경우가 있다. 기존의 라이슨스 도입자가 잠재적 경쟁자가 될 수 있기 때문에 라이슨스 공여자는 새로운 시장기반의 구축과 시장경로의 개척이 필요하기 때문이다.

또한 라이슨싱 도입자가 생산한 제품이 적정수준의 품질요건을 충족시키지 못하거나 부적절한 마케팅 활동을 수행하여 라이슨스 공여기업의 브랜드 이미지가 손상될 위험도 있다. 따라서 라이슨싱 계약을 체결하는 경우 라이슨스 공여자는 철저한 관리와 감독을 통하여 일정한 수준의 제품 품질을 유지하여야 한다.

## 2. 프랜차이징(Franchising)

프랜차이징(franchising)은 주로 서비스 산업에서 사용되고 있다. 프랜차이즈 도입자(franchisee)는 프랜차이즈 공여자(franchisor)의 상표를 사용하고 특정한 방식하에서 영업을 할 수 있는 권리를 대가로 매출에 대한 일정 비율의 로열티를 지급한다.

라이슨싱 계약과 같이 프랜차이징은 실질적인 자본의 투자가 없이도 해외시장 진출이 가능하다. 따라서 프랜차이징은 전 세계에 영업망을 구축하는 데 막대한 비용이 드는 서비스 산업에서 중요한 역할을 하고 있다. 특히 소비자와의 접촉이 중요하고 빈번하게 발생하는 산업의 경우에는 프랜차이징 계약이 적절하고 효과적이다.

그러나 프랜차이징은 유형의 상품을 다루는 것이 아니라 무형의 사업방식을 판매하는 것이기 때문에 엄격한 기준설정의 문제가 대두된다. 프랜차이징이 재무적 위험이 적다는 장점이 있지만 이를 성공적으로 운영하기 위해서는 라이슨싱 계약과 마찬가지로 철저한 관리와 감독이 필요하다.

## 3. 턴키계약(Turnkey contract)

턴키계약(turnkey contract)은 많은 자본을 두입하여 생산설비를 건설하고 설비가 가동되어 생산이 시작될 시점에서 소유권을 넘겨주는 계약이다. 주로 중공업 분야의 공장이나 여타 설비를 제조해주고 가동 직전의 단계에서 소유권을 기업에 인도하는 방식으로 보통 플랜트(plant)수출이라고도 한다. 턴키공사는 대규모 자본이 투입되고 기간도 길기 때문에 자본력이 풍부한 글로벌기업에 의해 이루어지는 경우가 대부분이다.

턴키방식의 공사계약은 그 규모자체도 클 뿐 아니라 설비의 특징, 발주자의 요구사항 등이 매우 다양하다. 따라서 계약을 체결할 때 프로젝트상의 공장과 설비의 명세, 불가항력, 계약당사자의 의무와 책임, 계약위반과 법적 책임, 분쟁해결 방법 등을 구체적으로 명시하여야 한다. 또한 턴키계약은 계약 당사자가 현지국 정부인 경우가 많아 장기간의 계약기간 중 정치적 변화로 계약이 중단되거나 공사대금이 지불 정지되는 경우가 많다. 따라서 이러한 정치적 위험이 협상에 반영되도록 해야 하며 중재나 불가항력의 설정과 보험 등을 통하여 위험을 최소화할 필요가 있다.

# 제3절 해외직접투자

## 1. 해외직접투자의 의의

해외직접투자(foreign direct investment: FDI)는 국제간 자본이동의 한 형태로서 장래의 수익을 기대하거나 외국기업의 경영에 직접 참가할 목적으로 자본, 경영능력, 기술, 상표 등의 생산요소를 복합적으로 해외에 이전시키는 기업 활동이라고 정의된다. 해외직접투자는 해외간접투자(international indirect investment)와 비교되는 개념으로 정의되기도 한다. 해외직접투자와 해외간접투자는 국제간의 자본이동이라는 측면에서는 동일하다. 그러나 해외직접투자는 투자하는 기업이 경영에 직접 참가하지만 해외간접투자는 투자하는 기업이 경영에 직접 참가하지 않는다. 간접투자 중 주식의 경우는 배당수익, 채권의 경우는 이자수익을 바라고 투자한다는 것이 차이점이라 할 수 있다.

또한 해외직접투자는 수출의 상대개념으로 정의할 수도 있다. 즉, 자본, 생산기술이나 경영기술 등의 자국내 생산요소를 해외로 이전하여 외국의 생산요소인 노동, 토지 등과 결합하여 생산 및 판매를 한다는 점에서 수출과 구별된다.

## 2. 해외직접투자의 특징

첫째, 해외직접투자는 해외사업에 대해서 직접적으로 영향력을 행사하며 경영 지배를 하는 것이 목적이다. 채권이나 주식의 취득, 단기자본투자, 이자나 배당금 위주의 장기투자, 사업목적을 수반하지 않는 토지의 취득 등은 직접 투자에 포함되지 않는다. 해외직접투자가 경영참여를 목적으로 하고 있다는 점은 해외간접투자와 가장 구별되는 특징이다. 그러나 주식투자의 경우 투자 형태상 공통점이 많고 외견상 구분이 곤란하므로 경영지배권을 출자비율에 의해 구분하여 일정 수준 이상의 주식보유를 직접투자로 본다. 미국과 일본 등의 국가에서는 출자비율 25% 이상을 직접투자로 분류하고 우리나라는 외국환관리법상 원칙적으로 50% 이상을 직접 투자로 분류하고 있다.

둘째, 해외직접투자는 단순한 화폐적 형태의 자본이동뿐 아니라 유형무형의 모든 전문적·기술적 지식, 판매, 원료구입, 자금조달 등 시장에 있어서의 지위·상표 혹은 신용, 정보수집 등을 포함한 포괄적 이전을 의미하고 있다는 점에서 수출이나 라이슨싱과 구별된다. 이러한 직접투자에 필요한 자본은 반드시 모기업이 거주지 국가로부터 이전될 필요는 없으며 현지국의 자본시장에서 조달할 수도 있다.

셋째, 해외직접 투자는 자본의 이전 동시에 기업의 이전을 의미한다. 따라서 기업이 국내지향이나 해외지향단계에서 현지시향 및 세계지향경영으로 전환하기 위해서 해외직접투자가 필요조건이다. 이러한 맥락에서 해외직접투자는 글로벌 기업의 발생과 성장을 위한 기반이라고 할 수 있다.

## 3. 해외 직접투자의 유형

### 1) 단독투자

기업이 해외직접투자를 할 때 그 기업의 지분을 100% 소유하면 단독투자가 되고 100%가 되지 않으면 합작투자가 된다. 현재 세계적인 추세는 단독투자 보다 합작투자를 선호하고 있는데 그 이유는 개도국 정부들이 경제발전을 이루게 되면서 외국기업에 의한 완전소유, 완전통제보다는 자국과의 합작투자가 자국의 경제발전에 더 기여도가 높다는 것을 인식했기 때문이다.

## 2) 합작투자(joint investment)

합작투자(joint investment)란 두 개 이상의 기업이나 개인이 특별한 사업을 추진하기 위해 결성한 협력단체를 말한다. 즉, 두 개 이상의 조직이 직접투자에 소유권을 공유하는 형태로서 자국측이 출자의 과반수를 소유할 것인가 소유하지 않을 것인가의 선택과 파트너를 현지 기업으로 할 것인가 혹은 자국기업으로 할 것인가를 선택하게 된다.

투자지분을 다른 기업과 공유하여 투자비 부담을 감소시킬 수 있고 적절한 파트너 선정을 통해 경영자원의 부족, 투자대상국의 현지 사정에 대한 경험과 이해 부족 등 자신의 약점을 보완할 수 있는 장점이 있다. 합작투자는 투자지분 비율에 따라 50% 이상의 다수 지분, 50 : 50의 동등 지분, 50% 미만의 소수 지분 등으로 구분된다. 일반적으로 다수지분 보유는 경영권 통제가 가능하며 소수지분 경우에도 핵심기술보유나 경영관리 계약 등을 통해 경영권 행사가 가능한 경우도 있다.

## 3) 인수 · 합병(M&A : merger and acquisition)

인수 · 합병이란 두 개의 기업이 전부 또는 일부가 결합하는 것으로써, 여기서 인수(Acquisition)란 한 기업이 다른 기업의 주식이나 자산 등을 매입하여 경영권을 장악하는 것을 뜻하며 합병(Merger)이란 독립된 기업들이 인적 · 물적 · 자본적 결합을 통하여 동일한 관리체제 하에서 기업 활동을 영위하는 기업결합의 한 형태인데 현실적으로 구분이 어려워 인수 · 합병을 통칭하고 있다.

기업들이 인수나 합병을 하는 이유는 시장 독점이나 규모의 경제를 위해서이다. 대등한 기업끼리의 동등합병은 위험분산, 비용절감, 시장점유율 방어 등이 목적이다. 고객확보, 빠른 성장, 현금유동성, 세금절약, 과도한 부채 삭감도 합병의 주된 이유이며 신선하고 새로운 기술로 기업의 경쟁력을 강화하자 하는 것도 이유 중에 하나이다.

전통적으로 해외직접투자는 단독 혹은 합작투자에 의한 방법으로 이루어져 왔으나 최근에는 진출하고자 하는 해외시장의 기존 기업을 인수하거나 합병하는(cross-border M&A)가 많이 이루어지고 있다.

# 9 제9장 글로벌 마케팅 전략

## 제1절 글로벌 마케팅의 개념

Vern Terpstra는 마케팅이란 "시장에서 성공적으로 살아남기 위한 모든 경영활동"이라고 정의하였다. 성공적인 마케팅을 위하여서는 첫째, 잠재적 고객에 대하여 알아야 한다. 고객이 누구인지, 고객이 어느 곳에 있는지, 그리고, 그들의 구매요인은 무엇인지를 가장먼저 파악해야한다. 둘째, 고객이 파악되고 나면 고객의 요구와 필요를 만족시킬 수 있는 제품 혹은 서비스를 개발해야한다. 셋째, 소비자에게는 합리적이고 기업에게는 적정한 이윤을 줄 수 있는 제품이나 서비스의 가격을 정하는 일이다. 넷째, 제품이나 서비스를 고객들이 쉽게 접할 수 있는 적절한 유통 경로를 선택해야 한다. 마지막으로 고객들에게 자사의 제품이나 서비스를 알려서, 소비자들의 관심을 불러 일으켜야 할 것이다. 고객의 사후 관리를 위한 서비스를 포함한 위의 모든 활동을 마케팅이라고 할 수 있다.

글로벌 마케팅은 "전 세계의 잠재적 고객을 찾아서, 그들을 만족시킬 수 있는 제품이나 서비스를 국·내외 경쟁자들 보다 우선적으로 개발하고 적절한 가격과 유통경로를 통해서 제품을 광고, 판매하는 글로벌 경영환경 하에서의 일련의 마케팅활동"이라고 정의된다. 글로벌 고객을 찾는 처음 단계는 전 세계 고객의 요구와 필요의 차이점과 동일점을 조사하는 마케팅 조사를 통하여 이루어진다. 이러한 글로벌 고객을 만족시키기 위하여서는 지역이나 나라의 특성에 맞게 자사의 제품이나 서비스를 조절하고 여러 마케팅 요소들의 구성을 재구성해야 한다. 예를 들어, 제품의 가격을 인하해야 한다면 생산가를 낮추기 위해서 원가가 적게 드는 디자인은 무엇인지, 어느 곳에서 생산해서 특정 지역의 소비자에 공급하는 것이 가장 저렴한지 등을 글로벌 기업은 고려해야 한다. 또한 충분한 물량이 소비자가 필요한 시기에 공급될 수 있도록 그 지역이나 나라의 특성에 맞는 유통조직을 갖춰야한다.

또한 글로벌 기업은 국내·외의 동종 기업과 경쟁하게 됨으로 이들 경쟁기업들의 특성과 자사의 우위점이 무엇인지를 파악해두어야 한다. 이들과 경쟁하기 위하여서는 경쟁사들보다 우수한 제품, 저렴하고 다양한 제품, 월등한 상표가치, 광고, 그리고 사후 관리체계 등을 갖추어야 한다. 글로벌 마케팅은 제8장에서 살펴본 바와 같이 국내마케팅에서와는 다른 정치, 경제 법률, 문화적 환경 하에서 이루어지는 것이므로, 이들 환경요소에 대한 적절한 대처가 필수적이다. 다음 절에서는 글로벌 마케팅의 수립 절차에 대하여 알아본다.

## 제2절 글로벌 마케팅 절차

글로벌 기업이 하나의 마케팅 전략을 수립하기 위해서는 [그림 9-1]에서와 같은 마케팅 절차를 거친다. 현지의 시장 조사 및 소비자 조사(research), 그리고 조사자료에 근거한 시장의 세분화(segmentation), 목표시장의 선정(targeting), 그리고 자사나 자사의 제품의 독특한 위치를 정하는 포지셔닝(positioning)을 한 후에 여러 마케팅 요소를 믹스(marketing mix)하는 마케팅 전략을 수행하고 사후 관리 까지 일련의 과정을 거치게 된다.

### 1. 마케팅 조사(marketing research)

마케팅 전략을 세우기 위해서는 먼저 마케팅 환경에 대한 조사가 선행되어야 한다. 기업이 주위의 환경을 어떻게 판단하느냐에 따라 기업 전체의 활동이 달라진다. 제대로 된 마케팅 전략을 세우려면 급속하게 변하는 시장의 상황과 마케팅 환경을 정확하게 파악하고 마케팅 전략에 필요한 정보를 수집하고 분석해야 한다. 마케팅 환경 조사가 정확하게 되지 않는다면 아무리 탁월한 마케팅 전략을 세워도 사상누각이 될 뿐이다. 기업외부의 환경과 기업내부의 환경을 적절히 파악한 후 마케팅 환경 분석을 통해 시장의 기회와 위협, 성공요인, 성공전략 등을 도출해 내야하는 것이다.

[그림 9-1] 마케팅 절차

- Research : 조사
- Segmentation : 세분화
- Targeting : 타겟팅
- Positioning : 포지셔닝
- MM : 마케팅믹스
- Implementation : 수행
- Control : 사후 관리

중국 베이징의 소비수준 및 시장현황이 어떤지 제대로 조사도 안 된 상태에서 베이징에 체인점을 개설한다면 그 결과는 불 보듯 뻔하다. 과연 그 시장이 진출할 만한 시장인지, 매출은 어느 정도 발생될 것인지, 그리고 그 시장에 우리 제품이 꼭 필요한지, 그리고 국내기업에 대한 중국정부의 규제는 무엇인지 중국인들의 국내기업에 대한 정서는 어떠한지 등등의 조사가 이루어져야 한다.

이런 조사를 위하여 [그림 9-2]와 같은 SWOT분석이 많이 쓰인다. 이는 강점(Strengths), 약점(Weaknesses), 기회(Opportunities), 위협(Threats)의 요인을 분석하는 것을 말한다. 외부환경에서 오는 다양한 기회와 위협, 그리고 내부환경의 강점과 약점을 분석하여 기업의 마케팅 전략을 수립하는 과정이다. 기업의 내부환경은 통제가 가능한 부분이지만 기업의 외부환경은 기업의 통제에서 벗어난 부분이기 때문에 외부환경을 제대로 파악하고 이를 기업의 내부환경에 대응시켜 가장 효과적인 마케팅 전략을 세우는 것이 SWOT분석의 목적이다.

[그림 9-2] SWOT 분석의 실례

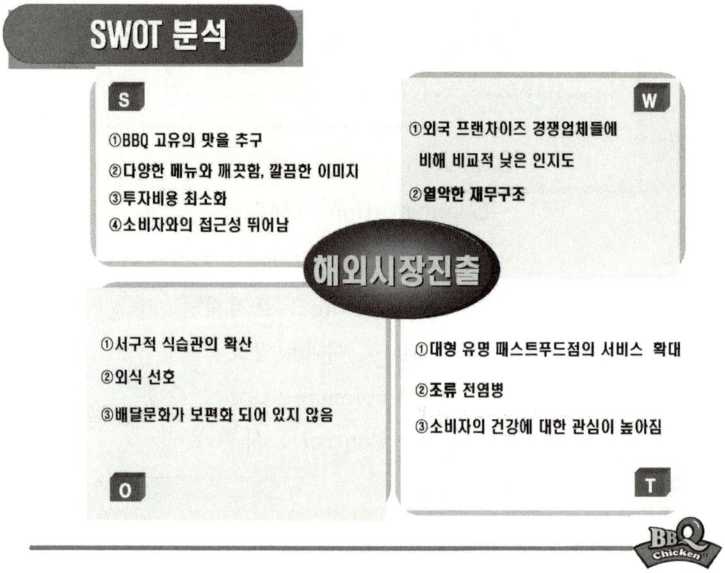


시장은 항상 존재하며 똑 같은 시장환경 이라도 기업에게 기회로 다가오기도 하고 위협으로 다가오기도 한다. 시장의 기회와 기업의 강점과 잘 어울릴 때 성공의 열쇠를 발견할 수 있고 경쟁회사와의 경쟁우위를 점할 수 있다. 또한 시장의 기회가 기업의 약점과 관련되어 오히려 위협으로 다가오기도 하지만 시장의 환경변화를 미리 파악하고 있는지에 따라 위협을 기회로 바꿀 수도 있다. 즉, 시장의 기회와 위협을 자사의 강점과 약점에 대응시켜 효율적인 마케팅 전략을 수립하는 것이 중요한 성공요인이 된다. [그림 9-2]는 해외시장 진출을 위한 BBQ사의 SWOT분석의 실례이다.

## 2. STP: Segmentation, Targeting, Positioning

마켓에 관한 조사를 끝내고 나면 시장을 세분화(segmentation) 하고 타겟을 정한(targeting) 후 포지셔닝(positioning)을 하는 작업이 수행된다.

### 1) 시장 세분화(market segmentation)

시장 세분화란 다양한 욕구를 가진 전체 시장을 일정한 기준에 따라 동질적인 소비자 집단으로 나누는 과정을 말한다. 동질적인 성향을 가진 소비자집단은 특정 제품에 대한 기업의 마케팅 활동에 비슷한 반응을 보이게 된다. 효과적인 마케팅을 위하여 기업은 동일한 전략이 적용될 수 있는 소비자 집단을 파악해야 한다.

세계시장 세분화는 관점에 따라 개별 국가 시장을 하나의 단위로 생각하는 국제시장세분화(international market segmentation)와 개별 국가 시장을 여러개의 세분시장으로 보고 전 세계 국가에 걸쳐 동질적인 특성 세분시장끼리 집단화하는 시장간 세분화(inter-market segmentation)으로 나눌 수 있다. 시장 세분화의 기준은 국내시장에서의 시장세분화와 마찬가지로 여러 가지로 정할 수 있다. 예를 들면 각 나라를 1인당 GNP, 지리적 위치, 종교, 혹은 정치 시스템과 같은 변수를 기준으로 나눌 수도 있고, 몇 개의 변수의 조합을 기준으로 나눌 수 있다. 시장 세분화는 제품의 특성과도 밀접한 관련이 있다. 가전제품의 경우는 해당국의 경제수준에 따라, 국방장비는 정치시스템에 따라 시장 세분화가 가능하다. 또한 제품의 수명주기에 따라 각국을 세분화 하는 것도 일반적이다.

시장을 세분화하려면 끊임없이 변하는 고객의 욕구를 파악하는 일이 선행되어야 한다. 국내고객 뿐만 아니라 글로벌 고객의 욕구는 너무나 다양하기 때문에 하나의 제품으로 이 모든 욕구를 만족시킬 수는 없다. 결국, 비슷한 욕구를 가진 소비자를 하나로 묶어 제한된 마케팅 비용으로 최대의 효과를 거두고자하는 것이 시장 세분화의 목적이다. 이렇게 시장 세분화를 통해서 자사의 마케팅 전략이 가장 효과적으로 적용될 수 있는 최적의 목표시장을 설정하게 된다.

### 2) 타겟팅(targeting)

시장이 세분화 되면 다음 단계로 목표시장을 선정 한다. 전체시장을 구성하고 있는 소비자들이 대부분 동질적인 욕구나 취향을 가지고 있으면 시장 세분화는 불필요하며 전체 시장을 하나의 타겟시장으로 선정하면 된다. 그러나 진출하고자 하는 시장이 이질적 욕구나 선호를 지닌 소비자들로 구성되어 있고 몇 개의 세분시장으로 나누어진다면 어떤 부분에 참여할 것인가를 결정해야 한다. 표적시장의 선택기준은 세분시장의 규모, 성장률, 경쟁, 수익성 등 그 시장의 매력도와 자사의 기술력, 자본력, 제품의 특성 등 자사의 능력이다. 기업은 이 두 가지 기준을 토대도 공략 가능한 시장한 선택하게 된다.

고급차만을 생산하는 Sabb사는 전략적으로 고소득 전문직들을 대상으로 한 차만을 생산 하고 있고 현대자동차는 소득, 용도, 취향에 따라 세분화된 다양한 종류의 자동차를 생산한다. 두 기업은 서로 다른 타겟팅 전략을 구사하고 있는 것이다. 물론 복수의 세분시장을 공략하기 위하여서는 다양한 제품개발 능력 외에도 이를 뒷받침할 수 있는 충분한 생산, 인력, 마케팅 관리 자원을 갖추고 있어야 한다.

### 3) 포지셔닝(positioning)

포지셔닝이란 기업이 원하는 바대로 자사의 제품을 소비자들에게 인식시켜 시장에서 자사의 제품이 독특한 위치를 차지할 수 있도록 하는 것을 말한다. 제품 포지셔닝을 통해서 기업은 자사제품이 경쟁제품과 차별화된 지위를 얻도록 하여 소비자의 욕구를 충족시킬 수 있다는 인식을 심어주게 된다.

포지셔닝은 자사 제품이나 서비스에 대한 고객의 시각을 파악하여 가장 차별화될 수 있는 위치를 찾는 것이 중요하다. 자사제품의 이미지를 얼마나 정확하고 강력하게 소비자들이 인지해주느냐에 포지셔닝의 성공여부가 달려있다

예를 들어 치약의 경우 그 기능에 따라 충치를 예방하는 치약으로 포지셔닝할 수도 있고 이를 하얗게 해주는 치약으로 포지셔닝할 수도 있다. 자동차의 경우에는 소음이 심했던 차를 '조용한 차'로 포지셔닝하여 자사제품의 단점에 대한 개선을 강조하기도 하고 내의의 경우 감각적 차별성을 부여하여 따뜻함이나 편안함이 아닌 패션의 개념으로 포지셔닝할 수도 있다.

시장세분화로 표적시장을 결정하고 목표고객에게 자사의 제품을 인식시키기 위한 제품 포지셔닝이 끝나면 마케팅 믹스 전략을 세워야 한다. 마케팅믹스는 제품(product), 가격(price), 유통(place), 촉진(promotion)의 4P라고 부르는 요소로 구성되는데 각각의 구성요소는 독립적인 변수가 아닌 상호보완적인 변수이므로 이것들을 잘 조합하여 마케팅 목적을 달성할 수 있도록 일관된 마케팅 전략을 세워야 한다. 이에 대한 것은 다음 절에서 설명한다.

# 제3절 글로벌 마케팅 믹스전략

## 1. 마케팅 믹스의 요소

마케팅 믹스란 고객의 욕구를 만족시키기 위하여 기업이 통제 가능한 마케팅 요소들을 유기적으로 조정·통합하는 마케팅 활동을 말한다. 그 요소들은 1960년 Jerome McCarthy가 [그림 9-3]에서와 같은 4P(product, place, price, promotion)라는 개념을 주창한 이래로 수많은 학자들과 경영자들에 의해 인용되고 있다.

① 제품 (Product) : 제품의 다양성, 품질, 브랜드, 제품에 대한 서비스 등을 의미한다. 소비자들은 이런 요소를 바탕으로 제품을 선택한다.

② 가격 (Price) : 가격에는 표시가격, 현금할인, 신용조건 등이 포함된다.

③ 유통 (Place) : 유통은 고객이 언제, 어디서 해당 제품이나 서비스를 구매하는가에 관한 문제이다. 마케팅 채널, 물류, 지역적 위치 등을 말한다.

④ 촉진 (promotion) : 프로모션 믹스 또는 커뮤니케이션 믹스 등을 말한다. 이러한 믹스에는 광고, 판촉, PR(public relations), 전시, DM(direct mail), 전시, 인적판매 등을 포함한다.

성공적인 마케팅 활동을 위하여 기업들은 위와 같은 4가지 요소를 적절히 혼합한 마케팅 전략을 수립하게 된다. 글로벌 마케팅에서도 어떻게 이러한 요소를 믹스해서 전 세계 소비자들의 요구를 만족시키느냐 하는 것이 관건이 된다. 글로벌 환경에서는 마케팅 믹스를 국가별로 상이한 정치, 경제, 문화적 특성을 고려하여, 적응시킬지 아니면 표준화된 마케팅 전략을 구사할지에 대한 문제가 발생한다. 범세계적인 표준화 전략을 택할 경우 비용의 절감과 통제가 용이하다는 장점이 있다. 특히, 최근에는 인터넷을 비롯한 통신수단의 발달로 전 세계적인 소비욕구의 동질화 현상이 나타나서 이러한 전략의 필요성이 강조되고 있다. 그러나 표준화 전략은 지역이나 시장에 따른 획일적 마케팅이 되어서 소비자의 요구에 따르지 못하는 경우가 생길 수도 있다. 다음에서 각 요소별로 마케팅 믹스가 글로벌 경영환경 하에서 어떻게 적용이 되는 지 살펴본다.

[그림 9-3] 마케팅 믹스의 요소

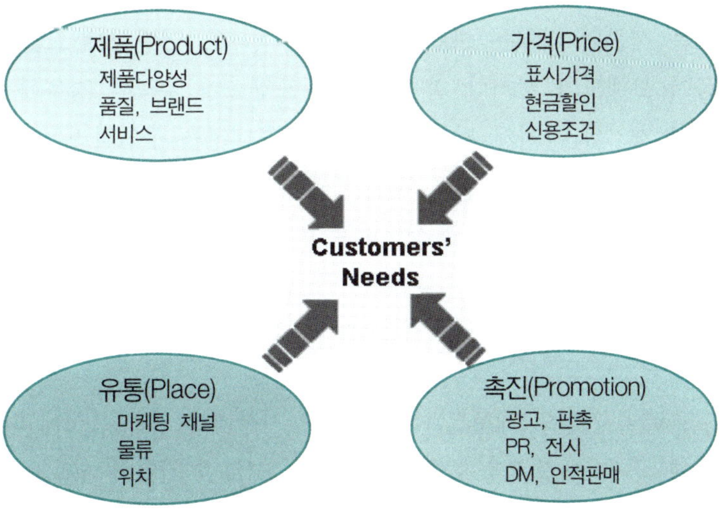

## 2. 글로벌 제품전략

### 1) 제품과 브랜드

제품에는 무형의 것과 유형의 것이 있다. 즉, 상품의 형태와 서비스로 나뉠 수 있는데 소비자는 욕구충족을 위해 제품자체를 구매하는 것이 아니라 제품으로부터 얻게 되는 가치(효용), 즉 편익(benefit)를 구매하는 것이며 나아가서는 그 편익으로부터 얻게 되는 삶의 체험(experience)을 구매하게 된다. 유명 탤런트가 썼던 선글라스를 구입하게 되면 선글라스의 기능 뿐 아니라 스타와의 동일시라는 가치를 갖게 되며 스타벅스의 카페인을 뺀 카푸치노를 테이크 아웃하게 되면 편안한 커피타임에 커리어우먼의 느낌까지 갖게 되는 것이다. 또한 많은 제품의 가치는 브랜드가 결정한다. 즉, 어떤 브랜드를 가진 제품이 브랜드가 없거나 전혀 모르는 브랜드가 부착된 경우에 비해 차별적 가치를 가지게 된다. 예를 들어 휴대폰을 구입하려는 고객이 애니콜을 연상하고, 테이크 아웃 커피는 스타벅스를 구입하게 되며, 넥타이는 구찌가 최고라고 생각하는 현상들이 그것이다.

### 2) 글로벌 제품전략

글로벌 기업의 제품전략은 세계 각 시장의 환경과 특성에 따르기 때문에 국내마케팅에서 보다 복잡해진다. 글로벌 기업의 제품전략은 국내의 기업을 그대로 해외시장에 판매하는 표준화전략(standardization strategy), 현지에 맞게 제품을 개량하는 적응전략(adaptation strategy), 그리고 새로운 제품을 개발하는 개발전략(invention strategy)의 세 가지로 구별된다.

제품의 표준화 전략을 택할 경우 대량생산에 따른 규모의 경제의 효과를 누릴 수 있고 제품개발 비용, 광고비용 등 마케팅 비용의 절감효과를 가져올 수 있다. 반면, 제품의 사용조건의 차이 혹은 기호나 소득의 차이 등으로 판매액을 늘리는 데 한계를 가져올 수 있다. 반면, 제품을 현지시장의 수요에 보다 적합하게 적응 개선하고 디자인이나 포장 등을 차별화하는 적응전략을 택하게 되면 현지시장의 상황에 맞는 제품의 출시로 판매가 원활하게 될 것이다. 그러나 이에 따른 추가적 비용을 감안하여, 이익이 비용을 능가할 경우에 유용한 전략이 될 수 있다. 범세계적인 관점에서 새로운 제품을 개발하는 개발전략은 신제품개발에 따른 자금과 인력이 많이 투입된다는 점에서 그만큼 기업의 부담도 커지게 된다. 따라서 신제품의 개발에 앞서 시장의 잠재적 수요 측정을 통해 적정수준의 이익을 창출할 수 있는지 면밀한 조사가 필요하다. 특히, 글로벌 시장은 경쟁이 심하고, 기술의 발달에 따른 제품의 수명주기가 짧아지는 경향이 있으므로 꾸준한 신제품의 출시는 글로벌 기업의 장기적 생존과 성장에 직결되어 있다. 다음에는 보아라는 가수로 세계시장을 공략하고 있는 'SM 엔터테인먼트'의 사례로 글로벌 제품 전략의 중요성을 알아본다.

## 3. 글로벌 가격전략

### 1) 가격의 역할

가격은 다른 마케팅 믹스 요소들과 달리 쉽게 변경 할 수가 있다. 그러나 가격 그 자체는 쉽게 바꿀 수 있지만 가격 이미지는 쉽게 바꿀 수 없다. 즉, 실제로는 어느 회사 제품이 비싸지 않더라도 고객들이 비싸다고 지각할 수 가 있는데 일단 이런 이미지가 형성되면 바로잡는데 오랜 시간이 걸린다.

생활용품 및 악세서리 브랜드인 스왈로브스키는 명품의 이미지로 고가의 이미지를 연상시키지만 실제로는 중저가의 제품도 많다. 이렇게 고객들의 인식은 한번 형성되면 바꾸기 어렵다. 또한 가격변경은 기업의 이익에 즉각적으로 커다란 영향을 미친다. 미국에서 2,463개의 기업들을 대상으로 수행된 한 연구에 따르면 가격을 1% 인상하면 이익이 평균 11.1% 향상되는 것으로 나타나 있다.[Marn 과 Rosiello (1992)의 연구]

가격변화는 회사의 매출액과 이익에 직접적이고 즉각적인 영향을 주기 때문에 회사의 수익성을 보전하기 위해서는 경쟁기업과의 가격 경쟁을 가능한 피하는 것이 바람직하다. 경쟁의 양상을 가격경쟁에서 제품차별화에 의한 경쟁으로 바꾸어 나가야 한다.

## 2) 글로벌 기업의 가격전략

글로벌 기업의 경우 국내 가격 책정 시 고려해야 하는 요소들 이외에도 현지 시장에 적합하도록 제품을 수정할 경우 발생하는 비용, 선적 및 보험 등 수출에 관련된 비용, 관세, 해외 광고 및 촉진 비용, 그리고 현지시장 진출에 따른 세금 및 환 위험 관리 비용 등을 고려해야한다.

글로벌 진출의 초기에 있는 기업들은 매출 증대를 위해 저가정책을 쓰는 경우가 있다. 이를 침투가격전략(penetration pricing strategy)이라고 하는데, 해당제품에 대한 탄력성이 높고 제품시장이 안정되어 있을 때, 그리고 판매의 증대로 상당한 규모의 경제가 실현할 수 있을 때 효과적이다. 현대자동차는 미국시장 진출 초기에 저가정책으로 기존의 미국이나 일본계 자동차 회사와 경쟁하였다.

이와는 반대로 삼성의 애니콜은 전 세계에서 비싼 휴대폰에 속한다. 애니콜은 노블 마케팅을 수행함으로써 스스로 명품임을 소비자들에게 인지시킨 성공사례에 해당된다. 이와 같이 고가격전략(high pricing strategy)은 높은 가격을 지불하고서라도 제품을 구입하려는 특정고객을 겨냥하거나 또는 당해제품이 고가격, 고품질 이라는 이미지를 주기 위하여 사용한다. 삼성과 노키아의 사례를 통해서 글로벌 기업들의 가격 전략에 대하여 알아본다.

## 4. 글로벌 유통전략

### 1) 유통의 개념

소비자가 원하는 제품을 원하는 장소와 원하는 시간에 구매할 수 있도록 해주는 것이 유통의 역할이다. 이러한 유통기능을 수행하는 개인이나 조직을 유통경로라고 하며 대표적인 유통경로 구성원으로는 도매상과 소매상이 있다.

유통이 중요한 첫 번째 이유는 매출에 영향을 미치기 때문이다. 어디서 사는 줄 알아야 소비자들은 구입할 수가 있고 많은 곳에서 살 수 있어야 많이 팔 수 있기 때문이다.

둘째, 유통은 회사의 이윤과 경쟁력에 영향을 미친다. 제품에 따라 유통이 최종 판매가의 50%까지 영향을 미치기도 한다. 그리고 많은 경우에 유통에 의해 기업의 이윤이 결정되기 때문에 비용 경쟁력에도 영향을 미친다. 동네의 가게에서 사는 아이스크림보다 대형 할인매장에서 사는 아이스크림이 가격이 훨씬 저렴한 이유는 유통 마진이 없어지거나 줄어들기 때문이다.

셋째로는 제품의 인도 혹은 배달도 고객 만족에 영향을 주는 제품의 일부로 여겨진다. 유통과 유통관련 고객 서비스는 관계 마케팅에 큰 역할을 한다. 인터파크에서 구입한 가방이 입금이 확인되고, 물류창고에서 출고되어 배송이 되었고 배송확인을 하는 과정까지 인터넷 싸이트 혹은 휴대폰 문자메세지로 확인이 가능하여 고객을 만족시킨다.

### 2) 글로벌 기업의 유통전략

글로벌 기업이 유통전략을 설계할 때는 우선 각국 시장이 소비자 특성, 제품특성, 각국 시장의 마케팅 구조, 경쟁적 특성, 기업 자체의 특성 등을 고려하여야 한다. 그런 다음 경로선정의 여러 가지 판단 기준, 즉 경제적 기준, 통제기준, 적응성 기준 등을 기업의 장기

목표와 부합하도록 조정하여 이를 바탕으로 기업의 유통전략을 설계할 필요가 있다.

특히 유통구조는 국가에 따라 각기 상이한 양상을 보이기 때문에 글로벌 기업은 각국 시장별로 중간업자의 활용가능성, 일반적으로 통용되는 이익의 폭, 그들의 기능, 서비스 및 효과를 감안하여 그 시장에 적절한 경로를 선정하여야 한다.

기본적인 유통경로를 설정한 다음에는 모든 유통업체에게 제품을 판매하게 하는 개방적 유통(intensive distribution)을 택할 것인지 아니면 제한된 수만을 엄선하여 판매하게 하는 선택적 유통(selective distribution)을 선택할 것인지 결정해야한다.

유통업체들로부터 협력을 구하는 방법에는 높은 마진, 시장지역 특약제, 특수판매권, 광고보조와 협력적 광고, 자금지원, 판매원 훈련 등이 포함된다. 보다 글로벌화된 기업일수록 자원, 노하우, 전문지식 등을 많이 투입하게 된다.

그러나 시간이 흐름에 따라 기업의 내부 여건은 물론이지만 특히 기업 환경의 변화가 복잡하고 다양하기 때문에 반드시 기존 유통경로의 효율성을 분석·검토하여야 한다. 이를 바탕으로 새로운 유통경로를 설계해야 할지 아니면 일부 개선에 그칠 것인지 등을 결정해야 한다. 다음은 중국에 성공적인 유통망을 확보하고 있는 한국의 기업들의 사례를 통해 유통의 중요성을 알아본다.

## 5. 글로벌 촉진전략

### 1) 촉진전략의 의미

촉진전략의 목표는 고객에게 자사의 제품의 존재나 가치를 어떻게 효과적으로 전하는가에 있다. 기업이 활용할 수 있는 수단으로는 광고, 인적판매, 판매촉진, 홍보, 전시회 참가, 세일즈프로모션, 그리고 인터넷과 같은 뉴 미디어 등 다양하다. 기업은 표적 고객에게 양호한 이미지를 심기 위하여 이런 수단들을 효과적으로 조합하여야 한다.

제품을 채택하기까지 고객은 인지→관심→평가→시용→채택 등의 단계를 거친다. 기업은 현재 목표고객이 어느 단계에 있는지 파악해야 하며 이를 토대로 촉진전략을 세워야 한다. 제품구매결정 이전 단계에서는 광고나 홍보 활동에 주력하여 소비자에게 제품을 인식시키는데 치중해야 한다. 구매 직전의 고객에게는 광고와 판매촉진 활동을 함께 수행하며 구매시점에서는 광고보다는 판매촉진 혹은 인적판매 등에 더 집중해야 한다. 제품구매단계별로 가장 효과적인 촉진 수단을 사용하여 고객에게 메시지를 전달해야 한다.

기업이 소비자를 대상으로 자사의 제품이나 서비스에 대한 광고를 강화하면 소비자들은 자발적으로 구매의사를 갖게 된다. 구매의사를 가진 소비자는 판매치에서 제품을 찾게 되기 때문에 판매처는 스스로 자사제품을 취급하게 된다. 이렇게 판매처가 자발적으로 자사제품을 판매할 수 있도록 유도하는 마케팅 전략을 풀전략(pull strategy)이라고 한다. 이 전략은 지명도가 높은 브랜드를 가진 제품의 경우 유용하다. 이와 반대로 기업이 최종소비자를 대상으로 광고나 홍보 활동 등을 하지 않고 인적판매나 거래처 판매촉진 등에 집중하여 판매처에서 적극적으로 자사제품을 판매하도록 하는 마케팅 전략을 푸시전략(push strategy)이라고 한다.

### 2) 글로벌 기업의 촉진전략

글로벌 기업의 촉진활동은 각국마다 가치관, 태도, 언어, 습관 및 행동의 유형이 상이하기 때문에 그 양상이 복잡하다. 어떤 형태의 광고는 국가 법률에 의하여 규제되거나 제한되는 경우가 있다.

많은 국가에서 약품광고는 엄격한 제한을 받고 있다. 또한 프랑스에서는 위스키의 광고가 금지되어 있으며 독일에서는 자사의 제품이 타사의 제품에 비해 우월하다고 광고할 수 없도록 되어있다. 서유럽의 경우 이용 가능한 광고매체가 국가에 따라 상당한 차이를 나타내고 있다. 미국에서 많은 소비재를 광고하는 가장 우월한 광고매체인 TV가 몇몇 유럽국가에서는 관영으로 되어 있어서 유용하지 못하거나 이용이 극히 제한되어 있다.

대부분의 글로벌 기업은 촉진활동을 할 경우 중앙집권화를 실시하려하거나 적어도 각국의 자회사에게 공동으로 적용되는 촉진활동지침을 마련하고 있다. 그러나 이러한 촉진믹스의 결정에는 각국의 제도, 문화, 사회적 특성을 고려하여야 하므로 각국 자회사와의 충분한 협의를 거쳐야 한다. 그 이유는 동종 제품의 마케팅을 실시하는 회사라 할지라도 본사가 각국의 관련회사에게 제공하는 지도나 광고후원의 정도에는 상당한 차이가 있을 수 있기 때문이다.

기업은 흔히 판매 예상액의 일정한 비율을 광고비에 지출하는 방법을 사용한다. 이 방법은 간편하다는 이유로 가장 널리 활용된다. 그러나 경우에 따라 신제품을 개발하는 경우 초기단계에는 많은 광고비 지출이 필요할 수도 있다. 보다 합리적인 방법으로는 촉진의 목표를 설정하고 그것을 달성하기 위한 비용과 마케팅 믹스를 결정하는 것이다. 이를 목표-과업법이라고 한다. 다음의 LG전자 해외 광고전략 사례를 통하여 글로벌 기업의 광고전략의 중요성을 알아보자.

# 10 제 10 장 글로벌 재무·인사 전략

# 제1절 환율과 환위험 관리

## 1. 환 율

환율은 서로 다른 두 나라 돈의 교환 비율을 말한다. 오늘날 지구상의 모든 나라들은 서로 물건을 사고파는 등 수많은 거래를 하고 있으며 그 규모도 해마다 증가하고 있다. 우리나라 또한 경제가 발전하면서 외국과의 거래규모가 크게 확대되고 있다.

이러한 국가간의 거래과정에서 사람들은 거래대금을 결제하기 위해 자기나라 돈과 외국 돈을 바꾸거나 외국 돈과 외국 돈을 바꾸는 등 서로 다른 두 나라 돈을 교환하게 된다.

예를 들어 우리나라 사람이 미국산 자동차를 수입하거나 미국으로 여행하려 할 경우 미국 달러화가 필요하므로 원화를 주고 달러화로 교환하게 된다. 또한 미국으로 여행을 한 사람이 쓰고 남은 달러화를 일본에서 쓰려고 할 경우에는 달러화를 엔화로 교환하게 된다.

이와 같이 외국과의 거래나 해외여행 등을 위하여 서로 다른 두 나라 돈을 교환할 때에는 항상 교환비율이 있게 마련인데 이 교환비율을 환율이라고 한다. 예를 들어 원화와 미국 달러화와의 환율이 1,000원/달러이라면 이는 달러화와 원화의 교환비율이 1:1000이라는 것으로 1달러와 1,000원이 서로 교환된다는 것을 의미한다.

## 2. 환율의 결정

환율은 어떠한 환율 제도를 채택하느냐에 따라 나라마다 그 결정방식이 다르다. 환율제도는 크게 고정환율제도와 변동환율제도로 나눌 수 있는데 오늘날 주요 선진국들과 우리나라는 변동환율제도를 채택하고 있다. 따라서 오늘날 주요 선진국과 우리나라는 상품의 가격이 시장에서의 수요와 공급에 의해 결정되듯이 환율도 외환의 수요와 공급에 의해 결정된다.

외환의 수요, 즉 외환을 필요로 하는 경우는 해외에서 상품을 수입하고 그 대금을 지급할 경우, 기술용역대가, 여행경비, 차관이자 등을 외환으로 지급할 경우 등을 예로 들 수 있다. 이들은 외환의 수요량을 늘리게 된다. 반대로 외환의 공급은 우리나라가 상품을 수출하고 그 내금을 받을 경우, 외국에 나가 일을 하고 그 대가를 받은 경우, 외국인 관광객이 한국에 와서 달러화를 살 경우, 외국인이 국내에서 주식투자를 하기 위해 달러를 들여오는 경우 등을 예로 들 수 있다. 이들은 외환의 공급량을 늘리게 된다.

**※ 외환의 수요량이 공급량보다 많으면**
**→ 달러화 가치 – 상승, 원화의 가치 – 하락 ----〉 환율 상승**

**※ 외환의 공급량이 수요량보다 많으면**
**→ 달러화 가치 – 하락, 원화의 가치 – 상승 ----〉 환율 하락**

일반적으로 외국과의 거래 결과를 나타내는 국제수지가 적자면 외환의 수요량이 공급량보다 많아져 환율이 상승하게 되며, 국제수지가 흑자이면 외환의 공급량이 수요량보다 많아져 환율이 하락하게 된다. 이렇게 하여 외환의 수요량과 공급량이 일치하는 곳에서 환율은 결정된다.

## 3. 환위험의 개념

글로벌 기업은 필연적으로 외화 표시 자산이나 부채를 가지고 있거나 외화로 수출 · 입대금을 결제하게 된다. 이때 환율의 변동으로 기업의 손실 가능성이 생기는 데 이것을 환위험(foreign exchange risk)

이라 한다. 예를 들어 $1당 1,000원 이었던 환율이 900원으로 하락(원화 가치의 상승)하게 되면 수출 기업의 경우 $1당 100원의 손실을 보게 되고, 100만불의 해외자산을 가진 기업은 원화로 환산 할 경우 10억원이었던 자산이 9억원으로 하락하게 된다. 물론 이 경우 수입 기업이나 외화 표시 부채를 가진 경우에는 이윤을 보게 되지만 이들도 만약 원/달러 환율이 상승(원화 가치의 하락)한다면 마찬가지의 상황에 접하게 된다.

이런 모든 경우를 환노출(foreign exchange exposure)상태에 있다고 한다. 환위험에 노출되어있는 글로벌 기업은 금전적 손실을 볼 수 있는 가능성이 있을 뿐만 아니라 향후 재정수입에 대한 예측이 불가능해 장기적 예산 및 투자 계획을 세우기 어렵게 된다. 따라서 글로벌 기업은 환위험을 관리할 필요가 생기게 된다. 환율 결정이론, 환율이 경제에 미치는 영향 등 환율에 관한 전반적 내용은 제12장에서 다루게 되므로, 여기에서는 글로벌 기업의 입장에서 환노출의 종류와 환위험의 관리 방법에 대하여 소개한다.

## 4. 환노출 종류

### 1) 거래적 환노출(transaction exposure)

외화로 표시된 재화나 서비스의 거래를 결제하는 과정에서 발생하는 손실을 말하며 계약체결과 거래대금 지급의 시간적 차이 때문에 발생한다. 주로 무역거래나 단기적 자본 투자에서 발생하는 것으로 일반적으로 환위험하면 이 거래적 위험을 말한다. 거래적 환노출은 연불수출입 금융, D/P, D/A거래, 외국차관, 외화대출, 해외지사와의 거래 등에서 발생한다.

### 2) 환산 환노출(translation exposure)

환산 환노출은 회계적 환노출(accounting exposure)이라고도 하는데 장부상 기업가치에 대한 환율변동의 영향 때문에 발생한다. 미리 확립되어 있는 회계원칙에 따라 세계 각처에 있는 자회사의 영업활동을 연결하여 보고하는 연결재무제표의 작성 때문에 생기게 된다. 즉, 외화로 표시된 자산, 부채, 수익, 비용은 본국 통화로 다시 표시하는 과정에서 생기는 환노출이다.

### 3) 경제적 환노출(economic exposure)

경제적 환노출이란 예상하지 않은 환율변동으로 인하여 기업 미래 현금흐름의 순현재가치(net present value)가 변동할 가능성을 의미한다. 일반적으로 기업의 가치는 미래에 발생이 기대되는 현금흐름의 현재가치(present value)로 정의 된다. 따라서, 환율의 변동은 글로벌 기업의 미래의 판매량이나 판매가격 등에 영향 정젠어 미래의 현금흐름을 변화시키 기그 기업의 가치에 영향 정미친다. 글로벌 기업의 경영자는 단기적으로는 거래적 환노출이나 환산 환노출에 관심을 기울이게 되나, 장기적으로는 기업의 가치에 영향을 미칠 수 있는 경제적 환위험의 관리가 중요한 문제로 대두되게 된다.

## 5. 환위험의 관리방법

환위험 관리는 기업 자체적으로 환위험을 관리하는 대내적 방법과 외부 금융기관 등을 이용하는 대외적 방법이 있다. 환위험 관리에는 비용이 수반되므로 기업들은 각 기업의 상황에 맞는 방법을 택하여 환위험을 회피하게 된다. 여기에서는 기업의 거래과정에서 직접적으로 맞게 되는 거래적 환위험에 대한 관리방법에 대하여 소개한다.

## 1) 내부적 방법

### (1) 네팅과 매칭(netting and matching)

네팅은 동일 기업 내에서 상호 거래가 존재하고 거래당사자들이 서로 다른 통화를 사용하는 지역에 위치하고 있을 때의 환위험 관리 기법이다. 예를 들면 한국의 모기업 과 미국의 자회사간의 수출입거래가 이루어지고 있는 경우, 수출대금과 수입대금을 서로 상계토록 하면 상계된 외환거래액만큼의 환위험은 피할 수 있게 된다. 매칭은 대외에 지급할 통화와 수취할 통화를 일치시켜 환차손을 회피하는 방법이다. 예를 들면 한 기업이 수출한 대금을 달러로 받기로 하고 동일 국가나 다른 국가에서 수입한 후 그 대금을 달러로 지급하기로 하였을 경우, 수입대금의 결제시기를 수출대금을 받을 시기에 맞추게 되면 수출입대금의 금액이 일치되는 만큼 환위험을 피할 수 있게 된다.

### (2) 리딩과 레깅(leading and lagging)

외화자산이나 부채의 결제를 앞당기거나 늦추는 방법으로 환율의 움직임이 어느 정도 예측 가능하거나 결제시기를 조정하려 할 때 사용가능 하다. 즉, 지급 통화의 강세가 예상될 경우 미리 지급(leading)하고 반대로 약세가 예측될 경우에는 지급시기를 늦춤(lagging)으로서 환율의 움직임으로 인한 손실을 줄이려는 것이다. 그러나 환율의 방향을 예측하는 것이 현실적으로 어렵고, 대금의 결제 기업과 수취의 이해가 상충된다는 문제가 발생한다.

### (3) 수출 가격 조정(export price adjustment)

환위험 보상을 위하여 수출입 가격을 조정하는 방법이다. 그러나 수출 기업들이 수출가격을 인상하는 경우 인상폭만큼 부담을 수입업자에게 전가하는 결과가 되어 수출상품의 가격경쟁력이 떨어질 수 있다. 가격 인상은 수출의 가격탄력성이 비교적 낮은 첨단제품 이거나 경쟁이 심하지 않은 상품인 경우에 바람직하다.

## 2) 외부적 방법

### (1) 환변동 보험

환변동 보험은 수출보험공사가 제공하는 수출보험의 일종으로 기본적으로 다음에 설명하는 선물환 거래와 유사하나 보험계약의 형식으로 운영되고 있다. 즉, 기업은 일정한 보험료를 지불하고 보험에 가입한 후 [그림 10-1]에서처럼 공사가 보장하는 환율(보장환율)이 결제 시점의 환율(결제환율)보다 크면 차액을 보전하고 반대의 경우 차액을 환수한다. 보장환율은 최대 5년까지 제공되어 플랜트, 선박 등 장기 수출계약에 대한 환위험도 관리할 수 있다.

[그림 10-1] 환변동보험의 개념

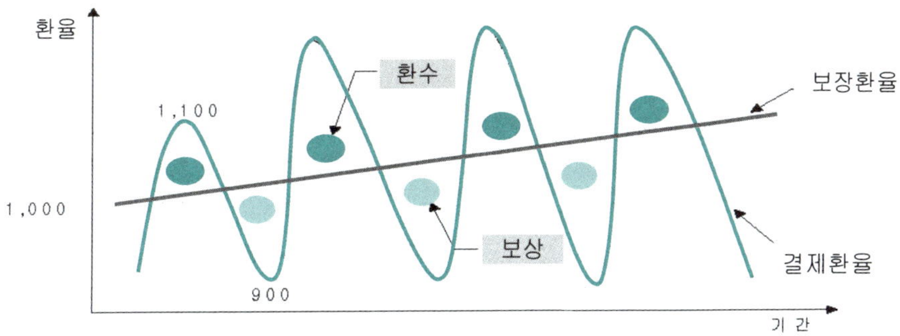


환변동 보험은 수출계약의 변경, 수출대금 조기입금 등 외화자금 흐름과 환위험관리를 일치시킬 수 있도록 만기일 이전 조기결제 가능하고, 6개월 동안 U$1백만 달러 당 보험요율은 0.05%(U$500)로 저렴하다. 이런 이유로 2006년 한국무역협회의 조사에 의하면 환위험관리를 하는 우리나라 기업이 사용하는 외부적 환위험 관리방법 중에서 약 60%가 환변동 보험을 이용하고 있다. 현재 보험대상 통화는 달러, 엔화, 유로의 3개이다.

### (2) 선물환 거래(currency forward transaction)

선물환 거래란 미래의 일정 시점에 일정액의 외화를 현재 미리 정한 환율로 거래하기로 계약 당사자간에 약정하는 것을 말한다. 여기에서 계약당사자는 기업과 외국환을 취급하는 은행이 된다. 미래의 일정시점은 일반적으로 30일, 60일, 90일 혹은 180일이 되지만 계약 당사자간의 합의에 의해서 조정될 수 있다.

예를 들어 한국의 K사는 미국에 수출하고 대금의 지급은 90일 후에 받기로 한 경우, 90일 동안의 환율 변동에 따른 이 기업의 손익의 변동은 [그림 10-2]의 선 I과 같다. 즉, 환변동 위험에 대한 관리를 하지 않은 경우 환율 변동만큼 손익은 변하게 된다. 이런 위험을 회피하기 위하여 K사는 거래 외국환 은행과 90일 후에 현재의 환율 수준인 1,000/$에 수출대금으로 받을 달러를 은행에 팔고, 은행은 K사에 원화를 지급하기로 선물환 계약을 맺게 된다.

[그림 10-2] 선물환 거래의 손익

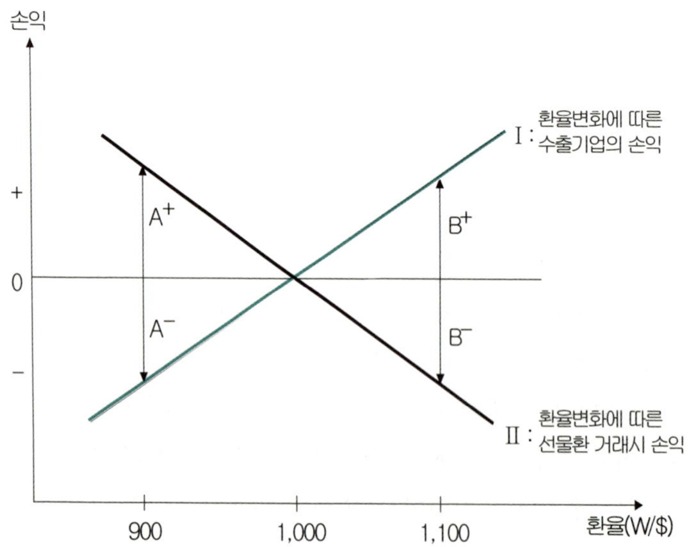

이 선물환 계약에 따른 K사의 손익은 그림 II와 같다. 만일 90일 이후에 환율이 900원으로 하락(원화가치 상승)하였고, 환위험을 관리하지 않았다면 K사는 A-만큼의 손실을 보게 된다. 그러나 선물환 거래로 위험을 관리하였기 때문에 현재 1달러 당 900원에 팔리고 있는 달러를 거래은행에 가져가면 1000원을 받게 되어 A+만큼의 이익이 생기게 된다. 결과적으로 A-의 손실이 A+의 이익으로 상쇄되어 달러 당 1000원에 수출대금을 회수하는 효과를 볼 수 있다.

그러나 만약 90일 후에 환율이 1,100원으로 상승(원화 가치 하락)하였을 경우에는 B+만큼의 이익이 선물환 거래로 인한 손해 B-로 상쇄되어버린다. 선물거래로 인하여 오히려 손실을 초래하게 된다. 이러한 손실의 가능성에도 불구하고 기업이 선물환거래를 통하여 환위험을 관리하는 이유는 선물환거래가 기업으로 하여금 미래의 불확실한 현금 흐름을 확실하게 해주기 때문이다. 물론 선물환거래에 따른 은행 수수료와 손실에 대한 기회비용 등 선불환거래 비용을 어느 선까지 받아들일지는 경영자의 판단의 몫이다. 기업의 목적이 환율의 유리한 변동에 따른 차익을 얻고자하는 것이 아니고 불리한 변동으로 인한 손실을 최대한 줄이데 있다는 점을 감안하면 선물환거래와 같은 환위험관리가 필요해진다.

전 세계적으로 활발하게 선물환거래가 이루어지는 통화는 캐나다 달러, 영국 파운드, 유로, 일본엔, 그리고 스위스 프랑이지만, 선물환거래는 기업과 은행 간 거래이므로 국가나 은행에 따라 다양한 통화의 거래가 가능하다. 그리고 보통 은행은 거래이행 보증금으로 거래금액 대비 약 10%정도의 증거금이나 담보를 요구한다. 우량기업인 경우 거래은행이 요구하는 증거금의 액수가 적어지거나 은행의 신용제공으로 현금흐름은 발생하지 않기도 한다. 그러나 이 경우에도 실물 부분에서 활용해야 할 신용 한도를 줄이는 효과를 가져와서 기업으로서는 비용을 지불하는 효과가 생긴다. 따라서 선물환 거래는 신용이 우수한 대기업의 대형 거래에 주로 사용된다. 앞에서 언급한 조사에 의하면 우리나라 기업이 사용하는 외부적 환위험 헤징 방법 중 약

28%가 선물환 거래를 이용하고 있다.

### (3) 통화선물 거래(currency futures transaction)

앞에서 설명한 선물환 거래의 경우는 거래 이행에 대한 부담 때문에 서로의 신용상태를 거래할 때마다 확인해야하고, 자신에게 불리한 상황이 생겼을 때([그림 10-1]의 경우 수출기업은 B의 상황, 은행은 A의 상황) 거래 상대방이 거래를 파기 한다 해도 막을 강력한 수단이 없다.

이런 이유 때문에 생긴 것이 통화선물이다. 이는 개념적으로 선물환 거래와 동일하나 통화선물시장 이라는 물리적 거래 장소에서 시장 참여자들의 주문에 따라 장내에서 결정된 환율로 일정한 계약단위를 정해서 계약을 맺는다. 따라서 통화선물 시장에서 거래되는 각 통화는 밀, 옥수수처럼 하나의 상품으로 취급된다.

통화선물시장에서는 불특정 다수의 시장 참여자들의 거래이기 때문에 체결한 거래를 강제하기 위하여 청산소(clearing house)라는 기관을 두어서 계약당사자들에게 일정한 증거금(margin money)을 예치하게 한다. 증거금은 거래소별로 계약당시에 일정한 수준으로 정하며 일일정산제도(daily resettlement)를 두어 환율의 변동에 따라 계약당사자의 일별 손실만큼 증거금에서 차감한다. 만약 증거금이 미리 정한 일정한 수준 이하로 떨어지면 추가로 납부를 요구받는다. 미리 정해진 만기에 계약을 이행하면 납부된 증거금은 되돌려 받지만 그렇지 않을 경우 되돌려 받을 수 없다. 이처럼 청산소가 존재하여 계약 상대방의 신용에 대하여 알지 못하더라도 안정적으로 거래를 할 수 있게 된다.

세계 주요국에 통화선물 시장이 있으며 가장 활발한 거래가 이루어지고 있는 곳은 미국 시카고의 상품거래소(Chicago Merchantile Exchange : CME)산하의 IMM(International Money Market)이다. 우리나라는 1999년부터 원/달러 환율에 대한 선물거래가 부산의 증권선물거래소에서 이루어지고 있다. 2006년 초부터는 일본엔 선물과 유로선물의 거래를 시작하였다.

통화선물거래는 거래금액과 계약기간이 미리 정해져있다. IMM의 경우 한 계약 당 영국 파운드화는 BP25,000, 캐나다 달러는 CD100,000, 일본엔은 JY12,500,000, 유로화는 EU125,000 이고, 우리나라의 원/달러 선물은 US$50,000로 정해져 있다. 기간은 보통 3, 6, 9 12월에 결제하게 되어있다. 따라서 기업이 헤징을 원하는 금액과 기간이 정확하게 일치 하지 않을 수도 있고, 증거금을 예치하는 것 이외에도 계약 당 일정금액을 거래수수료를 거래소에 납부해야 한다. 그러나 앞에서 설명한 것처럼 통화선물 시장은 여러 가지 제도를 두어서 안정적으로 거래를 할 수 있는 장점 때문에 주가나 금리 등 다른 선물시장과 함께 발전하고 있다.

외환거래의 경우 전통적으로 은행을 중심으로 발전해왔기 때문에 전 세계적으로 거래규모 면에서 선물환시장이 통화선물시장을 앞서고 있다. 우리나라에서도 통화선물의 거래 역사가 짧은 이유가 더해져 선물환 거래의 규모가 통화선눌 거래규모보다 크다.

### (4) 통화옵션 거래(currency options transaction)

기업의 입장에 선물환이나 통화선물을 통한 환위험 관리의 문제점 중 하나는 환율이 기업에게 유리하게 움직였을 때(예를 들면, [그림 10-1]의 B상황) 선물환이나 통화선물거래 함으로서 오히려 환율로 인한 차익을 포기하여야만 한다는 것이다. 물론 환위험 관리의 원칙은 위험을 없애는 것이지만 기업의 입장에서 환율이 유리하게 움직였을 때의 이익도 챙기고 싶은 바람이 있을 것이다. 외환 시장의 참여자의 이런 욕구를 채워주기 위하여 생긴 것이 통화 옵션이다.

통화옵션은 기본적으로 통화선물과 같은 특징을 가지고 있고 같은 제도 하에서 거래된다. 그러나 통화옵션은 매매하기로 약정한 환율이 계약만기에 자신에게 불리할 경우에는 약정한 환율에 외환을 매매하고, 유리할 경우에는 옵션의 권리를 행사하여 계약과 상관없이 외환시장에 시장가격으로 외환을 매매하면 된다. 따라서 통화옵션의 매입자는 환율변동 위험을 회피하면서 동시에 유리하게 변한 환율에 따른 이익을 취할 수 있게 된다.

이런 경우의 손익관계가 [그림 10-3]에 나타나있다. 환율 ₩1000/$에 일정기간이 지난 후에 서로 외환을 사고팔기로 계약하는 것은 선물환이나 통화선물과 같지만 여기에 하나의 옵션이 붙어있다. 즉, 900원이 되면 원래 계약한 데로 1000원 매매가 이루어지고(A상황: 선물거래와 같은 효과를 가짐), 반대로 1100원이 되면 옵션을 행사하여 계약 때 정한 환율에 상관없이 1,100에 외환시장에 보유외환을 팔아서 차익(B+)을 얻는 것이다.

[그림 10-3] 통화옵션 거래의 손익

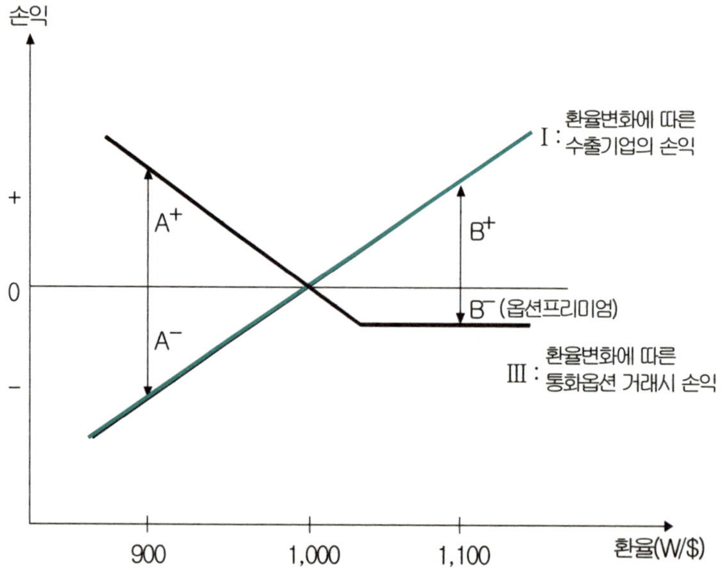


이 경우 통화옵션을 매입하는 측은 상대방인 옵션 매도자에게 위험을 담보해주는 대가로 상대적으로 적지 않은 보험료적 성격인 수수료인 옵션 프리미엄(B−)을 지급해야 한다. 따라서 통화옵션의 매입자

(기업)에게 환율이 불리하게 움직인 B의 상황에서 선물환이나 통화선물과 다른 점은 B-만큼의 옵션프리미엄에 대한 비용이 든다는 점이다.

### (5) 통화스왑거래(currency swap transaction)

특정 통화의 이자 및 원금을 다른 통화의 이자 및 원금으로 상호 교환하는 계약으로서 특정 외화표시 자산 또는 부채를 원화나 다른 외화표시 통화의 자산 또는 부채로 전환시키는 것을 말한다. 즉 [그림 10-4]에서와 같이 두 거래 당사자가 계약일에 약정된 환율에 따라 일정시점에서 상호 교환하는 외환거래로서 주로 중장기적인 환위험 관리 전략으로 이용되고 있다.

이는 해외차입 또는 대출을 받은 외화자금에 대하여 상환 시 환율변동에 따른 위험을 회피하고자 할 때 혹은 수출과 수입 시기의 일시적 기간 차이가 발생하는 경우 기간 차이에 따른 환전비용 및 환율변동 위험을 회피하고자 하는 경우에 많이 사용된다.

[그림 10-4] 통화스왑거래의 개념초기화면

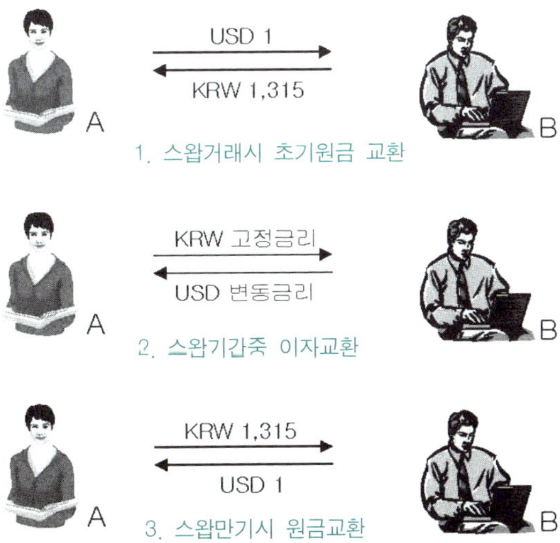

# 제2절 글로벌 자본 조달

글로벌 기업은 국내기업에 비해 상대적으로 다양하고 유리한 자금 조달원을 가지고 있는 반면 환율변동 이나 국가간 상이한 세율 등 복잡한 문제에 직면할 수 있다. 따라서 글로벌 기업의 자금조달은 환율 등의 문제를 고려한 후 자금조달 비용을 최소화 할 수 있는 방법으로 이루어져야 한다. 글로벌 기업의 자금조달은 크게 내부적 조달과 외부적 조달로 분류할 수 있다.

## 1. 내부적 조달

글로벌 기업의 본사 혹은 여타 국가에 소재한 자회사로부터 자금을 조달하는 방법으로는 현금 또는 실물자산(기계설비, 재고 등)에 의한 지분투자를 들 수 있다. 현지 금융기관을 통한 대출도 하나의 방법이 될 수 있지만 현지에서 충분한 신용이 쌓이지 않은 해외진출 초기에는 어려움을 겪을 수 있다. 또한 글로벌 기업은 기업 내의 채무를 앞당겨(leading) 갚거나 아니면 연기(lagging)함으로써 본사와 자회사 사이의 여유자금을 이전시킬 수 있다

일단 현지 회사의 경영이 시작 되고난 후에는 그 기업 자체의 자금조달이 회사의 장기적 성장을 위해서 필수적이다. 기업 자체적 자금조달은 이익 잉여금과 감가상각 충당수익 등이 있다. 이익의 처분은 현지국의 세법에 영향을 받는다. 나라에 따라 현지에서 자본을 조달하는 것을 금지하거나, 과실의 송금을 제한함으로써 이익의 사내 유보를 강요하기도 한다. 따라서 글로벌 기업의 진출 국가 특유의 규정

이나 여건들을 고려하여야 한다.

## 2. 외부적 조달

기업 외부의 자금조달은 주로 금융시장을 통해서 이루어진다. 모회사가 소재한 국가에서 은행으로부터 차입하거나 채권이나 주식을 발행하여 자금을 조달할 수 있다. 또한 현지에서 채권이나 주식을 발행하거나 현지기업과 합작을 하여 필요자금을 충당하는 방법도 있다. 이외에도 제3국의 시장에서 장단기 자금을 조달하는 방법이 있다. 이 경우 이용 가능한 국제금융시장으로는 유로커런시 시장, 유로 본드시장 그리고 각국의 주식시장 등 매우 다양하다. 글로벌 기업은 이와 같이 다양한 국제금융시장에서 뛰어난 정보수집능력을 바탕으로 가장 유리한 조건으로 자금을 조달할 수 있다.

# 제3절 글로벌 인적자원관리

## 1. 글로벌 인적자원관리의 중요성

기업은 결국 사람이 운영하는 것이므로 글로벌 기업의 성패 역시 많은 부분이 인적자원의 활용에 달려 있다고 할 수 있다. 현지 사정에 밝은 유능한 경영자의 육성이나 현지 고용인들의 효과적인 관리는 곧 그 기업의 성과와 직결된다. 글로벌 기업의 인적자원 관리는 국내의 인력 관리뿐만이 아니라 해외 자회사의 인력도 관리해야 하는 어려움을 안고 있기 때문에 보다 세밀하고 다변화된 전략이 필요하다. 글로벌 기업들은 기업의 전체적인 인력관리를 함에 있어서 본국 경영인의 현지국에 대한 교육, 현지국 고용인의 교육, 해외파견 인력의 관리, 현지국 고용인들의 관리 등에 대한 개별적인 전략을 수립하고 직무와 조직에 대한 분석을 통하여 이들 전략을 효과적으로 수행할 수 있는 방안을 마련하여야 한다.

글로벌 기업의 인적자원 관리는 서로 다른 언어와 문화 그리고 다양한 국적을 가진 글로벌 기업 내의 인력을 어떻게 동일한 기업 목표를 향해 움직일 수 있게 하느냐에 초점을 맞춰야 한다. 글로벌 기업의 인적자원 관리는 기업의 글로벌화가 진행 정도나 기업의 특성에 따라 크게 본국 중심적, 현지국 중심적, 그리고 세계 중심적 전략으로 나누어져 있다.

## 2. 글로벌 인적자원관리의 유형

### 1) 본국 중심적 전략

주요 경영진들을 본사에서 해외 자회사로 파견하는 전략이다. 이 전략의 장점은 회사의 목표, 제품, 기술, 정책 등에 익숙한 관리자가 본사와 밀접한 관계를 유지하면서 해외자회사를 효율적으로 경영할 수 있다는데 있다. 현지에서 적절한 경영자를 채용하기 힘들거나, 본사와 자회사간에 긴밀한 협력이 필요할 때 추구되는 전략이다. 이는 또한 해외 진출초기의 기업이 많이 사용하는 전략이기도 하다. 그러나 이 전략은 현지 경영자의 양성을 소홀히 하게 되어 현지인들이 회사에 대해 갖는 애사심을 저해할 수 있다는 점과 현지국의 문화를 이해하시 못하는 본시 파견 경영자에 의해 마찰이 일어날 수 있다는 단점을 가지고 있다.

### 2) 현지국 중심적 전략

자회사의 경영은 현지에서 채용된 경영자들이 담당하고 본국 출신 주요 관리자는 본사에서 현지 자회사를 관리하는 전략이다. 현지 경영자들은 현지의 언어, 문화, 기업 관행 등에 익숙하므로 보다 현지에 맞는 경영 전략을 수립할 수 있고 다른 관리자들에게도 승진의 기여를 부여함으로서 회사에 대한 충성도를 높일 수 있다. 또한 해외 파견 인력을 줄일 수 있어 비용절감이 가능하다. 그러나 이 전략은 본사와 자회사 사이의 의시소통이 원활하지 못하거나 본사에서 추구하는 목표와 상충되어 일관성을 유지하기 힘들 수도 있다. 또한 본사 경영진들의 해외 자회사에 대한 경험이 부족하게 되어 장기적인 글로벌 정책을 수립하는데 어려움을 겪을 수 있다.

### 3) 세계 중심적 전략

지역이나 국적에 상관없이 유능한 경영자를 채용하여 적재적소에 배치하는 전략이다. 이 전략의 장점은 무엇보다도 기업이 보유한 인적자산을 최대한 활용할 수 있게 해 준다는 것이다. 또한 글로벌 경쟁을 위한 국제화된 경영자의 양성이 가능하게 된다. 서로 다른 국가와 문화 속에서 효과적으로 경영활동을 할 수 있는 국제화된 경영자의 양성이 가능하다는 점이다. 그러나 이 세계 중심적 인적자원 관리 전략은 필요한 경영인력의 양성에 많이 시간과 비용이 필요하다는 단점이 있다. 또한 세계 여러 나라의 국적을 가진 경영자들이 서로 다른 나라로 파견될 때 각국 정부가 갖고 있는 이민법과 해외인력 고용에 관한 규제는 이 전략의 제한요소로 작용한다. 그러나 이러한 단점에도 불구하고 글로벌화가 진행됨에 따라 많은 기업들이 현지 환경에 신속하게 적응하기 위하여 이러한 인사전략을 채택하고 있다.

# 제4절 글로벌 인적자원의 교육

글로벌 기업의 인사전략이 수립되고 본국, 현지국, 혹은 제3국의 경영자들이 선발되고 나면 이들이 자신의 능력을 최대한으로 발휘할 수 있도록 체계적이고 효율적인 교육과 훈련과정이 필요하다. 이러한 교육 및 훈련의 내용은 현지 경영인력이 본사에서 파견되는 경우와 현지인을 고용한 경우에 다소의 차이가 있다.

## 1. 본사 파견 글로벌 경영인의 관리

본사파견 국제경영인의 관리는 다음과 같이 세 가지로 나눌 수 있다.

### 1) 현지의 문화적 충격 최소화

현지의 문화가 본국의 문화와 다른 점을 파견 경영인에게 주지시키고 현지국 문화에 대한 거부감을 갖거나 본국 중심의 문화적 관념을 가지고 현지국에서 경영활동을 수행하는 것을 예방할 수 있도록 교육해야 한다. 이러한 교육을 통하여 본국 파견 경영인은 현지국의 문화에 대한 적응력을 높일 수 있고 빠른 시간 내에 적응함으로 인하여 경영효율을 더 높일 수 있다. 특히 현지국에서 판매활동을 하고 있는 기업의 경우에는 현지국민을 대상으로 판매활동을 해야하기 때문에 현지인들의 기호, 관습, 문화적 성향 등에 관한 철저한 교육이 필요하다.

### 2) 현지 기업환경의 이해 증진

현지 기업환경에 대한 이해를 통하여 본국의 기업이 경영활동을 수행하는데 필요한 제반지식을 습득할 수 있다. 현지 기업환경에 대한 이해는 기업윤리, 거래의 형태, 경쟁업체의 실태, 협력업체의 선정 등에 대한 지식을 제공하여 줌으로써 현지국에서 기업의 경영활동을 보다 원활히 수행할 수 있도록 해 준다.

### 3) 현지 자회사의 제반현황 숙지

현지 자회사가 현지국에서 차지하는 경쟁력의 정도, 규모, 고용인력의 수, 생산환경, 공정의 단계 등에 대한 파악을 통하여 본사에서 파견되는 경영인이 현지국에서 어떤 활동을 하여야 할 것인가를 인식할 수 있도록 해 준다. 본사에서 파견된 인력은 현지의 환경에 능동적으로 적응하여 경영활동을 수행할 수 있도록 교육시켜야 한다.

구체적, 교육 및 훈련의 내용을 살펴보면 다음과 같다.

#### (1) 지역연구

현지국의 정치, 경제, 사회, 문화 등 사회전반에 걸친 현지의 특수성에 대해서 교육한다. 이러한 지역연구는 사회 전반적인 연구보다는 그 기업과 관련성을 가진 현지국 상황에 대한 훈련을 하는 것이 더 중요하다.

#### (2) 현지문화 이해훈련

현지의 문화를 이해하고 이에 적응하도록 훈련함으로써 현지국에서 저지르기 쉬운 실수나 기업경영상의 오류를 방지하도록 한다.

#### (3) 현지언어 훈련

현지에서 업무수행과 현지인과의 관계에 필수적인 언어의 훈련을 함으로써 보다 능동적으로 현지국 시장에 접근할 수 있도록 한다.

(4) 현장실습

현지에 국제경영인력을 파견하여 경영에 바로 참여시키기보다는 단계적인 과정으로서 현지 또는 유사 환경지역에 파견하여 경험을 축적케 한 후에 경영에 참여하도록 함으로써 현지국에 대한 무경험으로 인해 발생할 가능성이 많은 오류를 사전에 방지한다.

## 2. 현지 경영자의 관리

최근 들어 글로벌 기업의 고용실태를 살펴보면, 국제경영 인력의 부족과 현지의 규제 강화 등으로 현지인을 채용하는 경향이 증가하고 있다. 현지인의 경우 기본적으로 글로벌 기업 본국의 문화와는 이질적이므로 현지경영을 원활히 하기 위해서는 현지 인력에 대한 교육의 중요성은 매우 크다고 할 수 있다. 이와 같은 차이점을 인정할 때 현지인의 교육·훈련은 단순히 본사의 교육프로그램을 이전하기보다는 현지인의 사고방식과 가치관 등에 대한 기본적 자료를 수립한 다음 현지인에 적합한 교육을 시키는 것이 필요하다.

일반적으로 현지에서 인력을 선발하여 고용할 경우 교육 및 훈련의 목적은 다음과 같다고 할 수 있다.

① 현지경영인을 고용하여 비용과 시간을 절감시킨다.

② 현지고용인에게 본사의 제반 경영활동 및 경영상황을 이해시킨다.

③ 현지경영인의 전문지식과 경험을 이용한다. 또한 현지 인력은 현지의 환경에 익숙하고 현지의 제반사정에 통달해 있으므로 매우 효율적으로 국제경영활동을 수행할 수 있다. 이들 현지 인력의 보편적인 교육과정의 내용은 아래와 같다.

(i) 본국과 현지국의 문화적 차이에 대한 이해

(ii) 업무내용과 절차의 이해 및 습득

(iii) 기업에 대한 인식 제고

(iv) 책임수행 능력의 향상

현지인의 교육은 현지국 내에서의 교육훈련과 병행하여 본사국에서도 적합한 교육프로그램을 개발하여 실시하는 것이 좋다. 이러한 초청교육은 단시간 내에 교육성과를 이끌어 낼 수 있으며 일종의 휴가나 근무성적에 대한 보상의 한 방법으로도 활용하여 사기와 근로의식을 고취시킬 수도 있다.

# 제 3 부

# 국제경제

# 제 11 장 국제무역이론

제1절 고전적 무역이론

제2절 근대적 무역이론

제3절 현대 국제무역이론

## 제1절 고전적 무역이론

### 1. 자유무역의 특화와 교환의 논리

일상생활에서 우리는 자신이 필요로 하는 물건을 사거나 서비스를 제공받기 위하여 다른 사람들과 많은 거래를 하고 있다. 이는 우리가 스스로 필요한 모든 것을 자급자족할 수 없기 때문이다.

개인의 능력은 한계가 있어 살아가면서 필요한 모든 것을 만들 수 없을 뿐 아니라 설사 만들 수 있더라도 많은 비용과 노력을 들여야하며, 같은 품질의 것을 대량으로 만든다는 것은 거의 불가능하다. 즉, 자급자족의 가장 큰 단점은 내가 잘 할 수 있는 것을 선택하고 집중할 수 없다는 점이다.

개인 스스로가 가장 잘하는 일을 찾고, 집중하는 것이 중요하다는 것은 개인과 개인 사이에서와 마찬가지로 나라와 나라 사이에도 이러한 이유로 인해 거래가 발생하게 된다.

예를 들어 빵가게 주인이 TV가 필요하다면 직접 만드는 것보다 자기가 잘할 수 있는 일, 즉 빵을 열심히 만들어 팔아 번 돈으로 TV를 사는 것이 훨씬 쉬울 것이다. 이처럼 자기가 잘 만들 수 있는 상품을 만드는데 힘을 쏟는 것을 특화라고 한다.

무역도 한 나라가 선택하고 집중해서 만든 상품을 다른 나라들과 바꾸는 이른바 특화와 교환의 원리가 그대로 적용된다. 예를 들어 우리나라의 경우 기술력이나 경제규모면에서 생산할 수 있는 제품임에도 불구하고 많은 나라로부터 여러 가지 제품을 수입하고 있다. 만약 우리나라에서 바나나를 생산하고자 한다면 커다란 온실을 짓고 또 난방시설을 갖추어야 하며 이에 따라 기본적인 생산비가 상승하고 바나나의 가격 또한 상승하게 된다. 그러므로 우리 입장에서는 남들보다 잘 만들 수 있는 자동차나 반도체 등의 상품생산에 특화하고 수출을 통해 벌어들인 돈으로 필리핀에서 저렴한 바나나를 수입하는 것이 훨씬 유리하게 된다. 이렇듯 자국에서 필요한 모든 제품을 스스로 생산하는 것이 경제적으로 매우 비효율적이기 때문에 세계 모든 나라들은 국제적 분업을 통하여 무역을 하고 있는 것이다.

결국 이러한 국제적 분업을 통하여 특화하고 교환함으로써 무역에 참여하는 모든 나라가 이익을 얻게 되는 것이 자유무역의 기본 논리가 된다.

이러한 논리를 적용시켜 많은 학자들은 무역의 발생원인과 무역의 방향을 설명하고 있다. 대표적 고전학파인 아담스미스는 절대우위론을 통해, 리카도는 비교우위론을 통해 각각 자유무역의 타당성을 주장하고 기존의 중상주의 보호무역에 반기를 들어 자유무역을 극대화 함으로써 국부의 증진을 이룰 수 있다고 주장하였다.

## 2. 절대우위론

### 1) 배경

1760년 산업혁명 이후 1776년 아담 스미스(Adam Smith: 1723~1790)는 국부론[1]을 저술했다. 이 국부론을 통해 경제학이라는 새로운 학문이 태동하였고, 아담 스미스는 최초의 경제학자로 불리게 되었다. 국부론은 애초에 철학서였으나 기존의 철학서와 다른 특징을 가지고 있었다. 첫째, 인간을 이기적이고 합리적인 존재로 바라봤으며 둘째, 기존의 질적연구를 벗어나 수치화 시키는 연구인 양적연구를 했다는데 있어서 국부론을 철학의 범주에 포함하기 어려웠다. 이는 고전 경제학이라는 새로운 학문의 출발점이 되었다.

국부론은 국부의 원천과 원인에 대한 연구로써 국부의 원천은 분업화된 노동이며 이를 국부로 전환시키기 위해서는 자유로운 시장경제 체제가 필요함을 피력하였다.

### 2) 절대우위론

"보이지 않는 손"이라는 명제로 유명한 경제학자 아담 스미스는 양 국가간의 무역은 절대우위 때문에 발생한다고 보았다. 한 국가가 어떤 제품을 만드는데 있어 다른 국가보다 적은 비용이나 노동으로 만들 수 있다면 이 국가는 그 상품생산에 절대우위를 가지고 있는 것이다. 다시말해 절대우위(absolute advantage)란 다른 생산자들 보다 적은 자원을 사용하여 재화와 용역을 생산할 수 있는 능력을 의미한다.

아담 스미스는 이론의 전개를 위하여 다음과 같은 가정을 세우고 절대우위론을 설명하였다.

---

1) 국부론원제 : "An inquiry into the Nature and Causes of the Wealth of Nations"

기본가정 : ① 세계는 두 나라만이 존재함
② 두 상품만 생산됨
③ 노동만이 유일한 생산요소임
④ 생산량은 노동 투입량에 정비례하고, 생산비용이 생산물의 가격을 결정함

두나라의 두 재화 생산에서의 노동투입계수가 〈표 11-1〉과 같으며, 두 나라의 임금이 서로 똑같다고 가정하자.

표 11-1 노동투입계수

| | X재 (옷감) | Y재 (포도주) |
|---|---|---|
| A국 (본국) | 10명 | 15명 |
| B국 (외국) | 12명 | 10명 |

주) 숫자는 각 재화 한 단위 생산에 필요한 노동량 즉 노동투입계수 이다.

이 경우 A국이 B국에 비하여 X재(옷감) 생산에 있어 투입되는 노동량이 적다. 즉 생산에서 노동량이 덜 소요되므로 그 가격이 저렴하여 절대우위(absolute advantage)를 가지게 된다. 반면에 B국은 A국에 비하여 Y재(포도주) 생산에 노동량이 덜 소요되므로 그 가격이 저렴하여 절대우위를 가진다. 양국의 소비자들은 더 싼 값으로 구매하려 하므로 A국에서는 X재가 저렴하고 B국에서는 Y재가 저렴하게 된다. 따라서 A국은 절대우위에 있는 X재(옷감)를 특화하여 수출하게 되고, B국은 Y재(포도주)생산에 절대우위가 있어 포도주를 완전특화하여 A국으로 수출하게 된다. 그리고 서로 절대열위에 있는 상품을 수입하게 된다.

표 11-2 절대우위론에 의한 무역이익

| | | A국 (본국) | B국 (외국) |
|---|---|---|---|
| 무역전 | X재 (옷감) | 1마생산(10명) | 1마생산(12명) |
| | Y재 (포도주) | 1병생산(15명) | 1병생산(10명) |
| 무역후 | X재 (옷감) | 2.5마생산(25명) | 0 |
| | Y재 (포도주) | 0 | 2.2병생산(22명) |

각국은 절대우위에 있는 상품들을 완전특화하여 교환하게 된다. 완전특화란 절대우위에 있는 상품만을 집중생산하고 절대열위에 있는 상품은 생산하지 않는 것으로 A국은 옷감을, B국은 포도주만을 완전특화한다. 무역하기전 각국이 옷감과 포도주를 각각 1마, 1병씩 생산할 수 있었던 것이 절대우위에 의하여 완전특화하여 무역을 하게되면서 옷감은 2.5마, 포도주는 2.2병을 생산하게 됨으로써 무역전과 비교하여 옷감 0.5마, 포도주 0.2병의 무역이익을 얻게 되는 것이다.

### 3) 한계

아담 스미스는 각국이 다른 나라보다 저렴한 비용으로 생산할 수 있는 재화만을 생산·수출하고 그렇지 않은 재화를 수입함으로써 양국이 무역을 통한 이익을 얻을 수 있다고 주장하였다.

그러나 절대우위론은 어느 한 나라가 두 재화 생산에서 모두 절대우위 또는 절대열위를 갖는 경우 무역의 방향을 설명할 수 없다는 가장 큰 한계점에 부딪히게 되었다.

## 3. 비교우위론

### 1) 배경

1817년 영국의 경제학자 리카도(David Ricardo:1772-1823)는 절대우위론을 부정하며 아담 스미스의 가장 큰 한계점을 극복하였다. 리카도가 활약하던 당시 영국에서는 '무역이 왜 발생하는가'에 대한 많은 논의가 있었다.

국제무역의 이익을 처음 생각한 경제학자들은 절대우위가 있는 재화를 특화하여 다른 나라에 팔면 그들의 경제적 후생은 개선되고, 절대열위의 재화를 수입하여 소비함으로써 소비국의 후생 또한 높아질 수 있다고 믿어왔다. 스미스는 국제분업과 교환을 통해 영국이 더욱 더 부유해질 수 있기 때문에 무역을 한다며 절대우위론을 주장하였지만 리카도의 생각은 달랐다.

한 나라가 두 상품 모두에 절대우위 또는 절대열위에 있을 경우에도 리카도의 대답은 '무역은 이루어진다'였다. 즉, 영국이 포르투갈에 비해 싼 값으로 생산할 수 없는 경우 상대적 생산비에 의하여 무역은 이루어질 수 있음을 제시하며 아담 스미스의 절대우위론의 가장 큰 한계를 극복한 것이다. 영국과 포르투갈 사이 서로 다른 두 상품을 생산하는 상대적인 생산비(비교생산비)의 차이가 존재하며 이러한 비교우위에 의해 무역을 하는 것이 이익이 된다는 비교우위론을 주장하였다. 이러한 리카도의 비교우위론은 190여년이 지난 지금도 자유무역의 이익을 뒷받침해주는 가장 확실한 이론으로 손꼽히고 있다.

### 2) 비교우위론

비교우위(comparative advantage)란 국가간 효율성을 상대적으로 비교하는 개념이다. 즉, 한 나라가 다른 나라에 비하여 어떤 재화의 생산비용이 다른 재화에 비하여 상대적으로 낮으면 그 재화생산에 비교우위를 가지게 되며, 생산비용이 상대적으로 높으면 비교열위가 된다. 바꾸어 말하면, 무역 이전에 한 나라에서 다른 나라에 비해 상대가격이 낮은 재화는 그 나라가 비교우위를 갖는 재화이고, 상대가격이 높은 재화는 비교열위를 갖는 재화인 것이다.

비교우위는 기회비용으로 설명되어지기도 하는데 다른 나라보다 작은 기회비용으로 재화와 용역을 생산할 수 있는 능력을 의미한다. 상호 유익한 무역은 한 나라가 다른 나라보다 재화를 상대적으로 잘 생산할 수 있으면 언제나 가능하게 된다. 상대적으로 생산을 잘 한다라는 말은 다른 재화를 적게 희생하면서 그 재화를 생산하는 능력을 말한다.

리카도는 다음과 같은 가정하에 이론을 전개하였다.

**기본가정** : ① 세계는 두 나라만이 존재함
② 두 상품만이 생산됨
③ 노동만이 유일한 생산요소임
④ 노동의 국제적 이동이 불가능함

데이비드 리카도(D. Ricardo)는 비교우위에 의한 무역의 발생을 다음과 같이 설명하고 있다. 재화들의 상대적 생산비용 및 가격의 국가간 차이 곧 비교우위가 노동생산성에서 비롯하는 경우를 고려하였다.

예를 들어, 두 나라에서 두 재화를 생산하는데 필요한 노동투입계수가 〈표 11-3〉와 같은 경우 영국은 포르투갈에 비하여 X재(옷감)와 Y재(포도주)의 생산에서 모두 절대열위를 가진다. 반면 포르투갈은 영국에 비하여 두 상품모두 절대우위를 가진다.

표 11-3 노동투입계수

| | X재 (옷감) | Y재 (포도주) |
|---|---|---|
| 영국 | 3명 | 4명 |
| 포르투갈 | 2명 | 1명 |

위의 표에 따르면 영국은 포르투갈에 비해 옷감 생산에서 3/2배의 노동을 필요로 하는 반면, 포도주 생산에서는 4배의 노동을 필요로 한다. 즉, 영국은 노동생산성이 높은 X재(옷감) 생산에 비교우위를 갖는다. 한편, 포르투갈은 영국에 비해 X(옷감)재 생산에서 2/3배, Y(포도주)재 생산에서 1/4배의 노동을 필요로 하며 비교적 적은 노동이 필요한 Y재(포도주) 생산에 비교우위를 가지게 된다.

리카도에 의하면 이러한 비교우위에 따라 무역의 방향이 결정되어서 영국은 X재(옷감)를, 포르투갈은 Y재(포도주)를 완전특화하여 각각 수출하고, 비교열위의 재화를 각각 수입하게 된다고 하였다.

표 11-4 비교우위론에 의한 무역이익

| | | 영국 | 포르투갈 |
|---|---|---|---|
| 무역전 | X재 (옷감) | 1마생산(3명) | 1마생산(2명) |
| | Y재 (포도주) | 1병생산(4명) | 1병생산(1명) |
| 무역후 | X재 (옷감) | 2.33마생산 (7명) | 0 |
| | Y재 (포도주) | 0 | 3병생산 (3명) |

각국은 비교우위에 있는 상품을 완전특화하여 무역을 하게 되면 A국은 기존에 3명이서 1마를 생산했던 옷감을 7명이서 2.33마 생산할 수 있게 되고, B국은 포도주를 3병 생산할 수 있게 된다.

즉, 양국은 비교우위에 의하여 무역이 이루어지게 되어 무역전보다 옷감 0.33마, 포도주 1병의 무역이익이 발생하게 됨을 표를 통해서 알 수 있다.

### 3) 한계

리카도는 아담 스미스의 절대우위론이 갖는 한계점, 즉 한 국가가 두 상품 모두에 절대우위 또는 절대열위에 있을 때 국제분업과 무역을 설명할 수 없다는 한계를 극복하였다. 그러나 절대우위설이 안고 있는 문제점을 전부 해결한 것은 아니다. 스미스와 마찬가지로 각국의 노동투입량이 다른 점, 노동만을 유일한 생산요소로 간주했다는 점, 그리고 국제무역의 발생 원인을 공급측면에서만 강조하고 수요측면을 무시하는 등의 가정을 비롯한 많은 한계를 가지고 있다.

# 제2절 근대적 무역이론

## 1. 헥셔-오린의 무역이론(Heckscher-Ohlin model, H-O model)

### 1) 배 경

아담 스미스와 리카도는 각각 절대생산비와 비교생산비의 차이를 이용하여 무역의 방향을 설명하였다. 헥셔-오린은 양국의 상대적인 생산비용의 차이가 어디서 비롯되는가를 근본원인을 규명한 이론으로서 스웨덴 학자인 헥셔(E. Heckscher: 1879-1952)와 그의 제자인 오린(B. Ohlin: 1899-1979)이 무역이론을 제시하고 발전시켰다. 이 이론을 두 사람의 이름을 따서 헥셔-오린 정리(H-O model)라 한다. 헥셔-오린은 다음과 같은 가정들을 토대로 이론을 제시하고 있다.

**기본가정** : ① 2국가 - 2재화 - 2생산요소(자본, 노동)가 존재함
② 두 나라의 부존자원 비율이 상이함
③ 두 재화의 요소집약도는 상이함
④ 국가간 생산요소 이동은 불가능
⑤ 생산물시장과 생산요소시장은 완전경쟁시장
⑥ 두 나라의 소비자 기호가 동일함
⑦ 수송비와 무역장벽이 존재하지 않음
⑧ 두 나라의 기술수준이 동일함

이러한 가정하에 헥셔-오린의 정리는 크게 두 가지 명제를 제시하였다. 바로 요소부존도 정리와 요소가격균등화정리이다.

제1명제 요소부존도 정리는 비교생산비, 즉 비교우위의 원인을 규

명한 것이며, 제2명제는 생산요소에 대한 무역의 영향을 말해주고 있다.

이러한 헥셔-오린의 정리는 고전학파가 제시하지 못한 비교우위의 발생원인을 규명하고 일반적인 차원에서 무역현상을 설명하는 근대무역이론의 기초가 되었다. 1977년 오린(B. Ohlin)은 무역이론의 근대화에 큰 영향을 주었다는 공로를 인정받아 노벨경제학상을 수상하기도 하였다.

### 2) 요소부존도 정리

요소부존도 정리는 각국의 비교우위의 발생원인을 두 나라의 상이한 요소부존량의 차이에서 비롯된다고 보았다. 즉, 한 국가는 그 나라에서 상대적으로 풍부하고 값싼 생산요소(노동 or 자본)를 집약적으로 생산하는 상품을 수출하고 이 국가에서 상대적으로 희소하고 가격이 비싼 요소를 집약적으로 사용하여 생산하는 상품을 수입하게 된다는 이론이다. 다시 말해 노동이 풍부한 국가에서는 노동집약적 상품을 생산하는데 비교우위가 있고, 자본이 풍부한 국가에서는 자본집약적 상품을 생산하는데 비교우위가 있으며, 양국은 이러한 비교우위에 있는 서로 상품을 수출하고, 비교열위에 있는 상품을 수입함으로써 국제분업을 통한 무역이익을 얻을 수 있음을 보여주고 있다.

예를 들어 다음 사항을 가정해보자.

① 독일-노동풍부국, 프랑스-자본풍부국

② 기계-노동집약재, 와인-자본집약재

노동이 풍부한 독일은 프랑스에 비해 노동의 가격, 즉 임금수준이 낮을 것이며 노동집약재인 기계를 생산하는데 비교우위가 있게 된다. 반면 자본이 풍부한 프랑스는 자본의 가격이 낮은 와인생산에 비교우위를 가지게 된다.

아래 그림은 독일과 프랑스의 생산가능곡선이다. 프랑스의 경우 생산가능곡선의 기울기는 매우 가파른 반면, 독일의 생산가능곡선의 기울기는 비교적 완만한 형태를 띄고 있다. 이를 통하여 프랑스(와인)와 독일(기계)이 각각 어느 상품에 비교우위가 있는지를 파악할 수 있게 된다.

[그림 11-1] 생산가능곡선과 상대가격선

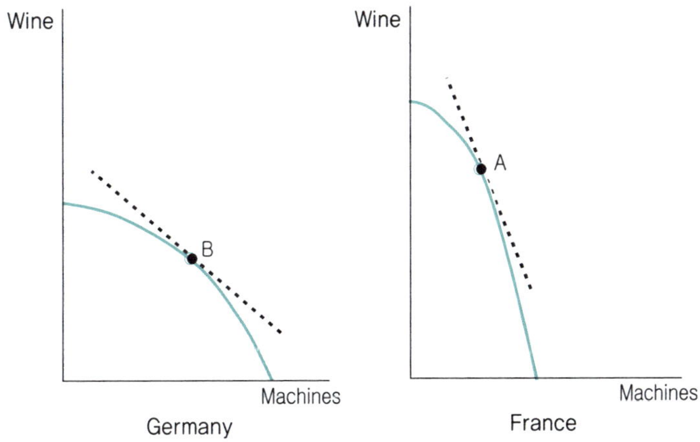


[그림 11-2] 요소부존모형(국제무역시)

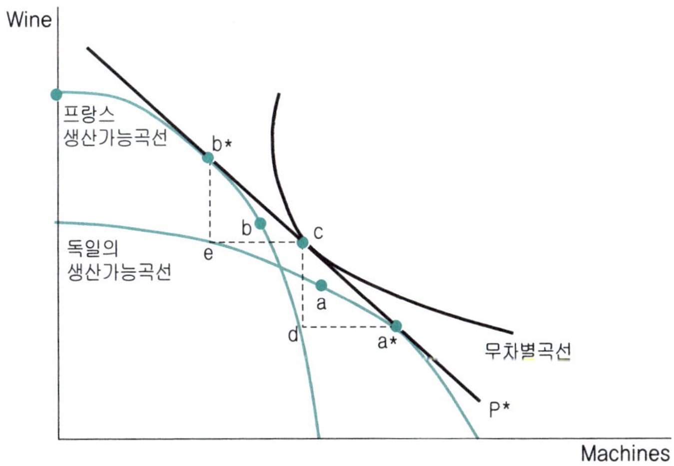

독일과 프랑스는 서로 비교우위에 있는 재화를 특화하고 수출입이 이루어졌을 경우 독일은 비교우위에 있는 기계를 집중생산하고 와인의 생산을 줄이며 a'에 도달하고, 프랑스는 와인의 생산을 늘리고 기계생산을 줄이는 과정에서 b'에 도달하게 된다. 이 같이 양국이 비교우위상품을 특화하여 수출하고 비교열위상품을 수입하는 과정에서 국제가격선이 P*와 같이 형성되고, P*와 무차별곡선이 접점을 이루는 C점에서 두 나라의 소비가 결정되게 된다.

즉, 독일은 기계를 a'd만큼 수출하고, 프랑스는 같은 양인 ec 만큼 수입한다. 그리고 프랑스는 와인을 b'e 만큼 수출하고 독일은 cd 만큼 수입하게 된다.

### 3) 요소가격균등화 정리

요소가격균등화 정리는 제1명제에 의한 국제무역의 결과, 양국의 생산요소(노동과 자본)에 대한 가격(보수)은 상대적으로나 절대적으로 균등화된다는 이론이다. 즉, 노동풍부국은 노동집약적 재화를 특화함에 따라 노동에 대한 수요가 증가하고 자본의 수요는 상대적으로 감소하여 상대적으로 저렴했던 노동의 가격(보수)은 상승하고, 상대적으로 비쌌던 자본의 가격은 하락하게 된다. 반면, 자본풍부국은 자본집약재를 특화함으로써 자본의 수요가 증가하고, 노동의 수요는 감소하게 된다. 이에 따라 상대적으로 저렴했던 자본의 가격은 상승하고, 상대적으로 비싼 노동의 가격은 하락하면서 결국 노동풍부국과 자본풍부국 양국의 생산요소(노동과 자본)의 가격이 균등화된다는 것이다.

다시 말해, 생산요소가 국가간에 이동되지 않더라도 국제 무역에 의하여 생산요소의 상대가격이 양 국가간에 균등화된다는 이론이 헥셔-오린의 제2명제이다.

예를 들어 독일과 프랑스가 기계와 와인을 생산하고 자유롭게 무역을 한다면 프랑스의 노동의 가격과 독일의 노동가격이 같아지고, 프랑스의 자본의 가격과 독일의 자본의 가격이 서로 비슷해지거나 같아지게 될 것이다.

[그림 11-3] 요소가격균등화 정리

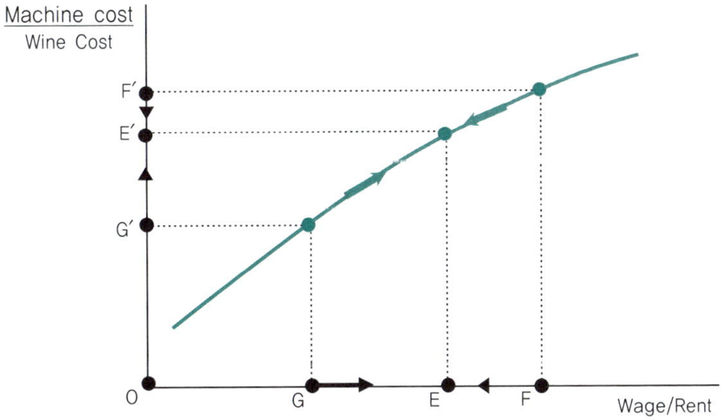


그래프에서 독일과 프랑스의 무역전 요소가격비율$\left(\frac{\text{노동의 가격}(Wage)}{\text{자본의 가격}(Rent)}\right)$은 각각 G, F이고 재화의 상대가격$\left(\frac{machine\ cost}{wine\ cost}\right)$은 각각 G', F'이라고 가정하자.

양국이 서로 자유무역을 하는 경우 생산요소가격비율이 독일(OG→OE), 프랑스(OF→OE)로 각각 OE로 움직이게 되며, 두 나라 재화의 상대가격 역시 독일(OG'→OE'), 프랑스(OF'→OE') 각각 OE'로 움직이며 결국 자유무역의 결과 양국의 생산요소에 대한 가격이 비슷해지거나 균등해지게 됨을 보여준다.

### 4) 레온티에프의 역설

레온티에프(W. Leontief: 1906-1999)는 헥셔-오린 정리의 제1명제의 타당성을 검증하기 위하여 헥셔-오린의 모형을 실제 미국의 투입산출표와 무역통계치를 이용하여 미국의 수출산업과 수입대체산업에 있어서의 요소집적도를 비교하였다. 무역 통계분석에 적용한 결과 헥셔올린정리와는 상반된 결과를 도출하였다.

즉, 헥셔-오린정리의 제1명제인 요소부존도 정리에 의하면 자본풍부국인 미국은 자본집약재를 수출하고, 노동집약재를 수입하여야 하나, 1953년 레온티에프의 실증분석결과에 의하면 자본풍부국 미국 수출재의 자본집약도는 수입재의 그것보다도 낮다는 사실이 발표됨으로써 미국이 노동집약재를 수출하고, 오히려 자본집약재를 수입하는 것으로 분석되었다. 이러한 연구결과는 헥셔-오린 정리와 정반대되는 결과로서 '레온티에프의 역설'이라 한다.

이러한 결과의 원인은 미국은 노동보다 자본이 풍부한 국가지만 미국노동자의 1인당 노동생산성이 다른 국가보다 높기 때문에 노동집약적인 상품을 수출하고, 자본집약재의 수요가 상대적으로 많아 자본집약적인 상품의 많았기 때문이다.

표 11-5 **Leontief Paradox**

| | Export | Import |
|---|---|---|
| Capital($,1947) | 2,550,780 | 3,091,339 |
| Labor(per year) | 182.313 | 170.004 |
| Capital/Labor | 13,991 | 18,184 |

자료 : W. W. Leontieff, "Domestic production and foreign trade; the American capital position Re-Examined", Proceedings of the American Philosophical Society, Vol. 97, No. 4, 1953. 참조.

### 5) 스톨퍼-사무엘슨 정리

스톨퍼-사무엘슨은 헥셔-오린 정리의 제2명제인 요소가격균등화 정리를 검증하였다. 1941년에 스톨퍼(W.F Stolper)와 사무엘슨(P.A. Samuelson)은 그들의 논문인 "보호무역과 실질임금"(protection and real wages)에서 고임금수준의 국가와 저임금수준의 국가 사이에서 자유무역이 이뤄지는 경우 두 국가의 임금수준이 균등화된다는 주장을 하여 헥셔-오린 정리의 제2명제인 요소가격균등화이론과 동일한 결론에 도달하였다.

따라서 이들은 미국 노동자의 임금저하를 방지하기 위하여는 보호무역정책이 유리하며 이를 위해서는 보호관세제도가 필요하다고 주장함으로써 보호무역주의의 이론적 근거를 제공해 주었다.

# 제3절 현대 국제무역이론

## 1. 대표수요이론(Representative demand theory)

대표수요이론(representative demand theory)은 무역의 패턴과 결정요인을 수요구조에서 규명한 이론으로서 스웨덴 경제학자 린더(S.B Linder)(1961)가 주장하였다.

한 상품이 수출되기 위해서는 우선 국내에서 충분히 많은 수요, 즉 대표적 수요가 존재하여야 한다는 것이다. 즉, 어떤 상품이 수출되기 위해서는 먼저 국내에서 생산이 이뤄져야 하는데 충분한 국내수요가 존재해야만 생산이 가능할 것이다. 그래야만 국내에서 상당한 크기의 시장이 형성되고 생산이 가능하며 생산비용도 낮아짐으로써 수출도 가능할 것이다. 즉, 대표적 수요가 있는 상품에 비교우위가 존재하고 수출하게 되는 것이다.

특히 대표수요이론은 제조상품인 공산품의 무역원인을 설명하는데 유용하다. 공산품간의 무역은 거래국의 수요패턴이 닮을수록 긴밀해지며 국민소득수준이 비슷할수록 무역은 활발해지게 된다.

이러한 대표수요이론은 소득이 비슷한 국가들 사이에 무역량이 큰 것을 설명해주며 산업내무역현상과 주로 선진국간 제조업분야의 무역을 설명하는데 유용한 무역이론이다.

## 2. 기술격차론(Theory of Technological gap)

기술격차설(Theory of Technological gap)은 포스너(M. Posner)

(1961)가 주장하고 허프바우어(G. C. Hufbauer)(1966)가 발전시킨 이론으로서 국가간의 기술격차가 국제무역을 발생시키며 시간의 흐름에 따라 기술후진국의 모방에 의해 무역패턴이 역전된다는 동태적 무역이론이다.

이 이론에 따르면 새로운 상품을 개발하고 생산하는 기술혁신국가는 해당 상품에서 다른 나라들보다 기술우위를 가지며 이들을 수출한다는 것이다. 기술혁신국가의 기술우위는, 일정한 시차를 두고 다른 나라들이 모방할 때까지만 유지되며, 일단 다른 나라들이 모방하여 생산하게 되면 사라지게 된다. 그러나 기술혁신국가가 다시 새로운 상품을 개발하여, 기술우위는 한 상품에서 다른 상품으로 이동하면서 지속적으로 나타남을 제시하였다.

[그림 11-4] 기술격차에 의한 무역패턴

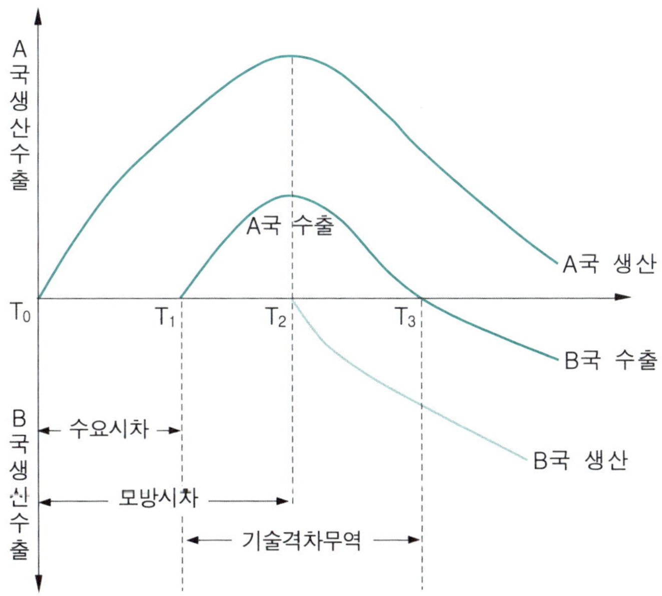

## 3. 연구개발요소 이론(Theory of Research and Development Factor)

버논연구팀(W. Gruber, D. Mehta 및 R. Vernon)과 키싱(D. B. Keesing)에 의해 제기된 연구개발요소 이론(Theory of Research and Development Factor)은 무역패턴을 연구개발요소의 차이에서 규명한 이론이다. 즉, 무역패턴의 결정요인은 연구개발을 통한 기술진보 및 혁신의 원동력인 연구 · 개발요소에 의해 이루어진다는 것이다.

특히 키싱은 미국과 선진국산업을 실증분석한 결과 미국의 국제경쟁력 요인에 관한 상관관계분석에서 자본 · 천연자원 · 노동 그리고 규모의 경제 등 4가지 요인과 연구개발(R&D)요인을 비교하였는데 결국 연구개발(R&D)요인이 가장 강력한 요인임을 확인하였다. 이러한 결과를 토대로 연구개발에 종사하는 과학자 · 기술자 · 숙련노동자가 많을수록 국가경쟁력이 높다는 사실을 검증한 바 있다.

실제 미국을 비롯한 많은 선진국의 무역패턴이 연구 · 개발요소에 우위를 둔 기술혁신적 상품의 생산에 중점을 두고 있다. 연구개발요소이론에 따르면 신제품개발이나 새로운 생산방법의 고안은 과학이 실용화단계에 이른 선진국에서만 가능하며 이러한 연구개발비가 많이 투입된 상품은 비교우위를 갖게 되어 수출의 가능성이 높아진다는 것이다. 따라서 미국과 같은 나라는 기술혁신적 상품의 생산 · 수출에 있어서 비교우위를 가지게 된다는 것이다.

이러한 연구개발요소이론은 제품수명주기이론의 기초가 되는 이론이기도 하다.

## 4. 제품수명주기이론(PLC:Theory of product life cycle)

버논(R. Vernon: 1913-1999)과 웰즈(T. Wells)에 의해 제기된 제품

수명주기이론(Theory of product life cycle)은 하나의 상품이 개발되어 갖는 수명주기를 신상품개발단계 · 성장단계 · 표준화단계 · 쇠퇴기로 구분하고, 신제품이 개발되어 사라져가는 과정에서 무역패턴이 어떻게 변화되는가를 보여주는 동태적 무역이론중 하나이다.

이 이론은 많은 제조업 제품들에 적용시킬 수 있다.

신상품개발단계는 과학 및 기술자 등의 고급인력들이 제품을 개발하여 실험적으로 생산하고, 국내 시장에 처음 소개되어 판매가 시작되는 시점으로서 생산비용이 매우 높고, 소규모지만 수요가 창출되는 단계이다.

성장단계에서는 시장수요가 증가함에 따라 생산도 증가하게 된다. 이에 대량생산이 가능해지고 생산비용은 낮아지고 해외수출에 치중하게 되는 단계이다. 이 단계에서는 다른 선진국 사이의 경쟁상품이 출현하면서 선진국보다 노동비용이 상대적으로 저렴한 후속선진국이 경쟁력을 확부하면서 경쟁이 심화되게 되는 단계로 볼 수 있다.

표준화단계에서는 제품기술이 세계적으로 표준화되고, 생산공정이 단순화되면서 대량생산 및 대량소비가 이루어지는 단계이다. 제품생산에 있어 선진국은 더 이상 경쟁력을 확보할 수 없으므로 노동이 풍부하고 노동비용이 저렴한 저임금국, 즉 개발도상국으로 이전하여 생산함으로써 선진국은 자국내 생산이 감소되고 오히려 개발도상국으로부터 역수입하게 되고, 후속선진국들도 점차 생산을 줄이고 수입하게 된다.

최종적으로 쇠퇴기단계에 와서는 선진국의 경쟁력 있는 대체상품의 등장으로 하나의 상품은 쇠퇴되어 사라지게 된다. 각 단계별로 보면 신상품개발단계에서는 고도기술 및 고급인력을 지닌 기술혁신국(기술선진국)이, 성장단계에서는 자본풍부국이, 표준화단계에서는 노동풍부국이 각각 비교우위를 갖는다고 볼 수 있다.

[그림 11-5] 제품수명주기와 무역패턴

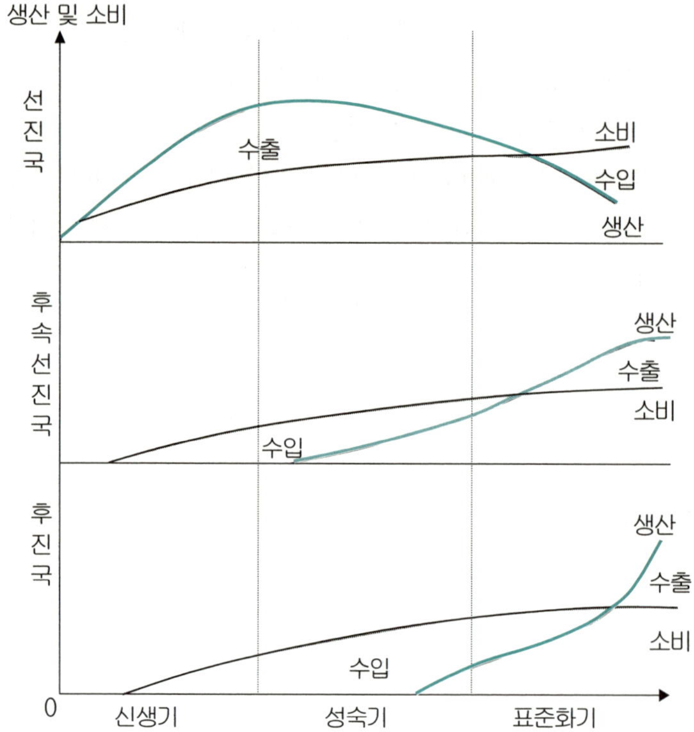


## 5. 산업내무역(Intra-industry trade)

산업내무역(Intra-industry trade)이란 동종산업 내에서 서로 다른 제품들이 거래되는 것을 말한다. 산업내무역은 비교우위를 반영하지 않는다. 두 국가의 요소부존량이 동일하다고 하더라도 규모의 경제가 존재하면, 차별화된 상품이 생산될 수 있고 산업내 무역이 발생할 수 있게 된다. 즉, 비교우위와는 상관없이 규모의 경제로 인해 발생하게 된다.

예를 들어 미국과 캐나다의 경우는 북미자동차협정(The North American Auto Pact)체결 이전인 1965년 이전에는 서로의 자동차 수입에 대해 높은 관세를 부과하고 있어 자동차무역이 거의 이뤄지지 못했다. 그러나 1964년 미국과 캐나다가 자유무역지역(Free Trade Area)을 형성하는데 합의함으로써 미국과 캐나다의 자동차 제조업체들은 자국내에서 생산되던 자동차의 모델 수를 줄이고 상대국의 자동차를 수입하였다. 이러한 산업내 무역을 통하여 각국은 차별화된 상품의 종류가 증가함으로써 소비자 기호를 충족시킬수 있는 다양한 상품을 소비할 수 있게 되었다.

산업내무역은 두 국가의 요소부존량이 유사할수록, 경제발전의 단계가 유사할수록 산업내무역이 발생할 가능성이 높게 된다.

# 12 국제무역정책

# 제1절 국제무역정책의 개념

## 1. 국제무역정책의 의의

정부는 여러 가지 무역정책의 수단을 활용하여 직·간접적으로 국제무역을 제한하거나 때로는 조정·촉진시키기도 하며 국내산업을 보호할 수 있다.

이러한 국제무역정책은 국내경제정책과는 다른 몇 가지 특성을 갖고 있다.

첫째, 국제무역정책은 국내의 산업구조 및 고용·경기 등 한 나라의 경제전반에 영향을 미친다. 특히 무역의존도가 높은 국가일수록 무역정책이 국내경제정책에 미치는 영향이 매우 크고 국제무역정책과 국내경제정책간 상호밀접한 연관성을 가지고 있다.

둘째, 국제무역정책의 효과와 영향은 국내경제뿐만 아니라 대외경제에까지 영향을 미친다. 예를 들어 한 나라가 자국의 국내산업을 보호하고 국제수지를 개선하기 위하여 무역정책 수단인 관세 혹은 비관세장벽 등의 수입제한정책을 실시한다면 자국 내에서는 수입이 감소하여 국제수지가 개선되고 국민소득이 증가하는 긍정적이고 유리한 효과가 발생될 수 있으나 교역상대국의 경우에는 수출이 악화되고 국민소득이 감소되는 등의 부정적 악영향을 미칠 수 있게 되는 것이다.

셋째, 국제무역정책은 국제수지의 균형과 발전의 문제를 가지고 있다. 즉, 국제수지가 불균형(흑자 또는 적자)의 경우 정부는 적절한 무역정책을 선택함으로써 국제수지의 균형을 이룰 수 있게 된다.

이러한 무역정책은 보호주의적 무역정책과 자유주의적 무역정책을 동시에 추구할 필요가 생기게 된다. 예를 들어 국내의 특정한 유치산업보호나 국제수지개선을 이루고자 할 경우에는 보다 제한적이고 보호적인 무역정책을 선택해야 할 것이다. 반면, 국내의 물가안정 및 통상마찰을 완화하고자 하는 경우에는 보다 자유로운 무역정책을 선택할 필요가 있게 된다.

결국 무역정책은 이러한 양면성 때문에 정책목표를 동시에 추구할 수 없으며 어떤 정책목표를 우선하느냐에 따라 각국 경제현실에 맞는 최선의 무역정책과 수단을 선택해야 하는 것이다.

## 2. 국제무역정책의 목표

### 1) 국내산업의 보호

각국은 자국의 유치산업이나 정체산업 및 사양산업을 보호하기 위하여 강력한 무역정책조치를 취하고 있다.

우리나라도 1960년대-자동차산업, 1980년대-반도체산업에 대하여 무역정책수단을 통한 보호무역이 없었더라면 오늘날의 성과는 달성할 수 없었을 것이다.

### 2) 국제수지의 개선

국제수지 균형의 문제는 나라의 경제정책의 목표이면서 국제무역정책의 목적이기도 하다. 국제수지가 흑자인 경우 자국의 통화가 평가절하됨으로써 잦은 통상마찰을 야기시킬 수 있으며, 국제수지 적자의 경우에도 자국의 생산 · 소비가 위축되고, 실업률이 상승하고 외채가 증가하는 등 장기적으로 많은 문제를 야기시키게 된다. 그러므로 이러한 국제수지 불균형의 경우 각국은 여러 가지 무역정책 및 수단을 활용하여 국제수지를 개선하고자 한다.

### 3) 자원의 효율적 배분

어느 국가든 무한한 자원을 가진 나라는 없다. 그러므로 자국이 가진 자원을 최대한 효율적으로 배분하는 것은 매우 중요하다. 그러나 자원의 효율적 배분목표는 단기적으로 국내유치산업의 어려움과 산업구조의 편중화 내지 취약화를 가져올 수도 있게 된다.

### 4) 완전고용

완전고용은 한 나라의 중요한 경제정책의 목표이기도 하다. 오늘날 대부분의 국가는 국제무역정책을 통하여 수출을 증대시키고 수입을 억제하여 국제수지개선을 도모하고, 고용을 증대시킴으로써 국내 생산량을 증대시키려 한다.

### 5) 물가안정

물가문제는 국민경제생활가 밀접한 관련이 있으므로 물가불안문제는 국만경제생활의 안정을 저해하고 수출에 심각한 영향을 미치게 된다. 특히 개방경제체제하에서는 국내경제정책만으로 해결이 불가능하므로 국제무역정책과 병행하여 물가안정을 도모해야 한다.

다시 말하면 국내물가와 외환시세간 밀접한 인과관계가 있으므로 국제수지의 개선과 외환시세의 안정을 통하여 국내물가를 안정시키지 않으면 안 된다.

### 6) 경제성장

경제성장은 각국이 지향하는 경제정책목표이며 각국은 이를 위하여 모든 수단과 정책을 동원하고 있다. 이러한 경제성장은 국내경제정책뿐만 아니라 수출·수입정책, 국제수지개선정책 등 국제무역정책과 함께 실시되어야 한다.

### 7) 사회적 후생의 증대

무역정책의 궁극적 목표는 경제발전을 통한 국민의 경제적 · 사회적 후생을 증대시키는 데 있다. 그러므로 무역정책은 고도의 경제발전을 이룩하고 복지사회를 건설하여 국민의 생활수준을 향상시키는 동시에 모든 인류의 복지를 향상시키기 위하여 설정되어야 한다.

# 제2절 국제무역정책의 수단

## 1. 관세

### 1) 관세의 개념

관세(customs, customs duties, tariff)[1)]란 한 나라의 경제적 경계를 통과하는 물품에 대하여 국가가 부과하는 조세로서 일종의 수입세를 의미한다. 이 경제적 경계를 관세선(customs line)이라 하며 반드시 국경선과 일치하지 않는다. 관세동맹(customs union)을 체결한 국가의 경우 관세선은 동맹국의 국경선까지 확대되게 된다. 그러나 일반적으로 국경선을 관세선으로 하고 국경을 통과하는 물품을 과세의 대상으로 하고 있다.

무역거래에 있어서 가장 엄격한 단속을 받는 것은 수입지에서의 세관통관이다. 이것은 수입국이 자국 산업을 보호하고 재정수입을 확충 등의 목적을 가지고 수입품에 부과하는 관세제도를 채택하고 있기 때문이다.

관세는 다음과 같은 몇 가지 의의를 지니고 있다.

① 관세부과의 주체
관세는 국세로서 국가만 징수가능하다.

---

1) 관세의 어원은 영국의 경제학자인 아담스미스가 그의 저서 『국부론』에서 '관세는 내국소비세보다 훨씬 오래된 것이다. 이 세가 관습(customs)이라 불리게 된것은 그것이 아득한 옛날부터 행하여진 관습상의 지불을 뜻하는 것이기 때문이라고 생각한다'고 말하고 있다.

② 재정수입의 목적

관세는 연혁적으로 재정수입을 목적으로 하고 있다.

③ 법률·조약에 의하여 부과·징수

관세는 조세의 일종이며 조세는 법률에서 규정해야만 징수가 가능한 것이다.

④ 대물세·수시세

관세는 물품에 대해 부과하는 대물세이다. 또한 정기적으로 징수하지 않고 물품이 수입될 때마다 수시로 징수하므로 수시세이기도 하다.

⑤ 관세영역을 출입하는 물품에 대해 부과

관세영역이라 하면 관세선과 일치하는 말로 자유지역과 같은 특수한 구역에서는 관세를 부과하지 않고 있다.

⑥ 자유무역의 장벽

자유무역의 3대 장벽은 수량통제, 외환관리, 관세를 들 수 있는데 그 중 관세는 관세율을 조작하는 것이다. 관세를 제외한 모든 무역규제는 비관세장벽(Non-Tariff Barriers : NTB)이라 한다.

즉, 이러한 관세는 법률의 정한 바에 의하여 국가가 강제적으로 징수하는 조세로서 오랫동안 대외무역정책수단 가운데에서 가장 대표적인 무역제한 및 억제수단이 되어 왔다.

## 2) 관세의 기능

### (1) 재정수입확보

관세법상 목적에서 '이념은 관세의 부과·징수 및… 관세수입의 확보를 기함에 있다'고 함으로써 관세가 재정수입의 원천임을 알 수 있다.(법 제1조)

### (2) 국내산업보호

관세부과는 수입을 억제하여 국내산업을 보호하는 기능이 있다. 특히 개발도상국의 경우 국제경쟁력이 약한 유치산업을 보호 · 육성하기 위해 관세를 부과하는 필수불가결적이며, 우리나라의 경우도 1960년대 유치산업단계인 자동차산업을 보호하기 위해 수입되는 자동차에 높은 관세를 부과하기도 하였다.

#### (3) 소비억제

수입물품에 관세를 부과하면 가격이 상승하여 수요가 감소하고 소비가 억제된다. 특히 사치품과 같은 수요의 가격탄력성이 큰 제품은 소비억제효과가 크다.

#### (4) 수입대체 및 국제수지개선

어떤 상품은 국내생산이 가능한데도 가격이 저렴하여 수입되는 경우가 있는데 관세를 부과하는 경우 가격이 상승함에 따라 수입이 억제되고 국내생산이 증가되어 수입대체효과를 창출한다. 또한 수입이 억제되어 외화의 지출이 감소하여 국제수지가 개선된다.

### 3) 관세의 종류

#### (1) 관세목적에 따른 분류

##### (가) 재정관세

재정관세(revenue duty)는 정부의 재정수입을 확보하기 위하여 수출입 화물에 부과하는 관세이며, 이를 세입관세라고도 한다. 재정관세는 무역정책의 수단이라기보다는 재정상의 수단이므로, 내국세로 국가재원을 확보하기 어려운 후발개발도상국에서 주로 채택하고 있다. 이러한 관세는 결국 소비자들에게 전가된다고 볼 수 있다.

##### (나) 보호관세

보호관세(protective duty)는 국내의 유치산업을 보호 · 육성하고 기존 산업을 유지 · 발전시킬 목적으로 외국상품에 부과되는 관세이다.

보호관세는 그 구체적인 목적이나 보호대상에 따라 여러 가지로 구분되기도 한다. 구체적인 목적에 따라서는 유치산업보호를 목적으로 하는 육성관세, 공황의 악영향을 방지하기 위한 공황관세, 국내시장에서 외국제품을 완전히 몰아내기 위한 방위관세로 분류할 수 있으며, 보호대상에 따라서는 농업관세와 공업관세로 분류되기도 한다. 또한 보호기간에 따라 일시관세, 계속관세 및 계절관세로 분류된다.

### (2) 과세의 기회에 따라

#### (가) 수입세

보편적인 관세형태로서 관세라고 하면 일반적으로 수입세(import duty)를 의미한다.

#### (나) 수출세

수출세(export duty)는 수출상품에 부과하는 관세이며, 오늘날 대부분의 국가에서는 국내 생산품의 대외경쟁력을 강화하기 위하여 이 수출세를 특수한 경우 이외에는 부과하지 않고 있다. 수출세를 부과하는 예로는 태국의 쌀, 브라질의 커피, 쿠바의 담배 등 주로 독점상품이면서 판로에 지장이 없는 물품에 부과한다.

#### (다) 통과세

통과세(transit duty)는 한 나라 또는 한 관세선을 통과하여 다른 나라로 보내지는 상품에 대해 부과하는 관세를 의미한다. 이는 중상주의 시대 많이 부과되었으나 오늘날 대부분 국가들에서는 부과하지 않고 있다.

### (3) 과세의 방법에 따라

#### (가) 종가세(물품가격×세율=세액)

종가세(ad valorem duty)는 수입상품가격을 관세표준으로 부과하는 관세이다. 따라서 종량세에 비해 관세가 균등하고 공평하게 이루어질 수 있다는 장점이 있다. 반면 과세가격의 산출이 어렵고 수출국에 따라 관세부과의 차이가 있다는 단점이 있다.

#### (나) 종량세(수량을 기준)

종량세(specific duty)는 수입상품의 수량을 관세표준으로 하여 부과하는 관세로서 과세방법이 간단하고 편리하다. 하지만 중량산정 및 계량단위의 통일이 어렵고, 관세부담의 공평성이 없고, 인플레이션하에서 재정수입의 확보가 곤란하다는 등의 단점이 있다.

#### (다) 선택세

선택세(alternative duty)는 종량세와 종가세를 정해놓고 세액이 높은 쪽에 관세를 부과하는 관세이다. 가격하락시에는 종량세를, 상승시에는 종가세를 부과하는 것이 효과적이다.

#### (라) 복합세

복합세(compound duty)는 동일 품목에 대하여 종가세와 종량세 두 가지를 결합하여 부과하는 관세로서 혼합세(mixed duty)라고도 한다. 우리나라는 존재하지 않는다.

### (4) 세율을 결정하는 근거에 따라

#### (가) 국정관세

국정관세(national duty)는 한 나라의 법령에 의하여 자주적으로 세율을 정하는 관세로서 자주관세라고도 한다.

#### (나) 협정관세

협정관세(conventional duty)는 다른 나라와의 조약에 의거하여 특정상품의 세율을 정하는 것을 의미한다. 일반적으로 국정관세율보다 일반적으로 저율이며, 협정유효기간 중에는 쌍방 간의 합의 없이 일방적으로 관세율을 변경할 수 없다.

### (5) 관세율 수에 따라

#### (가) 단일세

단일세(single duty)는 고정관세라고도 하며 동일 상품에 대해서는 나라를 구분하지 않고 일정 세율을 부과한다.

#### (나) 다수세

다수세(multi-linear duty)는 동일한 상품에 대해서 두 가지 이상의 세율을 적용하는 관세로서 자국상품이 불리한 취급을 받거나 유리한 취급을 받는 경우에 적정하게 대비하기 위하여 설정하는 것이다.

### (6) 기타 관세

#### (가) 차별관세

모든 국가의 상품에 대하여 동등한 관세를 부과하는 것이 원칙이나 특정국가 또는 특정상품에 대해 다른 상품보다 세율을 달리 부과하는 것을 말한다. 차별관세로는 보복관세, 할증관세 등이 있다.

① 보복관세: 보복관세(retaliatory duty)는 무역상대국이 자국상품에 대하여 불리한 차별관세 및 차별대우를 가하는 경우 자국의 이익을 옹호하기 위하여 상대국으로부터의 수입품에 대해서 부과하는 보복적 관세를 말한다.

② 국기할증관세 : 자국의 국기를 달지 않고 외국국기를 단 선박으로 수입되는 물품에 대하여 높은 관세를 부과한다.

③ 해운장려관세 : 육로에 의한 수입보다 바닷길을 이용한 수입의 경우 낮은 관세를 부과한다.

④ 간접할증관세 : 원산지 국가외의 나라로부터 간접적으로 수입되는 물품에 대하여 무거운 관세를 부과한다.

#### (나) 특혜관세

특혜관세(preferential duty)는 특정국이나 특정지역으로부터 특정

수입물품이 수입될 경우 공여하는 할인관세이다. 이러한 특혜관세는 다시 다음과 같이 분류된다. 할인세율을 본국과 식민지국간에 적용하는 식민지특혜관세(colonial preferential duty), 경제적·정치적인 특별한 관계를 가진 독립국에 적용되는 국제특혜관세(interstate preferential duty), 쌍무적인 경우 이를 호혜관세(reciprocal duty)라고 한다.

UNCTAD에서 결의하여 1971년부터 실시하고 있는 GSP(Generalized system of Preference : 일반특혜관세제도)는 선진국이 어떠한 대가도 받지 않고 일방적으로 공여하는 관세율이다.

### (다) 탄력관세

급격하게 변동하는 국내외 경제여건에 신축적으로 대응하기 위해 법률이 허용하는 범위내에서 행정부가 실행관세율을 변경하는 제도를 말한다. 우리나라 관세법도 탄력관세제도를 채택하고 있으며 다음과 같은 종류가 있다. 덤핑방지관세(10조), 긴급관세(12조), 상계관세(13조), 물가평형관세(15조), 할당관세(16조) 등이다.

① 덤핑방지관세 : 반덤핑관세라고도 하며, 수출국 내의 정상가격과 덤핑가격의 차액의 범위 내에서 부과하는 할증관세이다. 덤핑방지관세의 부과는 덤핑되는 상품의 국내시장에의 침투로 인한 국내산업의 타격이나 고용기회의 상실 등을 막기위한 조치이다.

② 긴급관세 : 국내산업의 긴급한 보호 및 특정물품 수입의 긴급한 억제 등의 필요가 있을 때 특정물품의 관세율을 높여서 부과하는 관세이다. 해외 가격의 폭락이나 과도한 수입 증가로 국내산업이 중대한 손해를 받았다고 판단될 때 정부가 취할 수 있는 조치이다.

③ 상계관세 : 수출국이 수출품에 장려금이나 보조금을 지급하는 경우 수입국이 이에 의한 경쟁력을 상쇄시키기 위하여 부과하는 누진관세이다. 이러한 보조를 받은 상품은 외국시장에서 유리한 입장에 서게 되며, 이러한 사실이 명백할 때 상계관세가

발동하게 된다. 결국 상계관세란 외국의 산업장려정책이나 수출촉진정책에 입각한 부당한 경쟁으로부터 국내산업을 보호하기 위하여 부과되는 것이다.

④ 물가평형관세 : 국내 물가안정이 필요한 특정물품의 수급조절을 위한 관세이다. 즉, 해당 수입물품에 대하여 일정한 기준가격을 정해놓고 당해 물품이 수입되는 가격을 그 기준가격에 평형시킴으로써 당해 물품의 국내가격을 보호하려는 목적으로 관세율을 인상 또는 인하하는 제도를 말한다. 물가평형관세로는 차액관세[2], 활척관세[3] 그리고 계절관세[4]가 있다.

⑤ 할당관세 : 수입물품의 일정 할당량을 기준으로 부과하는 관세로서 물자수급을 원활하게 하기 위하여 특정물품을 적극적으로 수입하거나, 반대로 수입을 억제하고자 할 때 기본관세율의 40 범위 안에서 올리거나 내려서 관세율을 정할 수 있다. 즉, 적극적으로 수입할 경우에는 해당 수입품의 일정한 할당량까지는 기본관세율의 40%를 감하여 관세를 부과하며, 수입을 억제하고자 할 경우에는 일정한 할당량을 초과하는 수량에 대해 기본관세율의 140%를 관세로 부과한다.

## 4) 관세의 경제적 효과

### (1) 생산효과

수입상품에 관세를 부과하게 되면 수입상품 가격이 상승하여 수입량이 감소하고, 국내산업은 생산량이 증대되며 이윤도 함께 증대된다.

---

2) 수입품의 과세가격과 일정가격과의 차액을 세액으로 부과하는 관세임

3) 수입품의 가격이 높아지는데 따라 과세되는 관세액이 감소해 가는 슬라이드관세를 말함. 즉 수입가격이 낮으면 높은 세율, 수입가격이 높으면 낮을 세율을 부과함

4) 1년중 수입되는 시기에 따라 세율을 달리 적용하는 관세로서 출하기에 경합되는 경우 수입품에 높은 관세율을 적용하는데 주로 농산물에 한정함

### (2) 소비감소효과

수입상품에 관세를 부과하게 되면 그 가격이 상승되어 국내소비가 감소되는 효과를 말한다. 특히 가격탄력성이 큰 제품일수록 이러한 소비효과가 크다고 볼 수 있다. 수입상품의 가격인상으로 소비량이 줄어들고 소비자잉여(consumer's surplus)가 감소하기 때문에 소비자는 불리하게 된다. 그러나 관세에 의해서 수입이 억제되고 국내산업이 충분히 육성되면 소비자는 간접적인 이익을 얻게 된다.

### (3) 수입효과

수입효과(revenue effect)는 수입상품에 대하여 관세를 부과함으로써 재정수입이 증가하는 효과를 말한다. 관세수입은 국가마다 재정수입의 중요한 원천 중 하나이다.

### (4) 재분배효과

재분배효과(redistribution effect)는 소비자잉여의 감소분의 일부가 생산자잉여로 이전되는 것을 말한다. 관세가 부과됨에 따라 수입상품의 가격이 인상되면 국내의 경쟁상품의 가격 또한 상승하여 소비자잉여가 감소하게 된다. 반면 생산자잉여(producer's surplus)가 증가하여 실질소득이 소비자로부터 생산자에게 재분배되게 된다.

### (5) 교역조건효과

교역조건효과(terms of trade effect)는 관세에 의하여 그 나라의 수입량이 감소되면 그 상품의 국제가격이 인하되어 그 나라의 교역조건이 개선될 수 있게 되는 것이다. 반면 교역상대국의 교역조건은 악화된다.

### (6) 소득효과

소득효과(income effect)는 수입상품에 관세를 부과하면 국내의 수입경쟁 산업의 생산활동이 활발하여 생산량이 증가됨으로써 고용이 증가되고 소득이 향상되는 효과를 말한다. 그러나 관세부과에 따른 한 나라의 소득 및 고용의 증대는 상대국의 소득과 고용의 희생에 따른 것이므로 상대국과의 잦은 통상마찰을 가져올 수 있게 된다.

### (7) 경쟁효과

경쟁효과(competitive effect)는 관세가 국내의 경쟁을 억제하는 효과로서 국내산업이 외국산업과 격심한 경쟁을 피할 수 있는 것을 말한다. 그러나 경쟁효과로 인하여 경쟁이 약화되면 국내 산업이 정체상태에 빠지면서 오히려 발전을 저해하기도 한다.

### (8) 국제수지효과

국제수지효과(balance of payment effect)는 관세의 부과에 의한 수입의 감소가 국제수지를 개선시키는 효과이다. 이러한 국제수지효과는 수입수요량의 가격탄력성이 크고 관세율이 높은 경우에는 크게 나타난다.

## 5) 관세의 실효보호율

관세는 최종재인 완제품에만 부과되는 것이 아니다. 완제품을 만들기 위해 투입되는 중간재에도 부과하고 있다.

실효보호율(effective rate of protection:ERP)은 최종재와 중간재에 동시에 관세가 부과될 때 실질적인 국내산업 부가가치의 상승률을 의미한다. 이는 관세에 의한 국내 수입경쟁재에 대한 정확한 보호정도를 측정하는 개념이며 다음과 같은 식으로 표현된다.

$$\text{관세의 실효보호율} = \frac{\text{관세부과 이후의 부가가치} - \text{관세부과 이전의 부가가치}}{\text{관세부과 이전의 부가가치}} \times 100$$

예컨대, 가방하나의 국제가격이 10만원이고, 가방하나를 만들기 위한 중간재인 가죽이 5만원어치가 필요하다고 가정해보자. 이 경우 가방하나의 부가가치는 국제가격 10만원에서 가죽값 5만원을 뺀 나머지 5만원이 된다. 이 가방의 수입에 대하여 30%관세(3만원)가 부과된다면 국내 부가가치는 8만원(50,000원+30,000원)으로 증가된다. 그러므로 부가가치증가율은 60%가 된다. 즉, 이 60%가 실효보호율이 되는 것이다.

$$\frac{80,000 - 50,000}{50,000} \times 100 = 60$$

만약 정부가 최종재인 가방에 30%, 중간재인 가죽에도 10%의 관세를 부과한다면 최종재의 가방의 가격은 13만원, 가죽의 가격은 5만5천원이 된다. 관세부과후 국내가격을 기준으로 한 부가가치는 7만5천원이 되고 자유무역가격을 기준으로 한 부가가치는 여전히 5만원이다.

$$\frac{75,000 - 50,000}{50,000} \times 100 = 50$$

따라서 관세부과로 인하여 국내산업 보호정책의 실질적인 효과인 실효보호율은 50%가 된다.

이러한 실효보호율은 한 나라의 개별 기업이 받는 보호의 정도를 평가하는데 중요한 척도이며, 산업의 보호율에 대한 국제비교에도 중요한 의의를 가진다.

## 2. 비관세장벽

### 1) 비관세장벽의 개념

관세는 수입을 억제하고 국내산업을 보호하기 위한 수단으로서 가장 오랫동안 사용해온 무역정책의 강력한 수단이였으며 무역장벽이였다. 그러나 제2차 세계대전 이후 GATT의 주도하에 일괄적으로 관세인하가 실시되고 이후 WTO 출범과 함께 자유무역주의가 확대되면서 관세 이외의 무역제한조치들이 상대적으로 중요해졌다.

비관세장벽(NTB: non-tariff barrier)은 관세 이외의 모든 무역장벽이라고 할 수 있으며 여기에는 다양한 유형의 비관세장벽들이 존재한다. 현재 WTO에서도 원칙적으로 비관세장벽을 허용하고 있지 않으나 세계의 모든 국가들은 어떤 명목으로든 자국의 경제적 이익을 위하여 비관세장벽을 운용하고 있다.

## 2) 비관세장벽의 유형

비관세장벽은 시간이 흐름에 따라 더 교묘하게 수단들이 발달하여왔다. 비관세장벽은 크게 수입제한적 비관세장벽과 수출장려적 비관세장벽 등으로 분류할 수 있으며, 이 중 대표되는 몇 가지만 살펴보도록 하자

표 12-1 비관세장벽의 유형

| | | |
|---|---|---|
| 비관세장벽 | 수입제한적 비관세장벽 | 1. 수입과징금<br>2. 수입할당제<br>3. 수입예치금<br>4. 수입금지제<br>5. 수출자율규제<br>6. 기타 기술적·행적적 규제 |
| | 수출장려적 비관세장벽 | 1. 수출보조금<br>2. 수출신용제도<br>3. 수출신용보험제도<br>4. 기타 기술적·행적적 지원 |

### (1) 수입할당제(수입쿼터)

수입할당제(import quota system)는 외국으로부터 수입되는 상품의 수입량을 직접적으로 제한하여 국내 수입을 억제하는 조치이다. 이는 일정한 기간을 정하여 수입의 수량 또는 가격을 결정하고 할당량을 그때마다 정부가 정하는 제도로서 초과분에 대해서는 수입을 허

용하지 않으므로 수입억제 면에서는 가장 효율적인 수단이라고 하겠다.

1931년 프랑스가 긴급명령에 의하여 대맥·주류·목재에 대한 수입할당제를 실시한 것이 처음이다. 이 제도는 국내산업의 보호와 국제수지의 개선 등 여러 가지 무역정책목표를 달성하기 위하여 실시되고 있다.

### (2) 수출자율규제

수출자율규제(voluntary export restraints)라는 것은 수출국이 자율적으로 수출물량을 제한하는 것이다. 그러나 그 이면에는 수입국이 자율적으로 수출물량을 규제하지 않으면 수출국에 대하여 더 큰 규제조치를 취할 것이라는 위협을 가함으로써 수출국 스스로 그 상품의 수출을 자제하도록 유도하는 정책이다.

수출자율규제는 1950년 이후 미국정부가 일본의 대미 섬유수출을 줄이기 위해 실시하였으며, 이후 우리나라를 비롯한 대만, 홍콩 그리고 싱가포르 등으로부터의 철강, 신발, 기타 수출상품을 규제하기 위해 사용되었다. 이러한 수출자율규제는 그 동기나 효과 등 모든 면에서 수입할당제와 거의 비슷하다고 볼 수 있다.

### (3) 수출보조금

수출보조금은 국내산업을 보호하고 수출을 촉진하고자 수출상품에 직·간접적으로 보조금을 지급하는 것이다. 여기에는 수출업자에 대한 정책적 재정지원뿐만 아니라 저리융자 및 조세감면 등이 모두 보조금에 포함된다고 할 수 있다.

수출보조금은 국제 협정에 의해 그 사용이 금지되고 있다.

만약 수출국의 보조금 지원이 수입국산업의 피해를 초래하였다면 각국은 수출보조금을 초과하지 않는 범위내에서 상계관세를 부과할 수 있다.

### (4) 기술적 · 행정적 규제와 기타 규제

국제무역은 기술적 · 행정적 및 기타 수단에 의해서도 규제되고 있다. 즉, 새로운 요구조건들을 추가시키거나, 기술 및 규격, 행정적 절차 등을 까다롭게 함으로써 수입을 제한하는 규제이다.

예를 들면, 자동차와 전자제품에 대한 안전상의 규제, 수입농산물의 생산과 포장에 대한 위생상의 규제, 원산지증명과 내용물을 밝히는 표시를 부착하도록 하는 규제, 또한 대미 수출에 있어서 우리나라 전자제품이나 자동차의 수출은 미국의 보험자연구소(UL: Underwriter Laboratories Inc)의 승인을 얻어야만 수출할 수 있고, 농산물 및 의약품은 미국의 식품 · 의약품안선청(FDA : Food and Drug Administration)의 규정에 합격하지 않으면 수출될 수 없는 등 이 모든 것이 비관세장벽조치에 해당된다.

이외에도 원산지증명, 공업표준규격, 검역, 복잡한 통관절차 등도 비관세장벽의 수단으로 사용되고 있다.

# 제3절 국제무역정책의 변화

## 1. 중상주의 무역정책

중상주의(mercantilism)란 15·16세기부터 18세기 후반까지 서유럽 제국들이 채택한 경제정책과 경제이론을 말한다.

중상주의 경제정책의 핵심은 보호주의 제도로서 초기 산업자본을 위해 국내시장을 확보하고, 국외시장을 개척할 목적으로 완제품의 수입금지·제한, 외국산 원료의 수입장려, 국내상품의 수출장려, 국내원료의 수출금지 등의 조치를 직접 입법 및 관세정책으로 실행하였다.

## 2. 자유무역정책

중상주의의 국가중심적 보호주의에 의한 비판으로 전개된 것이 자유무역정책이다. 최초의 자유무역사상은 프랑스의 케네(F. Quesnay)의 중농주의[5]에서 찾을 수 있으며 이후 1776년 영국의 아담 스미스의 「국부론」에서 무역이론으로서 이론적 기초를 다지고 비로소 영국에서 자유방임주의, 자유무역정책으로 꽃을 피우게 되었다.

근대 경제학의 아버지 스미스는 특히 상공업의 중요성을 강조하고 이를 발전시키기 위하여 자유무역론을 역설하였다. 당시 선진국인 영국은 산업혁명을 경험하면서 일찍이 공장제 기계공업으로 생산형태가

---

5) 농업생산이 과잉일 때에는 수출하여 가격을 유지하고, 반대로 흉작일 때에는 수입을 함으로써 가격의 등귀를 막을 수 있으므로 외국무역은 자유로워야 한다고 주장함으로써 농업을 중심으로 한 자유무역을 강조하였다.

전환됨에 따라 세계의 공장으로서의 기능을 담당하고 있었다. 공업제품을 판매하기 위한 해외사장의 확보 및 확대가 절실했으므로 자유무역이 시장의 확대가 절대적으로 필요했으며 해외시장 확보하기 위해서는 자유무역을 해야만 했다.

영국을 중심으로 한 자유무역은 유럽에서 전성기를 맞이하였으나 19세기 말 이후 유럽 각국에 팽배한 국가주의에 의한 보호무역으로 말미암아 그 빛을 잃기 시작하였다.

## 3. 보호무역정책

제1차 세계대전 이후 전세계는 보호무역으로 회귀하는 양상을 보였다. 선진국인 영국은 선진공업기술을 이용하여 자유무역을 통하여 무역이익을 극대화할 수 있었지만 상대적으로 공입기술이 낙후된 미국이나 독일의 입장에서는 자유무역을 통해 경쟁하게 되면 굉장히 불리하였다. 이러한 배경에서 후진국들의 국내산업을 선진국으로부터 보호하기 위한 보호무역론이 대두하였다. 보호무역을 주장한 대표적인 사람은 미국의 해밀턴과 독일의 리스트였다.

해밀턴(Alexander Hamilton)은 미국의 독립 직후 재무장관으로 재직시 "제조업의 장려 및 보호에 관한 보고서"(report on manufactures:1791)를 의회에 제출하였다.

보고서에 따르면 미국의 공업이 유럽에 비하여 아직 유치한 단계에 있으므로 보호정책을 실시해야 하며, 또한 공업이 농업에 비하여 생산력이 유리하고 이익이 높으므로 공업을 진흥시켜야 한다고 주장하였다. 즉, 미국이 공업을 보호·육성하기 위하여 관세의 부과, 수입의 금지, 보조금 및 장려금의 지급, 면세조치, 상품검사 등의 정책수단이 실시되어야 한다는 공업보호론을 주장하였다.

독일의 리스트(Friedrich List)는 1841년에 발간한 「정치경제학의 국민적 체계(Das Nationale System der Politischen Ökonomie)」

에서 스미스의 자유무역론을 반대하고 농공상태로 이행하려는 단계에 있는 국가는 선진국의 싸고 우수한 공산품으로부터 국내의 유치산업을 보호하기 위하여 보호무역을 채택해야 한다고 주장하였다. 즉, 농공상태에 있는 독일과 미국은 보호관세에 의해 선진국 상품의 수입을 억제함으로써 유치산업을 보호·육성하여 선진국 상품과 자유경쟁에서 견딜 수 있도록 발달시켜야 한다는 것이다.

보호무역정책은 오늘날까지 나라에 따라 그 정도의 차이는 있으나 거의 모든 나라가 실시하고 있다.

## 4. 제2차 세계대전 후의 자유무역정책

제2차 세계대전 이후 미국은 세계경제를 주도하게 되면서 붕괴된 국제경제질서를 바로잡고 부흥시키기 위해 영국을 비롯한 선진국들과 협력을 도모하였다. 그리하여 1945년 세계 무역의 안정된 확대를 위한 국제통화기금(IMF: International Monetary Fund)을 설치하였다. 이후 1947년 관세장벽과 수출입 제한을 제거하고하여 국제무역의 확대를 도모하고자 GATT(General Agreement on Tariffs and Trade)도 창설되었다. 그 결과 1950년대 초 서유럽에서부터 다각적 자유무역체제가 다시 대두되기 시작하였으며 많은 국가들에 확대되었다.

## 5. 신보호무역정책

1960년대에 이르러서는 미국의 국제수지 적자가 누적되면서 세계경제를 주도한 미국의 입지가 크게 흔들리게 되었다. 또한 미국의 경제력과 시장개방능력을 기반으로 설립된 IMF와 GATT체제가 동요되었다. 이에 미국을 비롯한 많은 선진국들은 국내시장을 보호하고 국제수지 개선을 위해 비관세정책을 통한 보호무역주의를 채택하였다.

또한 개발도상국의 경우에도 국내 유치산업을 보호하고 경제성장을 도모하기 위한 보호무역을 실시하였다. 우리는 1960년 이후 대두된 보호무역을 중상주의 시대 보호무역과 다른 양상을 보이고 있어 신보호무역주의라 한다.

신보호무역정책은 주로 선진국들에 의해 주도되었으며 선진국들은 자국의 정체 및 사양산업을 보호하기 위해 관세가 아닌 비관세장벽조치를 사용하였다.

이상과 같이 신보호무역정책이 대두하게 된 가장 주된 이유는 선진국뿐만 아니라 개발도상국에서도 생산능력을 가지게 되면서 과잉생산·과잉경쟁이 초래되어 국제경쟁이 심화되었다. 이에 비해 수출시장은 상대적으로 제한적이고 협소해지고 각국은 국민경제의 입장에서 보호주의 무역을 채택하게 된 것이다. 이러한 신보호무역정책은 오늘날 자유무역정책과 더불어 상존하고 있다.

# 13 제 13 장 세계무역질서

제1절 세계화와 지역화

제2절 경제통합과 지역무역협정

제3절 WTO체제와 자유무역주의

# 제1절 세계화와 지역화

## 1. 세계화와 지역화 의의

세계화와 지역화는 오늘날 세계경제의 큰 주축이 되고 있다.

이제 어느 나라의 기업이라는 말도, 국경이라는 말도, 경제적으로는 더 이상 필요가 없게 되었다. 하나의 통일된 시장을 목표로 하는 자유무역과 시장개방의 흐름이 점점 더 확산되면서 세계는 하나의 지구촌으로 합쳐지고 있기 때문이다. 여기에는 인터넷과 같은 정보통신 기술의 발달, 시장경제를 반대한 소련과 같은 공산국가들의 붕괴, 세계무역기구(WTO)의 출범으로 인한 자유무역의 확대 등 많은 변화가 기인했다고 볼 수 있다. 이처럼 국경이 별 의미가 없어질 정도로 상품과 사람이 자유롭게 오가고 세계가 하나의 지구촌으로 통합되어 가는 현상을 세계화(Globalization)라 한다.

세계화로 시장이 개방됨에 따라 많은 그 동안 우리가 접하기 힘들었던 물건들이 많이 들어올 수 있게 되고, 같은 제품이라도 이전보다 더 싸게 살 수 있게 되었다. 그러나 세계화로 인한 기업들이 경쟁은 더욱 치열해졌다. 이제는 세계 전체의 기업들을 상대로 싸워 살아남아야만 하는 것이다. 이로 인해 우리 기업들 또한 발빠르게 해외로 진출하여 크고 작은 성과를 거두고 있다.

오늘날 이러한 세계화 추세속에서 지역화의 흐름도 함께 대두되고 있다. 지역화(regionalization, Localization)란 정치 · 경제적 단합을 위하여 인접된 국가들이 연합하는 형태로써, 쉽게 말해 지역별 · 나라별로 뭉치는 것이 바로 지역화인 것이다. 지역화의 가장 좋은 예는 바로 유럽 연합(EU)[1]을 들 수 있다.

지역화 흐름은 지역주의에 바탕을 둔 지역 경제통합을 추진하는 경향을 말하며, 세계화 흐름은 다자 간 협상에 의한 무역 자유화를 추구하는 경향이라고 할 수 있다. 지역화는 통합된 지역 내의 무역 장벽을 없앰으로써 자유무역을 추진하는데 비하여, 세계화는 전세계를 자유무역이라는 단일 무역 질서로 통합하려는 것으로서 GATT를 토대로 출범한 세계무역기구(WTO)를 들 수 있다.

세계화와 지역화가 결코 서로 상반되는 개념이 아니다. 전세계의 모든 국가들이 하루아침에 세계화를 실현할 수는 없다. 즉, 각 나라가 나름대로 특성을 지키면서 경제를 통합해 나가면 그것이 밑거름이 되어 세계화로 확대될 수 있는 것이나. 따라서 지역화란 세계화로 나아가는 징검다리인 것이다.

---

1) 1951년 독일, 프랑스, 이탈리아, 네덜란드, 벨기에, 룩셈부르크 6개국이 설립한 유럽석탄철강공동체(ECSC)로 시작되어 1993년 마스트리히트(Maastricht)조약 이후 유럽연합이 공식명칭으로 사용되었다. EU는 하나의 통일된 시장을 형성해 회원 국가들 사이의 사람, 재화, 서비스, 그리고 자본의 자유로운 이동을 추구하는 것을 목적으로 하고 있다. 또한 2002년 유럽연합에 속한 나라들은 영국 등 일부 국가를 제외하고 모두 유로화라는 통일된 돈을 사용하기 시작하여 현재 13개국가가 유로화를 사용하고 있다.

- 회원국 : 독일, 프랑스, 이탈리아, 벨기에, 네덜란드, 룩셈부르크, 영국, 아일랜드, 덴마크, 그리스, 스페인, 포르투갈, 스웨덴, 핀란드, 오스트리아, 헝가리, 폴란드, 체코, 슬로바키아, 슬로베니아, 에스토니아, 라트비아, 라투아니아, 사이프러스, 말타, 루마니아, 불가리아(총 27개국)

# 제2절 경제통합과 지역무역협정

## 1. 경제통합의 유형

경제통합은 지리적으로 인접하거나 경제적으로 공동의 이익을 추구하고자하는 몇몇의 국가들이 서로 무역장벽을 낮추고 하나의 시장 또는 통합된 경제권역을 형성해가는 과정이나 상태를 말한다.

이러한 경제통합은 통합의 정도에 따라 자유무역지역 ⊂관세동맹⊂공동시장⊂경제동맹 ⊂완전경제동맹의 단계들로 구분할 수 있다.

[그림 13-1] 경제통합의 벤다이어그램

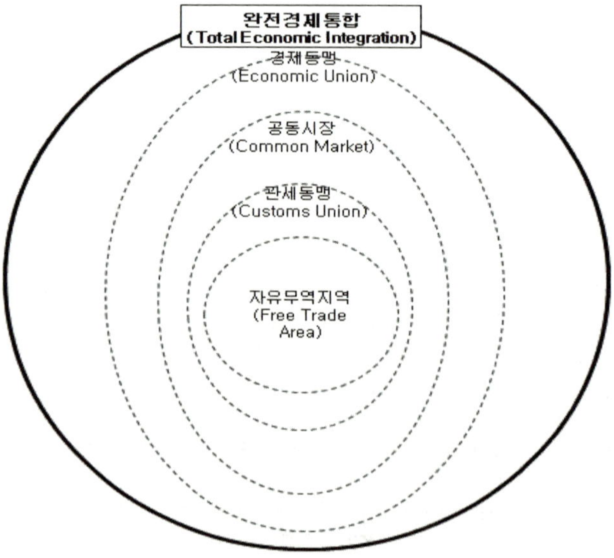

### 1) 자유무역지역(Free Trade Area)

자유무역지대는 회원국 간의 협정 체결을 통해 무역의 제한요소들이 철폐됨으로써 가장 기본적인 통합의 형태이다. 대표적 사례로는 유럽자유무역연합(EFTA: European Free Trade Area)이나 북미자유협정(NAFTA: North American Free Trade Area) 등을 꼽을 수 있다. 자유무역지역단계에서는 회원국(역내국)은 회원국이 아닌 역외국가에 대하여 독자적으로 관세를 부과한다.

### 2) 관세동맹(Customs Union)

관세동맹 단계는 회원국 간의 관세 및 쿼터 철폐는 물론 역외국가에 대하여 공통된 관세를 부과한다. 자유무역지역에서는 역외국에게 독자적 관세를 부과하였으나 관세동맹은 역외국에 공통된 관세를 부과한다는 점에서 자유무역지역보다 한단계 발전된 통합의 단계라 볼 수 있다.

### 3) 공동시장(Common Market)

공동시장은 관세동맹이 발전한 형태로서 회원국간 상품의 자유로운 이동뿐만 아니라 생산요소(자본, 노동)의 자유로운 이동까지 가능한 경제통합단계이다.

### 4) 경제동맹(Economic Union)

경제동맹의 단계에서는 경제정책에 대한 공동정책을 결정하고 운영하는 공동의 초국가 기구가 등장하게 되며, 동맹국 상호간 공통된 재정・금융정책을 채택하여 경제발전과 대외적 경쟁력을 강화하는 조치

등이 취해지게 된다.

### 5) 완전경제통합(Total Economic Integration)

완전경제통합의 단계는 경제뿐만 아니라 다른 정책분야, 즉 정치동맹으로까지 확대되는 통합단계이다. 완전경제통합의 단계에서 단일통화는 필수적이며 유럽연합(EU)은 전세계적으로 유일하게 완전경제통합에 단계에 들어선 대표적 사례로 볼 수 있다.

표 13-1 경제통합의 단계

| 역내 자유무역화 | 역외국에 대한 공동관세 부과 | 역내 생산요소의 자유이동 | 역내 공동 경제정책 수립 | 역내 정치동맹 |
|---|---|---|---|---|
| 자유무역지역 | | | | |
| 관세동맹 | | | | |
| 공동시장 | | | | |
| 경제동맹 | | | | |
| 완전경제통합 | | | | |

## 2. 지역무역협정(Regional Trade Agreement)

세계무역질서는 과거의 냉전시대에서 벗어나 범세계적인 자유무역주의와 개별 국가간 지역적 무역으로 앞에서 언급한 듯이 세계화와 지역화고 공존하고 있다.

특히 최근에는 자유무역협정(FTA), 경제동반자협정(EPA), 무역촉진협정(TPA), 개도국간 특혜무역협정(PTA), 서비스협정(EIA), 관세동맹(CU) 등 양국간·경제블럭간·복수국간 협정을 포괄하는 지역무역협정(Regional Trade Agreement)이 대두됨으로써 경제통합의 형태를 되고 있다. 우리나라도 이러한 흐름과 함께 한-EU FTA, 한-인도 CEPA 등의 협상이 타결된 바 있다.

지난 2009년 세계주요국들은 보호무역주의에도 불구하고 지역무역협정의 추진이 매우 활발히 이뤄져왔다. 그 결과 한-EU FTA가 협상타결되고 호주와 뉴질랜드, 페루, 콜롬비아와의 FTA 협상이 개시되었다.

표 13-2 2009년 전세계 지역무역협정 추진현황

| 발효 | 협상타결 | 협상개시 |
|---|---|---|
| 16건 이상 | 9건 이상 | 12건 이상 |
| · 일-스위스 EPA<br>· 일-베트남 EPA<br>· 중-싱가포르 FTA<br>· 인도-MERCOSUR PTA<br>· 싱가포르-페루 FTA<br>· 미-오만 FTA<br>· 미-페루 FTA<br>· 캐나다-EFTA FTA<br>· 캐나다-페루 FTA<br>… | · 한-EU FTA<br>· 캐나다-파나마 FTA<br>· 칠레-터키 FTA<br>· EFTA-알바니아 FTA<br>· EFTA-세르비아 FTA<br>· 뉴질랜드-홍콩 CEP<br>· 뉴질랜드-GCC FTA<br>· 뉴질랜드-말레이시아 FTA<br>· 터키-요르단 FTA<br>… | · 한-호주 FTA<br>· 한-뉴질랜드 FTA<br>· 한-페루 FTA<br>· 한-콜롬비아 FTA<br>· 중-코스타리카 FTA<br>· 일-페루 EPA<br>· EU-캐나다 CETA<br>· EU-페루 AA<br>· EU-콜롬비아 AA<br>… |

자료 : 국제무역연구원, "세계 주요국의 지역무역협정 추진현황과 2010년 전망" http://iit.kita.net/

2010년에 들어와서 한-인도 CEPA가 1월에 발효된 데 이어 페루, 호주 등과의 FTA 협상도 올해 안에 타결될 것으로 전망하고 있다.

표 13-3 2010년 전세계 지역무역협정 추진전망

| 발효 | 협상타결 | 협상개시 |
|---|---|---|
| 21건 이상 | 15건 이상 | 15건 이상 |
| · 한-인도 CEPA(1월)<br>· 한-ASEAN FTA 태국(1월)<br>· 한-EU FTA 잠정적용<br>· 중-페루 FTA<br>· ASEAN-인도 FAT(1월)<br>· SEAN-호주-뉴질랜드 FTA(1월)<br>· EU-세르비아 SAA(2월)<br>· EFTA-세르비아 FTA(4월)<br>· 캐나다-콜롬비아 FTA | · 한-페루 FTA<br>· 한-호주 FTA<br>· 한-GCC FTA<br>· 중-코스타리카 FTA(2월)<br>· 일-인도 EPA<br>· 일-페루 EPA<br>· 인도-말레이시아 CECA<br>· EU-페루 AA<br>· EU-콜롬비아 AA<br>· EU-CA FTA | · 한-터키 FTA<br>· 한-이스라엘 FTA<br>· 중-대만 ECFA<br>· 인도-뉴질랜드 FTA<br>· 인도-인도네시아 CECA<br>· EU-싱가포르 FTA(3월)<br>· EU-베트남 FTA(상반기)<br>· EU-말레이시아 FTA<br>· TPP P4+[2](3월)<br>· 호주-인도네시아 FTA |

자료 : 국제무역연구원, "세계 주요국의 지역무역협정 추진현황과 2010년 전망" http://iit.kita.net/

이러한 적극적인 지역무역협정의 추진배경에는 지난 2008년 금융위기로 인하여 많은 국가들이 어려워진 경기회복을 위해 수출확대전략의 일환으로써 적극적인 지역무역협정 전략을 구사하고 있는 것이다.

### 1) 자유무역협정(FTA: Free Trade Agreement)

FTA(Free Trade Agreement)은 양국간 또는 지역간 무역장벽을 철폐함으로써 자유무역을 실현하기 위한 특혜무역협정이다. 무역에서의 일촌맺기인 셈이다. 여기에서 "자유(Free)"라고 하는 것은 교역되는 상품에 관세가 붙지 않고 자유롭게 이동할 수 있음을 의미하며, 이러한 자유는 FTA라는 국가간의 약속을 맺은 나라에서만 존재하게 된다.

예를 들어 우리나라가 FTA를 맺은 스위스에 50만원짜리 냉장고를

2) TPP P4+: 칠레, 브루나이, 뉴질랜드, 싱가포르+호주, 페루, 베트남, 미국

수출하고, 일본도 성능이 유사한 냉장고를 스위스에 수출한다고 가정하자. 여기서 일본은 스위스와 FTA를 체결하지 않았다. 스위스에서 냉장고의 가격은 우리나라의 경우 관세가 없는 50만원, 일본의 냉장고 경우 관세가 붙어 50만원보다는 더욱 비싼 값에 팔리게 된다.

이러한 FTA는 두 나라 또는 여러 나라 간에 맺을 수 있으며 이들 간에는 자유무역지대가 형성된다. 즉, 미국·캐나다·멕시코는 북미자유무역협정(NAFTA)을 맺었고 유럽의 27개 국가로 형성된 유럽연합(EU)도 일종의 자유무역지대인 것이다.

최근에는 이러한 FTA에 대한 관심과 체결이 확대되고 있으며 그 내용도 무역장벽의 철폐뿐만 아니라 서비스, 투사 문제 등을 포함하고 있다.

우리나라의 경우 칠레와 싱가포르, 유럽자유무역연합(EFTA), 아세안(ASEAN) 등과 FTA를 체결하였으며, 최근에는 한-미 FTA, 한-EU FTA, 한-인도 CEPA 체결협상을 완료하였고, 또 많은 나라와의 자유무역협정을 체결하기 위해 준비중이다.

이렇듯 세계 경제의 양대 주축인 WTO와 FTA, 즉 세계화와 지역주의가 함께 공존하며 갈수록 심화되고 있는 상황이다.

## 2) 우리나라와 FTA

### (1) 한-칠레 FTA

우리나라 최초의 FTA인 한-칠레 FTA는 2002년 10월 25일 타결되어 2004년 4월 1일 발효되었다. 한-칠레 FTA는 남미권과의 FTA 체결을 추진하고 있는 아시아 각국 중 첫 성공사례이며, 아태지역 경제통합 움직임데 대비해 나가야 하는 우리나라 FTA 추진의 시발점인 것이다. 칠레와의 FTA에서 특히, 쌀·사과·배 등을 동 협정의 예외품목으로 하여 농업 부분의 피해를 최소화하도록 하였으며 승용차, 화물자동차, 컴퓨터 등 대칠레 수출의 67%를 차지하는 품목에 대해 발효 즉시 관세 철폐를 확보하였다. 칠레로서는 아시아국가와의

FTA를 최초로 성사시킴으로써 이 지역으로의 교역을 확대해 나갈 수 있는 중요한 계기를 마련하였으며 우리 또한 칠레를 넘어 중남미시장 진출의 교두보를 확보하게 되었다.

과거 고급 품목으로만 여겨지던 와인이 다양해지고 좀 더 저렴하게 소비할 수 있게 되어 일반 서민들에게도 친숙해지게 되었다. 소비자들에게 가격 혜택뿐 아니라 새로운 소비문화의 기회를 안겨준 것이다. 그리고 칠레산 포도와의 경쟁으로 걱정이 많았던 우리 포도농가 역시 가격하락 없이 꾸준히 생산량이 증가하였다.

또한 일본이 선점하고 있던 칠레 시장에 한국 상품의 점유율이 증가하는 등 우려했던 부정적 효과보다 긍정적 효과가 크게 나타나고 있다.

### (2) 한-미 FTA

2006년 2월 한미 FTA협상이 시작되어 2007년 4월 협상이 타결되고 같은 해 6월 공식 서명이 있었다. 그리고 2009년 4월 한·미 FTA 비준 동의안이 국회 상임위(외교통상통일위원회)를 통과하였으나 미국은 아직 비준안이 통과하지 못하고 있어 아직 발효되지 않은 상태이다.

미국은 최대규모의 시장의 하나이다. 최근 들어 중국의 수출이 증가하면서 상대적으로 대미 수출은 감소해왔다. 이러한 추세에서 한·미 FTA를 통해 대미 수출을 확대하고 일자리와 소득을 증대시킬 수 있으며, 기술적 교류의 확대로 인한 산업구조의 고도화를 촉진하는 계기를 마련하고, 안보위험의 완화, 대외신인도제고, 외국인투자 증대와 같은 긍정적 효과를 기대할 수 있게 되었다. 그러나 이에 따른 부정적 효과도 우려된다. 특히 가장 민감한 부문은 농업과 서비스업 분야이며, 그 중 농업의 경우에는 개방에 따른 심각한 피해가 우려되는 부문이다.

자칫 긍정적인 효과만을 기대하며 성급히 한-미 FTA를 발효시키는 것은 매우 위험하다. 한·미 FTA 추진이 성공적으로 이행되기 위해서는 무엇보다 국민들의 불안을 최소화하고 국민적 공감대와 지지를 확보가 필수적이다.

따라서 정부는 다양한 의견과 비판을 폭넓게 수렴하기 위한 제도적 장치를 마련하고, 특히 피해가 우려되는 각 산업을 최대한 명확히 분석하여 적절하고 최선의 지원대책을 수립해야 한다.

### (3) 한-EU FTA

한-EU FTA는 2006년 5월 1차 협상을 시작한 이래 2009년 7월, 2년 2개월만에 우리나라가 FTA를 타결한 6번째 상대국이 됐다.

한국과 유럽연합(EU)간의 FTA 체결은 관세철폐, 비관세장벽 완화 등 교역조건을 개선함으로써 현지 시장에서 우리 제품의 경쟁력을 제고시켜 수출 확대에 기여할 것으로 기대하고 있다.

일본과는 자동차·가전 및 디지털 제품이, 중국과는 범용 기계·범용 가전·섬유 제품이 EU 시장에서 직접 경쟁관계에 있어, 이 품목들의 경쟁력 제고로 EU 수출이 증가하고 국가 신인도 제고에 기여할 것으로 기대된다.

### (4) 한-인도 CEPA

한-인도 포괄적 경제동반자협정(Comprehensive Economic Partnership Agreement: CEPA[3])은 2006년 2월 협상을 시작한 후 2009년 8월 타결되었다. 인도와의 CEPA가 발효되면 인도는 한국 수출품의 85%에 대해 관세를 철폐하거나 인하하게 되고, 한국도 인도 수입품 93%(품목수 기준, 수입액 기준은 90%)의 관세를 철폐하거나 감축하게 된다. 서비스·투자 분야에서도 세계무역기구(WTO) 수준 이상의 개방이 이뤄지며 특히 컴퓨터전문가, 엔지니어 등의 양국 전문인력이 상호 진출할 수 있게 되어 인도 IT 인력의 국내 대거 유입도 예상된다.

---

3) CEPA는 상품교역, 서비스교역, 투자 경제협력 등 경제 전반을 포괄하는 내용을 강조하기 위하여 사용하는 용어로 FTA와 동일한 성격을 갖는다.

표 13-4 우리나라의 FTA 추진현황 (2010년 7월 기준)

| 발효 | 서명·협상타결 | 협상 중 | 협상준비·공동연구 |
|---|---|---|---|
| 한-칠레 FTA<br>한-싱가포르 FTA<br>한-EFTA[4] FTA<br>한-ASEAN FTA<br>한-인도 CEPA | 한-미국 FTA<br>한-EU FTA | 한-캐나다 FTA<br>한-멕시코 FTA<br>한-GCC[5] FTA<br>한-호주 FTA<br>한-뉴질랜드 FTA<br>한-페루 FTA<br>한-콜롬비아 FTA<br>한-터키 FTA | 한-일본 FTA<br>한-중국 FTA<br>한·중·일 FTA<br>한-MERCOSUR[6] TA<br>한-러시아 BEPA<br>한-이스라엘 FTA<br>한-SACU FTA |

## 3. 경제통합의 효과

FTA를 맺으면 어떤 점에서 유리할까? 우선은 관세가 없어서 우리 물건이 외국의 시장에서 싸게 많이 팔릴 수 있고, 우리나라 소비자들도 관세없이 들어온 외국의 물건을 이전보다 싸게 살 수 있는 이점이 생긴다.

하지만 FTA로 큰 피해를 보게 되는 기업이나 산업도 생기기 마련이다.

예를 들어 쌀을 생산하던 농가는 미국과 FTA를 맺은 이후 수입되는 값싼 미국산 쌀 때문에 큰 피해를 입을 수 있다. 또한 국내에서 생산되는 많은 상품들이 경쟁상품의 등장으로 인한 산업피해도 발생하게 된다. 이러한 경우 정부는 피해 분야에 종사하는 사람들의 피해를 보상해주고 기업의 경쟁력 강화나 구조조정에 필요한 비용을 제공하기도 하지만 보다 근본적으로 자유무역체제 속에서 경쟁력을 확보

4) EFTA (유럽자유무역연합) : 스위스, 노르웨이, 아이슬란드, 리히텐슈타인
5) 걸프협력회의(GCC:Gulf cooperation Council) : 바레인, 쿠웨이트, 오만, 카타르, 사우디아라비아, 아랍에미리트(UAE) 등 6개국으로 구성됨.
6) MERCOSUR (남미공동시장) : 브라질, 아르헨티나, 파라과이, 우루과이.'06년 7월 베네수엘라가 신규회원국으로 가입, 동 체결과는 무관

하는게 더욱 중요한 문제이다.

보다 구체적으로 경제통합에 따른 경제적 효과를 살펴보면 크게 정태적인 효과(Static Effects)와 동태적인 효과(Dynamic Effects)로 구분할 수 있다.

정태적인 효과로서는 무역창출효과와 무역전환효과를 들 수 있다. 무역창출효과(Trade Creation Effect)란 회원국간의 무역장벽이 낮아짐에 따라 회원국들 사이에 효율적인 자원배분과 함께 국민의 후생이 증대되고 무역이 증대되는 것을 말한다. 무역전환효과(Trade Diversion Effect)란 경제통합이전에 역외국으로부터 저렴하게 수입했던 상품을 경제통합후 역외국에 대한 차별적 관세를 부과함으로써 역내국으로 수입하게 되는 것이다. 즉, 수입선이 역외국에서 역내국으로 전환되는 효과를 무역전환효과라 한다.

무역창출효과와 무역전환효과는 각각 상반되는 성격을 가지고 있는데, 즉 무역창출효과는 자유무역수의적 성격을, 무역전환효과는 보호무역주의적 성격을 반영하고 있다고 볼 수 있다. 그러므로 역내국끼리 자유무역이 확대됨으로써 얻게 되는 여러 가지 긍정적측면과 역외국을 역차별함으로써 역외지역과의 무역이 위축될 수 있는 부정적 측면을 모두 포함하고 있다.

경제통합은 동태적인 특성도 함께 가지고 있다. 경제통합을 통해 국내시장이 확대되고, 이는 규모의 경제, 경쟁촉진, 대외거래에 대한 위험의 감소와 역내시장의 안정적 확보 등 회원국의 경제성장에 기여하게 되는 것이다.

# 제3절 WTO체제와 자유무역주의

## 1. GATT 체제의 성립

### 1) GATT체제 성립배경

1929년의 세계경제대공황은 극도의 무역위축과 보호무역주의의 심화를 가져왔다. 이 무렵 각국의 금 수출금지와 외환통제 등의 조치들로 인하여 세계경제는 극도로 혼란스러웠다. 제2차 세계대전후 연합국측은 자유무역의 확대를 통해 세계경제 및 무역질서를 바로잡기 위한 구체적인 작업에 착수했다.

그리하여 1947년 10월 스위스 제네바에서 협상 참가국들은 무차별원칙과 무역장벽완화라는 목표아래 "관세 및 무역에 관한 일반협정"(GATT: General Agreement on Tariffs and Trade)을 발효하게 되었다.

GATT는 처음부터 잠정적 협정안으로 출발하였기 때문에 정식 사무국도 없었고 국제기구로 간주되지도 않았다. 그러나 이후에 국제무역기구(ITO) 설립을 위해 구성된 임시위원회가 GATT 사무국 역할을 담당하게 되었다. 이렇게 잠정협정으로 출발한 GATT는 계속해서 정식 국제기구로 변신하려는 노력을 거듭하였으나 실패하였으며 1995년 세계무역기구(WTO)로 확대·개편되면서 정식 국제기구로 탈바꿈하게 되었다.

## 2) GATT의 기본원칙

GATT는 무차별원칙과 무역장벽환화를 기본원칙하에 자유무역의 실현에 목적을 두고 있다. GATT는 총 4부 38개 조문과 10개 협정을 포괄하고 있다.

### (1) 무차별원칙

#### (가) 최혜국대우원칙(Most-Favoured-nation Treatment)

GATT는 체약국간 차별대우를 허용하지 않으며, 어떤 한 체약국에게 주어진 특혜는 즉각적·무조선석으로 다른 모든 체약국에게 동등하게 부여된다는 원칙이다.

#### (나) 내국민대우원칙

GATT에서는 체약국들이 내국세 및 각종 규제 등에 있어서 수입상품을 국내 상품과 동등하게 대우하는 것을 원칙으로 하고 있다. 다시 말하면 수입품에 적용되는 내국세의 적용방식이나 규제의 내용이 동종의 국산품에 비하여 불리해서는 안된다는 것이다.

### (2) 무역장벽의 완화

#### (가) 관세인하

대표적 무역장벽인 관세를 점진적으로 인하함으로써 자유무역주의를 실현코자 함이다. GATT 제2조의 관세양허(tariff concessions)의 규정에서는 양허표에 규정되어진 양허세율보다 관세율을 더 낮추어 시행할 수는 있어도 더 높여서 시행할 수는 없도록 하고 있다.

#### (나) 수량제한의 금지

수량제한조치는 직접적인 무역제한 수단으로서 GATT는 이러한 수량제한을 원칙적으로 인정하지 않는다.

### 3) GATT의 다자간 협상

GATT는 주기적인 다자간 협상을 통하여 자유무역을 확대시키기 위한 노력을 기울여왔다. 이러한 다자간 협상은 1947년의 제1차 제네바라운드를 시작으로 제6차 1964년의 케네디라운드와, 제7차 1973년의 동경라운드, 제8차 1986년의 우루과이라운드까지 총 8차의 다자간 협상이 진행되었다.

이러한 노력의 결과로 관세는 상당수준 인하되었으며, 특히 케네디·동경·우르과이라운드협상에서 관세인하의 규모를 평균 34%까지 확보하였다.

표 13-5 GATT체제하에서의 주요 다자간 무역협상

| 협상명 | 시기 | 참가국 수<br>(체약국) | 주요의제 | 양허품목수 및<br>관세인하율 |
|---|---|---|---|---|
| 제1차: 제네바라운드<br>(Geneva Round) | 1947 | 23 | 관세인하 | 45,000, 35% |
| 제2차: 아네시라운드<br>(Annecy Round) | 1949 | 29 | 관세인하 | 5,000, 불명 |
| 제3차: 토케이라운드<br>(Torquay Round) | 1950<br>-51 | 32 | 관세인하 | 8,700, 불명 |
| 제4차: 제네바라운드<br>(Geneva Round) | 1955<br>-56 | 33 | 관세인하 | 3,000, 불명 |
| 제5차: 딜론라운드<br>(Dillon Round) | 1960<br>-61 | 39 | 관세인하 | 4,400, 7% |
| 제6차: 케네디라운드<br>(Kennedy Round) | 1963<br>-67 | 74 | 관세인하<br>반덤핑 · 관세평가<br>협정 | 30,000, 35% |
| 제7차: 도쿄라운드<br>(Tokyo Round) | 1973<br>-79 | 99 | 관세인하<br>비관세장벽 관련<br>코드 협의 | 25,000, 34% |
| 제8차:우루과이라운드<br>(Uruguay Round) | 1986<br>-94 | 108(1986년)<br>117(1993년)<br>128(1995년) | 관세인하<br>농업, 섬유, 서비스<br>무역자유화 확대<br>서비스무역 및 지적<br>재산권보호협정 | 33% |

제6차 케네디라운드에서는 비관세장벽에 대한 논의가 있었으나 별 진전없이 끝났으며, 이후 제8차 우루과이라운드에서는 지금까지의 관세중심의 다자간 무역협상과 달리, GATT의 규범과 무역제도 그리고 서비스교역이나 지적재산권의 영역까지도 포함하는 광범위한 협상이 이루어지게 되었다.

### 4) GATT의 성과 및 한계

GATT는 세계경제 및 무역의 위축과 함께 각국의 보호무역이 대두되는 시점에서 최초의 다자간 무역기구로서 자유무역주의의 확대를 이끌며 세계경제의 안정과 발전을 주도하였다. 실제 관세 및 수량제한과 같은 각종 무역규제조치를 완화함으로써 세계무역량이 크게 증대하였다. 세계 무역교역량을 GATT 체제 전후로 비교해보면 1990년까지 연평균 8.2%의 높은 성장을 기록하였다.

그러나 GATT는 다음과 같은 한계를 가지고 있었다.

첫째, GATT는 관세 및 수량제한의 금지에 중점을 두었으므로 비관세장벽 완화에 대하여는 큰 영향을 미치지 못하였다.

둘째, 상품만을 대상으로 하고 있고, 상품중에서도 농산품·섬유 등의 분야는 제외되어 범위가 매우 제한적이었다.

셋째, 체약국들의 다양한 의견의 반영으로 통일성이 부족하였으며 예외조치와 비현실적인 조항이 많아 국가 간의 마찰 발생의 소지가 많았다.

넷째, GATT는 사법권의 부재로 분쟁해결능력이 부족하고 전반적으로 협약내용에 대한 구속력이 약한 한계를 가지고 있었다.

## 2. WTO체제의 출범

### 1) WTO 출범 배경

무역은 자국의 이익이 달려있는 문제이기 때문에 종종 무역당사국간 분쟁이 발생하기도 한다. 그래서 모든 나라가 서로 무역을 공정하게 할 수 있도록 규칙을 세울 필요가 있게 된다.

WTO(World Trade Organization), 즉 세계무역기구는 GATT 제8차 다자간 협상인 우루과이라운드 협상의결과에 따라 1995년 1월 1일 스위스 제네바에서 출범하여 현재 153개국의 회원국이 있다. WTO의 목적은 다자간 무역체제의 확립을 통해 전세계의 자유무역을 확대하고 국제간의 공정무역질서를 확립하기 위함이다.

WTO는 기본적으로 그의 전신인 GATT의 기존 기능을 강화하는 한편, 체약국간의 보호무역주의의 확산이나 차별적인 지역주의의 대두를 효과적으로 규율하지 못하고 새로운 국제무역환경변화를 충분히 포괄하지 못하는 등의 많은 한계를 극복하기 위해 출범하였다.

WTO체제의 출범은 그 동안 만연한 국가에 의한 보호무역체제에서 자유무역체제로 국제무역질서를 바꾸어 놓았다. 자유무역의 대상도 과거 GATT체제에서 한정된 상품에서 벗어나 WTO체제에서는 공산품은 물론 농산물, 서비스교역, 지적재산권, 무역관련투자 등으로 크게 확대되었으며, 회원국의 무역관련법, 제도, 관행 등의 명료성을 제고시킴으로써 자유무역체제를 확립시켰다.

### 2) WTO의 기능

첫째, 협상결과의 이행을 감독하는 기능을 수행한다. 즉, 다자간무역협정의 이행·관리·운영을 촉진하고, 정보제공 등의 활동으로 각국의 협정이행을 위한 노력을 지원한다.

둘째, 협상의 장을 제공한다. 회원국간의 다자간 협상을 위한 장을 제공하고, 새로운 의제 협상을 위한 토의 장을 제공하기도 한다.

셋째, 회원국간 무역분쟁 발생 시 분쟁해결의 기능을 담당한다. 분쟁해결기구 및 상소기구를 통해 협정해석, 협정위반 등에 대한 회원국간의 분쟁을 해결하게된다.

넷째, IMF, IBRD 등과 같은 관련국제기구과 적극적으로 협력하여 세계경제발전을 도모한다.

### 3) WTO의 조직구성

WTO는 정식적인 국제기구로서 산하에 각료회의, 총회, 3개 무역이사회, 사무국 등 많은 하위기구를 두고 있으며, 특히 법적 구속력과 감시기능을 갖도록 분쟁해결기구와 무역정책검토기구를 두고 있다.

각료회의는 최고 의결기관으로 2년마다 1회 이상 개최되며, WTO의 기능을 수행하는데 필요한 조치를 취하고, 회원국의 요청이 있을 경우 다자간 무역협정의 모든 사항에 대하여 결정을 내릴 권한을 가지고 있다.

일반이사회 산하에는 분야별로 상품무역이사회, 서비스무역이사회, 무역관련 지적재산권이사회가 설치되어 있고 기능을 수행하기 위해 필요한 때마다 수시로 개최된다. 이들 3개의 이사회는 해당분야에 관련된 협정의 운영 여부를 감독하고, 필요에 따라 하부기구를 설립할 수 있다.

각료회의는 그 산하에 무역환경위원회, 무역개발위원회, 국제수지규제위원회, 예산재정행정위원회를 두고 있는데 이들 위원회는 해당 각 분야별로 WTO 제반 협정들에 의하여 부여된 기능과 일반이사회가 부여하는 임무를 수행하게 된다.

무역정책검토기구(Trade policy Review Body)는 회원국들의 무역정책을 검토하는 기능을 하며, 분쟁해결기구(Dispute Settlement Body)는 회원국간의 분쟁을 해결하는 기능을 수행하고 있다.

[그림 13-2] WTO 조직도

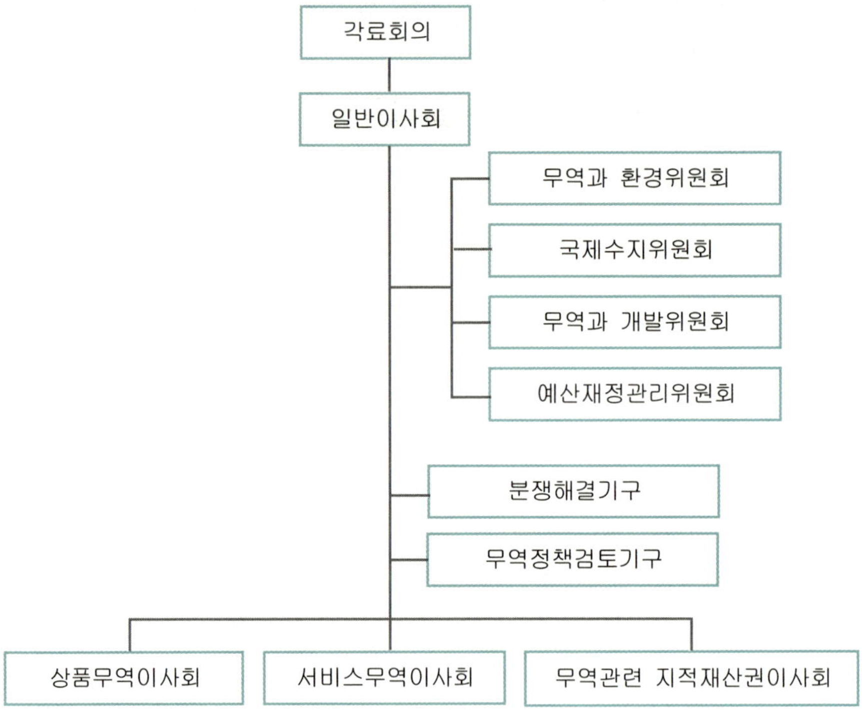


### 4) WTO의 원칙

#### (1) 최혜국 대우(Most-Favored-Nation Treatment)

모든 회원국에 최혜국 대우를 부여함으로써 교역 상대국간의 차별대우를 금지한다. 즉, 특정국가에 대한 특혜는 다른 모든 WTO 회원국에게도 부여해야 한다. 이는 이미 GATT의 기본원칙과 맥을 같이 한다.

#### (2) 내국민대우(National Treatment)

역시 GATT의 기본원칙에서 설명한 바 있다. 외국인과 외국상품에 대해서는 내국인과 내국상품에 동일한 대우를 한다. 자유무역협정과 불공정한 교역을 하고 있는 상대방 국가에 대해 내국민대우의 예외가 적용된다.

#### (3) 시장접근보장의 원칙

관세 및 비관세장벽이 철폐되어야 한다는 원칙이다. 무역의 자유화를 위해 다자간 협상을 개최한다.

#### (4) 투명성의 원칙

각국의 행정·사법기관의 의사결정이나 법령적용 및 제도운용이 합리적이며, 예측가능해야 함을 의미한다. 또한 의사결정을 내리게 된 이유 및 적용한 모든 법령 ·자료가 공개되어야 한다는 원칙이다.

#### (5) 개발도상국에 대한 특별우대조치

개발도상국에 대한 특별우대조치를 허용하여 개도국의 경제성장을 촉진한다.

### 5) GATT와 WTO의 차이

첫째, GATT는 잠정적 협정안에 불과하였으나 WTO는 협정안의 이행, 관리, 감독기능을 수행하며 분쟁해결역할을 수행하는 법적 구속력을 가진 국제기구이다.

둘째, GATT는 취급대상이 공산품을 비롯한 상품무역에 한정적이었으나 WTO는 상품 및 서비스무역, 지적재산권 등의 무역대상을 포괄하고 있다.

셋째, GATT는 관세인하 및 철폐가 주된 논의였다면 WTO는 관세장벽 및 비관세장벽의 철폐함으로써 다자간 자유무역체제를 확립하고자 하였다.

### 6) 한국과 WTO

1967년 GATT에 가입한 한국은 국제무역에 적극적으로 참여하여 무역을 통한 국가경제발전을 이루어 왔다. GATT에 가입할 무렵 한국은 개발도상국의 지위를 얻어 특별우대조치를 허용받았으나 1980년대 후반 경제발전과 함께 1990년 1월부터 GATT 제11조국으로 이행되면서 더 이상 개발도상국의 입장에서 허용되는 무역규제를 할 수 없게 되었다.

이 후 1995년 1월 새로운 자유무역체제 WTO의 출범과 함께 한국은 회원국이 되었다. 한국은 WTO에 적극적으로 참여하고 있으며 그 회원국 중 상위권에 해당하는 금액을 분담하고 있다.

#### (참조) WTO 회원국(2010년 7월 기준)

Albania 8 September 2000
Angola 23 November 1996
Antigua and Barbuda 1 January 1995
Argentina 1 January 1995
Armenia 5 February 2003
Australia 1 January 1995
Austria 1 January 1995
Bahrain, Kingdom of 1 January 1995
Bangladesh 1 January 1995
Barbados 1 January 1995
Belgium 1 January 1995
Belize 1 January 1995
Benin 22 February 1996
Bolivia 12 September 1995
Botswana 31 May 1995
Brazil 1 January 1995
Brunei Darussalam 1 January 1995
Bulgaria 1 December 1996
Burkina Faso 3 June 1995
Burundi 23 July 1995
Cambodia 13 October 2004
Cameroon 13 December 1995
Canada 1 January 1995
Cape Verde 23 July 2008
Central African Republic 31 May 1995
Chad 19 October 1996
Chile 1 January 1995
China 11 December 2001
Colombia 30 April 1995
Congo 27 March 1997
Costa Rica 1 January 1995
C te d'Ivoire 1 January 1995
Croatia 30 November 2000
Cuba 20 April 1995
Cyprus 30 July 1995
Czech Republic 1 January 1995
Democratic Republic of the Congo 1 January 1997
Denmark 1 January 1995
Djibouti 31 May 1995
Dominica 1 January 1995
Dominican Republic 9 March 1995

Ecuador 21 January 1996
Egypt 30 June 1995
El Salvador 7 May 1995
Estonia 13 November 1999
European Union (formerly European Communities) 1 January 1995
Fiji 14 January 1996
Finland 1 January 1995
Former Yugoslav Republic of Macedonia (FYROM) 4 April 2003
France 1 January 1995
Gabon 1 January 1995
The Gambia 23 October 1996
Georgia 14 June 2000
Germany 1 January 1995
Ghana 1 January 1995
Greece 1 January 1995
Grenada 22 February 1996
Guatemala 21 July 1995
Guinea 25 October 1995
Guinea Bissau 31 May 1995
Guyana 1 January 1995
Haiti 30 January 1996
Honduras 1 January 1995
Hong Kong, China 1 January 1995
Hungary 1 January 1995
Iceland 1 January 1995
India 1 January 1995
Indonesia 1 January 1995
Ireland 1 January 1995
Israel 21 April 1995
Italy 1 January 1995
Jamaica 9 March 1995
Japan 1 January 1995
Jordan 11 April 2000
Kenya 1 January 1995
Korea, Republic of 1 January 1995
Kuwait 1 January 1995
Kyrgyz Republic 20 December 1998
Latvia 10 February 1999
Lesotho 31 May 1995
Liechtenstein 1 September 1995
Lithuania 31 May 2001
Luxembourg 1 January 1995
Macao, China 1 January 1995
Madagascar 17 November 1995
Malawi 31 May 1995
Malaysia 1 January 1995
Maldives 31 May 1995
Mali 31 May 1995
Malta 1 January 1995
Mauritania 31 May 1995
Mauritius 1 January 1995
Mexico 1 January 1995
Moldova 26 July 2001
Mongolia 29 January 1997
Morocco 1 January 1995
Mozambique 26 August 1995
Myanmar 1 January 1995
Namibia 1 January 1995
Nepal 23 April 2004
Netherlands — For the Kingdom in Europe and for the Netherlands Antilles 1 January 1995
New Zealand 1 January 1995
Nicaragua 3 September 1995
Niger 13 December 1996
Nigeria 1 January 1995
Norway 1 January 1995
Oman 9 November 2000
Pakistan 1 January 1995
Panama 6 September 1997
Papua New Guinea 9 June 1996
Paraguay 1 January 1995
Peru 1 January 1995
Philippines 1 January 1995
Poland 1 July 1995
Portugal 1 January 1995
Qatar 13 January 1996
Romania 1 January 1995
Rwanda 22 May 1996
Saint Kitts and Nevis 21 February 1996
Saint Lucia 1 January 1995
Saint Vincent & the Grenadines 1 January 1995
Saudi Arabia 11 December 2005

Senegal 1 January 1995
Sierra Leone 23 July 1995
Singapore 1 January 1995
Slovak Republic 1 January 1995
Slovenia 30 July 1995
Solomon Islands 26 July 1996
South Africa 1 January 1995
Spain 1 January 1995
Sri Lanka 1 January 1995
Suriname 1 January 1995
Swaziland 1 January 1995
Sweden 1 January 1995
Switzerland 1 July 1995
Chinese Taipei 1 January 2002
Tanzania 1 January 1995
Thailand 1 January 1995
Togo 31 May 1995
Tonga 27 July 2007
Trinidad and Tobago 1 March 1995
Tunisia 29 March 1995
Turkey 26 March 1995
Uganda 1 January 1995
Ukraine 16 May 2008
United Arab Emirates 10 April 1996
United Kingdom 1 January 1995
United States of America 1 January 1995
Uruguay 1 January 1995
Venezuela (Bolivarian Republic of) 1 January 1995
Viet Nam 11 January 2007
Zambia 1 January 1995
Zimbabwe 5 March 1995

# 14 제 14 장 국제수지 및 국제통화제도

제1절 국제수지

제2절 국제통화제도

제3절 고정환율제도와 변동환율제도

# 제1절 국제수지

## 1. 국제수지의 의의

국제수지(BP: The balance of payment)란 일정한 기간(보통 1년) 동안에 한 나라의 거주자[1)]가 다른 나라의 거주자와 행한 모든 거래, 즉 국제거래[2)]를 체계적으로 기록한 자료이다.

국제수지에서는 국내거래가 아닌 국제거래만을 기록하게 되는데, 기록할 때 거래 건건에 대하여 대변(+)과 차변(-)항목에 동일한 금액을 두 번 기재하는 식의 복식부기의 원칙을 적용하여 기록한다. 즉, 국제거래를 급부와 반대급부를 함께 기록하는 것이다.

이렇게 작성된 국제수지는 특정시점에서 정부·기업·개인의 국제거래결과를 종합적으로 보여주고, 국제적으로 벌여진 채권·채무의 종합적인 대조관계를 파악할 수 있게 해준다.

이를 통해 파악된 경제상황을 반영하여 정부는 앞으로의 전반적인 경제정책(통화·재정·무역정책)방향을 제시하고 실행할 수 있으며, 국제적 위상을 제고할 수 있다.

---

1) · 정부: 중앙 및 지방정부와 그 산하기관은 물론 해외주재 대사관, 영사관 군사시설을 포함함.
 · 기업: 영리기업과 비영리기업(비영리단체),
 · 개인: 가계구성자로 해외여행자, 해외방문자, 일시근로자, 파견자, 유학생과 치료환자 등을 포함함

2) 한 국가의 거주자와 외국의 거주자 사이에 상품, 서비스 및 자산의 교환을 의미함.

## 2. 국제수지의 구성

국제수지는 크게 경상수지, 자본수지, 준비자산증감, 오차 및 누락 4개의 항목으로 구성된다. 또한 복식부기의 원칙에 의하여 차변과 대변 항목에 급부와 반대급부를 함께 작성하는데, 대변(+)은 외화가 해외에서 국내로 유입되는 경우를, 그리고 차변(-)항목은 외화가 해외로 지급되는 경우를 기록한다.

### 1) 경상수지

경상수지는 자본거래를 제외한 상품이나 서비스를 사고 파는 일상적인 대외거래의 결과로 발생하는 경상적거래에 관한 수지를 말하며, 상품 · 서비스 · 소득 · 경상이전수지로 구성된다.

상품수지는 국제거래 중 상품거래를 수출과 수입으로 계상한다. 즉, 국제거래의 가장 기본적 거래인 상품거래로서 수출로 벌어들인 돈과 상품을 수입하여 지급한 돈의 차이를 나타내는 수지이다.

서비스수지는 국제거래 중 서비스 거래에 있어 수입과 지출의 차액을 나타내는 수지로서 운수 · 여행 · 통신 · 보험 · 사업 · 정부 · 특허권 사용료 및 기타서비스 등이 포함되며, 통계분석의 편의를 위해 위와 같이 세분하여 기록하고 있다. 소득수지는 비거주자 노동자에게 지급되는 급료와 임금뿐만 아니라 대외금융자산 및 부채와 관련된 투자소득까지 계상한다. 경상이전수지는 반대급부를 요구하지 않은 경상거래로 개인송금, 구호품, 무상원조 및 국제기구 출연금 등 대가없이 주고받은 거래의 차액을 계상한다.

이러한 경상수지는 산업생산 및 고용, 그리고 국민소득 등 전반적인 국민경제에 큰 영향을 미치게 된다. 예를 들어 경상수지 흑자가 되면 국민소득은 증대되고, 고용이 확대되고, 외채를 상환할 수 있는 여력이 커지게 되어 채무가 줄어들게 된다. 반면 경상수지 적자의 경우는 국민소득이 감소함에 따라 국민의 소비가 위축되고 실업이 증가할 뿐만 아니라 수입대금 지급 등을 위해 외국으로부터 돈을 차입하게 되어 외채가 증가할 가능성이 높게 된다.

우리나라의 경우에는 경상수지 항목 중 상품수지가 차지하는 비중이 가장 높고 상품수지항목에서 지속적으로 흑자를 기록하여왔다. 그러나 서비스거래에 있어서는 적자국을 면치 못하고 있는 실정이다.

### 2) 자본수지

자본수지는 각 경제주체들이 자금을 외국으로부터 빌리거나 외국에 빌려줌으로써 발생하는 외화의 유출입 차이를 나타내는 수지이다. 즉, 정부·기업·금융기관 등이 외국으로부터 차입 등의 방식으로 돈을 빌리거나 이와는 반대로 외국에 신용공여 등의 방식으로 돈을 빌려줌으로써 발생하는 외화의 유출입 차이를 나타낸다. 이러한 자본수지는 투자수지와 기타 자본수지로 구분된다.

투자수지는 직접투자, 포트폴리오 투자 및 기타 투자로 세분되는데 민간 또는 금융기관 및 정부의 대외금융자산·부채의 소유권 변동과 관련된 거래를 계상하게 된다. 즉, 외국과의 자본거래의 결과를 기록하게 되며 국내로 유입된 자본보다 해외로 지출된 자본이 많으면 자본수지 적자가 되고, 반대로 해외로 지출된 자본보다 국내로 유입된 자본이 더욱 크다면 자본수지 흑자가 되는 것이다.

### 3) 준비자산증감과 오차 및 누락

준비자산은 한국은행이 국제유동성을 확보하기 위하여 보유하고 있는 외환보유액을 말하며 경상수지와 자본수지에 따라 준비자산이 증감(증가 또는 감소)하기도 한다.

오차 및 누락은 국제수지표 작성과정에서 기초 통계간의 계상시점 및 평가방법 차이 등으로 불가피하게 발생하는 금액이다.

일반적으로 국제수지는 국제통화기금(IMF)의 표준양식인 국제수지표(statement of the balance of international payment)를 사용하고 있다.

표 14-1 국제수지표의 항목 분류

| | |
|---|---|
| 경상수지 | A. 상품 · 서비스수지<br>1) 상품수지<br>수출(FOB)<br>수입(FOB)<br>2) 서비스수지<br>수입<br>지출<br>B. 소득수지<br>C. 경상이전수지 |
| 자본수지 | A. 투자수지<br>1) 직접투자<br>2) 증권투사<br>3) 기타투자<br>B. 기타자본수지 |
| 준비자산증감 | |
| 오차와 누락 | |

## 3. 국제수지의 균형과 불균형

국제수지의 균형과 불균형은 국제수지표의 대변 · 차변항목의 금액합계의 일치여부에 따라 결정된다.

만일 대변과 차변이 일치하면 국제수지 균형이 되며, 차변항목의 합계금액이 큰 경우(국제수지 적자) 또는 대변항목의 합계금액이 큰 경우(국제수지 흑자)를 국제수지 불균형이라한다. 우리는 국제수지 흑자인 경우가 좋을 것이라 생각하지만 흑자든 적자든 국제수지의 불균형으로 오는 장 · 단기적인 부정적 현상은 발생되기 마련이다. 즉, 상품생산 감소 및 소득의 감소, 실업의 증가, 외채 증가, 국가 신용도 하락, 물가상승, 무역마찰 등을 야기시키기도 한다.

이러한 이유로 한 나라의 경제목표는 국제수지흑자가 아닌 국제수지의 균형을 이루는 데 있다.

## 4. 국제수지의 조정

국제수지의 불균형은 한 나라의 경제에 많은 문제들을 야기시키므로 정부는 국제수지 불균형을 개선하고자 경제정책을 통한 조정을 하게 된다. 다시 말해, 국제수지가 흑자든 적자든 불균형일 경우 정부는 재정·금융·외환정책을 통해 국제수지 균형을 도모한다.

만일 한 나라의 국제수지가 적자라고 한다면 정부는 긴축재정을 통해 국제수지를 개선하고자 할 것이다. 즉, 중앙은행을 통해 금리를 높여 금융기관의 대출을 제한하고 재정지출을 축소하여 국민의 수요(구매력)를 축소시킨다. 그 결과 수입이 억제되고 물가와 임금이 하락하여 수출이 증대되어 국제수지가 개선된다. 다른 방법의 경제정책은 외환정책으로서 환율변동과 외환거래를 제한하는 한편, 수입할당, 관세인상과 같은 정부의 직접규제조치와 수출보조금 지급 등의 수출지원 정책으로 국제수지의 불균형을 조정하게 된다.

# 제2절 국제통화제도

## 1. 국제통화제도

국제통화제도(international monetary system)는 국제무역의 국제부역의 확대와 국제자본의 원활한 이동을 보장하고 지원하기 위한 국제적 통화제도 및 결제 시스템을 말하며 국제금융통화체제라 지칭하기도 한다.

이러한 국제통화제도는 국제유동성[3]의 공급 및 국제수지의 조정기능을 수행한다.

예를 들어, 국제유동성의 초과공급(공급>수요)이 발생했을 경우, 국제적인 인플레이션이 만연하게 될 것이며 초과수요(수요>공급)의 경우 국제 무역의 위축과 이에 따른 세계 결제의 침체가 발생될 가능성이 높아지게 된다. 또한 한 국가의 국제수지측면에서 보면 한 국가의 국제수지가 적자인 경우 해당 국가의 통화에 대한 평가절하가 이루어져 수출이 증대하고 국제수지가 개선될 수 있으며 흑자의 경우에는 평가절상이 이루어지고 다시 수출의 약화와 수입의 증대로 이어져 통화의 평가절상이 이루어짐으로써 국제통화제도를 통하여 각국의 국제수지에 대한 조정을 이루어 낼 수 있게 된다.

국제통화제도는 국제적인 완전고용의 실현, 실질소득의 증대 그리고 세계자원의 합리적·효율적 배분을 도모하여 세계경제발전을 촉진하는 데 그 목적을 두고 있다. 이러한 목적하에 안정적인 통화제도를 확립하고자 한 국제통화제도는 세계경제질서에 따라 역사적으로 많은

3) 대외채무의 결제를 위한 지급 수단을 의미함.

변천과정을 겪어왔다.

## 2. 국제통화제도의 변천

국제통화제도는 국제통화의 관행에 기초를 둔 금본위제도와 금환본위제도, 그리고 IMF의 명시적 국제협약에 근거하고 있는 브레튼우즈 체제・스미소니언 체제・킹스턴 체제 등의 단계로 분류할 수 있다.

### 1) 금본위제도(Gold Standard System)

금본위제도란 통화 한단위의 가치를 일정한 무게의 금으로 정한 제도로서 예를 들어 금 1온스= US$1, 금 1온스=¥120와 같이 금을 기준으로 화폐가치를 고정하고 국제통화로서 금이 최종적 국제결제수단으로, 또 대외준비자산으로 사용되던 체제이다.

금본위제도는 1816년 영국에서 역사상 처음으로 대두되었고, 1821년 영란은행[4]이 시작하였다. 이후 독일(1871년)에 이어서 스웨덴, 덴마크, 노르웨이 등의 북유럽국가와 미국(1873년), 네덜란드(1875년), 프랑스(1878년), 오스트리아(1892년), 러시아(1896년), 그리고 일본(1897년)이 금본위제도를 채택함으로써 국제적으로 금본위제도가 확립되었다. 각국 은행은 금 보유량에 맞추어 은행권을 발행함으로써 통화 공급량을 조절하고 언제든 발행된 은행권을 금과 바꿔주는 금태환이 가능하게 하였다.

영국에서 시작된 금본위제도는 1914년 제1차 세계대전 발발시까지 지속되며 국제적인 자유무역의 확산과 증대, 국제유동성 문제의 해결에 큰 기여를 하였다. 특히 금본위제도하에서는 국제수지불균형의 조정이 가능하였다. 즉, 한 국가의 국제수지적자 누적시 다음과 같은

4) 영란은행은 풍부한 파운드와 자금, 통화정책의 선도적 능력, 국제 자금의 주요 공급원인 런던 금융시장 발달 등과 같은 우위를 활용하여 제도 유지에 절대적 영향을 미침.

과정을 거치며 국제수지 흑자로 전환되는 순환구조를 형성하며 국제수지의 불균형을 조정하였다. (국제수지적자→ 금의 유출→통화량 감소→물가하락→수출증가→국제수지 흑자)

그러나 금본위제도는 금의 생산량과 안정적인 분배에 지나치게 의존하였다. 20세기로 접어들면서부터는 세계 경제 및 무역확대에 비해 산금량이 절대적으로 부족해지자 위기를 맞게 되었다. 이러한 가운데 결정적으로 1914년 제1차 세계대전 발생으로 각국이 전쟁비용의 조달을 위해 금을 축적하고 금수출입은 물론 태환이 불가능하게 됨에 따라 금본위제도는 붕괴되게 되었다.

### 2) 금환본위제도(Gold-Exchange Standard System)

제1차 세계대전 이후 붕괴된 금본위제도의 회복을 위한 세계적인 노력이 시도되다 1922년 제노아(Genoa)국제회의에서 구체적으로 제안된 제도가 바로 금환본위제도(Gold-Exchange Standard System)이다.

채택된 금환본위제도는 금의 절대적·상대적 부족에 대한 대안으로서 국제유동성 부족을 해결할 수 있도록 금 및 금태환이 가능한 교환성 통화를 화폐발행 준비자산으로 하는 통화제도이다.

여기서 금환(Gold Exchange)이란 금본위제도국으로부터 금으로 교환이 가능한 금본위국 통화표시 국제환어음, 채권을 의미하는 것이다. 즉, 금환본위제도하에서 미국, 영국, 프랑스를 제외한 국가들은 자국의 화폐발행준비자산으로 금 뿐만 아니라 금환을 추가할 수 있었던 것이다.

그러나 1929년 세계경제공황과 함께 다시한번 국제적 금융위기에 봉착하게 되었다. 이에 따라 1931년 9월 영국이 제일 먼저 금태환을 정지하였고, 뒤이어 프랑스와 미국 등이 금태환을 중지함으로써 금환본위제는 성립된지 10년이 채 되지않아 급격히 붕괴되었다.

### 3) 브레튼우즈체제

브레튼우즈체제는 국제통화제도 사상 최초로 명시적인 국제협약(IMF 협정문)에 근거를 둔 통화제도이다.

제2차 세계대전 이후 붕괴된 경제·금융질서의 회복을 위한 새로운 국제통화제도 수립의 논의가 여러 차례 시도되면서 여러 가지 안[5]이 제시되었다. 그 중에서도 미국이 제안한 1944년 4월 화이트안(국제통화기금에 관한 공동성명)이 채택되었고, 같은 해 7월 미국의 New Hampshire 주 Bretton Woods에서 국제통화기금(IMF : International Monetary Fund)과 국제부흥개발은행(IBRD: International Bank for Reconstruction and Development)설립안이 확정되었다. 이후 1947년 3월부터 IMF는 업무를 시작하였다.

브레튼우즈체제는 미국의 달러화를 기축통화로 하고 고정환율제도(1%내외 변동폭)를 유지하도록 하였다. 그리고 만일 일시적인 국제수지적자로 대외 준비자산이 부족한 경우에는 기금으로부터 한도내에서 인출할 수 있도록 기금인출제도를 시행하였다.

그러나 브레튼우즈체제 초기에 미국의 계속된 국제수지 흑자로 인하여 심각한 국제유동성 부족현상이 나타났다. 그러다가 1960년대 이후에 와서는 미국의 국제수지가 적자로 돌아서면서 기축통화로서의 신인도가 하락하고 달러의 가치가 하락하면서 달러의 금태환에 대한 불안이 가중되기 시작하였다.

1960년대 후반부터 시작된 미국의 적자는 회복될 기미없이 계속되었고 이에 따라 안전자산인 금태환의 불안이 급격히 심화되면서 마침내 1971년 미국의 닉슨대통령은 달러화에 대한 금태환 중지선언을 하게 된다. 이로써 브레튼우즈체제는 막을 내렸다.

---

5) 영국정부제안 : 국제청산동맹안(Proposal for International Clearing Union : 일명 Keynes 안)
미국정부제안 : 연합국 안정기금안(Preliminary Draft Outline of Proposal for an International Fund of the United and Associated Nation, 일명 White 안)

### 4) 스미소니언체제

미국의 금태환중지 선언으로 세계는 다시 혼란에 빠지게 되었다. 미국을 비롯한 서유럽 국가들을 발빠르게 새로운 국제통화제도를 수립코자 하였다. 그리고 1971년 12월 선진 10개국(G10) 재무장관들이 미국워싱턴에 위치한 스미소니언 박물관에서 모여 국제통화회의를 개최하고 스미소니언협정(Smithsonian Agreements)을 체결하였다.

스미소니언체제는 브레튼우즈체제와 같이 달러화를 기축통화로 정하고, 고정환율체제를 유지하였다. 그러나 브레튼우즈체제에서 전제한 금환본위제는 폐지함으로써 달러화가 더 이상 금에 의존하고 있지 않음을 명백히 하였다.

스미소니언협정의 주된내 용을 살펴보면 첫째, 미국달러화의 두 번의 평가절하이다. 기존에 금1온스 : $35 였던 가치를 1온스 : 38달러로 평가 절하하였으나 국제수지 개선의 여지가 없게 되자 다시 한번 금 1온스 : US $42.22달러로 평가절하하였다. 이에 반하여 서유럽 국가들과 일본의 통화가치[6]는 평가절상되었다. 둘째 브레튼우즈체제를 이어 고정환율제도를 유지하였으나 변동폭을 1%에서 2.25%로 확대하였다.

그러나 스미소니언체제하에서 시행된 미국 달러화의 평가절하에도 불구하고 미국의 국제수지는 개선되지 않고 적자가 계속 누적되고 있는 상황에서 주요국들의 국제수지 불균형은 더욱 확대되었다.

이렇듯 스미소니언체제의 환율체계가 안정적이지 못하고 불안이 계속됨에 따라 1973년 2월 주요국들은 고정환율제도의 한계를 느끼고 변동환율제도로의 전환을 택하였다. 이로써 스미소니언체제는 무너졌다.

---

6) 영국 파운드화와 프랑스 프랑화의 금에 대한 가치는 평가 절하된 달러화와 비해 8.6% 평가 절상됨. 독일 마르크화는 금에 대해 4.6%, 달러화에 대해 13.6% 평가 절상되었고, 일본 엔화는 금에 대해 7.6%, 달러화에 대해 16.88% 절상됨.

### 5) 킹스턴체제(Kingston System)

그동안 국제통화제도의 근간이었던 고정환율제도가 붕괴되고 1973년 이후 주요국들이 변동환율제도를 체택하게 됨에 따라 IMF는 1974년 6월 변동환율운용지침을 설정하였다. 그리고 1976년 1월, 자메이카 수도 킹스턴에서 잠정위원회를 열고 새로운 국제통화 협력체제를 확립하였다. 이를 킹스턴체제(Kingston System)라 하며 현재까지 유지되고 있는 국제통화체제이다.

표 14-2 국제통화제도의 변천

| 시기 | 국제통화제도 | 주요내용 |
|---|---|---|
| 1816~1914 | 금본위제도 | - 고정환율제도<br>- 국제통화 : 금, 영국 파운드(£) |
| 1922~1939 | 금환본위제 | - 고정환율제도<br>- 국제통화 : 금, 파운드(£), 달러($)<br>- 외국환 관리 실시 |
| 1944~1970 | 브레턴우즈체제<br>(금환본위제) | - 조정 가능한 고정환율제도<br>- 환율변동폭 1%이내(narrow band)<br>- SDR 창출<br>- 국제통화 : 금, 달러($)<br>- 금 1온스 = 35US$ |
| 1971~1973 | 스미소니언체제<br>(금환본위제) | - 조정 가능한 고정환율제도<br>- 환율변동폭 2.25%이내(wider band)<br>- 국제통화 : 금, 달러($)<br>- 금 1온스 = 38US$, 42.22US$<br>- 주요국 변동환율제도 채택 |
| 1976~현재 | 킹스턴체제 | - 변동환율제도허용<br>- 자유로운 환율제도 채택 가능<br>- 국제통화 : 달러($)<br>- 금 폐화<br>- SDR 대외준비자산화 기능 제고<br>- 환율안정을 위한 IMF 감시기능 강화 |

자료 : 김진수, 「국제통화제도의 개편논의와 전망에 관한 고찰」,참고하여 재정리

킹스턴체제하에서 IMF는 변동환율제도를 허용하였고, 각국이 자국 경제상황에 맞는 환율제도(변동환율제도 또는 고정환율제도)를 자유롭게 선택할 수 있게 하였다. 또한 각국의 환율조작을 금지하고 환율안정을 도모하고자 IMF의 감시기능을 강화하였다. 뿐만 아니라 또한 금의 사용을 폐지하였고, 특별인출권(SDR:Special Drawing Rights)[7]을 대외준비자산으로서의 기능을 제고하는 등의 내용을 주요골자로 담고 있다.

역사적으로 살펴본 결과 국제통화제도는 무엇보다 각국의 협조가 매우 필수적이며 반드시 국제적 협조를 도출해내야만 한다. 각국의 협조 하에 세계는 안정적인 통화질서를 확립할 수 있고 제 기능을 다함에 따라 각국 및 세계의 경제이익을 증진할 수 있게 된다.

7) IMF 가맹국이 국제 수지 악화 때 담보 없이 필요한 만큼의 외화를 인출할 수 있는 권리 또는 통화를 의미함.

# 제3절 고정환율제도와 변동환율제도

## 1. 고정환율제도(Fixed Exchange rate System)

환율제도는 크게 고정환율제도와 변동환율제도로 구분한다.

고정환율제도란 외환시장에서 시세의 변동을 전혀 고려하지 않고 정부가 직접적으로 개입하여 환율을 고정시켜 놓은 환율제도를 말한다.

역사적으로 볼 때 1816년 영국으로부터 시작된 금본위제도부터 1973년 스미소니언체제에 이르기까지 세계는 국제통화제도로서 고정환율제도를 채택하였다.

고정환율제도는 환율을 고정하거나 변동폭을 한정하고 있어 환위험이 존재하지 않아 국제거래가 촉진된다. 또한 환율의 안정으로 인하여 생산과 고용이 안정되고 투기자금의 폐해를 방지할 수 있는 장점을 가지고 있다. 그러나 국제수지가 불균형일 경우 자동적으로 조정할 수 있는 기능이 없으므로 불균형이 지속되며 이를 대비하기 위해 거대 외환보유고를 필요로 한다. 또한 가격의 경직성으로 인해 자원의 효율적 배분이 불가능해지고, 경제적 후생이 감소하고 순간적인 환율조작으로 인해 국민경제를 혼란케 할 수 있는 단점이 있다.

## 2. 변동환율제도(Floating Exchange rate System)

1970년대 초 스미소니언체제가 붕괴되고 킹스턴체제가 시작되면서 IMF는 변동환율제도의 채택을 허용하였다. 그리고 현재까지 대부분의 국가들은 변동환율제도를 근간으로 한 국제통화제도를 채택하고 있다.

변동환율제도란 정부가 인위적으로 환율을 고정하지 않고 외환시장의 수요·공급에 따라 자유롭게 환율이 결정되는 제도이다. 변동환율제도하에서 환율은 시장의 추세에 따라 수시로 변동하게 된다. 이러한 점은 결국 투기자본의 유입을 유도하여 환율의 불안정성과 환위험을 증대함으로써 국제거래를 축소시킬 수 있게 된다. 또한 환율상승의 경우 물가상승을 야기시키고 물가의 하방경직성[8] 때문에 만성적인 물가상승이 유발될 수 있게 된다.

그러나 국제수지 불균형의 경우 자동조절 역할을 함으로써 국제수지를 개선할 수 있으며, 이러한 불균형은 일시적인 현상으로 간주되어 과도한 외환의 보유가 필요없게 된다. 또한 환율변동으로 인해 국가간 효율적인 자원배분을 가능케 하는 긍정적 측면이 있다.

우리나라의 경우 상당기간 고정환율제도를 실시해오다가 경제여건의 변동과 정책적인 필요에 의하여 1990년 3월부터 변동환율제도를 채택하고 있다.

표 14-3 고정환율제도와 변동환율제도 비교

| | | |
|---|---|---|
| 고정 환율제도 | 장점 | · 국제거래의 촉진<br>· 생산과 고용의 안정화<br>· HOT Money의 폐해 방지 |
| | 단점 | · 국제수지불균형 자동조절 불가능<br>· 경제적 후생 감소<br>· 거대 외환보유고의 필요성 대두<br>· 환율조작으로 인한 국민 경제 폐해 발생 |
| 변동 환율제도 | 장점 | · 국제수지 불균형 자동조절<br>· 국가간 효율적 자원배분<br>· 과도한 외환보유고 불필요 |
| | 단점 | · 환위험 증대<br>· 만성적 물가상승 유발<br>· 투기자금으로 인한 환율의 불안정성 증대 |

8) 환율의 상승은 물가의 상승을 유도하나 환율의 하락은 물가하락으로 잘 이어지지 않음을 의미함.

# 참 고 문 헌


강인수외 7인, "국제통상론", 박영사, 2003.

강원진, "신용장론", 박영사, 2002.

강호경・임목삼, "최신 무역결제론", 도서출판 두남, 2007.

구종순외 2인, "무역개론", 박영사, 2007.

김민호, "글로벌경영", 도서출판 대경, 2008.

김민호, "무역영어 스토리", 도서출판 대경, 2007.

김민호외 5인, "글로벌시대 파생상품의 이해", 청람, 2007.

김상호, "무역클레임과 상사중재", 도서출판 두남, 2008.

김세영・허윤, "국제무역론-이론과 사례-", 율곡출판사, 2004.

김 신, "국제경영학", 박영사, 2006.

김인철외 2인 공역, "경제학원론", 생능출판사, 2006.

김중배, "글로벌 시대의 국제경영학", 형설출판사, 2006.

김신수, "국제통화제도의 개편논의와 전망에 관한고찰", 영남대학교 경영대학원, 1997.

박주홍, "국제경영전략", 삼영사, 2009.

박형래・박영기, "국제무역환경론", 두남, 2006.

송채헌외 3인, "무역상무론(2판)", 삼영사, 2009.

송채헌외 3인, "무역보험론(2판)", 삼영사, 2008.

양영환・오원석, "최신 무역상무론", 법문사, 2003.

윤광운외 2인, "무역실무", 삼영사, 2009.

이 균외 5인, "무역학원론", 박영사, 2004.

이남구, "국제통상정책", 삼영사, 2000.

정재영 외 공저, "국제통상론", 법우사, 2000.

주벨기에대사관 겸 구주연합대표부, "EU 정책 브리핑", 외교통상부, 2004.

최순규 역, "국제경영", 석정, 2009.

한국무역협회, "외환리스크 관리", 한국무역협회 무역아카데미, 2006.

Buglass, Leslie J., "Marine Insurance and General Average in the United States", 2th ed., Cornell Maritime Press, 1981.

Day, D. M., "The Law of International Trade", 2th ed., Butterworths, 1993.

Ethier, Wilfred, "Modern International Economics", Norton & Company, 1983.

Hill, Charles W. L., "International Business", McGraw-HillCollege, 2008.

Leontieff, W. W. "Domestic production and foreign trade; the American capital position Re-Examined", Proceedings of the American Philosophical Society, Vol. 97, No. 4.

Maidment, Fred H., "International Business", Mcgraw-HillCollege, 2008.

Marc lieberman & Robert E. Hall, "Introduction to Economics", Thomson, 2005.

Murray, Carole and David Holloway and Daren Timson-Hunt, "Schmitthoff's Export Trade-The Law and Practice of International Trade", 11th ed., Sweet&Maxwell, 2009.

Rarick, Charles A., "International Business: Case and Exercises", Authorhouse, 2009.

◆ 참고사이트

http://www.wto.org

http://lit.kita.net

# 한글색인

ㄹ



ㅁ



ㅂ

ㅊ



ㅋ



ㅌ



ㅍ



ㅎ

# 영문색인

## 저자약력

■ 송채헌

전북대학교 상과대학(경영학사)
조선대학교 대학원 무역학과(경영학박사)
금호실업(종합무역상사) 섬유수출2부 근무
일본 Meiji Univ. 객원교수
전북대학교 무역학과 학과장
전북대학교 상과대학 학장
전북대학교 경영대학원 원장
현)전북대학교 대학원 사이버무역.지역학과 주임교수
한국물류학회 부회장
한국무역통상학회 부회장
전북대학교 상과대학 무역학과 교수

[ 주요저서 ]
무역상무론, 삼영사, 2009.8, 제2판
무역보험론, 삼영사, 2008.7, 제2판 2쇄

■ 김민호

전북대학교 무역학과, 교수
전북대학교 본부, 국제교류부장 역임
전북대학교 TI(Trade Incubator), 지도교수
한국무역학회, 이사
한국무역통상학회, 상임이사
한국국제경영관리학회, 이사
무역영어 검정시험 출제위원, 대한 상공회의소
관세사 무역영어 출제위원, 관세청
미국 University of West Florida, Visiting Scholar
미국 Baruch College of City University of New York, MBA
미국 Southern Illinois University at Carbondale, DBA

[ 주요저서 ]
글로벌 경영, 공저, 도서출판 대경, 2007
무역영어 Story, 도서출판 대경, 2008

■ 이동렬

University of Santo Tomas 국제경영학박사
호남대학교 무역학과 교수
사단법인 한국전문경영인학회 이사
광주본부세관발전자문위원회 자문위원
전 공정거래위원회 기업간전자상거래정책자문위원회 자문위원
전 광주지방공정거래협의회 자문위원
전 광주광역시 외국인투자유치협의회 자문위원

■ 하현수

전북대학교 상과대학 무역학과(상학사)
전북대학교 대학원 무역학과(경제학박사)
(주)LG 근무
중국 대외경제무역대학 박사과정수료
현) 전북대학교 무역학과 전임강사

■ 최경숙

전북대학교 상과대학 무역학과(상학사)
전북대학교 대학원 무역학과 박사과정수료
현) 전북대학교 무역학과 강사

## 무역학의 이해

2010년 8월 25일 1판 1쇄 발행
2016년 8월 10일 1판 7쇄 발행

저 자 송채헌 · 김민호 · 이동렬
하현수 · 최경숙
발행인 김 광 식
조 판 아 람 기 획

07285
발행처 서울특별시 영등포구 선유로3길 10, 617호
도서출판 **탑 북 스**
등 록 2009.12.21 제 2016-000101 호
전 화 02)365-2223 팩스 02)365-2224

ⓒ 2010, 송채헌 외

성가 20,000 원
ISBN 978-89-94318-28-8-93320

이 책의 무단전재 또는 복제행위는 著作權法 제136조에 의거, 5년 이하의 징역 또는 5,000만원 이하의 벌금에 처하게 됩니다.